/ 当代世界农业丛书 /

当代世界农业

余欣荣　杜志雄　主编

中国农业出版社
北　京

当代世界农业丛书编委会

本书编写组

主　　编：余欣荣　杜志雄

编写人员（按姓氏笔画排序）：

万莹莹	王　川	王　术	王凤忠	王文生
毛世平	计　晗	尹国伟	尹昌斌	孔祥智
田国强	司智陟	朱满德	刘　余	孙一恒
孙致陆	芦千文	杜志雄	李　琦	李　锦
李先德	李佳佳	杨敏丽	何秀荣	余欣荣
张丽娟	张明霞	林青宁	金　诺	周应恒
郑蔚然	郝艾波	胡乐鸣	胡冰川	胡凌啸
聂凤英	贾金龙	高　芳	郭　燕	郭雷风
曹芳芳	韩一军	魏　虹	魏广成	

序

| *Preface* |

2018 年 6 月，习近平总书记在中央外事工作会议上提出"当前中国处于近代以来最好的发展时期，世界处于百年未有之大变局"的重大战略论断，对包括农业在内的各领域以创新的精神、开放的视野，认识新阶段、坚持新理念、谋划新格局具有重要指导意义。农业是衣食之源、民生之基。中国农业现代化取得举世瞩目的巨大成就，不仅为中国经济社会发展奠定了坚实基础，而且为当代世界农业发展提供了新经验、注入了新动力。与此同时，中国农业现代化的巨大进步，与中国不断学习借鉴世界农业现代化的先进技术和成功经验，与不断融入世界农业现代化的进程是分不开的。今天，在世界处于百年未有之大变局、世界经济全球化进程深入发展、中国农业现代化进入新阶段的重要历史时刻，更加深入、系统、全面地研究和了解世界农业变化及发展规律，同时从当代世界农业发展的角度，诠释中国农业现代化的成就及其经验，是当前我国农业工作重要而紧迫的任务。为贯彻国务院领导同志的要求，2019 年 7 月农业农村部决定组织编著出版"当代世界农业丛书"，专门成立了由部领导牵头的丛书编辑委员会，从全国遴选了相关部门（单位）负责人、对世界农业研究有造诣的权威专家学者和中国驻外使馆工作人员，参与丛书的编著工作。丛书共设 25 卷，包含 1 本总论卷（《当代世界农业》）和 24 本国别卷，国别卷涵盖了除中国外的所有 G20 成员，还有五大洲的其他一些农业重要国家和地区，尤其是发展中国家和地区。

在编写过程中，大家感到，丛书的编写，是一次对国内关于世界农业研究力量的总动员，业界很受鼓舞。编委会以及所有参与者表示一定要尽心尽责，把它编纂成高质量权威读物，使之对于促进中国与世界农业国际交流与合作，推动世界农业科研教学等有重要参考价值。但同时，大家也切实感到，至今我国对世界农业的研究基础薄弱，对发达国家（地区）与发展中国家（地区）的农业研究很不平衡，有关研究国外农业的理论成果少，基础资料少，获取国外资料存在诸多不便。编委会、各卷作者、编审人员本着认真负责、深入研究、质量第一的原则，克服新冠肺炎疫情带来的诸多困难。编委会多次组织召开专家研讨会，拟订丛书编写大纲、制订详细写作指南。各卷作者、编审人员千方百计收集资料，不厌其烦研讨，字斟句酌修改，一丝不苟地推进丛书编著工作。在初稿完成后，丛书编委会还先后组织农业农村部有关领导和专家对书稿进行反复审核，对有些书稿的部分章节做了大幅修改；之后又特别请中国国际问题研究院院长徐步、中国农业大学世界农业问题研究专家樊胜根对丛书进行审改。中国农业出版社高度重视，从领导到职工认真负责、精益求精。历经两年三个月时间，在国务院领导和农业农村部领导的关心、指导下，在所有参与者的无私奉献、辛勤努力下，丛书终于付梓与读者见面。在此，一并表示衷心感谢和敬意！

即便如此，呈现在广大读者面前的成书，也肯定存在许多不足之处，恳请广大读者和行业专家提出宝贵意见，以便修订再版时完善。

屈欣荣

2021 年 10 月

前言

|*Foreword*|

　　当今世界农业一方面已经并正在发生广泛深刻变革，另一方面也呈现出许多普遍性特征和新发展趋势。在系统分析世界主要国家和地区农业基本情况的基础上，"当代世界农业丛书"编委会认为十分有必要在系统研究当代世界农业的时代特征、发展规律、演进趋势基础上，编写《当代世界农业》，即总论卷，作为整套丛书的主体。

　　《当代世界农业》作为建立在国别（地区）农业发展基础上的综合篇，本着以下原则组织撰写：一是着力于总结包括发达国家、发展中国家在内的世界农业发展经验，重视对世界农业发展一般规律和经验的总结和提炼，而非简单地综合和罗列各国农业发展情况。二是着重于把握世界农业发展方向，聚焦世界农业发展的"新变化、新趋势"以及这些新的变化和趋势对世界农业发展的影响。三是着眼于与中国农业发展实际相结合，站在世界农业发展全局高度，既注重对世界农业发展客观规律的总结和认识，使其对解决中国农业发展现阶段面临的问题有参照和借鉴价值，也注重以世界的视角总结新中国成立特别是改革开放以来中国农业现代化过程中的重要经验和做法，以丰富对世界农业发展规律和路径更加全面的认识。

　　全书共 16 部分，导论部分主要从世界农业发展历程和类型，世界农业发展特点与趋势，当代世界农业的研究方法与内容体系等重要方面做阐述，之后各章分别从世界农业资源利用和保护、农业生产与市场、农业生产经营主体结构及其演化、农业生产服务业、农业机械化、农业信息化、农业产业融合发展、农业标准化品牌化及质量安全、农业教育与培训、农业技术研发和推广、农业合作社、农业支持保护制度、农业贸易和投资规则、农业跨国公司与农业供应链、粮食安全形势与粮食安全治理等方面，分板块对世界农业目前发展状况做了全面介绍。

世界农业发展情形极其复杂，世界农业发展故事精彩纷呈，很难以一本书的容量将其模式、特征、经验和未来发展方向讲得清楚明白。尽管编委会做了大量艰苦细致的工作，但鉴于本书研究内容的综合性和创新性，书中肯定存在不足之处，恳请读者特别是相关领域的专家批评指正，以便在修订再版时予以完善。

编　者

2021 年 10 月

目 录

| Contents |

序
前言

导论 ……………………………………………………………………………… 1

  第一节　世界农业发展历程和类型 ……………………………………… 2

  第二节　当代世界农业发展特点与趋势 ………………………………… 5

  第三节　中国是世界农业发展的重要贡献者 ………………………… 13

  第四节　当代世界农业的研究方法与内容体系 …………………… 18

第一章　世界农业资源利用和保护 ………………………………… 24

  第一节　世界农业资源及其分布概况 ………………………………… 24

  第二节　世界农业资源利用与保护现状评价 ……………………… 29

  第三节　世界水土资源利用和保护制度 ……………………………… 37

  第四节　世界农业资源利用与保护展望 ……………………………… 45

第二章　世界农业生产与市场 ……………………………………… 50

  第一节　世界农业生产概况 ……………………………………………… 50

  第二节　世界农业区域分布 ……………………………………………… 60

  第三节　世界农业生产特征 ……………………………………………… 65

  第四节　世界农产品市场 ………………………………………………… 68

第三章　世界农业生产经营主体结构及其演化 ……………… 73

  第一节　世界农业生产经营主体的发展现状 ……………………… 73

第二节　世界农业生产经营主体演化的驱动力 ················ 83

第三节　世界农业生产经营主体演化规律及走向 ·············· 93

第四章　世界农业生产服务业 ························· 100

第一节　世界农业生产服务业概况 ···················· 100

第二节　世界农业生产服务业发展特点 ················· 106

第三节　世界农业生产服务业发展趋势 ················· 112

第四节　世界农业生产服务业发展中的几个关系 ·············· 115

第五章　世界农业机械化 ··························· 120

第一节　世界农业机械化发展概况 ···················· 120

第二节　世界农业机械化发展与演进 ·················· 124

第三节　世界农机装备与技术发展趋势 ················· 134

第四节　世界农业机械化发展规律 ···················· 137

第六章　世界农业信息化 ··························· 148

第一节　世界农业信息化发展现状 ···················· 148

第二节　世界农业信息化作用 ······················ 153

第三节　世界农业信息化未来展望 ···················· 158

第七章　世界农业产业融合发展 ······················ 165

第一节　农业多功能性及农业产业融合演变 ················ 165

第二节　农业产业内融合发展 ······················ 174

第三节　农业与其他产业间融合发展 ·················· 179

第四节　世界农业产业融合发展趋势 ·················· 183

第八章　世界农业标准化、品牌化及质量安全 ·············· 186

第一节　世界农业标准化和品牌化发展特征与态势 ············ 186

第二节　世界农业标准化和品牌化与质量安全关系演化 ·········· 196

第三节　世界农业标准化和品牌化对农业发展的影响 ··········· 201

第九章　世界农业教育与培训 ················ 208

第一节　世界农业教育与培训的发展历程 ················ 208

第二节　世界农业教育与培训体系 ················ 217

第三节　世界农业教育与培训的特点 ················ 228

第十章　世界农业技术研发和推广 ················ 236

第一节　世界农业技术研发与推广现状 ················ 236

第二节　世界农业技术研发的重点领域 ················ 242

第三节　世界农业技术研发应用的趋势 ················ 248

第十一章　世界农业合作社 ················ 257

第一节　世界农业合作社的起源、演化及本质特征 ················ 257

第二节　世界专业性农业合作社的特征与发展趋势 ················ 265

第三节　世界综合性农业合作社的特征与发展趋势 ················ 276

第十二章　世界农业支持保护制度的演变与发展 ················ 285

第一节　农业政策目标及其调整 ················ 285

第二节　世界农业支持保护政策改革与结构变化 ················ 287

第三节　世界贸易组织多边规则与农业支持保护政策改革 ················ 295

第十三章　世界农业贸易和投资规则与发展 ················ 301

第一节　世界农业贸易和投资规则 ················ 301

第二节　世界农业贸易和投资发展特点 ················ 305

第三节　世界农业贸易和投资环境的新变化 ················ 313

第四节　世界农业贸易和投资规则改革面临的困难 ················ 315

第十四章　世界农业跨国公司与农业供应链 ················ 318

第一节　世界农业跨国公司的历史演变 ················ 318

第二节　当代世界农业跨国公司类型 ················ 321

第三节　跨国公司对世界农业供应链的影响 ················ 323

第四节　世界农业跨国公司的发展趋势 ·················· 327

第十五章　世界粮食安全形势与粮食安全治理 ·················· 332

第一节　世界粮食安全现状 ·················· 332

第二节　国际粮食价格主要影响因素 ·················· 336

第三节　世界粮食安全治理体系 ·················· 341

第四节　世界粮食安全治理面临的挑战 ·················· 345

第五节　中长期世界粮食市场与安全形势展望 ·················· 348

参考文献 ·················· 350

后记 ·················· 363

导 论 ▶▶▶

　　当前国际格局和国际体系正在发生深刻调整，全球治理体系正在发生深刻变革，新一轮科技革命和产业变革正在重塑世界创新版图和经济结构，中国的发展正日益成为世界发展的全局因素。这些重大变局正在深刻影响和改变着当代世界农业的发展格局。全面学习了解和研究分析当代世界农业发展特征、发展规律、发展趋势，广泛借鉴世界农业发展的成功经验和做法，对于新时代全面推进中国乡村振兴发展战略，探索中国特色农业现代化发展道路，具有重要的参考和借鉴作用；对于服务"一带一路"建设，加强国际农业交流与合作，为中国在更大范围、以更高水平参与世界农业发展建设提供新视野和新方法，贡献新智慧和新力量，具有重要现实和历史意义。

　　世界农业发展经历了原始农业、古代农业、现代农业三个发展时期，其中任何一个时期都是前一个时期综合发展的结果，其生产力水平、生产关系形态、分工协作方式都呈现明显的特征，又较前一个时期更为先进。现代农业发展时期，一般是指 19 世纪中叶到现在，并根据农业生产工具、生产技术等阶段性发展成果与特征，将现代农业时期分为近代农业（19 世纪中叶到 20 世纪中叶）、现代农业（20 世纪中叶到现在）两个发展阶段。为保持必要的历史跨度，以利于总结过去、展望未来，形成更加明晰、准确的结论，本丛书中"当代"的时间界定为 20 世纪中叶到 21 世纪中叶，即从第二次世界大战（以下简称二战）结束到二战胜利 100 周年的现代农业发展阶段。

　　当代世界农业丛书以习近平新时代中国特色社会主义思想为指导，以中国对世界农业发展的重大立场和政策宣言为遵循，以整体反映当代世界农业发展的重大进展和重要经验为重点，研究当代世界农业的发展特征、发展规律、发展趋势。全书旨在总结当代世界农业发展经验，探讨当代世界农业发展趋势，观照中国农业发展规律，服务中国农业国际交流合作，为促进中国农业高质量发展提供智力支持。

第一节　世界农业发展历程和类型

一、世界农业发展历程及基本特征

农业生产的形成和发展在世界各地经历了不同的过程，其基本路径是由几个农业起源中心，通过人类农业生产活动之间的联系，种源和技艺沿不同的路线向世界各地扩散，并与各地的自然和社会经济条件相结合，逐步发展成为各具特色的农业生产面貌和农业类型。世界农业发展依据人类农业生产技能、支配手段及其内部结构与外部联系等不同时期的特点，其历程大体上分为原始农业时期、古代农业时期和现代农业时期三个发展时期。

1. 原始农业时期

大约公元前 8000 年至公元前 2000 年。原始农业的起源与发展并不限于一时一地，西亚、北非、中国、印度及中美洲等古老文明的出现，最初都与农业的产生直接相关。原始农业经历了刀耕和锄耕两个时期，历时 6 000～7 000 年。原始农业最突出的成就是对野生动植物的驯化；最基本的特征是使用简陋的农具生产——主要是石器，采用刀耕火种或锄耕火种的耕作制度。

2. 古代农业时期

又称传统农业时期，大约从公元前 2000 年至 19 世纪中叶。随着炼铁技术及铁制工具的使用与普及，世界农业由原始农业进入古代农业发展阶段。在西方这一过程是从实行奴隶制的希腊、罗马开始的，在中国则发端于从奴隶社会过渡到封建社会的春秋战国时期。这一时期农业最基本的特征：以铁木工具为主要生产工具，以人力、畜力为主要动力，铁犁牛耕；以多圃制、间作套种、连作复种等为主要耕作制度；以整地播种、育苗移栽、中耕除草、灌溉施肥等为主要生产技术；以有限社会分工和自给自足的自然经济为主导。传统农业时期，农业成为国民经济中最主要的经济部门。

3. 现代农业时期

19 世纪中叶至今，包括近代农业和现代农业两个发展阶段。这个时期，以《物种起源》问世，植物矿质营养学说、杂种优势概念、细胞学说等理论诞生，蒸汽机、内燃机、拖拉机相继在农业生产中应用为基础，推动和实现了人类由农业社会向工业社会迈进的重大转变。近代农业阶段基本特征：农业生产工具由手工农具转变为机械化或半机械化的农业设备；以遗传育种为代表的近代自然科学和农业科技成果应用于农业，科学的农业生产技术体系逐步形成；农业经济由自然经济转变为商品经济。现代农业阶段基本特征：处于工业革命和产业革命中心的发达国家，借助工业革命、科技革命、产业革命的成果，加快现代农业对传统农业的升级改造，加速推进国家农业现代化进程，并在较短的时间内先后实现了农业现代化。二战后，一些发展中国家，例如菲律宾、印度、巴基斯坦、墨西哥等学习和借鉴发达国家农业现代化建设经验，开启了以良种、化肥、灌溉、农机等投入为主，以增产为主要目的的农业"绿色革命"；中国、泰国、越南等发展中国家则从本国实际出发，加快了农业机械、良种等现代生产要素的应用。进入 20 世纪 90 年代后，以农业可持续发展思想为指导，特别是生物技术、信息技术、新材料技术等现代农业技术的快速融合发展，加速推进世界农业向智能化、知识化、绿色化等方向转型发展，催生出一大批农业多功能新形态、新模式。世界现代农业发展趋势呈现阶段性新特征：农业农村现代装备制造业加速优化，农业生产条件和物质装备集成化、集约化、智能化，农业生产技术科学化、数字化，农业生产方式区域化、专业化、规模化，农业生产经营组织化、社会化、标准化，农业服务组织规模化、多元化、多样化，农业经营主体现代化、知识化，农业发展治理日趋全球化、复杂化、绿色化。

二、世界农业发展类型与水平

对异常庞大、纷繁复杂的当代世界农业进行合理分类，是科学认识当代世界农业发展规律的重要一环。以国家为基本对象，以经济社会基础和发达程度为主要标准，通常世界被分为发达国家、发展中国家、最不发达国家三种类型。对世界农业发展类型的评价划分，也应按照经济社会发展水平，同时立足农业发展特点来进行。但是，这种划分应不仅仅基于某个国家资源禀赋或由此选择的农业现代化发展道路或模式，而是要综合考虑某个国家通过农业现代化建设后达到的现代农业发展水平，或者以某一类国家农业发展的共同基本特征，作为评价划分国家农业发展类型的标准和原则。因此，为便

3

于对当代世界农业进行科学系统研究，有必要将当代世界农业国家划分为发达农业国家、发展中农业国家和最不发达农业国家。

1. 发达农业国家

代表性的有日本、以色列、法国、荷兰、美国、加拿大、澳大利亚、新西兰等国家。这些国家无论是国民经济发展水平，还是现代农业发展水平都明显高于其他国家，目前在引领世界农业发展趋势方面起着重要作用。在社会人均国内生产总值（GDP）高达几万美元的前提下，农业劳动力占就业总人口比重、农业总产值占 GDP 比重均低于 5%，科技进步贡献率达 85% 以上，农业生产全面实现机械化和良种化，农业从业人员文化素质水平高，每个农业劳动者年生产的农产品数量折合谷物当量达到 20 吨以上，可以养活 130 多个社会人，平均每个农业劳动者创造的农业产值超过几万美元，每公顷耕地创造的农业产值上万美元，体现出相当高水平的劳动生产率和土地产出率。此外，发达国家现代农业在区域化布局，专业化、规模化生产，产业化、一体化、市场化经营，合作组织与社会化服务业以及国际农产品贸易等方面都走在了世界前列。与此同时，这类国家在发展现代化农业过程中，也不同程度地存在能源消耗过多、自然资源开发过度、环境污染等问题。

2. 发展中农业国家

发展中农业国家是一个庞大的群体，除了少数发达农业国家和最不发达农业国家外，其他的国家都属于发展中农业国家。按照这些国家农业现代化发展水平和进程，又可将这些发展中农业国家分为新兴经济体农业国家和其他发展中农业国家。新兴经济体农业国家中最具代表性的有中国、印度、埃及、南非、俄罗斯、乌克兰、墨西哥、阿根廷等国家。这些国家大部分国土面积广大、自然资源丰富，发展农业具有得天独厚的资源优势。20 世纪 80 年代以来，有的国家加大良种、化肥、灌溉、农机、资金等方面的投入，奠定了农业现代化发展的良好基础；有的国家则立足国情，通过实行政府主导的市场经济改革或发展模式，实行农业生产布局区域化、农业生产经营规模化、农业产业发展融合化，基本构建起了完整的现代农业科研、教育和推广体系，促进了农业综合生产力的明显提升，农业现代化取得了显著进步。目前，这类国家农业总产值占 GDP 的比重一般低于 15%，科技进步贡献率、良种覆盖率、劳动生产率、土地产出率等都比较高。其他发展中农业国家中最具代表性的有印度尼西亚、巴基斯坦、尼日利亚、阿尔及利亚、古巴、秘鲁等。这些国家基本都是工业发展薄弱的农业国，农业在国民经济中的占比份额远远高于发达国家；经济结构和社会结构的二元性特征明显，国民经济结构和产业结构单一，市场化程度低；由于人力资源素质、资本存量技术和管理水平限制，农业劳动生产率水平低。20世纪80年代以来，这些发展中国家积极谋求经济发展、社会进步和国民富裕，经济整体发展加快，实力增强，在世界经济中的比重、地位和作用明显上升。总的来看，这些国家的农业正处在由传统农业向现代农业、由粗放生产向集约经营、由简单商品经济向社会化商品经济过渡的阶段，同时开始重视生态保护，努力走可持续发展之路。

3. 最不发达农业国家

主要指社会经济发展水平以及人均GDP最低的一些国家，包括亚洲、非洲以及其他一些地区的国家。这些国家由于各种原因，国民经济长期处于停滞或半停滞甚至下降状态，导致社会生产力和国家发展水平十分低下，产业结构落后而单一，基本上是以农业或矿业为主。绝大多数国家人均GDP低于1 000美元，农业就业人员占全社会就业人员的比例高达70%以上，农业产值占GDP的比重高于40%。目前，这些国家的农业发展主要以有限的社会分工和自给自足的自然经济为主导，对自然条件的依赖程度比较高，农业劳动生产力和土地产出率十分低下，农业基础设施薄弱，基本上是"靠天吃饭"，绝大部分国家粮食不能自给，食物短缺和饥饿依然是社会发展的主要问题，绝大多数人生活在贫困线下。大力发展农业生产，缓解食物短缺和贫困问题是这些国家农业发展的重要任务。

第二节　当代世界农业发展特点与趋势

自20世纪中叶以来，世界农业经历了空前的发展与变革，取得了历史性的发展成就。其发展与变革的广泛程度、丰富程度和深刻程度超越了人类发展的以往任何一个时期。研究世界农业发展史，不仅在于赞叹它过去的精彩，更在于总结变化的规律，服务创造辉煌的未来。

一、世界农业发展现状与特性

20世纪80年代以来，由于现代农业生产要素投入的增多和科学技术进步，世界农业生产力显著提升，农业生产水平大幅增长，基本实现了全世界农产品供求平衡，养活了全球 70 多亿人口。当代世界农业发展呈现出以下基本特性。

（一）世界农业生产能力全面显著提升

1970—2018 年，世界农业生产值增加了 9.9 倍。从世界农业主要行业看，产出水平和供给能力全面提升，1968—2018 年，粮食增加 1.51 倍，蔬菜增加 3.96 倍，畜产品增加 3.8 倍，保障了世界人口不断增长导致的食物需求。从不同类型国家看，主要农产品生产能力全面提升，1968—2018 年发达农业国家粮食、蔬菜、畜产品产量年均增长分别为 1.15%、0.55%、1.61%，发展中农业国家年均增长分别为 2.11%、3.97%、3.28%，最不发达农业国家年均增长也分别达到 2.76%、3.51%、3.01%。推动世界农业生产能力持续发展的一个重要原因，是越来越多的国家认识到农业对国民经济和世界经济发挥基础作用的重要性。无论对发达国家、发展中国家，还是最不发达国家，农业都是一国国民经济最重要的生产部门。随着世界各国国民经济的发展，农业在国民经济中的占比份额下降已是普遍规律，但农业在国民经济中的基础地位和重要作用不仅没有减弱，反而全面提升。世界各国从政策、资金、科技、教育等方面加强对农业的支持和保护，是世界农业得以持续发展进步的重要原因。

（二）世界农业在不平衡中发展进步

由于世界农业具有生产、市场的自然与经济的双重属性，它们在世界农业变化中的相互作用，使得当代世界农业发展呈现明显的不平衡性。这种不平衡性突出表现在：首先，世界自然资源的区域性分布和各国占有量不平衡。耕地面积前 10 位的国家占世界总耕地面积的 58%，草地面积前 10 位的国家占世界草地总面积的 58.3%，非洲大陆人均水资源占有量明显低于世界平均水平。其次，世界农业生产力水平不平衡。发达国家与发展中国家之间、新兴经济体国家与其他发展中国家之间、发展中国家与最不发达国家之间在农业生产条件与物质装备、农业科技发展水平等方面的差距，导致农业生产力水平的不平衡，粮食单位面积产量最高的与最低的国家相差 1 225.3 倍。最后，世界主要农产品生产与市场的不平衡。2018 年全球 74.2% 的大米出口来自泰国、越南、印度、巴基斯坦和美国，63.2%的小麦出口来自加拿大、俄罗斯、美国、法国和澳大利亚，82.5%的玉米出口来自美国、巴西、乌克兰、阿根廷和法国；而大米、小麦、玉米进口消费国主要分别是中国、印度尼西亚、菲律宾、贝宁、伊朗（大米）、埃及、阿尔及利亚、意大利、巴西（小麦）、墨西哥、日本、韩国、越南、西班牙（玉米）等。同时，发达国家粮食生产过剩，发展中国家供给不足，2020年，全球严重食物不安全人口达9.28亿人，中度食物不安全人口达14.4亿人，营养不良人口达7.68亿人。近年来受气候变化、生物质能源以及农产品资本化影响，国际农产品价格波动加剧，不确定性风险提升。以历史的眼光看，20世纪70年代初、90年代初以及2008年先后三次世界性粮食危机，促使世界各国尤其是发展中国家重视通过自己的力量，采取多种有效手段发展农业，加强国际农产品贸易治理机制建设。这些努力使得世界农业发展不平衡状况趋于改善。

（三）世界农业发展呈现多样性

世界农业自然资源极其丰富，呈现出地理分布的地域性、差异性和资源数量的多样性。目前，全球土地资源超过130亿公顷，其中耕地资源主要集中在亚洲、美洲和欧洲，林业资源主要集中在美洲和欧洲，草地资源主要集中在非洲和亚洲；全球可供人类利用的水资源约为43万亿米^3，主要集中在亚洲和南美洲；全球农业气候资源除了在时间上有明显的季节性变化外，还存在空间上明显的地域差异性和不均匀性；全球生物物种资源达1 000多万种，科学描述的物种有170多万种，人类栽培食用的作物有1 200多种。世界农业经营方式因各国气候、资源、劳动力状况以及生产力发展水平不同呈现出多种形式，基本形式主要有：在自然经济条件下，农民以家庭为基本单位，根据自身需求进行农业生产的小规模自给自足的小农经营；以家庭成员为主要劳动力，从事农业商品化、规模化、集约化的生产经营活动，并以农业收入为家庭主要收入来源的家庭农场；农产品生产经营者或农业生产经营服务的提供者、利用者，自愿联合、民主管理的互助性合作社；通过合同或订单的方式与农业生产经营者建立起利益关联纽带，对农产品进行加工、运输、销售等处理，实现农业"产供销"和"贸工农"一体化经营的农业企业。自20世纪80年代实行农村改革以来，中国农村在坚持土地集体所有的基础上，实行家庭承包的经营方式，并通过发展现代农业经营服务体系，实现了农业增产、农民增收、农村经济持续繁荣,为世界农业经营方式改革和发展贡献了中国方案和经验。世界农业现代化的路径,也因各个国家的国情农情不同,尤其是土地、劳动力和工业化水平的差异,表现出多样性特征:人少地多且工业化水平发达的国家,采取的是用资本、技术替代劳动力的方式,以不断提高农业劳动生产率;人多地少且工业化水平尚欠发达的国家,则主要依靠有限的资本、技术与大量劳动力相结合,替代土地等资源的不足,以有效提高土地产出率和资源利用效益;人多地少且工业化水平发达的国家,又往往采取大量资本、技术与必要劳动力相结合,实现资源节约、技术集约、资本密集、产出高效。随着农业生产绿色技术与数字技术的深度融合,不同国家依据本国国情不断创新,世界农业现代化路径还会不断丰富发展。

(四)世界农业发展核心动力源于农业科学技术的重大进步

20世纪中叶以来,世界农业科技革命深刻地改变着世界农业的面貌,呈现出与以往不同的时代性、全球性、持续性特征。以农业科技革命为重要标志,世界农业开启了由近代农业向现代农业的转变。从20世纪60—70年代以杂交育种、分子育种、农业机械、化学肥料、农田灌溉等技术的应用为主,到80—90年代以基因工程、计算机农业应用、3S技术(遥感技术、地理信息系统、全球定位系统)、大型农机、节水灌溉等设施工程的建设为主,不仅使农业科技进步对世界农业发展的贡献能力不断提高,而且促进了世界粮食等农产品生产能力的大幅度提升,带动了世界农业结构、布局的改善,为世界经济发展进步起了基础支撑作用。当代世界农业科技进步的全球性意义,突出表现在发达农业国家农业科技进步水平依然走在世界前列,继续发挥着引领作用;一大批发展中农业国家农业科技进步明显,正在成为推动世界农业科技发展的生力军。以中国为例,农业科技进步贡献率已经由2005年的48%提高到2020年的60%以上,许多农业关键技术已经达到世界先进水平。即使是最不发达农业国家,也开始重视农业科技,采取多种措施加强农业科技工作。1981—2010年,联合国粮食及农业组织(FAO)第一批纳入统计的10个世界最不发达农业国家的农业科技投入增长了18.9%。进入21世纪,世界农业科技创新持续进行,给世界农业发展不断注入新动力。世界农业生物种质库(基因库)由20世纪70年代的不足10个发展到现在的1 300多个,种质资源由50万份增加到700多万份。目前一座大容量、自动化、信息化、现代化的国家农作物种质资源保存新库已在中国农业科学院落成。农业生物资源及品种资源的保护、收集、保存、利用水平达到新高度，为满足人类不断增长的用于新品种选育的基因资源需求奠定了坚实基础；以生物育种、数字育种、智能设施装备、生物农药肥料、大数据、云计算等技术应用为代表的新一轮农业科技革命正在兴起，必将引领世界农业朝着绿色、智能、协同的方向不断发展。

（五）世界农业发展面临农业生态环境恶化的巨大挑战

农业生态环境对农业生产的影响，是由农业生产所需的基本资源如土地、水、气候、生物资源的自身活动与从事农业生产活动的人类共同作用的结果。20 世纪中叶以来，世界农业在满足人类社会快速发展需要的同时，对自然生态系统和生态环境的负面影响达到了前所未有的程度。一方面，耕地、草地、水等自然资源虽然绝对数量有所增长，但人均自然资源的数量呈现明显的下降趋势，其中人均耕地、草地、水资源由 20 世纪 60 年代的 0.41 公顷、1 公顷、72.6 米^3/年分别下降到 2018 年的 0.18 公顷、0.42 公顷、31.2 米^3/年；另一方面，由于工业排放、大量使用化肥和农药等活动，引发耕地质量下降、水土气环境污染、生物资源大量减少等导致全球农业资源环境承载能力明显下降等问题。自 20 世纪 90 年代以来，虽然世界各国积极倡导农业可持续发展战略，也取得了积极的变化和发展，但由于农业生态环境系统的脆弱性，世界农业发展面临前所未有的挑战。因此，大力发展绿色生态农业，可持续利用自然资源，加强农业生态环境保护和建设，是未来世界农业发展必须解决好的重大问题。不仅如此，农业还是重要的碳排放源头，农业减碳任重道远。

（六）世界农业发展的全球性联系不断加强

在当代世界经济全球化趋势带动下，世界农业全球性联系不断加强。在世界农产品贸易方面，从 1961—2018 年，世界农业贸易额增加了 43.2 倍，尤其是 1995 年世界贸易组织（WTO）《农业协定》的正式生效，极大地促进了世界农产品贸易自由化的进程，加快了世界农业贸易量的增长。在世界农业投资方面，尽管近年来受世界经济政治格局中逆全球化思潮的影响，全球农业投资发展放缓，但总体增长趋势并未改变，经济全球化、贸易自由化一直是推动国际农业投资的核心力量。2010—2018 年，全球 84 个国家农业投资总量增加 4.24 倍。作为国家间农业竞争与合作主要载体的农业跨国公司持续发展。农业贸易与投资国际治理机制总体加强，多边、区域和双边规则制定和执行状况有所改善。

二、世界农业发展新趋势

进入 21 世纪以来，世界农业发生深刻变化，特别是由信息技术、生物技术的快速发展与融合发展所引发的新的科技革命和产业革命，将深刻改变世界农业发展格局，促使当代世界农业发展呈现出一系列新趋势、新特点。

（一）农业绿色可持续发展成为世界农业发展的重要引领

以《丹波宣言》和《里约宣言》为标志，世界农业开始步入以可持续发展理念为指导的现代农业发展新阶段。关注生态，保护环境，注重人与自然的和谐发展，正成为世界各国发展现代农业的遵循，并在探索农业可持续发展道路的实践中取得了明显成效。特别是近十年来，中国农业在秉承可持续发展思想的基础上，提出了农业绿色发展新理念，在关注人与自然的同时，更加关注农产品质量安全和人类健康发展问题，得到了世界许多国家的积极评价和高度赞誉，并成为推动和指导世界农业绿色可持续发展的重要引领。

（二）农业资源保护性利用成为支撑世界农业发展的重要基础

以农业可持续发展思想为指导，世界农业资源保护利用理念由传统粗放发展模式向生态优先、绿色低碳发展模式转变，一大批资源节约型、环境友好型的农业形态和发展模式应运而生，如生态绿色农业、生态循环农业、绿色低碳农业等，并成为实现农业资源保护利用和农业可持续发展的重要途径。同时，充分利用现代信息技术发展成果，最大限度提升农业资源利用率，实现农业资源利用和保护精准化，并借助国际多边合作机制，增进不同国家和地区间保护利用农业发展资源的协同能力。

（三）农业科技、教育发展成为重塑世界农业发展新格局的强劲动力

农业科技创新驱动发展正成为世界各国发展现代农业的重要引擎。以生物技术、信息技术、新材料技术、新能源技术等现代新兴技术为代表的多学科、多技术领域的相互渗透、深度融合在农业领域应用广泛，催生了世界农业新一

轮技术革命和产业革命。分子育种、基因测序、转基因技术等尖端农业生物技术加快发展，互联网、大数据、云计算、人工智能、智能感知等农业信息技术迅猛发展，推动世界农业科学技术从"实验驱动"向"实验与数字驱动"转变，将激发农业科学研究方式发生新的变革。随着信息技术与其他农业新技术结合，促进了农产品跨境贸易、农业技术跨境交流、农业信息跨境流通等一系列新业态的产生，将有利于发展中农业国家和最不发达农业国家农业科技与产业的进步，推动世界农业科技、教育、推广"三位一体"模式的创新，加快农业科技在世界范围内的推广，促进农业知识普及传播，从而提升全球农业劳动者素质，为重塑世界农业发展新格局打下坚实基础。

（四）农业新型经营组织成为推进世界农业发展的重要力量

未来世界各国农业竞争发展，归根结底是农业经营主体的竞争发展。近年来，世界各发达农业国家和不少发展中农业国家都在加快培育适应现代农业发展的新型农业经营主体和组织机构，进一步提高农业生产经营的组织化、规模化、社会化和标准化水平。农业经营组织创新日益成为推进世界农业发展的重要力量。欧盟成员国以及美国、日本、韩国等发达农业国家的农业企业、专业性农业合作社、综合性农业合作社、家庭农场等规模化经营主体加快发展，特别是一些跨国公司凭借其资金实力、技术垄断和市场控制能力，在世界农业发展中扮演越来越重要的角色，对世界农产品供应链的影响力明显增强。

（五）农业多元功能融合成为拓宽世界农业发展的重要方式

自20世纪90年代提出"农业多功能性"概念以来，世界农业发展在关注农业的经济功能、社会功能的基础上，更加关注农业的生态功能、文化功能的挖掘和发展研究，极大地丰富和拓展了世界农业的发展内涵。以农业多功能性为基础，世界农业产业融合发展呈现出精彩纷呈的发展态势，在大力发展农业"产加销、农工商"一体化产业纵向融合发展的同时，积极开展农业多元功能与信息技术、生物技术以及各种新理念、新方式的横向融合，催生了都市农业、休闲农业、旅游农业、生物农业、绿色农业、循环农业、数字农业、智慧农业、精准农业等一批新型农业产业，并在农业多元功能融合发展的过程中注重加强农业全产业链的生产服务，从而为世界农业发展注入新动力。

（六）农业支持保护政策成为促进各国农业发展的重要保障

对农业实施支持保护，是世界各国通行的做法。基于各国自身国情农情，无论是世界发达农业国家、发展中农业国家，还是最不发达农业国家，都在积极构建符合自己国家实际的农业支持保护制度和政策体系，并在动态调整中走向多元化、体系化。近些年来，在 WTO 框架下，世界各国不断调整完善本国农业支持保护政策和做法，主要是农业补贴由"黄箱"向"绿箱"转变，由显性补贴向隐性支持转变，由成本补贴向收入补贴转变。这些支持保护政策的制定和实施，有利于各国农业的健康发展，并成为促进各国农业发展的重要保障，但由于各国支持保护政策、目标和措施存在明显的差异，在很大程度上直接影响了世界贸易组织多哈农业谈判的进程。更好统筹世界各国支持保护农业政策措施与全球农业持续健康协调发展之间的关系，是对未来世界农业治理体系建设的重要考验。

（七）农业国际贸易环境成为影响世界农业发展的重要因素

从国家农业贸易环境看，虽然世界农产品贸易自由化、全球化格局呈不可逆转趋势，但贸易关税壁垒居高不下，非关税壁垒花样繁多，农产品市场波动性加剧，大型跨国公司对世界农产品供应链的影响力增强。特别是近年来，贸易保护主义、贸易制裁、贸易摩擦愈演愈烈，高度影响着世界农产品贸易结构和格局，加大了世界农产品贸易的不确定性。从长期趋势看，世界农业贸易摩擦形成的贸易替代和贸易创造效应，将激活世界农业资源的潜力，改变世界农业供应链结构，形成新的世界农产品供应链格局，重塑世界农业贸易结构，重构世界农业发展版图。农业国际贸易环境成为影响世界农业发展的重要因素。

（八）全球粮食安全和农产品质量安全将持续受到关注

当前，全球粮食生产量、消费量、贸易量呈现持续增长趋势，但由于人口增长和其他原因，全球粮食安全状况不容乐观，特别是非洲、亚洲等地区的一些发展中国家，食物不足和粮食不安全状况呈现上升趋势。受世界粮食供求关系、宏观经济政策等因素影响，全球粮食价格波动加剧。在关注全球粮食安全问题的同时，对农产品质量安全问题的关注度也在持续上升。包括发展中国家在内的越来越多的国家，注意从本国实际出发，通过构建农产品质量安全法律法规体系，加强农产品质量安全技术标准体系建设，规范农产品质量安全认证，完善农产品质量安全监督管理，实施农业品牌化战略等多种措施，来保障本国农产品质量安全，提升本国农产品在国际市场上的竞争力。

第三节　中国是世界农业发展的重要贡献者

中国是世界农业的起源地之一。作为世界农业的重要组成部分，世界农业离不开中国农业，中国农业也不可能游离于世界农业之外。古代中国农业曾经对亚洲国家和世界农业产生过深远影响，对世界农业发展作出了重要贡献。在经济全球化的大背景下，世界各国农业交流与合作的广度和深度不断拓展，中国学习和借鉴世界各国农业发展的成功经验和做法，在促进中国农业发展进步的同时，也使中国农业成为推动世界农业发展的重要力量。

一、中国古代农业对世界农业的重要贡献

（一）中国农业是世界农耕文明的典型代表和传承者

中国是人类的发源地之一，也是世界农业文明的发祥地之一。中国的黄河流域和长江流域被认为是中国农业发展的两大起源地。以此为基础，中国农业逐步形成了以粟、黍为代表的北方旱作农业和以水稻为代表的南方水田农业两大板块。它们创造了具有中华民族独特文化内涵和特征的中华农耕文明，即一种适应农业生产、生活需要的国家制度、礼俗制度、文化教育等各方面的文化集合。中华农耕文明与古埃及、古巴比伦、古印度文明古国共同成为世界农耕文明的重要组成部分，是世界农耕文明的典型代表和重要传承者。

（二）中国农业是世界可持续农业发展的先行者和倡导者

中国传统农业生产素以"精耕细作"著称于世。作为中华农耕文明中耀眼的明珠，"精耕细作"是中国农耕文明长期居于世界先进水平的重要原因，是现代人对中国几千年传统农业精华的高度概括和总结，它是由包括经济社会制度、土地制度、耕作制度、种养技术、生产工具、生产条件等在内的综合农业生产系统和科学技术体系。它以小农经济制度和土地集约利用方式为基础，以

"三才""三宜"理论为指导，《易经·系辞下》有""《易》之为书也，广大悉备。有天道焉，有人道焉，有地道焉"的记载，阐述了天、地、人的变化与关系；明代农学家马一龙说，"合天时、地脉、物性之宜，而无所差失，则事半而功倍"，其蕴含的"天人合一"以及"因时、因地、因物制宜"的农学思想和理论，强调人与自然的和谐关系，与今天提倡的绿色、环保、低碳等可持续发展思想一脉相承。从这个意义上来说，古代中国农业是世界可持续农业发展的先行者和贡献者。

（三）中国农业是世界农业物种和生产技术的传播者

古代中国农业不论是物种驯化、生产技术还是经济制度都远远走在同时代的世界前列，并对亚欧国家古代农业发展产生了深远影响。中国最早驯化育成的水稻、大豆、果树、蔬菜、茶树、蚕桑等品种先后在不同时间通过各种渠道传播到世界各地。中国育成的良种猪在汉代就传入了罗马帝国，18世纪传到英国。当今世界许多重要猪种都有中华猪的血统。中国古代发明创造的传统农具（如耧车、犁壁、翻车、水碾等），以及成体系的农业耕作技术、作物栽培技术、水稻移栽技术、园艺嫁接技术、田间管理技术、有机肥积制施用技术、绿肥作物肥田技术、相畜术、畜禽良种选育技术、饲养技术等，几乎都被周边国家全盘引进吸收，并对这些国家的古代农业发展产生了重要作用。

二、世界近现代农业对中国农业的重要影响

（一）加快中国传统农业向现代农业转型进程

二战后，发达国家借助工业化成果，在较短时间内完成了由传统农业向现代农业的转变，并根据自然资源禀赋差异形成了多种实现农业现代化的道路或模式。中国借鉴世界农业特别是发达国家农业现代化建设的成功经验，与中国特色社会主义国情相结合，深化改革，扩大开放，加快了中国传统农业向现代农业转型的进程，并取得了巨大发展成就。它突出表现为农业物质技术装备水平不断提高，农业科技进步贡献明显增强，农产品综合生产能力快速提升；农业生产方式发生深刻变革，实行家庭承包经营为基础、统分结合的双层经营体制，大力构建规模化、产业化、社会化农业生产服务体系，农业组织化程度明显提高；农业生产区域布局不断优化，农业多功能不断拓展，农村一二三产业

融合发展进程加快，农业现代化取得了举世瞩目的成就。

（二）加快中国农业科技发展和技术进步进程

当今世界，知识经济与经济全球化进程明显加快，科技实力的竞争已成为世界各国综合国力竞争的核心，农业科技进步已成为推动世界农业发展的强大动力。借鉴世界现代农业科技发展经验，中国建立了完整的农业科技创新体系、现代农业生产技术体系等。借助世界农业新技术革命，中国加强化学技术、机械技术、生物技术、信息技术以及新材料、新能源、航空航天、自动控制、设施工程等现代技术在农业领域的应用，加快了中国农业新技术革命进程。目前，中国农业科技创新整体水平不断提高，农业科技进步贡献率达到 60％。

（三）加快中国农业产业化经营和增长方式转型升级

世界发达国家在推进农业现代化建设进程中，大力实施农业产业化经营战略，逐步形成了区域化布局、专业化生产、一体化经营、社会化服务和企业化管理，"种养加、产供销、贸工农"一体化，市场、企业、农户和基地相结合的农业生产经营方式和产业组织形式。中国农业借鉴发达国家农业产业化经营的发展经验，根据中国自然资源禀赋和经济社会条件，提出并成功探索出具有中国特色的农业产业化经营道路和模式，即以坚持土地集体所有、稳定家庭承包经营为前提，以政府强化农业基础地位为保障，以市场机制增强农业发展活力为关键，以绿色可持续发展为理念，以科技进步和提高农民素质为动力，以提供有效供给和农民增收为目标的发展模式，加快了中国农业产业化经营进程和增长方式转型升级。

（四）加快中国农业参与世界农业全球化进程

中国加入属于多边协定的 WTO 和属于诸边/双边协定的区域贸易协定（RTA）两大贸易体系后，农业生产发展、农产品国际贸易、知识产权保护等方面在遵守 WTO、RTA 规则的过程中，也分享着 WTO、RTA 规则以及世界农业经济全球化、区域农业经济一体化等对中国农业带来的积极影响。这突出表现为中国在承担 WTO、RTA 成员义务并享受其待遇，例如在开放贸易、降低关税、市场准入、政策支持、实行贸易最惠国待遇等过程中，既认真履行相关义务，又充分利用国际农业资源、全球农业大市场等条件，调整国内农业生产结构和农产品进出口结构，参照国际规则规范，深化农业农村经济体制改革，充分发挥中国农业比较优势，积极主动地参与世界农业全球化、国际化进程。

三、当代中国农业对世界农业的贡献和影响

1949年中华人民共和国的成立，为从根本上改变自近代以来中国农村凋敝、农业落后、农民极端贫困的状况奠定了制度基础。自那时起，从20世纪50年代实行土地改革，发展集体经济，大兴农业水利化、机械化、科学化，到20世纪80年代实行农村改革，推进包括农业现代化在内的国家"四个现代化"，再到中共十八大以来，全面深化农业农村改革，组织开展脱贫攻坚，全面实施乡村振兴战略，中国农业实现了历史性变革，农业现代化取得了历史性成就，也为世界农业发展作出了贡献，提供了鲜活的可资借鉴的经验。

（一）中国农业发展和脱贫攻坚，加快世界农业减贫减饥目标提前实现

改革开放以来，中国农业和农村经济发生了巨大变化。农产品产量稳步增长，基础设施建设明显加强，农业生产条件极大改善，农村居民生活水平和质量实现了跨越式提高。中国用不到世界9%的耕地和占世界6%的淡水，生产了约23%的粮食，稳定解决了14亿人的吃饭问题，由世界粮食计划署（WFP）的受捐国变成了重要的捐赠国之一，中国是世界少数提前实现减饥目标的国家之一。与此同时，在世界农业减贫事业遭遇重大挑战的关键时期，中国的脱贫攻坚事业却逆势而上，中国的贫困人口2012年还有9 900万人，2020年底中国已全面实现脱贫攻坚目标。过去40年，中国在世界农业减贫减饥方面的努力，对联合国提前实现千年发展计划中的减贫目标发挥了重要作用。

（二）中国农业绿色发展引领世界农业发展新思想新理念

2017年9月，中共中央办公厅、国务院办公厅印发了《关于创新体制机制推进农业绿色发展的意见》，全面开启了中国农业绿色发展新兴事业。中国

农业绿色发展坚持以"创新、协调、绿色、开放、共享"的发展理念为指引，以空间优化、资源节约、环境友好、生态稳定为基本路径，以粮食安全、绿色供给、农民增收为基本任务，以制度创新、政策创新、科技创新为基本动力，以农民主体、市场主导、政府依法监管为基本遵循，构建人与自然和谐共生的农业发展新格局，推动形成农业绿色生产方式和生活方式，建设美丽乡村、美丽中国。中国农业绿色发展是千年以来农业发展观的一场深刻革命，是对世界农业可持续发展思想的继承、丰富和发展。当代中国农业绿色发展行动及其成效，将成为引领世界农业新发展理念和发展方向的重要力量。

（三）中国农业发展坚定支持并积极参与世界农业南南合作

长期以来，中国本着"平等互利、注重实效、长期合作、共同发展"的原则，积极履行国际义务，已成为发展中国家对联合国粮食及农业组织（FAO）南南合作出资最大、派出专家最多、成效最显著的国家。中国是最早参与FAO"粮食安全特别计划"框架下南南合作的国家，也是第一个与FAO建立南南合作战略伙伴关系的国家，中国向全球发展中国家提供了丰富的技术援助、资金支持和解决方案，是FAO南南合作坚定的支持者和参与者。中国参与世界农业南南合作的方式与成效日益受到国际社会的广泛关注和赞誉，并成为农业多边合作的典型模式，被FAO赞誉为世界农业南南合作的样板。

（四）中国农业发展促进和推动世界农业贸易全球化进程

2001年底，中国加入WTO，中国农业对外开放程度大幅提高，中国农业与世界农业的关联程度发生重大变化。在世界贸易体系中，中国作为农产品生产大国和消费大国，农产品贸易占据中国对外贸易的很大份额，也在世界农业贸易市场占有重要地位。目前，中国已发展成为世界第一大农产品进口国和世界第四大农产品出口国。中国农业在分享世界农业经济全球化利益的同时，也积极参与和推进国际农产品贸易全球化进程，特别是在贸易保护主义和民粹主义逆流涌动，经济逆全球化愈演愈烈的大背景下，中国高举"改革开放、合作共赢"的大旗，积极主动地参与国际贸易规则重构和全球经济治理，为全球粮食安全、世界经济复苏、国际贸易体制的发展发挥了重要作用。

第四节 当代世界农业的研究方法与内容体系

一、当代世界农业的研究进展

改革开放以来，中国以开放、包容、友好、担当的姿态积极参与到国际社会各项事务当中。农业作为中国最早改革开放的领域，中国农业与世界农业的关系不断密切。为了更好地了解世界，更充分地关注世界农业的发展，中国的广大学者以中国特色社会主义思想为指导，秉承改革开放、实事求是的研究精神，对世界农业开展了广泛而深入的研究，形成一批具有重要价值的研究成果。

纵观现有研究成果，中国对世界农业发展的关注随着改革开放的进程而体现出不同的阶段性特征，总体上表现出两大阶段性特色。

（一）改革开放初期以学习借鉴为主的研究特色

从 1978 年至 20 世纪末，这一时期中国正处于改革开放的初期阶段，各行各业多以观摩、学习、借鉴的姿态触摸着国际社会，尤其是重点关注着发达国家的经验与做法。中国的改革始于农业的改革，因此，在这一阶段，中国农业界对世界农业的发展较为重视，有关世界农业的相关研究较为集中，出版的研究著作也较多。这一时期的研究特色体现在：一是研究报告或著作基本以情况介绍为主，通过利用各种渠道搜集国外相关资料，组织专业人员对资料进行翻译、整理、编写，从而形成具有参考意义的成果。二是研究成果涉及的类型比较丰富，既有系统、全面反映世界农业的综合性研究，也有针对农业不同领域的专题性研究，比如世界不同类型国家的农业基础设施建设、世界不同类型国家的农业推广、世界主要国家的可持续农业和农村发展等。在这一时期，具有代表性的成果当数《当代世界农业》（中国农业出版社，1991 年版），该书由专题总论、国家各论和统计资料三部分组成，着重于介绍 20 世纪 80 年代以来世界农业的最新进展，为当时的农业行业各类人员提供了一个较全面、系统了解世界农业情况的窗口，对汲取世界各国发展农业生产的有益经验和技术、促进中国农业稳定发展提供了帮助。

（二）21 世纪初以分析审视评价为主的研究特色

进入 21 世纪以后，中国改革开放的步伐日渐加快，中国与世界各国的双多边合作日益深化，各种贸易、技术、人员的交流日益频繁，中国对世界的关注也日益加强。这一时期，是中国经济的快速发展期，国内学者对世界农业的关注视角也发生了重大变化，由改革开放初期单纯学习转变为以分析、审视、评价的角度研究世界农业。这一时期的研究特色主要体现在以下两个方面。一是专题性研究的重点偏向于政策变化的分析。近几年，国内一些机构和学者对世界重点国家和地区的农业政策、全球农业农村公共政策、国际贸易政策、农业风险管理政策、农村金融政策、双边合作政策以及农业科技政策、可持续发展政策等进行了跟踪分析，形成了一系列相关政策分析报告，为中国农业政策的制定提供了重要参考。二是对世界农业的研究方法开始重视以数据分析为基础的系统研究，从中探寻中国与世界的差别。此外，该时期的世界农业研究，对非洲等经济欠发达地区也给予了关注，为中国农业"走出去"提供了信息与知识帮助。这一时期，最具代表性的研究成果为《当代世界农业》（中国农业出版社，2010年版），该著作包括综合篇、国家篇、国际组织（企业）篇三部分，以翔实的数据、专业的视角、系统的描述，对全球以及世界各国的农业资源、生产、科技、贸易、政策等进行了研究。该成果有助于促进中国农业行业进一步开阔视野，拓展思路，积极推进农业现代化建设。

二、当代世界农业的研究方法及体系

从研究现状看，中国对世界农业发展的关注度越来越高，无论是具体国家和地区的农业发展，还是全球性的农业发展，都是中国研究人员一直追踪监测分析的重点，并且这种态势还将持续下去。本次编纂的当代世界农业丛书，在继承以往研究成果的基础上，着眼当今世界工业化、信息化、全球化、农业现代化产生深刻变化的新形势、新格局，以创新的精神、全球的视野、实事求是的态度，深入、系统研究当代世界农业发展的新特点、新趋势。

（一）当代世界农业的研究方法

面对当今世界百年未有之大变局，中国对当代世界农业的研究要加快从情况了解、学习借鉴向分析比较、审视评价、发现原创转变，不仅在内容上需要更加全面、系统，在研究方法上也需要有创新性思维，需要运用多学科方法开展综合性研究。

一是整体把握与重点分析相结合。世界经济是一个整体，作为世界经济重要组成部分的世界农业同样是一个有机整体。因此，在研究当代世界农业过程中要注意处理好整体与个体、全局与局部的关系，避免可能产生片面结论的状况。一段时间以来，由于历史的、经济的和信息来源等因素的影响，当代世界农业研究存在孤立地、静止地开展研究的问题，特别是就发达农业国家研究世界农业的倾向，导致不能满足全社会对世界农业发展整体状况和国别状况研究成果的迫切需求，有的领域还出现以偏概全的结论。随着世界农业发展全球化、科技化、信息化进程加快，创新世界农业研究方法势在必行。总的方向是以辩证唯物主义方法论为指导，以系统论思维，借鉴应用现代农业科学、现代经济学、现代管理学等先进的理论、方法和手段，以满足国家和社会需求为责任。研究世界农业发展问题，不仅要重点分析该问题所涉及的世界农业相关方面，还要重视对世界经济发展特点的研究观察；不仅要深化对发达农业国家农业现代化新进展、新问题的研究，还特别需要补上对世界发展中农业国家和最不发达农业国家，对非洲、拉丁美洲、中亚、东南亚等地区农业发展状况、特点、问题研究的"短板"，提升当代世界农业的研究水平；不仅要深入研究某个问题自身体系的各种联系，还要强化综合性思维，加强该问题所涉及农业行业的资源、生产、市场、经营主体发展等方面的研究，以及在国际领域中所涉及的科技进步、贸易投资、支持政策等的研究，力求研究的客观性、国际性、实用性。通过各方努力，让当代世界农业研究工作为推进中国和世界农业现代化作出应有的贡献。

二是历史考察与趋势研判相结合。历史是现实的老师，启迪未来。研究当代世界农业，不能不研究世界农业的历史状况。将世界农业发展的历程、特点、规律进行系统研究，是对今天世界农业各种问题得出正确解决方案，进而对世界农业未来的发展趋势给予正确预判的重要前提。比如，通过对开始于1 300年前至今还在很好发挥作用的中国哈尼梯田区域农业生产绿色系统、欧美一些国家近代以来现代农业发展历程、墨西哥和印度等发展中国家20世纪60年代推进"绿色革命"实践的系统研究，不仅有利于找到解决今天世界农业面临的生态环境等诸多问题的现实有效方案，而且能更好地揭示当代世界农业未来发展中必须走绿色可持续发展之路的基本原则。正确把握对世界农业历史考察与趋势研判的结合点，就应该对当代世界农业现实状况采取科学的研究方法。要以辩证唯物主义和历史唯物主义方法论为指导，在充分占有材料的基础上，应用理论总结与经验分析相结合的方法，采用数学手段，定量化分析，对当代世界农业发展过程中所表现出来的现象给予综合评判，从中把握世界农业变化的本质和规律。

三是共性规律研究与国别特点研究相结合。在当代世界农业研究中，正确处理世界农业发展规律与世界各国农业发展特点之间的关系，是关系到能否正确认识和推进世界农业发展的一个重要方面。世界农业发展规律是世界各国农业发展状况的本质反映，不是世界各国农业发展规律的简单相加。同样，一个或几个发达国家的农业发展规律也不能等同于世界农业发展规律。否则，人们对世界农业发展规律的认识就容易产生偏颇。为此，第一，顺应当代世界农业发展全球化、现代化大趋势，要继续深化对世界发达农业国家、新兴发展中农业国家在发展农业现代化过程中的理论与实践成果的总结、提炼和应用，促进对当代世界农业发展规律的认知与应用，为构建人类命运共同体服务。第二，要支持世界各国（包括发达农业国家、发展中农业国家和最不发达农业国家）在借鉴世界农业发展规律指导本国农业发展过程中，立足国情农情，积极探索符合本国实际的农业发展道路，并不断总结上升为规律性认识，为促进本国农业发展服务，为丰富人类对世界农业进步和发展的规律认识作出贡献。第三，各相关国际组织和各国政府需加强对各国农业发展数据信息的收集、整理和交流，并将其纳入加强国际治理体系建设的重要内容。

四是中国经验诠释与世界农业研究相结合。中国是世界最大的发展中国家。新中国成立以来，特别是 20 世纪 80 年代改革开放以来，中国坚持走有中国特色的社会主义农业现代化道路，取得了农业高产、农民富裕、农村全面小康的巨大成就。中国农业是世界农业的重要组成部分，中国农业发展取得的成就也是当代世界农业发展进步的重要特征。因此，要更好地阐述中国农业现代化道路的成就、特点及其理论贡献，进一步推动中国农业发展实践与理论创新的现代化、规范化和国际化进程。中国农业发展道路的世界意义是为广大发展中农业国家甚至最不发达农业国家开启了另外一条道路，具有重要启示意义。主要体现在：各个国家都要从国情出发，从实际出发，选择适合自身的农业发展道路；要把粮食安全保障能力主要建立在本国基础之上；农业发展要构建政府主导、农民主体、市场活力共同推动的动力机制；要注意保护和调动农民发展农业生产的积极性和创造性，通过农业持续发展使农民生活不断改善；要注重农业科技创新，促进农业产业不断升级；要追求农业发展与生态环境"双赢"的格局，等等。与此同时，要以开放的视野、谦虚的态度，学习、研究和借鉴世界农业发展的一切先进技术、做法和手段，结合、应用于我国农业现代化过程之中，并进行再创造，构建起具有中国特色和中国风格的现代农业理论体系，使之成为世界现代农业理论体系的重要组成部分，从而为共同推动世界农业的发展进步贡献中国的智慧和力量。

（二）当代世界农业丛书的内容框架

当代世界农业丛书包括总论卷和国别卷，总论卷是建立在世界发达农业国家、发展中农业国家和最不发达农业国家发展状况基础上的综合篇，是对当代世界各国农业的理论概括，重点关注的是对世界农业发展一般经验和规律的总结。国别卷选择了世界部分重要或有代表性的国家和地区，对其农业状况尽可能作出全面系统分析。全书以"会当凌绝顶，一览众山小"的视野，观照世界百年未有之大变局背景下世界农业发展的新变化、新趋势，以及这些新变化和新趋势对未来世界农业发展产生的影响。

世界农业发展情形极其复杂，故事精彩纷呈，研究世界农业发展有多个视角、多个维度，很难用一本书将其模式、特征、经验和未来发展方向讲透。本着"总结当代世界农业发展经验，探讨当代世界农业发展趋势，观照中国农业发展借鉴，研究中国农业发展规律"的意图，本书由导论和15个专题组成，从资源要素、产业发展、国际规则、重点问题四个方面展开论述。

一是资源要素方面。资源是生产力的基本要素，也是支撑农业发展的重要投入要素。本书对世界土地资源、水资源、气候资源、生物资源的分布情况及特征、利用与保护制度进行了详细介绍，并重点对水土资源利用与保护的现状进行了匹配性评价。同时，对世界主要农业资源可利用的潜力、资源保护的趋势、资源利用的前景进行了系统分析与展望。在农业人力资源建设方面，本书对部分发达国家较为完整的农业教育体系、农民培训体系进行了介绍，为农业人力资源的开发与利用提供了更多的借鉴。此外，本书还对农业生产经营主体的演化、生产经营模式的变革与趋势进行了论述，并对农业合作社对农业生产所起到的作用进行了研究。

二是产业发展方面。本书围绕数字农业、生物农业、绿色农业的发展，从农业科技投入、技术进步方向与模式、科技发展的重点领域等方面进行了详细分析，从而体现出世界农业科技研发与推广对推动农业产业发展的作用。同时，对世界重点农产品的生产与供给、消费区域、市场价格的发展及特征进行了系统分析，阐述了其发展趋势及其影响因素。本书还单独立章，研究了农业信息化、机械化的演化过程，并重点对信息化和数字化改变世界农业发展业态、促进世界农业格局调整的效果进行了描述。此外，本书还就农业生产性服务的发展与演变、农业产业化融合发展的演变过程进行了专题研究。

三是国际规则方面。世界农业是世界经济、社会的基础。农业生产及食品安全、环境、气候是世界发展的公共问题，各国政府、有关国际组织必须加强治理。本书从政府行为出发，围绕保障农产品供给和粮食安全、稳定农民收入、保障食品安全、加强生态环境保护、提高农业竞争力、促进农业绿色可持续发展、开发农业多功能、促进国际贸易等方面，分析了农业支持保护政策的改革历程及其结构特征，并重点论述了逆全球化趋势对世界农产品贸易和投资的长期影响，分析了农业标准化、品牌化发展的态势以及对积极参与国际贸易竞争的技术支持作用。

四是重点问题方面。结合当前世界农业面临的核心问题，本书设立了两大重点问题进行专题研究，即粮食安全治理问题和农业跨国公司与农业供应链问题。粮食安全治理一直是世界各国所关注的首要问题，本书主要就当前全球粮食安全形势以及主要影响因素、全球粮食安全治理体系以及当前全球粮食安全治理面临的挑战展开了详细分析，并在此基础上对未来全球粮食安全的发展趋势进行了研判。世界农业跨国公司的发展对全球农业产生了巨大影响，本书在回顾农业跨国公司发展演变历程的基础上，重点分析了跨国公司对世界农业供应链所产生的影响，并对未来农业跨国公司的发展趋势进行了研判。

第一章 CHAPTER 1
世界农业资源利用和保护 ▶▶▶

农业资源是从事一切农业生产、经济活动的基础，通常包括土地资源、水资源、气候资源和生物资源等。深入了解世界各地农业资源数量分布与质量状况，全面总结评价世界农业资源利用与保护现状，系统归纳和解析世界农业资源利用与保护制度，展望未来世界农业资源利用与保护趋势，是研究世界各国农业生产条件和发展潜力的重要基础，也是优化发展世界农业生产力，推动中国农业"走出去"，利用两种资源、两个市场，保障世界和中国农产品安全、构建人类命运共同体的基础工作。

第一节 世界农业资源及其分布概况

一、世界土地资源分布概况及特征

据联合国粮食及农业组织（FAO）最新统计资料，2018 年，世界五大洲陆地总面积约为 1.35 亿千米^2，国土总面积居前 5 位的国家是俄罗斯、加拿大、美国、中国和巴西。由于地形、地貌和气候的差异，各国陆地面积与农业用地面积差异较大。各大洲和部分国家的国土面积、可耕地面积、多年生作物面积、草地牧场面积和森林面积分别详见表 1-1 和表 1-2。

表 1-1 2018 年世界五大洲土地资源状况

单位：千公顷

地区	国土面积	可耕地面积	多年生作物面积	草地和牧场面积	森林面积
世界	13 487 492	1 394 979	169 943	3 233 686	4 068 923
亚洲	3 199 866	498 134	90 585	1 079 784	620 160

（续）

地区	国土面积	可耕地面积	多年生作物面积	草地和牧场面积	森林面积
非洲	3 033 280	240 723	35 457	842 870	644 619
欧洲	2 333 074	272 816	15 431	173 072	1 017 014
美洲	4 065 128	351 261	26 922	799 820	1 601 863
大洋洲	856 144	32 045	1 548	338 140	185 267

资料来源：联合国粮食及农业组织统计数据库。

表 1-2　2018 年世界部分国家土地资源状况

单位：千公顷

国家	国土面积	可耕地面积	多年生作物面积	草地和牧场面积	森林面积
俄罗斯	1 709 825	121 649	1 793	92 052	815 312
加拿大	987 975	38 687	170	19 342	347 002
美国	983 151	157 737	2 700	245 374	309 795
中国	960 001	119 489	16 206	392 834	216 219
巴西	851 577	55 762	7 756	173 361	499 051
澳大利亚	774 122	30 974	332	327 589	134 005
阿根廷	278 040	39 200	1 068	108 500	28 791
哈萨克斯坦	272 490	29 748	132	186 156	3 396
阿尔及利亚	238 174	7 505	1 012	32 842	1 930
刚果（金）	234 486	11 800	1 500	18 200	128 358
沙特阿拉伯	214 969	3 437	192	170 000	977

资料来源：联合国粮食及农业组织统计数据库。

2018 年，世界耕地和多年生作物面积为 15.6 亿公顷，占世界土地总面积的 12%，耕地和多年生作物面积居前 10 位的国家是印度、美国、中国、俄罗斯、巴西、印度尼西亚、尼日利亚、阿根廷、加拿大和澳大利亚，占世界耕地和多年生作物用地总面积的 56%。2018 年，世界可耕地面积为 13.9 亿公顷，与 2010 年相比扩大了 0.35 亿公顷，增长 2.6%。扩大的耕地面积主要来自非洲和美洲地区，达 0.27 亿公顷，欧洲则减少了 0.03 亿公顷。

2018 年，世界永久性草地和牧场总面积为 32.3 亿公顷，约占世界土地总面积的 24%，约为世界耕地面积的 2.1 倍，其中亚洲、非洲和欧洲草地面积分别为 10.8 亿公顷、8.4 亿公顷和 1.7 亿公顷。草地和牧场面积居前 10 位的国家是中国、澳大利亚、美国、哈萨克斯坦、巴西、沙特阿拉伯、蒙古、阿根廷、俄罗斯和南非，其中中国永久性草地和牧场面积约 3.93 亿公顷，占世界总面积的 12％，稳居第一位。

　　根据 FAO 2018 年森林调查统计，世界森林总面积为 40.7 亿公顷，约占世界土地总面积的 30％；世界各大洲和各国之间森林面积分布极不均衡，其中美洲、欧洲和非洲森林面积分别为 16.0 亿公顷、10.2 亿公顷和 6.4 亿公顷，占世界森林总面积的 80.2％；居前 5 位的国家是俄罗斯、巴西、加拿大、美国、中国，占世界森林总面积的 53.7％。

二、世界水资源分布概况及特征

　　地球表面有 75％的面积被水覆盖，水的总量约为 13.9 亿千米³，大约 97％的水来自海洋，淡水仅占 3％左右（图 1-1）。由于海水难以直接利用，一般所说水资源主要指陆地上的淡水资源，约 69％的淡水以永久性冰或雪的形式封存于南极洲和格陵兰岛的冰川冰盖内，约 30％的淡水成为埋藏很深的地下水，难以利用。能为人类所利用的水资源主要是湖泊、河流、土壤和埋藏相对较浅的地下水，不足淡水总量的 1％。

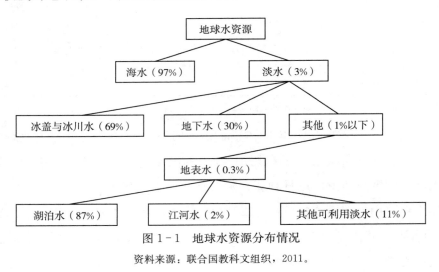

图 1-1　地球水资源分布情况

资料来源：联合国教科文组织，2011。

　　据估算，每年世界陆地总降水量为 119 万亿米³，其中 72 万亿米³ 被蒸发。地球上淡水的补给主要依赖于海水的蒸发。海洋每年蒸发 505 万亿米³ 的海水，其厚约为 1.4 米。每年所有降水中约有 80％降落到海洋中，其余降落于陆地。南美、东亚和南亚、北美地区的实际可用水总量居前 3 位，依次占世界总可用水量的 32.8％、26.3％和 11.8％；南欧、中亚和北非地区的实际总可用水量居后 3 位，依次占世界总可用水量的 0.9%、0.5% 和 0.2%（表 1 - 3）。

表 1 - 3　世界主要地区水资源状况

地区	降水指数 /毫米/年	实际可用总水量 /亿米³/年	占世界可用总水量的比 /%
北非	221	103	0.2
撒哈拉以南非洲	1 062	5 526	10.1
北美	895	6 433	11.8
中美及加勒比地区	1 712	777	1.4
南美	1 939	17 958	32.8
中东	313	575	1.1
中亚	239	293	0.5
东亚和南亚	2 047	14 374	26.3
北欧	850	853	1.6
西欧	1 060	808	1.5
中欧	738	798	1.5
南欧	712	486	0.9
东欧	753	4 843	8.9
大洋洲	1 798	902	1.6

资料来源：联合国粮食及农业组织全球水信息系统。

自 20 世纪以来，人口增长、工业发展和灌溉农业的扩张是引起水需求增加的三个主要因素。过去 20 年农业消耗了经济发展新增的大部分淡水。全球湖泊、河流和地下水资源中 70% 的部分为农业所用，大部分用于灌溉。中国和印度水资源总量比较多，但人均水资源量少于世界主要发达国家。主要工业化国家，如法国和德国等，工业用水占 70%～80%，农业用水仅占 12% 以下；美国农业和工业用水相对较为平衡；中国、印度、墨西哥等发展中国家农业用水比例较高，超过 60%，工业用水占 23% 以下；刚果（金）、英国等国，生活用水比例较高，超过 65%（表 1 - 4）。

表 1 - 4　2017 年全球部分国家水资源状况和用水比例

国家	降水指数 /毫米/年	实际可用总水量 /亿米³/年	人均水资源量 /米³/年	农业用水占比 /%	工业用水占比 /%	生活用水占比 /%
巴西	1 934	8 647	41 605	60.0	14.5	25.5
刚果（金）	1 571	1 283	15 762	10.5	21.5	68.0
印度	1 502	1 911	1 428	90.4	2.2	7.4

（续）

国家	降水指数 /毫米/年	实际可用总水量 /亿米³/年	人均水资源量 /米³/年	农业用水占比 /%	工业用水占比 /%	生活用水占比 /%
英国	1 082	147	2 203	14.0	12.0	74.0
中国	1 049	2 840	1 955	64.4	22.3	13.3
墨西哥	1 052	462	3 702	76.0	7.8	16.2
德国	836	154	1 863	1.2	80.8	18.0
美国	939	3 069	9 441	39.7	47.2	13.1
法国	818	211	3 254	11.8	68.7	19.6
加拿大	694	2 902	79 005	7.4	78.9	13.7
南非	548	51	901	58.8	21.2	20.1
澳大利亚	717	492	20 013	63.4	16.1	20.5
俄罗斯	489	4 525	31 096	29.0	43.5	27.5
埃及	107	58	596	79.2	7.0	13.9

资料来源：联合国粮食及农业组织全球水信息系统。

三、世界气候资源分布概况及特征

农业气候资源主要包括光、热、降水、大气等，也可以细分为生长季长短、各界限温度起止日期和持续日数、积温、最热日与最冷日平均温度、年日照时数、太阳辐射强度、年降水量与分布等。世界农业气候资源具有明显的区域分布规律。全年温度总的趋势是由赤道向两极逐渐下降，光照在干旱地区多，湿润多雨地区少；降水量地区差异很大，总的趋势是赤道一带集中，向两极逐渐减少，北美洲雨带有自东向西减少的趋势，亚洲则是自南向北减少，中纬度自东向西减少，澳大利亚自沿海向内陆减少，欧洲是自西向东减少。

世界作物产区的分布与气候条件的适宜性有关。水稻分布面积主要取决于降水量和温度，如东亚和南亚地区；小麦集中在温带，与冷凉季节气候有关，如中国的黄淮海地区、美国中部小麦带；玉米高产要求热量充足而温度又不能过高，如中国东北平原和美国五大湖以南平原地区的黄金玉米带；棉花集中产区在气候较温暖、雨量适中或偏干旱的地区，如中国新疆、中亚和美国南部的棉花主产区，非洲尼罗河下游是灌溉棉（埃及长绒棉）的集中产区。

四、世界生物资源分布概况及特征

生物资源在地球上的分布很不均匀。生物多样性丰富的国家主要集中于部分热带、亚热带地区的少数国家，包括巴西、哥伦比亚、厄瓜多尔、秘鲁、墨西哥、刚果（金）、马达加斯加、澳大利亚、中国、印度、印度尼西亚和马来西亚等国家。自 20 世纪以来，由于地球气候变化和生态环境的不断恶化，一些生物物种正迅速走向濒危甚至灭绝，地球实际物种数量正在迅速减少，1970—2016 年，全世界的脊椎动物物种数量平均下降 68%。世界自然基金会发布的《2020 年地球生命力报告》对地球生物多样性的最大威胁以及每种威胁在全球范围内造成的影响进行分析，利用地球生命力指数（LPI）衡量世界范围内的生物多样性。LPI 使用来自 4 000 多种不同物种的数据，追踪全球哺乳动物、鸟类、鱼类、爬行动物和两栖动物的数量，研究结果显示，拉丁美洲和加勒比地区 LPI 下降幅度最大，达 94%（表 1-5），主要是爬行动物、两栖动物和鱼类数量减少。

表 1-5　1970—2016 年各地区 LPI 平均降幅情况

排序	地区	LPI 平均降幅/%
1	拉丁美洲和加勒比地区	94
2	非洲	65
3	亚洲（环太平洋地区）	45
4	北美洲	33
5	欧洲和中亚	24

资料来源：《2020 年地球生命力报告》。

第二节　世界农业资源利用与保护现状评价

一、世界农业资源利用与保护主要做法

（一）土地资源利用与保护

1. 耕地数量保护

耕地数量保护是世界各国共同关注的重要问题。一个国家保持一定耕地数量以确保可持续满足本国人口健康生存的需要。世界各国保护耕地数量的主要措施如下。

一是加强土地开发与复垦，增加耕地数量。日本主要通过町村合并和填海造地两种方式增加耕地数量。1888 年，日本开始实施町村合并计划，减少农

村居民点的占地，支离破碎的土地得到集中并且进行重新开垦和整理，间接增加耕地数量，也为此后耕地的规模化经营奠定基础。自 20 世纪 50 年代末起，日本在主要的工业区进行大规模填海造地，以缓解工业用地扩张对耕地的占用。韩国则主要是通过建立耕地开垦费制度，为代替因转变用途减少的耕地而准备开垦替代耕地的必要资金，以保持耕地数量稳定。

二是科学规划土地利用，严控城镇化占用耕地。以色列自 20 世纪 80 年代开始实施农村居民住宅计划，在不适于农业生产的荒山上开展农村居民安置工作，集中连片建设住宅小区，确保不占用耕地资源。德国高度重视城市土地规划，合理布局城市功能用地，将用地分为居住、混合、工业和特别用地四种类型，再进一步细分为核心区、混合区、居住区等，明确每个区的边界和用途，解决城镇化与耕地数量保护间的矛盾。印度主要是严格限制非农建设占用耕地，规定农用土地由政府严加控制，不能随意开发转换为非农用地，禁止出卖土地作为他用，限制城市公营部门随意占用市郊农地。

2. 耕地质量保护

耕地质量保护是指借助行政、经济、法律等手段保证耕地的总体质量不下降。世界各国保护耕地质量主要措施如下所述。

一是加强耕地定级分类与农地保护区建设。发达国家尤为重视土地调查和耕地定级分类，将土地分类结果作为耕地管理的重要依据，通过耕地等级分类管理，有效保护优质耕地，有针对性地开展中低产田改造，提高耕地等级。如美国将全国农地划分为基本农地、特种农地、州和地方重要农地四大类型；英国建立农业土地分类系统，农用地划分为 1 级、2 级、3A 级、3B 级、4 级和 5 级等多个等级。

二是开展建设占用耕地的耕作层土壤的剥离再利用。发达国家通过行政手段、法律手段和市场化机制加强耕作层土壤剥离再利用，控制城市建设和工业建设中的耕地破坏。如日本在经济建设中建立了明确的耕作层使用标准，如果对某一区域挖取或堆积土方的深度、面积超过标准，就必须剥离表土，在建设活动结束后进行表土回填和土壤改良。英国在 20 世纪 50 年代制定《土壤处置实践指南》，明确农业、环境、规划、林业和矿产管理等不同层级政府部门的职责分工，以维持和保护土壤肥力。

三是集中开展土地综合整治和改良。土地综合整治旨在提高耕地质量和保护耕地生态环境，是土地管理制度的重要内容。日本《农业振兴地域整备法》

对农村土地区划整理有明确规定，要求对农村土地进行农业基础设施整理、农村环境管理和农地保护管理。德国土地整治兼具兴修水利、改良土壤、保护乡村景观、优化村民居住条件和传承历史文化等多重功能。俄罗斯为组织利用和保护土地，建立良好的生态环境并改善自然景观，针对土地利用情况制定了土地整理方案，消除了不合理的土地配置，建立了土地边界，明确划分了土地不同权属的主体边界。

四是创建高效可持续农业生产体系。提高农事耕作水平，创建持续高效的农业生产体系也是加强耕地质量管理的重要措施，其中降低农药、化肥使用量是提高土壤有机质含量的重要举措。以色列非常注重优化耕地资源配置，要求地方政府指导农民因地制宜选择适当的农作物种植品种。德国则通过支持发展有机农业，创建绿色可持续的生产体系，提高土壤有机质含量、确保耕地质量。巴西、阿根廷等南美洲国家则通过采取保护性农业措施，建立以土壤、水等农业资源综合管理为基础的双赢系统，实现农业可持续发展。

3. 耕地生态保护

耕地资源作为农业生态系统的载体，耕地生态保护是维持生态平衡，使耕地生态环境保持一种良好状态的有效举措，包括防止耕地污染、耕地沙漠化和水土流失等耕地退化现象的发生等，世界各国保护耕地生态的主要措施如下所述。

一是强化耕地生态保护理念。随着全球环保意识的提升，发达国家将耕地保护的核心目标由数量保护转向生态保护。20 世纪 80 年代以后，英国政府开始逐步加强农地环境的保护工作，将农村地区环境保护放在与农业发展同等重要的位置，地方官员尤为关注农地环境价值实现和乡村景观保护。美国制定耕地储备计划、土壤保持计划以及用地和养地结合计划等，在防止土壤污染与清除土壤污染方面，规定土地使用权人及所有权人的法律义务，明确联邦政府的行政权限。印度等新兴国家通过制定合理的土地利用和改良政策，加大资金投入，引导土地经营者合理开发利用土地，开展田间工程，运用友好型农艺措施，以提高地力和改善生态环境。

二是实施耕地休耕生态保护的激励型措施。欧盟把凡是以保护和改进环境为目的的措施都列入欧盟农业支持范畴。英国政府为农户提供补助金，鼓励农户将指定为劣质地的地区转为草地和林地，如果农场主每年将其 20％的土地作为永久性休耕地，所享受的补贴最高可达 200 美元/公顷；如果将 20％的耕地进行轮耕，享受的补贴最高可达 180 美元/公顷。

三是推行保护性耕作。美国是最早实施保护性耕作的国家。自 20 世纪 60 年代，加拿大、澳大利亚、巴西、阿根廷、墨西哥等国家开始借鉴学习美国保护性耕作技术，并在半干旱地区广泛推广应用。保护性耕作已成为世界上应用最广、效果最好的一项旱作农业技术，在确保产量的同时，能够减少水土流失，产生更好的固碳效果。

四是实行农村环境生态补偿。发达国家采取经济补偿方式激励农民参与耕地生态保护计划。2005 年 1 月开始，英国将种植和养殖补贴变为环境保护补贴，不施用氮肥的耕地每公顷可获得 450～550 英镑的补贴，在氮污染敏感地区，农户每公顷氮肥施用量小于 75 千克可获得 65 英镑补贴。美国为加强耕地和牧地保护，实行环境质量奖励计划和资源保护安全计划，其中 2002—2007 年用于耕地环境质量奖励的资金总额高达 58 亿美元。

4. 中国采取有力措施，加强耕地资源保护

中国为保障全国粮食消费需求，各级政府都划定了耕地保护红线，严控耕地非农占用。实施"藏粮于地"战略，加强耕地保护利用立法执法建设，实施耕地质量保护与提升行动，通过土地整治、土地复垦、耕地占补平衡、高标准农田建设等耕地质量建设工程，弥补了耕地数量与质量的损失，有效遏制了乱占滥用耕地的势头。实施测土配方施肥、轮作休耕、重金属污染治理以及东北黑土地保护利用等耕地质量保护与提升行动计划，保障了全国耕地质量水平总体稳定。

（二）水资源利用与保护

1. 实行开源与节流并重的水资源利用与保护

全球水资源总量丰富，但人均占有水平不高且地区分布不均衡，存在与人口、土地资源配置不相适应的情况，以及水资源污染和浪费加剧、生态环境恶化等问题。因此，世界多个国家和地区积极推进水资源开源、节流、循环利用，以实现水资源合理利用与供需平衡。

美国政府在农业节水方面注重开源与节流并重。节流方面，一是应用喷灌、滴灌、地下灌溉、充分灌溉等先进的灌溉技术，减少农业灌溉用水量；二是应用自动控制技术进行灌区配水调度。开源方面，一是发展城镇生活污水灌溉，通过先进技术，将城镇生活污水进行处理成为农业灌溉用水；二是进行农业布局调整，将灌溉农业由水资源紧缺的地区转移到水资源丰富的地区。以色列政府采取科学有效的措施扩大水资源拥有量，一是在各地兴建先进降水采集设备，尽最大可能采集降水；二是凭借濒海优势，通过海水淡化技术，增加淡水的供应量，淡化海水已成为以色列用水的重要来源；三是政府各个部门密切关注气象条件，在条件成熟的情况下，通过人工降水增加供水来源。日本非常重视农业水资源开源节流，一是在河流上修建水库，通过水库稳定河流水量，防洪蓄水，灌溉农田，日本80%以上的灌溉用水是通过水库提供的；二是利用蓄水池开发新水源，在一些台地较多、远离河流、地下水资源不丰富的地区修建蓄水池，通过数千米甚至距离更长的水渠从河流引水进池，储存起来供灌溉期使用。

2. 注重水资源的分级管理

19世纪末，澳大利亚以州为单位成立水资源委员会，对地表水的使用进行控制，凡私人从河、湖抽水对农田进行灌溉，或修筑引水渠建水库、水坝等设施，必须向水资源委员会进行申请，得到批准后方可动工或在允许的范围内使用河水。近年来对地下水的使用也严加控制，明确地下水资源是一种矿产，把地下水的使用统一纳入水资源管理部门进行管理，凡打井必须得到水资源委员会的审批。水资源委员根据掌握的水资源信息及用户的土地面积进行配给供水，并承担水资源勘测工作，通过各级水文站及观测井对地表水流量以及地下水位进行监测，随时向各级政府报告水资源状况。日本的农业灌溉、排水、森林养护等水资源开发与管理主要由农林水产省执行；河水控制、多功能坝工程开发由建设省负责。美国政府水资源保护和管理涉及联邦政府和州政府两个层面，联邦政府主要通过立法实现对水资源的管理；州政府则根据自身特点，制定相关农业用水方面的管理措施。

3. 创新水资源利用保护科技体系

美国农业科技系统由农业部、州农业试验站和私人企业三部分组成。三个部分互为补充、分工协作。农业部是联邦政府负责农业科技管理的全国性机构，负责全国范围内农业科技方面的工作。州农业实验站在农业部的指导下，结合每个州的特点，进行本州范围内的农业科技管理工作。私人企业则是微观层面的农业科技创新主体，根据市场特点和农业未来发展趋势，进行相关农业科技的研发和推广。在先进的农业科技创新体系支撑下，美国农业节水技术得以长足发展，新型滴灌和喷灌技术、城镇生活污水再转化技术等都达到了世界先进水平。以色列政府也十分重视科技对于农业节水的作用，政府投入巨大的人力和财力进行农业节水技术的开发和推广。整个国家农业科研机构由农业科研管理机构和科研执行机构组成，科研管理机构是全国农业科技管理委员会，负责农业科技的管理；农业科研执行机构包括政府级别科研机构、农业科教机构和公司类社会研究机构，负责具体农业科研和农业人才的培养工作，两个层面的农业科技推广机构互相协调，相互衔接，形成农业科技推广的合理体系。

4. 中国注重农业水资源的节约与利用

中国大力推进节水农业发展，提高农业用水效率，到 2020 年，农田灌溉水有效利用系数提高到 0.55 以上。中国从五个方面推进农业节水工作：一是推进品种节水，选育推广抗旱品种，提高水分生产率和抗旱保产能力；二是推进结构节水，立足水资源调减，调整优化品种结构，调减耗水量大的作物，扩种耗水量小的作物，大力发展雨养农业；三是推进农艺节水，发展喷灌、滴灌、微灌，因地制宜推广水肥一体化技术，实现水肥同步管理和高效利用，集成推广深耕深松、保护性耕作、秸秆还田、增施有机肥等技术，提高土壤蓄水保墒能力；四是推进工程节水，完善农田灌排基础设施，大力发展管道输水，减少渗漏蒸发损失，提高输水效率；五是推进制度节水，推进农业水价改革，合理确定不同区域、不同作物灌溉定额和用水价格，增强农民节水意识。另外，强化农业取水许可管理，严格控制地下水利用，加大地下水超采治理力度。

二、世界农业资源利用与保护存在的问题

（一）农业资源过度开发，水土资源不匹配

1. 农业资源过度开发利用

目前，全世界农地面积大体稳定在 14.5 亿～14.7 亿公顷，而在一些人多地少的国家，土地资源开始缩减。联合国环境规划署（UNEP）发布的一份研究报告指出，过去的 50 年中，由于农业活动、森林砍伐、放牧过度而造成中度和极度退化的土地达 12 亿公顷，约占地球上有植被地表面积的 11%。据 UNEP 统计，世界旱地面积 32.7 亿公顷，受沙漠化影响的有 20 亿公顷，每年有 600 万千米^2 的土地变成沙漠，还有 2 100 万千米^2 的土地丧失经济价值，沙漠化威胁着世界 100 多个国家和 8 亿多人口。自 20 世纪初以来，全世界淡水

资源消耗增加了 6～7 倍，比人口增长速度快 2 倍左右，世界灌溉面积占耕地面积的比例由 14% 增长到 16%。农业灌溉用水的增加使水资源短缺问题越来越严重，全世界现有 80 多个国家缺少农业用水；由于管理不善，30%～40% 的灌溉农地遭受水渍或盐碱化危害。

2. 水土资源不匹配

水土资源是自然资源的重要组成部分，是人类赖以生存的物质基础。作为农业生产和人民生活不可或缺的自然资源，水土资源的数量、质量和组合状态对一个国家或地区的经济、政治、社会发展及生态环境的可持续发展具有深远影响。世界范围内的土地资源、水资源在空间和时间维度上的分配不均衡，导致世界各个国家水土资源不匹配。全世界有 3/4 的国家和地区存在水土资源不匹配的情况，不匹配的类型主要分为三类：可耕地资源丰富但水资源紧张的国家、水资源丰富但可耕地资源紧张的国家、水土资源均紧张的国家。非洲是典型的水土资源极度不匹配的地区之一，素有"热带大陆"之称的非洲，其气候特点是高温、少雨、干燥，气候带分布呈南北对称状。非洲的外流水系占全洲面积的 68.2%，内流水系及无流区面积占全洲面积的 31.8%。据 FAO 统计，非洲拥有 5.4 万亿米^3 的水资源，但由于水资源分布不平衡以及缺少资金和应有设施，目前只有 4% 的水资源得到了开发利用。

（二）农业资源重利用、轻保护

由于人口增长和经济发展，人们对农产品量的需求越来越大，导致农业资源过度开发和利用。加上受经济利益的驱动，生产者普遍存在对农业资源重利用、轻保护的做法，导致农业环境污染和生态退化，甚至引发一些农业不可持续性方面的问题，如土壤退化、荒漠化、盐渍化、生物多样性降低等生态问题。部分发展中农业国家为养活日益增长的人口，毁林开荒或者过度放牧，造成水土大量流失和地力减退。在发达农业国家，由于不正当的经济刺激等多方面的原因，农业环境受到污染和土壤退化现象也十分普遍。据 FAO 等国际组织的资料，在全世界现有农用地中，10% 以上的农用地已受到不同程度的污染或退化；每年流失农地表土约 250 亿吨，因土壤退化造成的经济损失约为 260 亿美元；每年平均有 600 万公顷农地丧失生产能力，致使全球大约有 9 亿多人因此受到威胁，造成的经济损失多达 420 亿美元。此外，农业灌溉用水中大约有 25% 的水以废水的形式回归到径流中，成为水体富营养化的主要因素之一。

（三）农业资源利用与保护存在国家间的不平衡问题

尽管农业资源利用与保护是全球性的问题，但长期以来，在环境与发展的关系上，发达农业国家和发展中农业国家对农业资源利用与保护的程度存在明显的差异和不平衡性。欧美等发达国家从法律、政策、科研、教育、推广等方面，大力推进农业资源环境保护治理，探索形成了一套有效的农业可持续发展的经验做法。美国注重以自然资源为基础，建立合理的农业生产布局，将优势产业与地形、土壤、气候等资源匹配起来，推动农产品生产地理专业化；以土壤为核心，推进耕地综合生产能力提升和可持续利用；以水资源质量保障为重点，推进农业面源污染治理，制定和实施以流域为单位的水环境质量管理计划，指导农户实行精准的施肥和用药技术，解决因种养业肥料和废弃物流失造成的面源污染问题。而在一些发展中国家，由于经济发展水平不高以及科学技术应用不到位等因素的制约，对农业资源的保护利用仍有所欠缺。如非洲地区耕地面积增长主要通过毁林、毁草开荒的方式实现，导致非洲地区气温升高、降水量减少、水土流失严重，使得原本就非常严重的荒漠化问题更加突出；加上单一化种植方式，土地利用效率极低，加剧了土地荒漠化，造成有效耕地面积减少，进而再通过毁林开荒增加耕地，形成恶性循环，不利于对农业资源的利用与保护。

三、世界水土资源利用的匹配性评价

每千人农业用水占有量是衡量区域农业用水量丰富程度的常用指标。

$$E_{water} = W/P$$

式中，E_{water} 表示每千人每年农业用水占有量［亿米^3/（年·千人）］；W 表示区域农业年用水量（亿米^3/年）；P 表示区域人口数（千人）。

每千人可耕地占有量是衡量区域可耕地丰富程度的常用指标。

$$E_{arable} = A/P$$

式中，E_{arable} 表示每千人可耕地占有量（千公顷/千人）；A 表示区域可耕地面积（千公顷）；P 表示区域人口数（千人）。

将人均农业用水占有量高于中位数的国家归为水资源丰富国家，将人均农业用水占有量低于中位数的国家归为水资源紧张国家；将人均可耕地占有量高于中位数的国家归为可耕地资源丰富国家，将人均可耕地占有量低于中位数的国家归为可耕地资源紧张国家。该分类标准可以将国家按照水土资源禀赋状况分成四类，即水土资源丰富的国家、可耕地资源丰富但水资源紧张的国家、水资源丰富但可耕地资源紧张的国家、水土资源紧张的国家（表1-6）。

表1-6 代表国家水土资源利用的匹配情况

水土资源丰富 国家	可耕地资源丰富 但水资源紧张国家	水资源丰富 但可耕地资源紧张国家	水土资源紧张 国家
阿根廷	加拿大	孟加拉国	比利时
澳大利亚	丹麦	中国*	肯尼亚
巴西	法国	埃及	荷兰
印度	德国	以色列	新加坡
墨西哥	坦桑尼亚	意大利	英国
俄罗斯	赞比亚	日本	
南非		新西兰	
西班牙		沙特阿拉伯	
美国			

资料来源：据联合国粮食及农业组织数据库和全球水信息系统数据计算整理。

* 中国水资源总量丰富，但分布不均。

第三节 世界水土资源利用和保护制度

一、世界共同关注水土资源利用与保护制度建设

（一）2030年可持续发展议程

2015年9月，联合国193个会员国举行的历史性首脑会议——联合国可持续发展峰会上，一致通过《2030年可持续发展议程》，制定17项可持续发展目标及169个具体目标，涉及可持续发展的社会、经济和环境等各个层面。

《2030年可持续发展议程》提出的第六项可持续发展目标是"为所有人提供水和环境卫生并对其进行可持续管理"，其具体目标是"到2020年，保护和恢复与水有关的生态系统，包括山地、森林、湿地、河流、地下含水层和湖泊""到2030年，所有行业大幅度提高用水效率，确保可持续取用和供应淡

水,以解决缺水问题,大幅减少缺水人数""在各级进行水资源综合管理,包括酌情开展跨境合作"等与水资源利用与保护相关的议题。

《2030年可持续发展议程》提出的第十五项可持续发展目标是"保护、恢复和促进可持续利用陆地生态系统,可持续管理森林,防治荒漠化,制止和扭转土地退化,遏制生物多样性的丧失",其具体目标是"到2020年,根据国际协议规定的义务,保护、恢复和可持续利用陆地和内陆的淡水生态系统及其服务,特别是森林、湿地、山麓和旱地""推动对所有类型森林进行可持续管理,停止毁林,恢复退化的森林,大幅增加全球植树造林和重新造林""到2030年,防治荒漠化,恢复退化的土地和土壤,包括受荒漠化、干旱和洪涝影响的土地,努力建立一个不再出现土地退化的世界"等与土地资源利用与保护有关的议题。

《2030年可持续发展议程》环境目标已经成为与社会、经济目标同等重要的可持续发展支柱,环境因素在全球发展议程中的重要性与日俱增,农业环境与资源保护目标的确定与落实,明确了未来15年世界农业可持续发展和环境治理的方向,将对未来世界农业高质量发展、高水平发展产生重要影响。

(二)巴黎协定

《巴黎协定》是2015年12月12日由近200个缔约方在巴黎气候变化大会上通过、2016年4月22日在纽约签署的气候变化协定,该协定为2020年后全球应对气候变化行动作出安排,制定"将全球平均气温较前工业化时期上升幅度控制在2℃以内,并努力将温度上升幅度限制在1.5℃以内"的长期目标。

《巴黎协定》相关气候目标促使世界农业必须走一种更加绿色、低碳、循环发展之路。尽管用于能源供应和交通运输的化石燃料消耗最受关注,然而根据联合国粮食及农业组织2021年发布的一项合作研究显示,全球粮食体系人为温室气体排放量占全球排放量的1/3以上,亟须以可持续和更加智慧的气候方式利用土地等农业资源,优化调整农业资源保护利用方式,最大限度地减少温室气体排放,缓解全球变暖趋势。

为助力《巴黎协定》长期目标的实现,农业应从优化资源配置、优化农业生产结构等方面入手,在提高资源利用效率、保护环境、修复生态等方面发力,如将低碳绿色循环理念贯穿农业生产全过程,对不适宜耕种的土地采用休耕、退耕、还林还草还湖等措施恢复土地生态系统,以应对全球气候变化。

（三）IPCC《气候变化与土地特别报告》

政府间气候变化专门委员会（IPCC）是世界气象组织（WMO）及联合国环境规划署（UNEP）于 1988 年联合建立的政府间机构,其主要任务是对气候变化科学知识的现状和气候变化对社会、经济的潜在影响以及如何适应和减缓气候变化的可能对策进行评估。

2019 年 8 月,IPCC 发布《气候变化与土地特别报告》,第一次将气候变化与土地联系起来,并勾勒出气候与农业生产之间复杂的因果关系:一方面,气候变化改变农业气象资源,影响作物产量和种植制度,进而影响粮食安全、农村地区发展及农民生计;另一方面,农业生产作为一种活动,也是温室气体排放的主要来源之一。报告指出,土地状况的变化可以对数百公里外的气温和降雨产生影响;不当的土地使用和管理方式,如为应对粮食减产而进行的耕地扩张,挤占林业用地空间,造成土地退化,进一步加剧全球变暖,形成恶性循环。

土地提供食物、饲料、纤维、燃料、淡水等重要资源和生态系统功能与服务,这些资源与服务构成人类经济社会存在的基础。报告指出,应进行可持续的土地管理,以应对气候变化,降低土地和粮食系统的脆弱性,增强对影响粮食系统极端事件的抵御能力。

（四）温室气体减排协约

气候变化是人类面临的全球性问题,随着各国温室气体排放的增长,全球平均气温逐步升高,对人类生产生活的影响越来越明显。在这一背景下,世界各国以全球协约的方式减排温室气体,纷纷提出碳达峰和碳中和目标。目前,全世界已有 85 个国家提出碳中和目标,这些国家的碳排放占全球排放的 40%以上。在中国、美国、印度、俄罗斯四个较大碳排放国中,中国第一个制定了碳中和日程,明确 2030 年前碳排放达到峰值,2060 年前实现碳中和。中国为世界加快减排进程发挥了示范促进作用。农业部门实现碳达峰、碳中和可以从降低排放强度和提高固碳能力两个方面作出贡献。一是提高农业生产效率,降低单位产量或产品的碳排放强度。如采用水稻间歇灌溉控制甲烷排放和提高肥效降低氧化亚氮排放，改善动物健康和饲料消化率控制肠道甲烷排放，提高畜禽废弃物利用率，降低农业温室气体排放强度。二是改善土壤质量，提高农田和草地固碳增汇能力，通过保护性耕作、秸秆还田、有机肥施用、人工种草和草畜平衡等措施，提升农田草地有机质，增强土地固碳能力，力求做到农田从碳源到碳汇的动态平衡，加快实现农业领域碳中和。

二、典型国家水土资源利用与保护制度安排

（一）发达国家

1. 美国

在农业资源保护和管理方面，美国联邦政府和州层面出台了一系列法律和政策措施，为农业资源可持续利用提供保障。

一是出台《土壤和水资源保护法》。针对 20 世纪 30 年代美国中西部出现的黑风暴事件，美国联邦政府和相关州政府成立水土保持局，采取有针对性的水土保持措施。1935 年，美国水土保持局颁布《水土保持法》，逐步建立法律法规体系和技术标准体系；1977 年修订为《土壤和水资源保护法》，赋予美国农业部更大的土壤、水及相关自然资源保护提升的战略评估和规划权力。

二是出台《清洁水法》。1972 年，美国环境保护署颁布的《水污染控制法》，是美国最重要的联邦水污染防治法，该法把水污染控制分为点源控制和面源控制，明确提出控制面源污染，倡导以土地利用方式合理化为基础的"最优管理实践"；1987 年修订为《清洁水法》，进一步明确要求各州对面源污染进行系统的识别和管理。

三是修订《农业法案》。每隔 5 年左右，美国国会将制定新的《农业法案》。2014 年《农业法案》不断聚焦农业可持续发展项目，重点支持农场应用资源环境保护技术，解决土壤侵蚀与污染、水土流失等问题；2018 年《农业法案》在支持力度保持稳定的基础上，优化、简化现有可持续农业政策项目，增加耕地项目支持力度。各州政府也因地制宜、各负其责，制定相应的水土保护法律法规。密苏里州通过立法，赋予州自然资源保护局制定自然资源保护条例和管理办法的权力，制定"水土保护计划"及"水保护计划"等行动纲领，有效地保护该州水土等自然资源。

四是实行耕地轮作休耕、种植覆盖作物等制度。美国的轮作休耕制度始于

1985 年，通过实行农民自愿参与和政府财政补贴，实施 10～15 年的休耕等长期性植被恢复保护工程，鼓励农户种植覆盖作物，达到改善土壤、水体质量和修复当地生态环境的目的。北卡罗来纳州通过联邦和州两级财政每年补贴 2 500 万美元，对轮作休耕的农户给予每英亩① 35～40 美元的补贴，农户可以根据自己所能接受的最低补贴价格选择对应休耕项目。

2. 德国

德国十分重视耕地资源的保护与可持续利用，20 世纪 90 年代以来就综合应用经济手段和法律手段对耕地资源实行管理，目前已实现系统化、法治化和精准化管理，显著提高了资源利用效率。

一是严格管理耕地数量。1990 年 10 月以后，德国对原有的公有农地进行私有化改造，建立起统一的农地管理制度。目前德国大约 80％的土地所有权归自然人、法人私有，10％归公众所有，实行租佃经营与混合经营并存的农地利用模式。另外还通过编制三级土地利用规划，保证农地规划和管理的有序运行，依法明确规定农地管理机构及其职能、农地纠纷处理等，有效促进农地调整和规模化经营。

二是严格保护土壤质量。20 世纪 90 年代以来，德国逐渐重视土壤生态环境保护，推出系统的土壤保护措施，尤其是加快立法进程保护土壤质量，先后出台《联邦土壤保护法》《联邦土壤保护与污染场地条例》《土壤评价法》《循环经济与废弃物管理法》等一系列法律法规。《联邦土壤保护法》于 1999 年 3 月 1 日生效，是德国第一部全面规制土壤污染的法律，旨在保护和恢复土壤的功能，防止土壤被污染，开展受污染土壤修复工作；《联邦土壤保护与污染地条例》是德国土壤保护的具体法律举措，规定污染的可疑地点、污染地和土壤污染调查评估的具体要求，根据不同的土地用途详细规定不同的启动值标准，风险预防值的评价指标也因不同的土地用途而有所差异，并规定可允许的附加污染额度等。

德国对水资源的保护利用依靠《水法》开展。《水法》系统规定各用水部门、用水群体对于水资源保护、节约利用的权利与义务，对于农业用水与其他用水衔接、用水主体与其他用水主体之间的合作提供重要指南。德国《水法》与欧盟相关水法律一致，要求以流域整体的生态系统管理补充传统的行政区域

---

① 英亩，为英美制面积单位，1 英亩＝0.404 685 6 公顷。——编者注

管理形式组织水管理，在包括生态、经济与社会领域内的所有层面上进行紧密合作。

3. 澳大利亚

澳大利亚全国大部分地区缺少充足的降水。这是澳大利亚农业发展的主要制约因素，政府采取一系列措施进行水资源利用与保护。

一是进行水资源管理及机构改革，将原来由联邦政府控制的水资源管理权下放给州政府，水资源行政管理组织形式改成公司制，吸纳农场主、私营公司参与水的管理，公司由原来政府统管转变为政府、农场主、公司共同管理。

二是完善水资源管理机制，根据农场主拥有的农用地面积确定用水配额，农场主在用水配额范围内可申请用水，政府允许不同用户之间相互有偿转让用水额度，实行水资源商品化。

三是推行农业节水管理政策，发展节水灌溉农业和旱作农业，严格管理用水配额，加强节水技术及其产品的产业化开发。

4. 日本

日本国土面积狭小，山地多、平地少，耕地资源尤为稀缺，地块零星分散。自 1949 年颁布《土地改良法》以来，全国相继开展土地整理合并、荒地开垦、围海围湖造田等建设，配套建设灌排渠系、水源工程、农用道路等设施。围绕农地保护利用，日本颁布实施一系列相关法律、法规、部门规章、规范性文件和技术标准、指南、手册等，包括《农地法》《农业振兴地域法》《水利资源开发促进法》《土地改良法》《农业机械化促进法》《农产检查法》《河川法》《土地改良工程规划设计规范》《土地改良工程规划设计指南》《土木工程施工管理标准》等。日本农地建设标准非常完善和规范，包括规划设计标准、计算标准、施工标准、设施管理标准四类，并根据实际需要，对标准进行动态修订。为保证这些标准得到充分体现，在农田建设项目实施过程中，还会针对不同项目制定相应的操作手册或指南，作为标准的补充和细化，详细说明工程施工所采用的方法、建设材料及安全防护设备设施等。

（二）发展中国家和地区

1. 印度

印度政府高度重视国内水资源利用，出台了一系列政策用于支持和规范水资源的开发利用。从完善法制到具体的节水项目，再到引入私人资本开展集约化水资源利用等，形成从联邦政府到各邦政府的政策和项目计划系统。

一是设立共同参与式的水灌溉管理制度，通过将灌溉利益攸关方集合起来，以代表会议方式直接参与灌溉管理。目前该管理制度已在印度一些邦和地区实行，典型的代表有村民水代表委员会制度和参与式灌溉管理制度。

二是完善农业基础设施，促进农业用水集约化发展。农业基础设施不仅包含水渠、水坝及蓄水井等"硬件"集水输水设备，而且还涵盖农业替代种植、节水灌溉技术等"软件"科学技术手段，包括实施"内河联网项目"、发展替代种植和开发节水灌溉设施等。

三是出台节水管理措施，规范农业用水。印度政府通过出台节水管理措施以规范农业用水，如《国家水政策》作为印度国内水资源管理的纲领文件，对水资源开发利用、水务部门的职责等作出具体的规定；由政府部门牵头，设立与农业发展相关的基金，以共同参与方式加强农业领域的水资源利用管理。2018 年，由印度国家农业和农村发展银行创建的微型灌溉基金已获批准，用于鼓励公共和私人在微型灌溉方面投资，其主要目标是便利各邦调动所有资源以扩大微型灌溉的覆盖面。

2. 巴西

巴西农业土地支持政策主要经历了两个阶段。第一个阶段是以土地改革为主（1946—1998 年），以出台第一部《土地征购法》为标志，用"土地征收"的办法解决土地不均衡问题，开发新土地，保护大地产者的利益。第二个阶段是土地改革政策和土地金融政策相结合。1999 年，巴西成立"土地银行"，标志着土地金融政策时代到来。地方开发银行和特别基金成立后，政府向农民提供贷款购买土地。

巴西有可耕地 2.8 亿公顷，目前有 80% 以上的耕地尚未开发利用。为此，巴西政府早在 1970 年就制定全国一体化的农业开发计划，采取靠扩大耕地面积提高农产品产量的发展道路。政府通过设立地方开发银行和特别基金，增加开发区的资金供应。1997 年以来，降低作物贷款利率，并拨出 10 亿美元专款，其中 20% 用于生产，80% 用于基本建设投资。在国家进行投资的同时，政府利用财政刺激的办法鼓励私人向落后地区投资，并加速改善开发地区的交通运输条件和基础设施配套，实行"北方农产品出口长廊建设计划"和"北部地区灌溉计划"等。此外，利用外国资金与技术加速开发本国资源。在利用外资方面，日本、美国是巴西最大的合作者，近年来以色列也加大了投资。巴西在开发资源的同时，对加强生态保护有深刻的认识并已付诸实践，比如种树、种果保护植被，种草保护生态，等等。

3. 非洲

非洲的水资源比较丰富，但时空分布不均且开发不足，使其有效可持续利用远远滞后于经济社会发展。非洲的行业发展大多对水资源的依赖度较高，保障水资源的可获得性和可靠性是长治久安的基础。

近年来，非洲国家制定一系列水资源保护利用制度，以期充分利用丰富的水资源，使其发挥更大、更有效的作用。尤其是在《联合国水事会议》和《国际饮水供应和环境卫生十年》之后，非洲各国陆续发布一系列高级别宣言、决议和行动纲领，旨在发展和利用水资源，促进社会经济发展和区域一体化。其中包括《非洲水愿景 2025》及其《行动框架》（2000 年）、非洲联盟水与农业特别首脑会议——《苏尔特宣言》（2004 年）、《非盟沙姆沙伊赫——水和卫生宣言》（2008 年）和《2063 议程》（2014 年）等。20 世纪 90 年代以来，不少非洲国家采取措施，制定了一系列改善水资源的制度，如制定水法、确立水利用规则、保障用水分配、通过自制管理和许可证制度等予以规范，建设必要的水供应设施和用水配套等。肯尼亚、坦桑尼亚、乌干达、赞比亚、莫桑比克、贝宁六国还加入联合国儿童基金会主导的"水、环境和个人卫生"项目，试图以国际项目作为抓手，推进国内相关事业发展。

4. 中国

中国政府高度重视耕地可持续利用，耕地保护已被列入国家重大战略。国务院印发第三版《全国土地利用总体规划纲要（2006—2020 年）》，提出到 2020 年耕地数量保持 18.05 亿亩[①]，确保 15.60 亿亩的基本农田数量不减少，质量有提高。2009 年，中国政府提出了耕地数量红线制度，要切实守住 18 亿亩耕地数量的稳定。2015 年，国家出台"十三五"规划，提出了实施"藏粮于地、藏粮于技"战略，并提出在地下水"漏斗区"、重金属污染区、生态严重退化地区开展耕地轮作休耕试点。2016 年印发的《全国土地利用总体规划纲要（2006—2020 年）调整方案》进一步指出，到 2020 年全国耕地保有量为 18.65 亿亩以上，基本农田保护面积为 15.46 亿亩以上。2017 年，中共中央、

① 亩为非法定计量单位，1 亩＝1/15 公顷。——编者注

44

国务院发布《关于加强耕地保护和改进占补平衡的意见》，提出"保护耕地，着力加强耕地数量、质量、生态'三位一体'保护，着力加强耕地管控、建设、激励多措并举保护"。2017年中共中央办公厅、国务院办公厅印发的《关于创新体制机制推进农业绿色发展的意见》，强调始终坚持以绿色为导向的发展方式，要求强化资源保护与节约利用，提出建立耕地轮作休耕制度，推动用地与养地相结合，集成推广绿色生产、综合治理的技术模式，降低耕地利用强度；建立节约高效的农业用水制度，推行农业灌溉用水总量控制和定额管理。2012年国务院办公厅印发的《国家农业节水纲要（2012—2020年）》，提出"严格水资源管理，优化农业生产布局，转变农业用水方式，完善农业节水机制，着力加强农业节水的综合措施，着力强化农业节水的科技支撑，着力创新农业节水工程管理体制，着力健全基层水利服务和农技推广体系"。

第四节　世界农业资源利用与保护展望

一、世界主要农业资源可利用潜力分析

（一）待开发资源可利用潜力

耕地后备资源是未来土地资源的开发潜力所在。从土地资源数量看，全球尚有较多的可耕地，总量超过14亿公顷。如南美洲海拔300米以下的平原约占全洲面积的60%，海拔300～3 000米的高原、丘陵和山地约占全洲面积的33%，可开发利用资源占全洲面积的90%以上，土地资源开发利用潜力十分可观。巴西农业资源得天独厚，土地资源、生物资源、水资源等都十分丰富，目前仍处在"开疆扩土"的发展阶段，近20年来，巴西耕地面积每年递增1.84%，从3 440万公顷扩大到4 950万公顷，但仍只占国土面积的6%，人均0.24公顷，土地开发、农业增产潜力极大，被认为是"21世纪的世界粮仓"。根据FAO模型测算，全世界适合种植稻谷、小麦、玉米、大豆的面积均超过10亿公顷，增产潜力达8%～10%。制约世界耕地面积扩大的另一个基本因素是水，水与耕地面积呈现显著的正相关变化。

目前，水资源的开发利用主要通过管理降水、湿度、蓄水量以及渗透和输水来实现，以改善能够满足人类需求的水资源区域分布、时间和水量。由于淤泥淤积、可用径流减少、环境问题限制，使得最具成本效益和可行性的场址都

已得到开发利用，导致修建更多水库的选项日益受限，采用对生态系统有利的蓄水形式、改善土壤湿度和高效率的地下水补给成为更具可持续性的选择。通过改善土壤和进行植被管理，增强农业景观中生态系统服务粮食生产的"可持续生态集约化"，可通过提高水资源利用效率满足粮食需求的预期增长，并减少其外部水资源的使用。东南亚部分国家如柬埔寨、老挝、越南、缅甸和马来西亚等属热带和亚热带气候，年降水量充沛，但基于水资源负载指数的水资源开发利用潜力分析表明，以上国家水资源总体开发程度较低，还具有较大的开发潜力。以适宜的方式充分开发水资源，进一步加强水资源综合管理，注重技术创新，优化配置，实现水资源高效利用，对未来东南亚经济社会发展具有强大的推动作用。中亚地处欧亚大陆中心地带，远离海洋，气候干旱，灌溉农业在国民经济中占重要地位。尽管该地区土地资源丰富，但水资源短缺且利用率较低，由水资源矛盾引起的生态环境问题一直是中亚各国乃至全世界关注的焦点。未来，世界一方面通过发展绿色能源、开发海水淡化等技术，深度开发水资源；另一方面采用先进的灌溉技术与水利设施，发展节水型农业，提高水资源利用效率，加强水土资源耦合度，充分利用各区域的光热资源。未来世界农业发展潜力巨大，前景广阔。

（二）科技进步促进农业资源可利用潜力上升

合理开发利用资源、保护环境，促进农业可持续发展，根本出路在于科技进步，科技创新是破解水土资源禀赋不足的唯一途径。从国际层面来看，科技进步在农业中的贡献率已超过 60%，科技创新能力成为一个国家农业竞争力的重要体现。美国农业科技对农产品产值贡献率达 80% 以上，成果转化率达到 85%，得益于美国拥有较为完善的农业科研体系和强大的科研投入能力。德国农业从业者大约为 102 万人，大部分农场主由于接受了相应的职业教育或者大学教育，文化水平较高，具备从事农业生产、销售等环节的多项技能。德国安哈尔特应用技术大学致力于培育农业专业人才，每年有 2 000 名学生在这里学习培训，有 55 公顷试验田供培训者进行试验，每年科研投入约为 2 500万欧元，已经形成产学研基地。英国洛桑实验站至今已有 170 多年的历史，持续地开展耕地资源利用实践。此类农业教育培训机构为全球农业培训职业技术人才，为世界农业贡献科技力量，支持农业科技创新，为科技进步提升农业资源潜力提供保障。

二、世界农业资源保护的趋势与展望

（一）农业资源利用保护理念向生态优先、绿色发展方向转变

生态优先是指经济社会发展以资源、环境、生态承载力为前提，将资源节约、环境保护、生态修复放在经济社会发展的优先地位。走生态优先的绿色发展道路，由传统粗放发展模式转向绿色低碳循环发展模式，从工业文明发展道路转向生态文明发展道路，已经成为当今世界各国与国际社会的共识，也是全球范围内农业经济发展的共同趋势。纵观国际主要流域的开发管理模式，无论是美国密西西比河流域、田纳西河流域，还是欧洲的莱茵河流域，坚持生态优先的可持续发展模式早已成为流域开发管理的主导方式，且发展成效十分显著。密西西比河流域经过绿色开发，实现了"经济繁荣、环境优美、生态良好"的发展目标，创造的经济总量占到美国的32%；曾经的"欧洲下水道"——莱茵河，经过半个多世纪的综合治理，也已经发展成为欧洲的"绿色经济带"，创造的经济总产值占全流域国家经济总量的60%以上。坚持资源开发与保护并重，是农业资源可持续利用的前提，也是农业繁荣发展乃至国家和民族生存的必然要求。

（二）农业资源保护手段日趋现代化与精准化

农业从传统向现代转变是工业文明发展的必然产物，用现代化手段推动农业资源利用与保护，可精准提升资源利用效率，进而提高产品产量、降低生产成本。实现农业资源保护利用手段现代化的过程，就是不断将先进的农业技术及手段应用于资源保护利用，并不断提高科技贡献率的过程。20世纪60—70年代以来，新技术、新材料、新能源、新装备的出现，使农业生产形势发生巨大的变化，现代优良品种的育成和推广、优质高效化肥的广泛应用、灌溉农业的发展、动植物保护技术的创新和应用、农业机械化和自动化的推进，不断推动世界各国资源保护利用从传统走向现代。其中，信息化是农业资源保护利用现代化的重要技术手段。通过利用现代信息技术和信息系统为农业生产者、经营者、管理者和科研工作者提供各种精准信息支持和服务，为农业生产全过程管理和服务提供有效信息支撑，极大地提高了农业的经营管理能力、水平和效率，也最大限度地提高了水、土、肥、药等资源的利用效率，已发展成为提升

农业资源利用效率的重要手段。

(三)发展循环农业成为实现农业资源保护与利用的重要途径

农业的高质量、可持续发展要求使得发展绿色、低碳、循环农业成为必然趋势。循环农业是一种环境友好型的农作方式,主要通过减量化、再利用和再循环等手段,促进农作系统中的各种农业资源往复多层高效流动与利用,如秸秆还田、有机肥替代化肥、利用生物相克防治病虫害、农牧结合、废弃物综合利用等,在减少资源、物质投入量和废物排放量的同时,实现节能减排与农民增收的目标。低碳农业是一种尽量减少各种资源投入和减少碳排放的农业模式,主要是通过合理且更有效率地使用化肥、减少有害投入品的使用、节水灌溉、节能耕作等,实现节肥、节药、节水、节能的目的。如美国大力发展"低投入可持续"农业循环发展模式,尽量利用该农业生产系统内的可再生资源来代替系统外资源,从而最大限度地减少不可再生资源的使用率,保证不可再生资源的"减量化"。德国从整体角度构建农业、工业及相关产业之间的循环关系,将农业生态系统与工业生态系统有效衔接,促进资源在不同产业中得到多级多层次的循环利用,进而延长产业链,最大限度地多次使用资源,减少废弃物排放。日本通过终端控制,将农业废弃物重新变成新的资源,并再回归到农业生产过程中,体现了其在农业系统内的全程循环过程,这种"再循环"模式就是注重农业废弃物的重新利用,努力做到变废为宝,提升农业各个环节资源的利用率。

(四)充分利用国际国内两种资源、两个市场,构建资源安全保障体系

由于世界经济发展与自然资源禀赋的不平衡性,任何一个国家都不可能拥有自身经济发展所必需的一切自然资源。一方面,资源短缺国家急需进口大量资源;另一方面,世界资源富集国家资源产品生产过剩,人均资源优势的国家是世界资源经济的自然形成中心,也是世界资源经济中最为活跃的因素。世界经济发展与自然资源禀赋的这种不平衡性,决定了农业自然资源利用的全球化将成为世界经济发展的基本趋势,也构成了国际贸易的自然基础。通过国际贸易出口本国优势的资源与产品,进口本国稀缺的资源与产品,实现国际资源互补与转换是促进经济持续增长的重要途径。如美国、加拿大、澳大利亚、阿根廷、法国等在小麦生产上占有优势,东南亚国家如印度等在稻谷生

产上占优势，澳大利亚、新西兰、阿根廷等国家在畜牧养殖上有优势，加拿大、欧洲北部、南美洲与非洲中西部等国家和地区森林资源占优势，美洲国家的大豆优势十分明显。

　　世界各国需要建立更加开放的市场、更加公平的贸易规则，更好地利用国际国内两种资源、两个市场，实现可持续高效发展。经济全球化是历史潮流，各国分工合作、互利共赢是永恒的主题。世界各国会依据其国内资源环境承载力、生产潜能和农产品需求，确定合理的自给率目标和农产品进口优先序，合理安排进出口品种、数量与节奏，加强产业协同与农业合作交流，优化水土等资源利用和国内国际农业资源配置，努力建设现代化农产品国际贸易新秩序，推动建设更加开放的世界农业经济。

第二章 CHAPTER 2
世界农业生产与市场 ▶▶▶

生产与市场构成了世界农业的两大基础。它们之间既依存又相互作用的关系推动着世界农业的发展。本章探讨世界农业的生产概况、区域分布和生产特征，并从价值实现角度对世界农产品市场进行分析，对其中的一般性规律给予概括总结。

第一节　世界农业生产概况

世界农业生产状况是世界农业发展的基础和主体，对世界经济和社会发展产生根本性、决定性作用。

一、谷物

（一）世界谷物总产量

1991—2019 年，世界谷物①总产量从 22.9 亿吨增加到 35.9 亿吨，年均增长率为 1.6%。从谷物产量变化的趋势看，20 世纪 90 年代以来，世界谷物总产量持续增长，1991—2001 年世界谷物总产量年均增长率为 0.9%，2001—2011 年谷物总产量年均增长率增加至 2.2%，较上一个十年提高了 1.3 个百分点，2011—2019 年谷物总产量年均增长率为 1.5%（图 2-1）。

从国别分布来看，中国一直是世界上最大的谷物生产国，1991—2019 年，谷物产量占世界谷物总产量的 15%～18%；其次是美国，占比为 11%～16%；

---

① 本书谷物是 FAO 公布的谷物范围，主要包括水稻、小麦、玉米及其他杂粮。

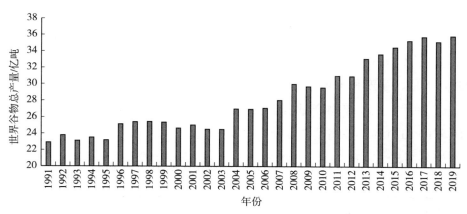

图 2-1　1991—2019 年世界谷物产量变化情况

资料来源：FAO 世界农业统计数据库。

印度和日本占比均为 8%～10%。巴西和阿根廷在世界谷物总产量中所占比重
不断上升。1991—2019 年，巴西谷物产量占世界谷物总产量的比重由 1.6% 提
高到 3.4%，阿根廷由 1% 提高到 2.4%。

（二）世界谷物单产变化情况

随着农业科技不断进步，世界谷物单产水平明显提高。如表 2-1 所示，
总体来看，1991—2019 年，世界谷物单产由 2 430.1 千克/公顷提高至 3 336.0
千克/公顷，年均增长率为 1.6%。分品种来看，单产增速最快的是玉米，由
3 024.6 千克/公顷提高至 5 062.5 千克/公顷，年均增长率为 1.9%；其次是水
稻，由 3 137.8 千克/公顷提高至 4 059.1 千克/公顷，年均增长率为 0.92%；
小麦由 2 591.2 千克/公顷提高至 3 336 千克/公顷，年均增长率为 0.91%。

表 2-1　1991—2019 年部分年份世界主要粮食作物单产

单位：千克/公顷

作物	1991 年	1995 年	1999 年	2003 年	2007 年	2011 年	2015 年	2019 年
水稻	3 137.8	3 171.2	3 266.6	3 382.5	3 590.4	3 868.4	3 980.2	4 059.1
小麦	2 591.2	2 602.9	2 651.4	2 735.2	2 907.4	3 141.1	3 368.5	3 336.0
玉米	3 024.6	3 054.9	3 404.3	3 643.1	4 150.2	4 706.9	4 665.2	5 062.5
谷物	2 430.1	2 505.7	2 676.8	2 881.6	3 013.4	3 426.8	3 621.7	3 824.7

资料来源：FAO 世界农业统计数据库。

（三）世界谷物生产结构变化

20 世纪 90 年代以来，世界谷物生产在单产不断提高、总产量不断增加的同时，水稻、小麦和玉米三大作物总量在谷物生产中所占的比例显著提高。如表 2-2 所示，三种作物产量占谷物总产量的比重由 1991 年的 84.8% 增加到 2019 年的 91.1%，提高了 6.3 个百分点。

表 2-2　1991—2019 年部分年份世界粮食生产结构

单位：%

类别		1991 年	1995 年	1999 年	2003 年	2007 年	2011 年	2015 年	2019 年
占谷物总产量比重	水稻	30.8	31.7	32.0	30.6	30.0	29.7	27.4	26.9
	小麦	28.1	27.9	27.5	26.0	25.5	26.2	25.3	25.0
	玉米	25.9	27.2	29.0	31.1	33.7	34.8	38.2	39.2

资料来源：根据 FAO 世界农业统计数据库数据计算得出。

1991—2019 年，水稻产量由 7.1 亿吨增加至 9.7 亿吨，年均增长率为 1.1%；小麦产量由 6.4 亿吨增加至 9 亿吨，年均增长率为 1.2%；玉米产量从 5.9 亿吨增加至 14.1 亿吨，年均增长率为 3.2%。从占谷物总量比例来看，水稻所占份额由 30.8% 下降到 26.9%，小麦由 28.1% 下降到 25.0%，玉米由 25.9% 提高到 39.2%，玉米占比增速最为显著（图 2-2）。

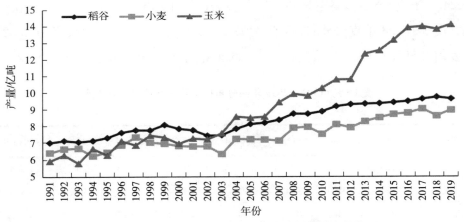

图 2-2　1991—2019 年世界三大粮食作物产量变化情况

资料来源：FAO 世界农业统计数据库。

二、经济作物

(一)棉花

1991—2018 年,世界棉花产量稳中有增。1991—2003 年,世界棉花年产量稳定在 2 000 万～3 000 万吨;2004—2020 年世界棉花年产量为 2 500 万～3 500 万吨,其中 2012 年棉花产量创历史纪录,达到 3 376.8 万吨。

从世界棉花生产格局来看,棉花产量居世界前 6 位的国家分别为中国、美国、印度、巴西、巴基斯坦和澳大利亚,六国棉花产量合计约占世界棉花总产量的 80%;其中又以中国、美国和印度为主,三国棉花产量合计占世界棉花总产量的 63%。中国和印度棉花产量一直位居世界前两位。2020 年,印度棉花产量位居世界首位,为 627.1 万吨;中国紧随其后,为 591 万吨[①]。

(二)油料作物

1991—2019 年,世界油料作物种植面积和生产总量均呈明显增长趋势,油料作物种植面积由 2.1 亿公顷增加至 3.5 亿公顷,年均增长率为 1.8%;生产总量由 4.1 亿吨增加至 11.8 亿吨,年均增长率为 3.8%。主要油料作物有大豆、油棕果、籽棉、油菜籽和花生,如表 2-3 所示,1991—2019 年,5 种油料产量合计占油料作物总产量比重均超过 70%,并呈现增长趋势,由 1991 年的 77.22% 提高至 2019 年的 86.44%,提高了 9.22 个百分点。

表 2-3　1991—2019 年部分年份主要油料作物生产结构

单位:%

	年份	大豆	油棕果	籽棉	油菜籽	花生	合计
占总产量比重	1991	27.24	15.46	18.72	8.54	7.26	77.22
	1995	28.91	18.37	14.64	9.04	8.03	78.99
	1999	30.76	20.61	11.56	9.52	7.98	80.43
	2003	32.09	23.59	10.95	7.37	7.75	81.74
	2007	30.71	25.66	12.74	8.08	6.68	83.86
	2011	29.20	31.45	10.50	8.06	6.05	85.25
	2015	32.08	32.16	7.95	8.05	5.80	86.03
	2019	29.69	34.96	9.02	7.14	5.64	86.44

---

① 资料来源:美国农业部海外农业局。

（续）

年份	大豆	油棕果	籽棉	油菜籽	花生	合计
	1991	28.91	3.19	19.30	12.17	10.93	74.51
	1995	29.95	3.56	17.37	13.02	10.99	74.88
	1999	31.79	3.99	14.43	13.73	10.76	74.70
占总种植	2003	35.26	4.68	13.70	11.66	10.59	75.90
面积比重	2007	35.82	5.29	14.27	12.71	9.67	77.77
	2011	35.97	6.58	12.74	13.24	9.57	78.09
	2015	38.74	6.90	10.76	12.61	9.40	78.41
	2019	36.76	8.09	12.39	11.58	9.72	78.53

资料来源：根据 FAO 世界农业统计数据库数据计算得出。

大豆在油料作物中占据首要地位。1991—2019 年，大豆种植面积由 6 197 万公顷增加至 1.3 亿公顷，年均增长率为 2.7％；产量由 1.1 亿吨增加至 3.49 亿吨，年均增长率为 4.2％。大豆产量占油料作物总产量的比重略有波动，1991—2015 年呈现增长趋势，由 27.24％提高至 32.08％；此后占比逐渐降低，2019 年降至 29.69％。油棕果产量取而代之占据领先地位。

油棕果尽管种植面积相对处于较低水平，但由于单产水平高，所以产量在油料作物中也相对较高。1991—2019 年，世界油棕果种植面积由 684.5 万公顷提高至 2 836.3 万公顷，年均增长率为 5.21％；产量由 6 387 万吨提高至 41 136.3 万吨，年均增长率为 6.9％；产量占油料作物总产量的比重由 15.46％提高至 34.96％，近年来已经超越大豆成为产量最高的油料作物；种植面积占油料作物种植面积的比重则由 3.19％提高至 8.09％，依然处于较低水平。

世界籽棉的播种面积和产量增长速度较慢。1991—2019 年，世界籽棉种植面积由 4 138.3 万公顷提高至 4 345.6 万公顷，年均增长率为 0.17％；产量由 7 734.1 万吨提高至 10 609.4 万吨，年均增长率为 1.1％。尽管籽棉的种植面积和产量整体呈现上升趋势，但由于增速相对慢于其他油料作物，因此世界籽棉种植面积和产量在油料作物种植总面积和总产量中所占比重均呈下降趋势。1991—2019 年，世界籽棉产量占油料作物产量的比重由 18.72％下降至 9.02％；种植面积占油料作物种植面积的比重由 19.30％下降至 12.39％。

世界油菜籽种植面积增速慢于产量增速。1991—2019 年，世界油菜籽种植面积由 2 610 万公顷提高至 4 060.1 万公顷，年均增长率为 1.6％；产量由 3 529 万吨提高至 8 399.5 万吨，年均增长率为 3.1％。和棉籽一样，世界油菜籽种植面积和产量分别在油料作物种植总面积和总产量中所占比重也均呈下降趋势。1991—2019年，世界油菜籽产量占油料作物产量的比重由8.54%下降至7.14%；种植面积占油料作物种植面积的比重由12.17%下降至11.58%。

世界花生种植面积和产量波动增长，产量增速高于种植面积增速。1991—2019年，世界花生种植面积由2 343.1万公顷提高至3 410.5万公顷，年均增长率为1.35%；产量由3 000.3万吨提高至6 633万吨，年均增长率为2.87%（图2-3）。花生种植面积和产量分别在油料作物种植总面积和总产量中所占比重均呈下降趋势。1991—2019年，世界花生产量占油料作物产量的比重由7.26%下降至2019年的5.64%；种植面积占油料作物种植面积的比重由10.93%下降至9.72%。

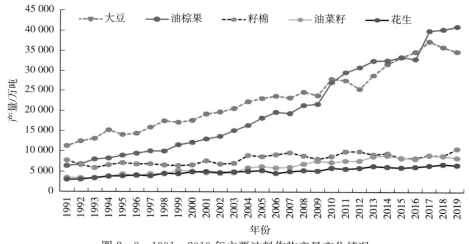

图2-3　1991—2019年主要油料作物产量变化情况

资料来源：FAO世界农业统计数据库。

（三）园艺作物

世界苹果种植面积波动较大，整体增幅不高，但由于单产水平提高较快，产量增长也较快。1991年世界苹果种植面积654.5万公顷，1996年达到创纪录的924.6万公顷；随后呈下降趋势，2008年降至666.14万公顷；近年来又稳定在1991年的种植面积水平，2019年种植面积稳定在675.9万公顷。从产量来看，世界苹果产量呈明显增长趋势。1991年，世界苹果产量为4 054.9万吨，2019年增长至12 966.3万吨，年均增长率达到4.2%。从单产来看，世界苹果单产水平提高较快。1991—2019年，世界苹果单产由11 914.2千克/公顷提高至16 539千克/公顷，年均增长率为1.2%。

世界柑橘种植面积和产量总体呈现平稳增长趋势，但单产水平波动较大，整体呈现下降趋势。1991年世界柑橘种植面积为219.1万公顷，2019年增长到466.3万公顷，年均增长率为2.7%。从产量来看，世界柑橘产量呈平稳增长趋势。1991年总产量为1 817.4万吨，2019年提高至5 532.7万吨，年均增长率为4.1%。从单产来看，世界柑橘单产水平呈现波动趋势。1991—2001年，世界柑橘单产由13 460.8千克/公顷提高至16 041.6千克/公顷；2001—2014年，柑橘单产整体呈下降趋势，降至11 794.9千克/公顷，2019年又回升至13 212.6千克/公顷，但仍低于1991年单产水平。

1991—2019年，世界蔬菜种植面积、总产量以及单产均呈稳步增长趋势，种植面积由3 622.1万公顷增加至8 485.3万公顷，年均增长率为3.1%；总产量由5.4亿吨增加至17.2亿吨，年均增长率为4.2%；单产由12 838.5千克/公顷提高至17 503.3千克/公顷，年均增长率为1.1%。

三、畜产品与水产品

（一）畜产品生产和消费情况

1991—2019年，世界畜产品中肉类产量、奶类产量以及蛋类产量均稳步增长；肉类产量由21 781.1万吨增加至41 408.6万吨，年均增长率为2.3%；奶类产量由54 088万吨增加至92 005.6万吨，年均增长率为1.9%；蛋类产量由4 861.1万吨增加至12 202.7万吨，年均增长率为3.3%（表2-4）。

表2-4 1991—2019年部分年份世界畜产品产量

单位：万吨

年份	猪肉	牛肉	禽肉	肉类总量	奶类总量	蛋类总量
1991	9 708.9	5 742.6	4 832.0	21 781.1	54 088.0	4 861.1
1995	12 184.7	5 827.5	6 396.9	26 143.8	54 956.6	6 396.8
1999	13 183.6	6 351.6	7 782.8	29 226.4	58 219.6	7 528.3
2003	13 899.2	6 573.4	8 918.7	31 508.3	63 867.1	8 237.8
2007	14 316.2	7 210.1	10 361.1	34 321.8	72 587.7	8 996.6
2011	16 106.6	7 241.0	12 106.1	38 019.8	78 355.6	9 934.2
2015	17 677.8	7 405.8	13 420.8	41 288.2	83 901.2	10 897.2
2019	15 359.1	7 920.4	15 284.2	41 408.6	92 005.6	12 202.7

资料来源：FAO世界农业统计数据库。

　　猪肉、牛肉、禽肉整体也呈增长趋势。猪肉产量由 1991 年的 9 708.9 万吨增加至 2018 年的 17 594.3 万吨，年均增长率为 2.2%，但由于非洲猪瘟疫情导致 2019 年猪肉产量有所下降，降至 15 359.1 万吨；牛肉产量由 1991 年的 5 742.6 万吨增加至 2019 年的 7 920.4 万吨，年均增长率为 1.15%；禽肉产量由 1991 年的 4 832 万吨增加至 2019 年的 15 284.2 万吨，年均增长率为 4.2%。

　　世界肉类产品结构也在变动，猪肉占比下降，牛肉占比下降，禽肉占比明显上升。1991—2019 年，猪肉产量一直位居肉类产量首位；1991—2018 年，猪肉产量在肉类产品中占比均超过 40%，2019 年由于产量回落，占比也下调至 37.09%，但依然处于首位。牛肉产量在肉类中占比呈下降趋势，由 1991 年的 26.37% 下降至 2019 年的 19.13%。与牛肉相反，禽肉在肉类中占比呈现明显增长趋势，由 1991 年的 22.18% 增加至 2019 年的 36.91%（表 2-5）。

表 2-5　1991—2019 年部分年份世界肉类产品结构

单位：%

年份	猪肉	牛肉	禽肉
1991	44.57	26.37	22.18
1995	46.61	22.29	24.47
1999	45.11	21.73	26.63
2003	44.11	20.86	28.31
2007	41.71	21.01	30.19
2011	42.36	19.05	31.84
2015	42.82	17.94	32.51
2019	37.09	19.13	36.91

资料来源：根据 FAO 世界农业统计数据库数据计算得出。

　　肉类消费方面，整体呈现发展中国家消费占比逐渐提高，肉食消费结构本身呈现白肉[①]消费占比相对提高的趋势。随着居民收入增加和城市化进程加快，一些以传统谷物为主要食品消费的国家和地区，逐渐向以富含蛋白质的动物性食品消费方向转变，发展中国家肉类消费明显上升。肉食消费结构本身也在发生转变，由传统的红肉消费逐渐向更加健康营养的白肉消费转变，这一趋势在中国和新兴工业化国家表现得尤为明显。

---

　　① 白肉泛指肌肉纤维细腻、脂肪含量较低、脂肪中不饱和脂肪酸含量较高的肉类，禽肉（鸡鸭鹅等）、各种鱼肉以及甲壳贝类等属于典型白肉。

（二）水产品

1991—2019 年，世界水产品收获量呈现稳步增长趋势。1991 年世界水产品收获总量为 10 384.1 万吨，2019 年达到 21 369.4 万吨，年均增长率为 2.61%（图 2-4）。尽管水产品收获量稳步增长，但增速逐渐放缓。1991—2000 年，年均增速为 3.2%；2000—2010 年，年均增速为 2.8%；2010—2019 年，年均增速为 2.7%。

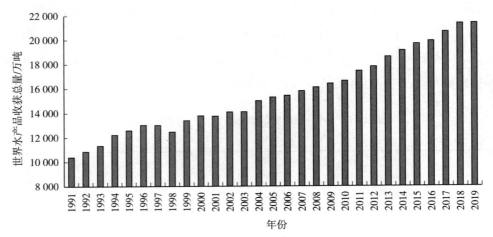

图 2-4　1991—2019 年世界水产品生产及收获变化情况
资料来源：FAO 渔业和水产养殖数据库。

根据 FAO 统计，水产品主要包括鱼类产品（淡水鱼、海水鱼、洄游鱼）、甲壳类、杂类水产动物产品、软体动物、各种水生动物以及水生植物。从水产品结构来看，鱼类产品占水产品产量的比重最高，其次是水生植物，软体动物和甲壳类产品占比相对较低。鱼类产品是第一大水产品，但占比整体呈现下降趋势，已由 1991 年 79.53% 下降至 2019 年的 63.51%。第二大水产品水生植物在水产总量中占比呈明显增长趋势，由 1991 年的 6.16% 增加至 2019 年的 16.76%。软体动物所占比重呈现先增长后降低的趋势，1991 年，软体动物占水产品总量比重为 9.01%，2007 年增加至 13.01%，2019 年又回落至 11.22%。甲壳类水产品占比呈现明显增长趋势，1991 年，甲壳类占水产品总量的比重仅为 4.90%，2019 年增加至 7.76%。杂类水产动物产品以及各种水生动物占水产品总量比重均低于 1%（图 2-5、表 2-6）。

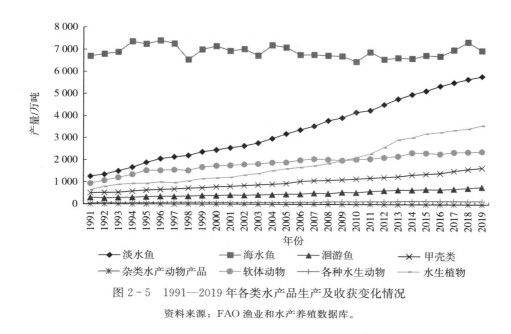

图 2-5　1991—2019 年各类水产品生产及收获变化情况

资料来源：FAO 渔业和水产养殖数据库。

表 2-6　1991—2019 年部分年份各类水产品占水产品总量的比重

单位：%

年份	淡水鱼	海水鱼	洄游鱼	甲壳类	杂类水产动物	软体动物	各种水生动物	水生植物
1991	12.08	64.58	2.87	4.90	0.01	9.01	0.39	6.16
1995	14.92	57.53	2.61	4.96	0.01	12.09	0.49	7.39
1999	17.68	52.29	2.87	5.49	0.01	12.52	0.58	8.56
2003	19.60	47.75	3.01	6.17	0.02	12.98	0.65	9.82
2007	22.44	42.96	3.19	6.76	0.02	13.01	0.58	11.05
2011	24.42	39.61	3.38	6.82	0.04	11.85	0.74	13.14
2015	26.16	34.39	3.48	6.98	0.03	11.85	0.77	16.35
2019	27.17	32.66	3.68	7.76	0.02	11.22	0.72	16.76

资料来源：FAO 渔业和水产养殖数据库。

　　鱼类产品中，海水鱼收获量最高，占比也最高，但是占比相对下降，主要原因在于海水鱼捕捞接近资源极限，而水产养殖规模扩大带来水产来源的多元化；其次是淡水鱼，收获量呈显著增长趋势；洄游鱼收获量最小且略有增长。1991—2019 年，海水鱼收获量由 6 706.3 万吨提高至 6 979.4 万吨，年均增长率为 0.14%；淡水鱼收获量由 1 254.5 万吨提高至 5 806.7 万吨，年均增长率为 5.6%；洄游鱼收获量由 298.4 万吨提高至 786.4 万吨，年均增长率为 3.5%。

第二节　世界农业区域分布

　　世界农业生产不断发展,区域布局逐步形成和稳定。从谷物看,2019年亚洲、欧洲和北美洲产量占世界总产量的比重分别为48.2%,18.2%和16.2%,生产布局相对稳定,而肉类生产近几十年来则有较大变化。由于中国畜牧业的快速发展,亚洲的肉类生产全球占比稳步提升,2019年提高到40.3%,位居世界第一;随后是欧洲的19.1%和北美洲的15.8%。大体来看,全球农业生产按照耕作区域形成了稳定的产业带,除了自然因素影响,科技因素和经济因素对世界农业生产布局的影响也越来越显著。

一、亚洲

　　亚洲农业在世界上占有极重要的地位,是全球粮食、棉花、油料、热带水果、橡胶等农产品的重要供给来源地。2019年亚洲谷物产量为14.3亿吨,占世界总产量的48.2%。其中,稻谷产量为6.8亿吨,占世界总量的89.6%;小麦产量为3.4亿吨,占世界总量的44.1%。油料作物产量为5.7亿吨,占世界总量的51.8%。其中东南亚是世界上橡胶和椰子的最大产地。泰国是世界上最大的橡胶生产国,2019年橡胶产量为484万吨,占世界总产量的33%;印度尼西亚是世界上最大的椰子生产国,2019年椰子产量为1 712.9万吨,占世界总量的27.4%。与种植业相比,亚洲畜牧业生产水平相对欠发达。2019年亚洲肉类产量为1.4亿吨,占世界总产量的40.3%;奶及奶制品产量为3.7亿吨,占世界总产量的41.8%。与美洲、大洋洲等地相比,亚洲农业基本属于小农经济,土地资源有限,但得益于相对发达的生产力,亚洲农产品单产较高。从作物单产水平来看,亚洲谷物平均单产水平为世界的1.04倍。

　　中国和印度都是亚洲主要农业生产国和贸易国。中国的粮食、棉花、油料、水果、蔬菜、肉类、禽蛋和水产品产量长期居世界第一位。中国也是全球重要的贸易大国,进口额居世界首位,占全球农产品进口总额的10%;贸易额居全球第二位,仅次于美国。印度是传统农业大国,传统农业和小农经济占优势地位。农业以种植业为主,种植业又以粮食作物为主。主要农产品有稻谷、小麦、牛奶、油料、甘蔗、茶叶、棉花和黄麻等。

二、北美洲

北美洲农业生产专门化、商品化和机械化程度都很高。北美洲中部平原是世界著名的农业生产区域之一，大豆、玉米和小麦生产在世界农业中占有重要地位。2019年北美洲谷物产量为4.8亿吨，占世界谷物总量的16.2%。其中小麦产量8 460.5万吨，占世界小麦总量的11%；玉米产量3.6亿吨，占世界玉米总量的31.5%。油料作物产量1.4亿吨，占世界油料作物总量的12.8%。北美洲畜牧业也比较发达，2019年，肉类总产量为5 322.3万吨，占世界肉类总量的15.8%。其中，牛肉产量1 373.7万吨，占世界牛肉总量的18.9%；猪肉产量1 471.8万吨，占世界猪肉总量的13.3%；禽肉产量2 436.1万吨，占世界禽肉总量的18.7%。奶及奶产品产量1.08亿吨，占世界奶及奶产品总量的12.3%。

美国和加拿大都是全球重要的农业生产大国和贸易大国。美国是世界上第一大农作物产品出口国，2020年美国农产品出口额为1 457亿美元，农产品进口额为1 359亿美元。美国是世界上农业产业化程度最高的国家，形成了十分成熟发达的农业产业化体系。玉米是重要的粮食作物和出口作物，近年来，美国玉米的播种面积呈稳步增长趋势，2019年占粮食播种总面积比重达50.7%，成为第一大粮食作物。2020年美国玉米产量居全球第一位，产量为3.6亿吨，占世界总量的31.7%，美国玉米的优势主要得益于科技应用，平均每公顷产量为10.5吨。美国最主要的油料作物是大豆，2019年种植面积占油料作物总种植面积的67.5%。2020年美国大豆产量为1.13亿吨，占世界总量的31.2%，居全球第二位，仅次于巴西。美国的畜牧业也高度发达。2020年，美国牛肉产量为1 238.1万吨，占世界总量的20.5%；鸡肉产量为2 023.9万吨，占世界总量的20.2%；牛奶产量为1.01亿吨，占世界总量的15.7%。

加拿大也是世界主要粮食出口国之一，主要出口小麦、大麦和油菜籽，其中小麦以春小麦为主。2019年加拿大小麦出口量为2 280.5万吨，占世界出口总量的12.7%；大麦出口量为218.3万吨，占世界出口总量的7%；油菜籽出口量为1 282.6万吨，占世界出口总量的6.6%。2016—2020年，加拿大小麦收获面积增长11.6%，年均增长2.8%；产量增长9.5%。加拿大小麦生产主要用于出口，国内产量的约 70%出口到国际市场，中国是其重要的出口市场之一。

三、南美洲

南美洲也是世界重要农业生产区域，种植业中大豆和玉米占据绝对优势。2019 年大豆产量为 1.84 亿吨，占世界总量的 55.2%；玉米产量为 1.73 亿吨，占世界总量的 15%。除此之外，南美洲还是可可、向日葵、菠萝、马铃薯、木薯、巴西橡胶树、烟草、玉米、番茄、辣椒等栽培植物的原产地。主要经济作物如香蕉、甘蔗、咖啡、柑橘等在全球也占有重要地位。2019 年南美洲香蕉产量为 1 759.1 万吨，占世界总量的 15.1%；甘蔗产量为 8 446.8 万吨，占世界总量的 43.3%；咖啡产量为 434.8 万吨，占世界总量的 43.3%；柑橘产量为 2 019 万吨，占世界总量的 25.7%。南美洲畜牧业生产水平较高，牛肉和鸡肉生产远高于世界平均水平。2019 年南美洲肉类总产量为 4 554.8 万吨，其中牛肉产量为 1 654.7 万吨，占世界总量的 22.8%；猪肉产量为 644 万吨，占世界总量的 5.8%；禽肉产量为 2 203 万吨，占世界总量的 16.7%。

农业在南美洲各国经济中占有重要地位，巴西是全球重要的农业生产和贸易大国。巴西是世界蔗糖、咖啡、柑橘、玉米、鸡肉、牛肉、烟草、大豆的重要生产国，产量居世界前列。其中蔗糖、咖啡、大豆产量长期居世界首位。作为全球最大的甘蔗种植国，2019 年巴西甘蔗产量 7.5 亿吨，占世界总量的 38.6%。巴西也是全球最大咖啡生产国和出口国，素有"咖啡王国"之称，2019 年咖啡产量为 300.9 万吨，占世界总量的 30%，咖啡生产主要用于出口，2019 年出口量为 223.1 万吨，占国内产量的 74.1%。巴西同时也是第一大大豆生产和出口国，2019 年大豆产量为 1.14 亿吨，占世界总量的 34.2%；大豆产量也主要用于出口，2019 年出口量为 7 407.3 万吨，占国内产量的 65%。巴西还是第三大玉米生产国和第一大玉米出口国，2019 年玉米产量为 1.01 亿吨，占世界总量的 8.8%，其中出口量为 4 275.2 万吨。

四、欧洲

欧洲也是世界重要的农业生产区域，其农业发展的特点是重视发挥农业科技和农业支持政策的作用。2019 年欧洲小麦、玉米和大麦产量分别为 2.7 亿吨、1.3 亿吨和 9 563.4 万吨，分别占世界总产量的 34.8%、11.6% 和 60.2%。畜产品生产方面，猪肉和鸡肉产量分别为 2 970 万吨和 1 948 万吨，分别占世界总产量的 30% 和 16.5%；牛奶产量为 2.25 亿吨，占世界总量的 31.5%。

法国、荷兰和德国是欧洲农业生产大国和贸易大国。其中，法国是欧洲最大的农业生产国，也是世界主要的农副产品出口国，其小麦、甜菜、牛肉的生产位居欧洲前列。2019 年法国小麦、甜菜和牛肉产量分别为 4 060.5 万吨、3 802.4 万吨和 142.8 万吨，占欧洲小麦、甜菜和牛肉产量的 15.3%、19.6% 和 13.5%。荷兰农产品生产和加工均处于世界领先地位，温室产业较发达。荷兰是世界干酪、奶酪、马铃薯、鲜花、猪肉生产大国和出口大国。2019 年荷兰马铃薯和猪肉产量分别为 162.8 万吨和 696.1 万吨，占欧洲马铃薯和猪肉产量的 5.5% 和 6.5%。德国农业发达，以畜牧业为主，畜牧业产值占农业产值的 70%，此外盛产小麦、大麦、玉米、甜菜、葡萄、烟草、啤酒花等。德国牛奶和猪肉产量居欧洲首位，牛肉产量居欧洲第二位，2019 年德国牛奶、猪肉和牛肉产量分别为 3 308 万吨、523.2 万吨和 110.7 万吨，占欧洲牛奶、猪肉和牛肉产量的 14.7%、17.6% 和 10.5%。

五、非洲

非洲国家基本属于发展中农业国或最不发达农业国，农业在非洲国民经济中占有重要地位。种植业方面，尽管其种植面积在世界占有一席之地，但由于多数国家自然条件差、生产效率相对较低，单产水平低于国际平均水平，导致总产量不高。2019 年非洲谷物种植面积为 1.25 亿公顷，占世界总量的 17.3%；谷物单产仅为世界平均单产的 39.6%，产量为 2.04 亿吨，占世界的 6.9%。其中稻谷产量 3 877.1 万吨，占世界总量的 5.1%；小麦产量 2 692.1 万吨，占世界总量的 3.5%；玉米产量 8 189.1 万吨，占世界总量的 7.1%；油料作物产量 6 262.1 万吨，占世界总量的 5.7%。非洲的畜牧业也较为落后。2019 年肉类、奶及奶制品产量分别为 2 071.4 万吨和 4 807.4 万吨，占世界总产量的比重分别为 6.2% 和 5.4%。由于单产水平不高，粮食产量尚不能自给自足，大量依赖国际市场供给。2019 年进口谷物 8 505.8 万吨，占世界进口总量的 18.2%，其中玉米 1 919.9 万吨、大米 1 162 万吨、小麦 4 406.8 万吨。

经济作物在非洲农业中占有重要地位，以可可和咖啡为主。非洲是世界上第一大可可生产地和出口地、第三大咖啡产地。2019 年可可豆产量为 299.1 万吨，占世界总量的 72.9%，出口 299.1 万吨，占世界出口总量的 72.9%；咖啡产量为 120.8 万吨，占世界总量的 12%。农产品是不少非洲国家的主要出口产品和重要的经济来源，这些国家以出口经济作物初级品为主。

非洲各地区农业生产各有侧重。非洲北部国家，埃及、阿尔及利亚、苏丹和摩洛哥畜牧业发展相对较好；非洲西部国家，布基纳法索、马里、贝宁、科特迪瓦等以棉花种植和出口为主；非洲南部国家，南非等以谷物和柑橘类水果生产为主。

六、大洋洲

大洋洲地广人稀，畜牧生产相对发达。2019 年大洋洲生产谷物 3 029.6 万吨，占世界总产量的 1%。其中，小麦 1 799.6 万吨，占世界总产量的 2.3%。畜牧业方面，2019 年大洋洲生产肉类 685.5 万吨，占世界总产量的 2%；牛奶 2 875.7 万吨，占世界总产量的 3.3%。

澳大利亚和新西兰是世界重要的畜产品生产国和贸易国。澳大利亚农业生产条件较好，农业机械化程度高，劳动生产率较高，主要农产品包括小麦、油菜籽、蔗糖、牛羊肉、乳制品和羊毛；是全球最大的羊毛生产国和出口国，最大的牛肉出口国，乳制品、小麦、糖也都是重要的出口产品。澳大利亚 90%以上是天然草场，得益于良好的自然禀赋，澳大利亚畜牧业发展较好，2019年肉类总产量为 482 万吨，其中牛肉产量 235.2 万吨，羊肉产量 75.2 万吨，猪肉产量 41.4 万吨，禽肉产量 127.8 万吨；奶及奶制品产量 686.4 万吨；羊毛产量 32.9 万吨。

新西兰农业生产也较发达，畜牧业尤其突出，畜牧业产值占农业总产值的80%左右，从事畜牧业的人口也约占农业人口的 80%，是世界上按人口平均养羊、养牛头数最多的国家。农产品生产也主要用于出口，农牧产品出口占出口总量的 60%以上，部分畜产品出口位居世界前列。2019 年羊肉、奶制品出口量均居世界第二位。与发达的畜牧业相比，新西兰种植业相对薄弱，但特色产品较为突出，以猕猴桃为例，新西兰猕猴桃栽培面积占世界猕猴桃栽培面积的 50%左右。

第三节　世界农业生产特征

农业是高度依赖自然资源的产业，同时也受到除自然资源外的农业生产要素，包括农业劳动力、物质资本、农业科技以及相应的法律法规、政策、社会文化等因素的影响。认识世界农业生产特征，需要从上述这些因素及其之间的关系进行把握。

一、世界农业生产的基本特征

（一）世界农产品生产总量明显增加

二战以来，世界和平与发展的大格局为世界农业生产发展创造了极为有利的条件，加上世界各国重视支持农业生产，农业科学技术进步等众多因素，促进了世界农产品总量增长、结构明显变化。主要谷物产量均呈增长趋势，玉米产量增长较快；棉花产量保持相对稳定；主要油料作物也均呈现增长趋势，油棕果产量增长较快，近年来超过大豆成为第一大油料作物；主要畜产品肉蛋奶也呈现明显增长趋势，其中肉类产品中禽肉增长较快，增速明显快于猪肉和牛肉，但猪肉仍是第一大肉类产品；主要水产品中鱼类产品、水生植物等也呈现稳定增长态势，其中鱼类产品中淡水鱼增长较快，但占比仍低于海水鱼。

（二）世界农业生产效率提高

随着农业科技进步，农业生产力获得空前提高，世界农业劳动生产率明显提升。世界耕地资源、水资源等农业生产要素增加有限，但是农业产出却得到了极大提高。谷物、油料、糖料种植面积和单产水平均大幅增长。根据联合国粮食及农业组织（FAO）统计，1961—2019 年，谷物播种面积仅由 6.5 亿公顷增加至 7.2 亿公顷，年均增长 0.2%，谷物产量却由 8.8 亿吨提高至 29.8 亿吨，年均增长 2.1%，单产由每公顷 1 353.8 千克提高至 4 138.9 千克，年均增长 1.9%；油料播种面积由 1.1 亿公顷增加至 3.2 亿公顷，年均增长 1.9%，油料产量由 1.3 亿吨提高至 11 亿吨，年均增长 3.8%，单产由每公顷 1 181.8 千克提高至 3 437.5 千克，年均增长 1.9%；糖料播种面积由 0.2 亿公顷增至 0.3 亿公顷，年均增长 0.7%，糖料产量由 6.1 亿吨提高至 22.3 亿吨，年均增长 2.3%，单产由每公顷 30 500 千克提高至 74 333.3 千克，年均增长 1.5%。

（三）世界农产品生产区域集中度较高

世界谷物生产主要集中在亚洲、欧洲和美洲。玉米生产主要集中在北美洲、东亚和南美洲。据美国农业部统计，2020 年北美洲、东亚和南美洲玉米产量合计为 8 089.7 万吨，占世界玉米产量的 72.5%。小麦生产主要集中在亚洲和欧洲，两大洲的产量合计占世界小麦产量的 71.9%。稻谷生产主要集中在亚洲，尤其是南亚、东亚和东南亚地区，三地产量合计占世界稻谷产量的 89%。世界上种植大豆的国家和地区有 50 多个，但种植面积大、产量高的只有少数几个国家，集中于南美洲的巴西、阿根廷和北美洲的美国。2020 年北美洲和南美洲大豆产量高达 31 938 万吨，合计占世界大豆产量的 87.4%。

（四）世界农业区域分布日益呈现出超自然的分布态势

一是自然分布，在大田作物方面如水稻、小麦等谷物，这类作物生产在很大程度上依赖于气候特征和自然禀赋条件。二是经济分布，特别是专业化的商品农业生产，无论是园艺作物还是畜产品与水产品均显示出典型的经济分布特征，这种分布已经超越了传统的自然地理分布特征。三是科技分布，世界农业的科技分布正在塑造未来世界农业版图，例如种业贸易主要服从科技分布，其最有可能的结果是，要么出口种子，要么出口产品，科技以农产品为载体进行价值实现。

（五）世界农业生产在稳定增长的同时结构不断产生新变化

在国家之间，国与国之间发展不平衡，发达农业国农业增长缓慢，发展中国家农业增长较快。在农业与其他产业之间，农业在国民经济的产业构成中所占比重下降。在农业产业内部之间，产业结构调整加快，畜牧业所占比重上升。在农产品质量方面，发展绿色农业已成为一种重要趋势，绿色农产品、有机农产品比重增加。在商品农业与生计农业之间，世界农业生产格局也面临重构，商品农业和生计农业并存，因它们适合所在国农业的特点，均有效激励并提高了农业劳动生产率，显著改善了农业产出水平。

二、世界农业生产发展趋势

（一）增长集约化

随着世界人口不断增长，世界人均占有耕地、水等资源非常有限，且呈不断下降趋势。在资源处于紧约束的条件下，各国不得不改变以往粗放型农业增长方式，未来世界农业生产将朝进一步集约化增长的方向发展。其具体表现为农业土地集约化程度提高，农业资本投入进一步增加，但结构发生变化，农药和化肥使用密度下降，机械化水平进一步提高；农业科技投入增加、科技水平提高，良种应用扩大，作物单产持续提高。

（二）模式多元化

随着科技水平的提高，未来农业生产模式也将更趋多元。一是基于水土资源的传统"绿色农业"生产模式，它在世界农业发展史上起过重要作用，未来这种生产模式在养活地球人口方面仍将发挥不可替代的作用。二是由于海洋资源丰富，以蓝色海洋为基础的水生农业即"蓝色农业"模式尚有巨大潜力。尤其是在耕地资源有限的条件下，更需通过挖掘海洋生产潜力造福人类。三是"白色农业"模式，即微生物资源产业化的工业型新农业模式。白色农业依靠人工能源，不受气候和季节限制。大力发展生物工程高科技，创建节土、节水、不污染环境、资源可综合利用的工业型白色农业也是今后世界农业比较切实可行的发展新模式。

（三）生产绿色可持续化

为完成联合国千年发展目标，实现可持续发展，各国纷纷出台了相关措施，农业作为依赖资源和气候环境的生产行业也将朝向绿色可持续发展方向转变。农业生态科学工作者，经过长期研究和探索，提出在世界范围内大力发展生态农业、可持续农业，这也是未来世界农业发展的必然趋势。基于这种状况，未来世界农业生产将更加注重减少农药、植物生长调节剂、动物饲料添加剂等化学制品的使用，切实保障食物安全；大力发展绿色食品、有机食品，重视发挥绿色农业在人类健康中的重要作用。

（四）后备耕地和水资源充足，国际市场农产品供给仍有增长潜力

据FAO估算，目前全球范围内宜开垦的土地还有39亿公顷，其中非洲尚有待开垦耕地8.3亿公顷，南美洲尚有待开垦耕地5.7亿公顷，中北亚地区尚有4.7亿公顷左右的可开垦耕地，此外，在大洋洲、北美洲等地还有数量较多的可供开发的耕地。除耕地资源丰富外，上述地区的淡水资源也相当丰富。撒哈拉以南非洲地区、南美洲等地的汲水量低于其内部可再生水资源的 1%~3%，被联合国粮食及农业组织以及世界银行等机构公认为未来全球最具农业开发潜力的地区。此外，从未来发展趋势来看，由于生物质能源对环境改善和能源供给的贡献有限，且对全球粮食安全造成了巨大压力，各国都在积极发展非粮原料的第二代、第三代生物质能源来替代现有的以玉米、植物油、甘蔗为原料的第一代生物质能源，这就意味着全球将有更多的粮食用于满足人类口粮消费以及饲料业的发展。

第四节　世界农产品市场

一、世界农产品消费需求增长

随着发达国家的食物消费饱和与发展中国家的农业生产水平提升，当前及今后一段时期内，全球农产品市场呈现出趋势性、复杂性特征，即主要约束来自需求饱和的同时，部分国家尤其是一些最不发达农业国家仍然处于供给约束，饥饿人口问题需要继续给予高度重视。在20世纪80年代世界部分国家推进农业绿色革命之前，不断增长的人口与食物供应不足的矛盾一直是影响人类发展进步的强约束，至今中低收入国家的生计农业仍然处于这一阶段，这一阶段农产品供给约束始终居于主导地位。然而随着科技水平提高，各国以及国际农业治理能力的加强，全球农产品市场的约束条件从供给转向需求是发展的必然。

第一，历史上农产品供给约束主要源于生产力水平不高以及贸易发展不充分。以小麦为例，在英国工业革命时期，小麦产出水平大幅提高，从而取代其他谷物，使得以小麦为原料的面包成为人们的主食。除了小麦产出增加这一因素外，关键原因是小麦贸易大幅扩展，增加了供给来源。产量的大幅增加以及

贸易的自由化在一定程度上使得农业生产的相对过剩成为可能。

第二，农产品供给约束放宽最终还是要立足于提高生产水平而非简单的市场开放。以世界主要发达国家为例，在世界工业革命之后的历史时期，尽管全球贸易得到发展，各市场已经开放，但主要工业化国家还是发生了不同程度的粮食危机，究其原因，是生产力水平仍较低。但是从二战以来，直到20世纪末之前，发达国家的粮食危机发生概率大大降低，主要得益于农业生产力的快速发展。19世纪90年代的农业"机械革命"、20世纪初的农业"化学革命"、20世纪前半叶的"杂交育种革命"之后，发达国家的农业科技进一步发展，使得农业产出增长突破了人口增长的限制，农产品市场中的约束条件从生产转向需求。

二、世界农产品的市场结构

世界农产品市场结构一般是寡头垄断。以全球粮食市场为例，四大粮商（美国ADM公司、美国邦吉公司、美国嘉吉公司和法国路易达孚公司）垄断了全球粮食的运销。除了粮食之外，全球农产品都存在不同程度的高集中度问题。从形态上来看，全球农产品的市场垄断可以覆盖农业价值链的全部环节，包括生产、收购、贸易、加工、销售等，在任何一个细分领域都可能会出现市场高度垄断。垄断形成的原因多种多样，既有政策限制带来的行政垄断，也有市场竞争之后的自然垄断，还有种质资源领域的知识产权垄断。

实际上，全球农产品市场高度垄断的多数原因是自然垄断，属于市场竞争的结果。从农业生产来看，由于受到需求约束而导致农业生产的规模持续扩张，本质上是通过迂回方式降低要素价格适应市场。这一逻辑同样适合用来解释全球农产品市场高度垄断，如果不考虑行政垄断和知识产权垄断，由于全球农产品市场并不存在准入限制，自然垄断型的市场垄断是具备存在合理性的。

行政垄断导致的市场高度垄断不可持续。历史上，加拿大小麦局（1935—2015年）、澳大利亚小麦局（1939—1999年）都以法律形式垄断国家小麦的购销与贸易，其产生的根源是农产品市场的不稳定与农户自身抗风险能力低下，其运行的目的在于通过稳定市场来稳定农业生产，保障农户与国家利益，其最终取消则源于外部压力加剧和内部效率低下。在农产品领域，以法律形式进行国家垄断贸易相对较为极端，但是以合作社方式进行的细分产品寡占就十分常见。合作社本身成立的目的之一就是为了获取某种市场支配力量，显而易见的是面对现代农产品市场竞争，相比合作社组织成本而言，其市场地位日渐式微。以新西兰恒天然为例，从垄断奶源的合作社走向公司化运营的全球企业，足以说明在农产品领域，依赖市场支配地位攫取超额利润的时代已经一去不复返了。导致这一结果主要有以下两方面原因。

第一，在传统农产品区域市场上，有组织形态的生产商与贸易商往往容易通过市场高度垄断获得超额利润，使得生产经营主体倾向于有组织的市场寡占；但是扩大到全球市场后，生产商和贸易商就很难再复制区域市场垄断的成功经验。

第二，全球农产品市场的产品属性与时空界限日趋模糊，使得垄断自身的成本与收益变得难以维系。

因此，在全球农产品市场中，市场高度垄断将最终回到效率竞争的自然垄断状态，而自然垄断是市场竞争的结果，有其存在的合理性。

三、世界农产品市场发展趋势

（一）长期来看，由于需求趋向饱和，供给相对充裕，世界农产品市场整体将处于供求相对宽松的状态，但不排除短期的波动，农产品市场价格整体也将处于下降态势

首先，从供给方面来看，全球农业生产的资源存量和资源效率均存在巨大提升空间。根据联合国粮食及农业组织数据，2018 年全球农业用地面积占地球陆地面积的 36.9%，而已经使用的耕地面积占农业用地面积的 29.1%，已经使用的耕地面积占陆地面积的 10.7%。就农业生产所需耕地资源而言，其潜力是巨大的。

更为重要的是，科技进步促进农业劳动生产率的提高仍然有很大空间，2019 年全球谷物平均单产为每公顷 4 113 千克，其中美国平均单产为每公顷 8 031 千克，中国为 6 278 千克，欧盟为 5 710 千克，印度为 3 405 千克，而最不发达国家为 2 65 千克（表 2-7）。如果全球谷物平均单产达到当前中国平均单产水平，那么产出还可以增长 50%；如果达到美国水平，则可以增加一倍。结合农业生产的土地资源，从生产角度来看，农业产出增长将完全可以支撑未

来发展需要。

表 2 - 7 　 2019 年全球主要地区谷物平均单产

单位：千克/公顷

	中国	印度	美国	欧盟	最不发达国家	全球平均
谷物单产	6 278	3 405	8 031	5 710	2 065	4 113

资料来源：联合国粮食及农业组织。

其次，从全球人口增长和食物消费增长来看，发展中国家人口增长和食物消费增长不可能无限进行下去。一种情形是经济增长带来生育率下降，使得经济增长和人口增长之间实现重新平衡。例如印度，随着经济社会进一步发展，人口增速将会趋于下降，人口总量将会维持在稳定水平，发达国家与中国的发展经验都是如此。另一种情形是最不发达国家的人口持续增长与食物供给不足的问题，对于这一情形，实际与历史上人类发展情况相一致，即食物供给的刚性约束最终会对人口增长起到明显约束。结合两种情形来看，未来发展中国家的食物消费增长是可预期的，而非无限增长。

从农产品市场平衡来看，随着全球经济不断发展，农业生产效率不断提高，农产品市场平衡将会趋于稳定。当然，这并不意味着农产品价格就不会出现极端波动，毕竟极端波动并不完全取决于农产品市场的基本面。

（二）国际农产品供需总体基本平衡，但区域性短缺和粮食不安全问题突出，粮食危机的风险始终存在

尽管全球粮食供需总体上基本平衡，但受全球气候变化、生物质能源发展、农产品资本化以及人口增长等因素的影响，世界粮食供需区域差异十分明显，粮食市场供给不确定性大大增加，国际粮价波动加剧。一些发达国家粮食生产过剩，除将过剩的粮食用于贸易和粮食援助外，欧盟发达国家及美国等国家还用来生产生物质能源；而发展中国家粮食供应不足，饥饿和营养不良人口居高不下。经济合作与发展组织（OECD）与 FAO 合作完成的《农业展望2018—2027》显示，2018 年全球 16.6% 的玉米、12.9% 的植物油和 18.4% 的甘蔗用于生物燃料的生产。投机资本也成为全球农产品价格波动的重要推手。随着经济全球化的推进，农产品交易范围已从局部、区域性的市场扩展为全球市场。

（三）全球谷物贸易量占产量的比重有限，世界范围内农产品基本供给主要依靠国内生产来保障

全球谷物等主要农产品贸易量总体呈增长态势，但贸易量在生产总量中所占比重较低，2001—2016 年所占比例基本保持在 12.1%～15.3%，这说明世界粮食供给主要依靠各国国内生产。主要谷物产品中，2017—2018 年度小麦全球贸易量为 17 710 万吨，占全球总产量的 23.3%；大米贸易量为 4 830 万吨，占全球总产量的 9.5%；玉米贸易量为 15 230 万吨，占全球总产量的 14.1%。相对而言，大豆、棉花和食糖等非粮食作物的贸易自由化程度较高，2017—2018 年度全球大豆、棉花和食糖的贸易量占产量的比重分别为 41.3%、35.4%和 33.2%。

第三章 CHAPTER 3
世界农业生产经营主体结构及其演化 ▶▶▶

世界现代农业发展的经验表明，农业现代化是由分散经营的小农经济向集约化、规模化现代农业经济演变的过程。在这一过程中，因不同类型国家的国情不同，农业的生产主体也在家庭经营的基础上呈现出多样化、专业化、规模化的演化趋势。纵览世界，农业生产经营主体总体上表现为数量不断减少，其经营规模变化不大但普遍追求规模化。同时，由于自然资源禀赋、制度环境、农业支持政策、人口老龄化、历史文化传统等诸多方面的差异，各国形成了各具特色的农业生产经营主体结构。

第一节　世界农业生产经营主体的发展现状

农业生产经营主体一般是指从事农业生产经营活动的独立单位，是机构或自然人（家庭）。鉴于农业生产的基础作用及数据可获得性，本章着重关注直接从事农业生产的实体。联合国粮食及农业组织自 1930 年就一直支持世界各国开展农业普查，并汇总各国农业普查数据进行分析（世界农业普查方案，WCA[①]）。从可获得的数据来看，全球大约有 5.7 亿个各类农场（farm）[②]。

[①]　罗马国际农业研究所（IIA）在 20 世纪初提出了世界农业普查方案（WCA）的概念，即在特定时期内根据同样的原则在所有国家进行农业普查。WCA 于 1930 年首次开展，此后以 10 年为一个周期开展调查。农业普查的统计单位是"农业生产单位"，其定义是"一个在单一管理模式下的农业生产经济单位，包括所有家畜和全部或部分用于农业生产的土地，无论土地的权属、法律形式或规模如何。单一管理可由某一个人或家庭完成，也可由两个或两个以上个人或家庭、家族或部落、法人（如公司、合作社或政府机构）完成"。由于许多国家当前的农业统计无法获取，因此全世界家庭农场数字应被视为一个估计数字，这些国家农场正在发生分裂，农场总数可能超过 5.7 亿个。

[②]　联合国粮食及农业组织选择了用人口普查报告的农业单位来代替农场总数。本章中"农场"一词，泛指国家农业普查报告中的农业单位，无论是企业还是家庭经营的农业。

一、世界农业生产经营主体分布情况

（一）地区分布情况

从农场分布的地区来看，全球近 75% 的农场位于亚洲，其中约 59% 位于中国和印度（分别约为 35% 和 24%），约 9% 位于其他东亚及太平洋国家，约 6% 位于其他南亚国家。世界农场中仅约 9% 位于撒哈拉以南非洲，约 7% 位于欧洲和中亚，约 4% 位于拉丁美洲及加勒比。从农场分布的不同收入水平来看，全世界 5.7 亿个农场中，约 4% 的农场位于高收入国家，约 47% 的农场位于中上等收入国家，约 36% 位于中下等收入国家，约 13% 位于低收入国家[①]。

根据 FAO 世界农业普查计划数据计算，世界农业生产经营主体地区分布情况，如表 3-1 所示。

表 3-1 世界农业生产经营主体地区分布情况

类别	数量/万个	占比/%
高收入国家	2 186.7	3.84
中等收入和低收入国家		
东亚及太平洋区域	25 383.7	44.56
欧洲及中亚	3 734.2	6.56
拉丁美洲和加勒比	2 102.2	3.69
中东和北非	1 492.7	2.62
南亚	16 929.5	29.72
撒哈拉以南非洲	5 130.9	9.01
世界	56 960.0	100.00

资料来源：根据 FAO 世界农业普查计划数据计算。表中所含国家数据均可从世界农业普查中获取。

（二）按经营土地规模区分的分布情况

不同国家在不同时间内农场规模的分布取决于多种复杂因素，如历史文化、经济发展、非农部门发展、土地和劳动力市场以及农业发展政策，在它们的共同作用下导致不同地区农场的平均规模差异较大。在撒哈拉以南非洲、南

---

① 对区域和收入群组的划分参照世界银行的分类方式，资料来源为世界发展指数数据库。http://data.worldbank.org/data-catalog/world-development-indicators/wdi-2013。

亚、东南亚和东亚地区，如孟加拉国、中国、刚果（金）、埃及、印度尼西亚、印度和韩国等国，农场平均规模都比较小。在这些国家，绝大多数农场不到 2 公顷，其中，印度 47% 的农场小于 0.5 公顷，孟加拉国 15% 的农场小于 0.5 公顷；卢旺达经营面积小于 0.5 公顷的农场所占比例高达 57%，埃塞俄比亚为 44%，坦桑尼亚为 13%。与此形成对比的是，在一些人均国内生产总值较高的国家，农场平均规模较大，小农场较少，例如，欧美国家农场的土地持有中值大多高于 20 公顷。根据欧盟 2016 年农场调查数据显示，成员国家庭农场的平均规模差异很大。平均而言，英国家庭农场规模最大（每户 68 公顷），其次是卢森堡（每户 62 公顷）和丹麦（每户 52 公顷）。而最小的家庭农场平均规模为 1~2.5 公顷，位于马耳他、塞浦路斯和罗马尼亚。欧盟有 6.9% 的农场面积为 50 公顷或以上，占欧盟农业用地面积的 68.2%。尽管 2016 年欧盟平均农场规模为 16.6 公顷，但只有大约 15% 的农场达到或超过这个规模。在农场数量最多的罗马尼亚，这种分布特别明显，91.8% 的农场小于 5 公顷。

从土地分配均衡程度来看，不同地区差异也比较明显。在拉丁美洲和加勒比地区，农场规模相对较大，但是该地区土地分配的基尼系数很高，土地分配很不公平。在巴西，土地分配有明显的两极分化倾向，大部分土地属于大农场，同时大部分农场却是小规模农场，这种模式在过去 30 年里一直在延续。巴西全国 62% 的农场用地不足 50 公顷，它们虽然只占用 7% 的农业用地面积，却是巴西国内食品的主要供应者，其竞争力远远弱于大型农场。相比之下，非洲土地在农场之间分配的基尼系数最低，土地分配相对公平。

从全球农场经营规模的结构分布情况来看，大规模农场与小规模农场在数量和所经营的耕地面积上呈现"倒置"的关系，即小规模农场在数量上占主导而大规模农场在面积上占主导。面积在 2 公顷以下的小规模农场在数量上占主导地位，占全球农场总数的 80% 以上，其中还包含很多规模在 0.5 公顷以下甚至更小规模的农场。但这些小规模农场所占农地比例仅占世界全部农地的 12%。

随着农场经营规模的扩大，在某一特定规模范围内的农场呈现出数量占比缩小、经营耕地面积占比上升的趋势。这些数据主要反映高收入和中上等收入国家的情况，低收入国家和中下等收入国家的情况则截然不同，在低收入国家，经营规模在 2 公顷以下的农场经营的农地占有较大的比例。随着收入水平的提高，耕地越来越向大规模农场集中，在高收入和中上等收入国家，规模在 50 公顷以上的农场占有的耕地面积都超过了 80%，规模超过 20 公顷的农场则经营了 90%左右的耕地（表 3 - 2）。

表 3 - 2　世界农业生产经营主体规模分布情况

单位：%

面积/公顷	世界		低收入国家		中下等收入国家		中上等收入国家		高收入国家	
	数量占比	面积占比	数量占比	面积占比	数量占比	面积占比	数量占比	面积占比	数量占比	面积占比
<1	72	8	63	20	62	15	27	0	34	1
1~2	12	4	20	22	19	16	15	1	18	1
2~5	10	7	13	31	14	26	27	3	15	2
5~10	3	5	3	16	4	15	13	3	9	2
10~20	1	5	1	9	1	9	8	4	7	4
20~50	1	7	0	1	0	8	6	7	7	8
>50	1	65	0	2	0	11	5	81	9	82

资料来源：FAO，汇编自世界农业普查计划数据。

（三）农地经营规模的变化

农业部门技术发展引起的农业生产结构变化、农业人口老龄化和其他社会经济影响引起了农业生产经营主体经营规模的变化。从世界农业生产经营主体经营规模变化的经历来看，在所有发达国家和许多发展中国家，农场平均经营规模都呈现了随农业生产力水平的逐步提高而扩大的趋势。在过去几十年里，世界范围内农业主体平均经营规模的中位数从 1950 年的 15.3 公顷稳步下降到 2000 年的 4.4 公顷，下降了约 1/4。到 2010 年，全球农业生产经营主体经营的面积中位数出现反弹，升至 5.4 公顷。分地区来看，自 1950 年以来，欧洲的农场正在进行兼并，平均规模一直在增长，反观非洲和亚洲的农场，农场经营规模变化的总体趋势是随着时间的推移而下降。从 1970 年以来，非洲和亚洲的平均经营规模分别从 9.4 公顷和 2.2 公顷下降到 2.6 公顷和 1.7 公顷，而同期欧洲的平均规模从大约 11.5 公顷增加到 18.2 公顷。究其原因，在非洲撒哈拉以南地区和亚洲，许多国家农村地区人口快速增长，导致土地持有者数量增加，因此农场平均规模普遍减小。而在欧洲，平均经营规模增加是因为随着农业人口减少，农场逐渐整合，农业生产经营主体数量下降。长期以来，欧盟的农场数量一直呈下降趋势。2005—2016 年，欧盟的农场数量减少了约 1/4（420 万个），其中绝大部分（约 85%）是面积小于 5 公顷的小型农场。除爱尔兰外，所有欧盟国家的农场数量都有所下降。农场数量减少最多的国家是波兰（110 万个）、罗马尼亚（80 万个）和意大利（60 万个）（表 3－3）。

表 3－3 世界农业生产经营主体平均经营规模变化情况

单位：公顷

地区	分类	1950 年	1960 年	1970 年	1980 年	1990 年	2000 年	2010 年
世界	平均数	20.5	17.5	14.2	11.3	10.4	4.8	9.1
	中位数	15.3	6.6	6.2	4.9	6.1	4.4	5.4
非洲	平均数	79.9	22.5	9.4	1.7	1.5	2.1	2.6
	中位数	373.2	4.0	3.0	1.5	2.1	2.4	2.8
美洲	平均数	94.3	91.3	72.9	95.5	75.7	87.1	55.8
	中位数	32.3	22.6	16.9	13.4	13.8	15.0	20.5
亚洲	平均数	2.4	2.6	2.2	2.1	1.7	1.0	1.7
	中位数	5.6	3.1	4.3	2.9	2.3	1.6	1.5
欧洲	平均数	12.1	10.7	11.5	13.4	14.8	12.6	18.2
	中位数	10.0	10.5	10.5	15.0	17.0	22.1	23.8
大洋洲	平均数	1 160.1	1 448.7	1 480.7	1 579.2	1 438.3	1 884.5	1 431.8
	中位数	99.5	118.9	9.4	5.8	6.2	4.4	3.1

资料来源：FAO，汇编自世界农业普查计划数据。

注：平均数为该地区各国农业生产经营主体经营的平均规模按照该国农业生产经营主体数量进行加权平均计算所得的平均值，中位数为该地区各国农业生产经营主体经营的平均规模的中位数。此处报告的各区域农业生产经营主体经营规模的平均数和中位数并不具有确切的代表性，因为许多国家当前的农业统计无法获取，因此在不同的轮次中均出现缺少部分国家的数据的情况。然而这些数据也并非全无可取之处，通过计算现有数据能够得到大概的区域趋势。因此在观察不同轮次的平均数趋势时，应注意平均数计算中包括的国家。在不同轮次中包括的国家可能有所不同。此外，需要注意的是，某些国家的平均规模可能会对区域平均规模产生主要影响。例如，非洲的农业生产经营的主体平均经营规模受南非影响较大，美洲的农业生产经营主体的平均经营规模受加拿大、墨西哥和美国影响较大，大洋洲的农业生产经营主体的平均经营规模受澳大利亚和新西兰影响较大。

二、世界农业生产经营主体的主要类型及演化

根据农业经营者与土地占有关系的不同组合，农业生产经营主体可以分为两种类型：①家庭部门的生产经营主体，由家庭成员经营；②非家庭部门的生产经营主体，由公司、政府机构或其他主体经营①。家庭部门的生产经营主体

---

① 在 WCA 2010 轮次中，49 个国家将农业生产单位分为"家庭部门"和"非家庭部门"两组。

主要是家庭农场①，非家庭部门管理的农业生产经营主体包括由公司、合作社或政府机构等组织进行管理的生产经营主体，美国、加拿大、澳大利亚的公司农场，俄罗斯的农业企业等都属于此类。

（一）家庭部门的农业生产经营主体

1. 家庭农场

农业生产周期长、季节性强、受自然环境影响明显，这使得农业生产过程中的劳动监督十分困难，因此，依靠家庭劳动力为主的家庭经营成为农业生产最有效的方式。家庭经营是指以农民家庭为单位从事农业生产经营活动，农场的管理、所有权类型以及劳动力供应都由家庭决定。从实践发展看，家庭始终是农业生产经营的最主要载体。自人类进入封建社会以来，以家庭为基本经营单位从事农业生产经营就是农业经济组织的普遍形式。

家庭部门的农业生产经营主体主要是家庭农场，划分家庭农场主要看其劳动和管理是否主要依靠家庭，农业生产和收入是否达到一定的水平。家庭农场是在封建所有制关系改变后产生的，它由农民拥有生产资料，能自行进行生产决策。在长期演变的过程中，家庭农场并非一成不变，而是随着社会历史条件的变化在不断变化。小农经营模式是一种隶属于自然经济形态的家庭农场，其生产目的主要是为了自己消费，自给自足，生产资料属于一家一户所有，农户经营中技术水平较低，以手工劳动为主，生产效率不高。而真正具有现代意义的家庭农场，是随着商品经济的发展而逐步发展起来的，18 世纪后期家庭农场首先在美国、加拿大等国家大量发展起来。在欧洲，家庭农场在 19 世纪中叶之后才出现。在许多发展中国家，家庭农场在农业生产中具有举足轻重的地位，但它们规模较小、数量庞大，一般将其称为"小农户"。许多发展中国家在其独立后，进行一系列土地改革，对殖民者占有的土地进行重新分配，使部分无地或少地农民获得了土地，促使了小农户的大量增多和发展。目前，70%以上的非洲农村人口为在少量土地上耕作的小农，土地占有不足 2 公顷的农户约占 2/3，土地占有少于 10 公顷的农户约占 96%。

随着时间的推移，家庭农场的概念也发生了变化。尽管各国在界定家庭农

---

① 本书的"家庭农场"泛指的一切以家庭为单位的农业生产单元，重点强调家庭经营的主体地位而与规模无关，既包括东亚国家的小农户，也包括美国那样经营规模达到数百公顷的家庭农场。

场概念时，所用的指标不尽相同，统计口径也有不少差异。但是各种形式、各种规模的家庭农场，仍然有一些共同的特征：①经营者及家属拥有一定数量的生产资料，对农场的生产经营有决定权。②由家庭筹集经营资金，承担经济责任，自负盈亏。③一般主要依靠家庭劳动力从事日常的劳动和管理。

2. 兼业农户

二战之后，随着世界经济的逐渐恢复和发展，许多国家的城市工业向农村扩散，随着工业化、城镇化的快速推进，家庭经营也日益演化和分化，出现了许多新现象，兼业式的农户是其中一种重要形式。它在农户中所占的比重不断上升，不仅对农业生产而且对整个经济发展都有相当大的影响。所谓兼业农户是指从事非农产业的劳动时间和收入都占有相当比重甚至超过农业本身的农户，有的国家称其为部分时间务农的农场（part - time farm），将绝大部分时间务农和主要收入来自农业的农户称为全时农场（full - time farm），或称为专业农户。无论是在发达国家，还是在发展中国家，无论是人均土地多的国家，还是人均土地少的国家，农户兼业化都是一种普遍存在的现象，只是兼业化的程度不同。德国、美国、挪威、奥地利和瑞士等国的农户兼业率都超过50%，日本、韩国的农户兼业率则超过80%。在发展中国家，农户家庭成员中有25%～60%的劳动力在非农产业中就业，他们创造的收入占农户总收入的30%～70%。

家庭经营演化为兼业农户的原因是多方面的，既有内部原因，也有外部原因。从内部原因来看：①农业生产的季节性及农业机械的广泛运用，在劳动时间上为农户兼业提供了可能。②农业经营和就业的收入低于非农产业，诱使农户走向兼业。③一些兼业者从事的非农产业并不稳定，因此将农业作为最后的就业和生活保障。④还有些兼业者纯粹出于对农业的感情，尽管并不依靠农业生活，也不愿意放弃土地。从外部原因来看：①二战之后，随着世界经济的逐渐恢复和发展，许多国家的城市工业向农村扩散，增加了农民的非农就业机会。②农村交通等基础设施条件的改善，也为农民双重就业创造了条件。

兼业农户的出现是农业现代化进程中特定阶段的产物。由于各国农业资源条件、生产结构和兼业农户存在的方式不同，其演化的道路有明显的差异。

（1）资源高度集中型国家的农户兼业化道路。在美国、澳大利亚等国，耕地资源高度集中，农场兼业行为是以农业专业化高度发展为基础的，在整个农业部门的投入产出中只占很少的比例，并不妨碍农业专业化、规模化经营的发展。美国二战前兼业农户的发展一直比较缓慢，1944 年，兼业农户占农场主总数的比例只有 26.8%，40 年代末、50 年代初农户兼业的发展得益于机械化，1950—1970 年，农业劳动生产率迅速提高，农业劳动人数、劳动时间下降，为农户兼业提供了条件。在农户兼业化的过程中，一方面农场总数减少，另一方面农场规模分化，从而使农业资源更加集中在少数专业农场主手中。在美国农业兼业化不断发展的过程中，农业资源不但没有逐步分散，反而更加集中，专业农场的规模在逐渐扩大，促进了农业的发展。

（2）资源分散型国家的农户兼业化道路。与美国相反，日本的耕地资源高度分散，农户经营的土地规模狭小，长期以来户均土地规模仅为 1.1 公顷左右，小规模兼业农户特别是第二种兼业农户[①]在农业生产中占主导地位，兼业农户承担了 70%～80% 的农业生产。1935—1970 年，除了 10 年战争的影响，基本上保持着专业农户下降、兼业农户上升的态势。这一趋势大致是由于农业机械化程度提高、农户有精力和时间从事非农活动的影响。到 1975 年，兼业农户占总农户的比重达到 87.6%，之后缓慢减少，2011 年兼业农户占比下降到 71.9%。总体来看，日本的农业兼业现象阻碍了土地流动和兼并，影响了农业规模的扩大和农业现代化的发展，农业小规模经营也造成资源分散、农业投资效益差、农业增长缓慢、自给率下降等诸多问题，与美国、德国等国家形成了鲜明的对比。

兼业农户对农业及农村发展的具体影响，在不同的国家之间以及同一国家的不同发展阶段并不相同。它的存在和发展是以特定的经济社会背景为条件的，是微观经济主体自主选择的一种结果，这种结果会根据不同的国情产生各种不同的宏观效应。但总体来看，兼业农户这一经营方式在相当时期内仍然会在世界范围内广泛存在。

（二）非家庭部门的农业生产经营主体

1. 公司农场

从全球迹象来看，公司农场是一种发展趋势。公司农场是指按照公司制度

---

① 在日本，把以农业收入为主、非农收入为辅的农户称为"第一种兼业农户"；以非农收入为主、农业收入为辅的农户被称为"第二种兼业农户"。

进行产权组合和生产经营的农场，从现代企业制度要求看，公司农场必须是实行股权制的资本投资，并像工商业公司那样不再是以家庭血缘关系组合管理阶层，而是根据资本追求最大利润的原则，建立企业（农场）的独立法人产权。它的经营权和所有权可以分离，经营者可以是投资者以外的其他人员。公司农场是规模较大的农场，但大农场却不一定是公司农场。公司农场的组建和发展方式并不唯一，在不同国家、不同时期有不同的形式。

（1）在家庭农场分化的基础上建立公司农场。以美国为代表，包括加拿大、澳大利亚等新大陆国家属于这一类型，在这些国家中，土地关系不受封建关系束缚，而且在相当长的时期内存在大量没有所有者的土地，垦荒者建立了大量家庭农场。这些农场在发达的市场经济中迅速分化，经营效益比较好的大农场排挤或兼并小农场，不断扩大经营规模。到了战后，这种方式更为普遍。美国土地资源丰富且受到封建土地制度的束缚较少，大量家庭农场在市场竞争中迅速分化发展为公司农场，在各国中最为典型。

（2）由工商资本直接进入农业组建的公司农场。二战之后这种形式的公司农场开始在各国普遍出现，这是工商业资本为控制农业、垄断工业原料和农产品来源而直接从事农业生产经营的结果。这种方式在易于实现机械化、规模化的畜产、园艺等行业较为常见。

（3）其他类型的公司农场。第一，由封建大地主直接雇工经营农业，逐渐演化为公司农场。战前的西欧国家主要采用这种方式，其中以德国最为典型，称为"普鲁士"道路。第二，由大庄园演化为公司农场。在拉丁美洲的巴西、委内瑞拉，东南亚的印度尼西亚、马来西亚等国，在这些国家独立后，那些在殖民时期由殖民者建立的大庄园逐渐演化成为公司农场。第三，在非洲的一些国家，殖民地国家独立后通过收回殖民者的土地而建立起来的国有大农场。如非洲的阿尔及利亚，1962 年独立后收回了 100 万公顷以上的土地，阿尔及利亚政府在此基础上建立了具有资本主义性质的国有农场。

纵观目前公司农场的发展，可以发现几个明显的特征：①公司农场经营规模普遍较大；②以农业收入为主要来源；③公司农场大多分布在蔬菜、水果、畜禽等生产部门。在美国，超级大型农场更专注于特产作物、生鲜乳、蛋类的生产和肉牛饲养；在英国，集约程度最高的是家禽业，尤其是肉鸡业；战后的日本，公司化农场的发展也主要是在畜产、果树、园艺设施等方面。公司农场比较集中在这些部门的原因是：①这些产品的生产大多是整年或多年进行，对劳动力需求比较均匀，生产更为费工，需要长年雇请相当数量的工人；②这些产品的生产，在某些技术问题解决之后，可集中在少数地区和企业采取工厂化方法进行生产；③二战之后，人们对肉、蛋、奶、水果、蔬菜等的需求量大增，并且要求经过一定的加工才能进入消费领域，这使得食品工业大为发展，与此相适应，也就要求农场更集中地进行生产，以保证食品工业有数量稳定的原料来源。

从各种类型的公司农场的发展来看，那些在农村原有的生产关系基础上形成和发展起来的公司农场，不论是从家庭农场分化而来，还是由其他类型的生产主体分化形成，其生产和发展相对比较稳定，经营状态较好。反观那些由工商资本直接进入农业组建的公司农场，从目前世界各国的发展情况来看，经营不很成功，主要是因为农业生产周期长、风险大、资金周转慢、利润率低。

2. 其他类型的农业生产经营主体

（1）国营农场和集体农庄。国营农场是指土地等基本生产资料由国家所有，农场职工都是领取工资的国家正式职工的一种经济组织形式。初期的国营农场是苏联及东欧各国在没收地主、贵族、教堂等的土地基础上建立的。集体农庄是苏联及东欧国家通过对小农经济进行社会主义改造建立起来的集体所有制经济组织。集体农庄的土地由农户共同所有，采取集体劳动、按劳分配的经营形式。集体农庄和国营农场曾是苏联及东欧国家最主要的农业生产经营组织，东欧剧变后，各国实行土地私有化，其土地所有权已明确个人所有，但由于各种原因，国营农场和集体农庄这种经营形式仍然存在。在西亚、非洲、东亚等发展中国家，也存在少量的国营农场。

（2）农业生产合作社。在一些发展中国家，小农经济占据绝对优势，他们通过发展农业生产合作社来破解小农户与大市场的矛盾。在印度有四种农业生产合作社。第一，租佃合作社。合作社将自有土地按合同分租给无地农民，并为社员提供生产资料，社员向合作社缴纳税金，但是生产的农产品归社员所有。第二，公共合作社。社员将土地交给合作社，自己成为无地劳动者，牲畜等生产资料作为股份入社，社员除领取工资外还可分到一些农产品。第三，改革合作社。这是为了学习和运用先进工作方法而组织起来的合作社，社员一起劳动，可以自由支配自己的土地，也可以随时加入或退出合作社。第四，集体合作社。在这种合作社里，农民将自己的土地集中起来变为统一的农业区域，集体耕作，土地的所有权还属于农民自己所有，社员根据自己的土地和劳动分得产品。

（3）基布兹。这是 20 世纪初犹太人复国主义运动的特殊产物，是政社企合一、生产与生活资料集体所有、统一经营核算的综合性村社组织。基布兹的创建者深受社会主义思想的影响，要建设一个人人平等、各尽所能、各取所需的社会。基布兹内社区居民与集体经济组织成员相同，具有成员共有、共治、共享的特征，成员来自国外移民或以色列本土市民，20 世纪 60 年代之前绝大部分成员主要是来自东欧的犹太人。2017 年以色列共有 274 个基布兹，常住人口 15 万人，其中集体经济组织成员 6 万人。随着时代的迁移，基布兹越来越受到现代观念的冲击，改革基布兹成为大势所趋。20 世纪 80 年代以来，基布兹已经开始了内部制度的渐进改革，改革的本质是在坚持生产资料集体所有制的前提下，通过所有权与经营权分离，提高经营效率，通过大幅度缩小公共福利供给范围，降低组织运营成本。虽然基布兹的改革取得了一定成效，但改革之路依然任重而道远。

第二节 世界农业生产经营主体演化的驱动力

不同国家和地区在农业现代化进程中都普遍经历了农业生产经营主体的演化。各国独具特色的农业生产经营主体结构及其独特的演化路径与其资源禀赋、制度环境、农业支持政策乃至历史文化背景等之间的差异密不可分。

一、资源禀赋

在农业生产领域，资源禀赋一直是决定农业生产水平的重要因素。资源禀赋不仅在一定程度上决定了各国农业现代化的道路选择，也在一定程度上决定了农业生产经营的方式。土地和劳动力在全世界范围内来说都是至关重要的农业基础资源，因此土地与劳动力资源禀赋及其配比情况对农业生产经营主体的经营规模有着明显的影响。在农业粗放经营的阶段，技术水平非常落后，农业生产以人力、畜力为主，农户经营规模主要由农户家庭劳动力人数、畜力数量决定。在技术水平发展到一定阶段后，土地资源丰富而农业人口数量较少的国家，如美国、澳大利亚等新大陆国家，农业经营规模相对较大，而大多数发展中国家，农村地区人口增长明显，农地资源较为匮乏，农户经营规模相对较小。即便都以家庭经营作为农业生产经营的基础，欧美土地资源丰富的国家也是以专业化、大规模家庭农场为主，而亚洲和非洲很多国家的农户则表现为兼业小农。

发达国家根据人均拥有可耕地状况及农业劳动力平均负担的可耕地面积状况，将人地关系分为三种类型。人地比例关系的差异导致他们在农业耕作方式及其平均经营规模上存在明显差异。

1. 地广人稀型

如美国、加拿大，人均拥有可耕地面积远超世界平均水平，平均每个农业劳动力负担的可耕地面积达数十公顷甚至上百公顷。地广人稀型国家因农业劳动力短缺，农业经营以粗放耕作方式为主，平均经营规模在 100 公顷以上。根据美国农业部的农业普查数据①，2017 年美国农场平均经营面积为 178 公顷。

2. 人多地少型

如日本、荷兰和比利时，其人均拥有可耕地面积低于世界平均水平，平均每个劳动力负担的可耕地面积一般小于 10 公顷。日本 2020 年公布的农业普查报告数据显示，有经营耕地的农业经营体的平均耕地面积为 3.10 公顷，其中北海道 30.60 公顷，都道府县 2.20 公顷。东亚地区，尤其是日本、韩国，在发展大规模家庭农场方面存在天然劣势，人多地少的基本国情决定了大中型的家庭农场难以在本地区生根发芽，即便城市化程度很高，也不能改变这一事实。因此，他们通过大量发展综合类农协辅助农业生产与经营。人多地少国家农业大多以精耕细作为主，经营规模近几十年来虽然有所提高，但平均规模在发达国家中仍然处于最低水平之列。

3. 人地比例中间型

如法国、瑞典、丹麦，人均拥有可耕地面积接近或略高于世界平均水平，平均每个农业劳动力负担的可耕地一般在 10 公顷以上。中等人地比例关系国家的农业耕作方式和平均经营规模介于前两类国家之间，其耕作精细程度高于地广人稀型国家，但不如人多地少型国家，农场平均规模明显小于地广人稀型国家，但高于人多地少型国家。2016 年，法国农场平均经营规模为 64 公顷。

在发展中国家，自然资源差异对农业经营规模和经营组织形式也有很大影

---

① 美国农场普查的定义是获取在普查年度内生产和销售（或通常本应出售）1 000 美元以上农产品的农场全方位信息。自 1850 年建立以来，该定义已进行了九次更改。当前定义首次用于 1974 年农业普查，随后在每次农业普查中均使用。此定义与当前 USDA（美国农业部有机认证）调查使用的定义一致。美国每个地区使用的农场定义各不相同，每个地区的报告都包含有关其农场定义的讨论。

响。在东南亚地区，泰国气候条件较海岛地区更适合人类居住，因此人口稠密，人多地少的国情决定了其以小规模家庭经营为主的家庭农场制度。而印度尼西亚、菲律宾和马来西亚这些国家拥有大片的热带雨林地区，以热带经济作物种植为主，因而在热带雨林区形成了大资产农场和种植园，而在人口稠密的丘陵和临海平原地区则形成了以家庭经营为特征的小农场制度。因此，印度尼西亚、菲律宾和马来西亚形成了大种植园和小农场并存的局面，这种农业生产经营主体结构在拉丁美洲也非常普遍。

农业生产经营主体经营规模的演化因资源禀赋的不同而有明显差异。近年来，各国农业生产主体演化过程中均出现了耕地向大规模农业生产经营主体集中的倾向，但是在不同资源禀赋国家其结果却大相径庭。以美国为代表的新大陆国家在农业经营主体发展过程中大规模经营主体在经营面积上占据多数且规模在不断扩大，而日本经过近百年的农业现代化进程仍然没有改变以小农户为主导的农业经营格局。农业生产经营主体经营目标的演变，也因资源禀赋的不同而呈现出差异化的特征。在美国，不论是垂直一体化农业公司模式、合作经营模式还是大规模家庭农场，均体现出了强烈的追求经济效益和利润最大化的倾向，通过分工和专业化来提升生产经营效率。反观日本等东亚经济体以及部分发展中国家，农业生产经营主体基础是大量兼业小农，其农业生产经营主体创新的目的很大程度上是为了解决小生产与大市场之间的矛盾。

虽然当今发达国家的农业已经成功实现了由"以资源为基础的农业"转变为"以科学为基础的农业"，借助于科学知识和工业投入，成功地突破了土地自然肥力的制约从而提高了农业土地生产率和劳动生产率，在一定程度上缓解了资源对农业生产的限制，但广大发展中国家的农业仍然停留在传统农业阶段，农业技术还没有根本的突破，自然资源还不能有效地被人造资本所替代，土地等自然资源仍然是农业发展过程中最普遍和最有约束力的限制。

二、制度环境

从世界各国农业生产经营主体演化历程所表现出来的情况看，不同国家的制度环境，无论是经济制度还是政治制度，无论是正式制度还是传统习俗，都对农业生产经营主体演化产生了制约和影响。美国农业生产经营主体发展体现为民间自发的"自下而上"模式，日本却走的是政府主导的"自上而下"道路。究其原因，美国所选择和崇尚的是反对政府过度干预、崇尚自由竞争的市场经济体制，政府主要关注于提供公平的市场环境，而不是直接参与或者干预经济活动，"自下而上"的模式也就成了农业生产经营主体变迁的必然选择。日本农业生产经营主体变迁的基本制度环境是从二战时的军事化统治经济向市场经济体制转型，经济体制受传统的集权主义和政府干预的思想影响浓厚，因此农业生产经营主体变迁中体现出了浓厚的政府主导特色。

由于土地在农业生产中的特殊地位，一个国家的土地制度对该国农业生产经营主体的形式及其演化影响最大。在人类社会发展史上，封建性的农村生产关系是阻碍农村发展和农业增长的重要因素，为破除封建势力对农业生产的影响，很多国家都进行了土地改革，尤其是在那些二战之后独立的发展中国家。由于各国政府采取了不同的土地政策、经济体制，土地制度和农业生产经营形式发生了不同方向的变化。各国土地改革的具体措施不尽相同，大体可以概括为四种情形。①没收地主及外国殖民者占有的全部土地，分配给农民所有，彻底废除封建土地制度和殖民者的土地占有制。②规定土地最高限额，超过限额部分由政府赎买，然后再由政府出售或分配给农民所有，多数国家采取了这种措施。③只把殖民者的种植园及其占有的土地收归国有，改为国营农场或交给由原来的雇工组建的合作社、自耕农场等耕作。④实行土地国有，征收超过最高限额的土地，只有少数国家采取这种措施。

土地改革为破除封建势力的阻碍扫清了道路，在不同国家和地区，以新的农业生产经营形式取代封建土地制度时出现了不同的道路。

第一，通过土地改革比较彻底地废除封建土地制度，把土地转归农民所有，建立小农经营，然后在小农分化的基础上发展现代农业生产经营。很多发达国家都采取这样的方式，但也各有特点。英国是通过剥夺小农，美国是在基本不存在封建制度条件下走农民分化的道路。二战之后，日本、韩国也是比较彻底地废除了封建土地制度。

第二，在比较彻底地废除封建土地制度之后，采取巩固小农经营、限制农民分化的措施。在墨西哥和缅甸等国，农民分化慢，农村经济发展缓慢。

第三，在土地改革后，引导小农组织合作社经营，走集体经营的道路。这在苏联和东欧国家较为普遍。但是在20世纪90年代东欧剧变之后，这种生产方式发生了巨大的变革。俄罗斯通过私有化改革，对国营农场和集体农场进行改造，催生了农业企业、个体居民与家庭农场三种新的农业生产经营主体。

第四，没有彻底进行土地改革和没有进行土地改革的国家，在保留较多的封建关系和大庄园主的土地所有制条件下，由地主经济或庄园主经济，通过长期、缓慢的和平演变道路，直接发展现代农业生产经营。这种道路最典型的是拉丁美洲地区，从 20 世纪 60 年代至今，拉美地区的大庄园逐渐转化为现代公司农场。

三、农业支持政策

历史上，许多国家如英国、法国、德国、日本、荷兰等广泛存在小规模的小农经营，传统的土地制度在不同程度上制约或阻碍着农场经营规模的扩大，为了适应非农产业进一步发展和农场生产规模扩大的世界趋势，各国政府根据本国的实际情况分别采取了一系列的政策措施或农业立法来鼓励和促进农场生产经营规模的扩大。虽然不同国家或地区推进农业规模经营的途径不尽相同，但概括起来，除了市场自身的力量外，更多的国家主要通过政府政策或农业立法的实施来推动，这方面的措施通常包括以下几个方面。

1. 土地政策

政府实施支持土地流动政策以实现土地集中或利用立法和行政权力强制土地集中经营。具体来说，土地政策的内容可能包括如下一个方面或若干方面。一是土地买卖政策。为了促进土地集中，许多国家法律或政策规定土地买卖必须接受官方或半官方机构的监督和管理，这些机构有权优先购买小块土地，然后优先出售给有生命力的中等农户。二是农地租用政策。在土地价格不断上涨的情况下，为了通过增加租用土地的方式促进农场扩大经营规模，一些国家政府采取控制土地租金水平，延长土地租用期限等措施。如日本、英国、法国、德国、荷兰、丹麦等国都十分重视土地租赁政策对促进土地规模经营的作用。三是反土地分割政策。为了防止出现新的小规模农户，一些国家政府一方面规定禁止建立小于政府规定面积的新农场，另一方面又通过推行土地继承法阻止土地进一步分割。四是土地整理合并政策。为了解决土地零散问题，许多国家政府直接投资并参与土地合并与调整。如法国和德国均成立专门机构，设立专项基金，直接进入土地市场，发放补贴和养老金等。五是取消或放宽农户（农场）土地限额政策。如丹麦政府 20 世纪 60 年代初即取消了对农户土地规模的限制，波兰政府 1971 年通过一项立法规定，把过去对个体农户拥有 20 公顷土地的限制扩大为 50 公顷（西部地区可达 100 公顷），同时还规定了有利于大农户的政策。六是禁止弃耕和耕作不良政策。如荷兰法律规定，凡对于弃耕或耕作不良的土地，国家有权征收，提高土地税或令其出租。

2. 农业劳动力转移就业政策

这方面的政策主要指政府通过多种途径促使青年农民脱离土地，从事非农产业。一是政府采取一定的补贴措施，促进农业劳动力的转移。日本采取各种奖励办法，鼓励小规模农户放弃土地，从农业中转移出去，同时，对离农再就业的农民进行免费的职业培训和发放转移过程中的生活补贴。二是采取提供经营场所、财政信贷支持和减免税收等措施鼓励城市工业向农村转移和扩散，增加农村非农产业就业机会，促进农民让出土地。如法国政府规定，凡是愿意到政府指定地区新建或扩建工厂，并能安排一定数量离农劳动力者可以获得地区发展奖，企业在迁厂过程中受到的损失由国家赔偿，还在税收上给予优惠。德国政府曾经动员一部分聚集在人口稠密地区的农户迁往新的住地，建立"有生命力的农场"，而将迁出农户留下的耕地并入邻近留下的农场，扩大后者的土地规模，政府承担 1/2～2/3 的迁移费用。

3. 财政与信贷政策

政府为鼓励农场扩大经营规模而实施的财政与信贷政策主要包括如下方面。一是土地出租者补贴。该政策直接补贴给土地出租者，鼓励小农租出小块土地经营权。二是土地出卖者补贴。荷兰在实行土地合并计划的地区，政府收购农民的土地要另付一笔补贴，对 50～60 岁的农民如不再愿意领取补贴，可每月向政府领取固定月薪，对 50 岁以下的愿意放弃土地的农民，政府可安排他们从事其他职业，并负责其职业培训。三是购买（或租赁）者土地补贴或低息贷款。韩国政府鼓励农户扩大经营规模，向"企业农"发展。丹麦对拥有 35 公顷以上耕地的农场给予低息贷款。

4. 其他支持政策

一是农产品价格支持政策。法国和德国等国家在制定农产品价格和保护政策时，一般以中等规模农场的生产成本作为确定农产品价格和农产品补贴的依据，以此使小农户无利可图，迫使他们退出农业经营，同时有利于耕地向大中型农场集中，刺激大中型农场扩大生产经营规模，增加农业投资，增强市场竞争力。二是税收政策。为了促进大中型农场进一步发展，小型农场的进一步退出和减少，法国和德国等国政府还对农业税收结构进行灵活调整，视不同农场经营情况有目的地分别实行差别税率措施，扶持有活力的农户。

在推动农业规模化经营的过程中，各国都制定了多种不同类型的政策，但是却取得了不同的效果。法国、德国等欧洲国家，在促进土地的流动集中和发展专业化规模经营的过程中，农村合作经济和农工商一体化也得到了相应发展，在改造传统农业和实现农业的长足增长方面均取得了显著成果。反观日本，虽然也采取了一系列鼓励促进农业规模经营的措施，但效果远不如欧洲显著，这其中一个重要原因是，日本在经过土地改革实现均分化基础上实现了土地私有，与其稀缺的土地资源禀赋相结合，阻滞了农用土地的流转和集中。随着城市非农产业的迅速发展，日本农业日益兼业化和副业化，成为农业规模经营和农业现代化的严重障碍。

四、人口老龄化

人口老龄化是 21 世纪最重要的人口现象和社会现象之一，并对经济社会发展产生越来越重要的影响。根据世界银行的统计资料，2020 年，65 岁及 65 岁以上人口共 7.2 亿人，占全球总人口的 9.3%。联合国人口司预计，到 2030 年，世界老年人口比例将达到 12%，2050 年达到 16%。人口老龄化使人口结构发生变化，给劳动力市场尤其是农业劳动力市场带来巨大冲击，进而严重影响农业的生产经营，这种现象在日本和韩国等东亚国家尤为显著。

根据日本官方统计，2019 年，日本全社会的老龄化率为 28.4%，老年劳动力在全部劳动力人口中的占比为 13.3%，而农业就业人口和骨干农业从事者中老年人的比例已经分别达到 70.2% 和 69.7%。在日本，随着高龄农业劳动力陆续退出农业生产，农业劳动力自然减员严重，但是，推进农业规模化经营的前景却不容乐观。2000—2019 年，骨干农业劳动力人数由 240 万人减少到 140.4 万人，其幅度之大，不亚于经济高速增长时期因农业剩余劳动力大规模转移所带来的农业劳动力减少。与经济高速增长时期有所不同的是，目前农业劳动力减少的同时带来了农户数量的大幅度下降，从表面上看，这给扩大户均耕地面积带来了契机，但由于农业后续劳动力严重不足，能否实现农业规模化经营仍然是个未知数。目前的形势是，主业农户在流失，副业农户比例扩大，农业经营零碎化有所抬头，高龄农业劳动力退休后所让出的农田因无人接手耕种，出现了大面积撂荒。在日本，不仅老龄化和"空巢化"现象在准主业农户和副业农户中普遍存在，也有相当比例的主业农户缺少适龄农业劳动力。部分主业农户因后继无人，经营欲望下降，被迫缩小经营规模，向准主业农户甚至向副业农户转化。在经济高速增长时期，农地面积减少的主要原因在于农地被转作非农用途。但是，近年来，因农业经营无人继承而引发的耕地抛荒现象不断增多，这成为耕地面积减少的首要原因。早在1963年，日本颁布的《农业基本法》就提出了培育"自立农户"的政策主张，试图造就一批经营规模大、以农业为主要收入来源的职业农民，让他们成为农业经营的主体。但是，由于农业劳动力基数大，推进土地流转和集中经营并不顺畅。时过半个世纪，虽然推进农业规模化经营的时机来临，但困难依然不小，只不过矛盾发生了转化——过去是地少人多，现在则是老年劳动力把耕地让出来后，难以找到合适的人来耕种。

在韩国，大约过去的60年里经历了令人瞩目的现代化与工业化阶段。在这一过程中，农业的相对重要性逐步降低，韩国工业化的速度是其他国家的2～5倍。如此快速的工业化极大地降低了韩国农业产业规模，并改变了其劳动力结构。GDP变化显示，农业产业比重逐渐缩小，1970—2005年，农业占GDP的比重每年下降6.0%。从事农场经营的劳动力比重也逐步下降，1970—2018年，农业劳动力占总劳动力比重从49.5%降为4.5%。由于农业占GDP比重比农业劳动力占总劳动力比重下降得快，导致农业劳动力出现过剩。然而，超过40岁的农业劳动力在转换到别的工作时遇到了困难。随着工业化的深入，不能在新产业中找到工作的人开始堆挤在农业产业中，导致农业劳动力平均年龄增大并降低了劳动力的竞争力。农业劳动力开始逐渐以中年以上的人口为主，使得农业与其他产业相比竞争力变得低下。

进入21世纪，韩国农业人口急剧下降，农业劳动力老龄化现象日益严重。2000—2018年，农业人口大约由403万人减少到231万人，60岁以上老年农业人口占比从33.1%提升到58.3%。随着农业人口继续老龄化，农户的家庭结构恶化。20世纪60年代，平均一户农户的人数是6人，然而到了1990年却减少到3.77人，1995年减少到3.23人，2005年进一步减少到2.7人。传统上，认为农户家庭中拥有两代人以上是一种稳定的农户形式，然而拥有这样形式的农户数量正在快速减少，只拥有一代人的农户（只有一对夫妇）以及只有一个人的农户正在逐渐成为主流趋势。农业劳动力老龄化从根本上削弱了作为农业经营主体的农户的竞争力，降低了农业生产率，从而最终破坏了农业经营的可持续性（表3-4）。

表 3-4　韩国农业人口变化趋势

年份	总数				青年（0～14 岁）			
	总数量/万人	总比例/%	男性/万人	女性/万人	总数量/万人	总比例/%	男性/万人	女性/万人
2000	403.1	100	197.1	206.0	45.9	11.4	24.2	21.7
2005	343.4	100	167.7	175.7	33.5	9.8	17.8	15.7
2010	306.3	100	150.1	156.2	27.0	8.8	14.2	12.9
2015	256.9	100	128.8	128.0	15.0	5.8	7.8	7.1
2018	231.5	100	113.0	118.5	10.9	4.7	5.6	5.3

年份	中年（15～59 岁）				老年（60 岁及以上）			
	总数量/万人	总比例/%	男性/万人	女性/万人	总数量/万人	总比例/%	男性/万人	女性/万人
2000	223.9	55.5	112.7	111.2	133.3	33.1	60.3	73.0
2005	174.8	50.9	88.1	86.7	135.1	39.3	61.8	73.3
2010	151.4	49.4	76.1	75.3	127.9	41.8	59.6	68.3
2015	112.6	43.8	59.2	53.4	129.3	50.3	61.8	67.5
2018	85.6	37.0	43.2	42.4	135.0	58.3	64.1	70.9

资料来源：《韩国主要农林畜产品食品统计 2019》。

五、历史文化背景

一个人、一个群体、一个民族的思维方式和经济社会行为无法摆脱他或他们所属的那个民族的历史文化。因而制度的建构和变迁对历史文化有着很强的路径依赖——即一个民族在发展过程中所走过的道路必然对这个民族未来的发展产生影响。纵观世界，各国的农业发展都在不同程度上受到了其独特的历史文化的影响，尤其是对广大发展中国家来说，其农业生产经营主体发展的共同特点是深受其遭受帝国主义、殖民主义侵略史的影响。

拉美国家农业生产经营主体内部具有鲜明的二元结构，生产效率较高的大规模公司农场和效率低的小农户并存，这与其历史上形成的不合理的土地占有制度密不可分。拉美国家独立前多为西班牙、葡萄牙殖民地，被殖民时期以大规模的种植园为主，独立后，原来的种植园逐渐演变成如今的大农场。巴西的土地制度是从 16 世纪葡萄牙殖民时期沿袭下来的大地产主私有制，土地占有极为不平等，全国大部分土地仍集中在少数庄园主手中。国家只在特殊情况下才对私人土地进行干预，或进行有偿的征收。巴西应用经济研究所提供的数据表明，当前巴西土地集中现象依然较为明显。一方面，占农户数 0.86％的大庄园主（占地 1 000 公顷以上）占有全国 48％的土地，许多庄园主土地规模达几万公顷乃至几十万公顷，他们经营现代化的商业性农场，以生产大豆、甘蔗、咖啡、可可等出口农产品为主。另一方面，85％的农户（占地 50 公顷以下）只占 13％的土地。以生产木薯、黑豆等为主，劳动生产率和经济收入都很低。这种两极分化的土地占有制，导致超过 1 000 万名农民没有自己的耕地，他们生活在社会的底层，多半仍处于赤贫状态，这些严重制约着生产水平的提高。

非洲很多国家农业生产经营主体的发展也受其历史的影响。在南非，存在着两种截然不同的农业生产机制。一方面，少数白人农场主经营着发达的大农场，经营着高度商品化的农业，提供了南非 90％以上的农业总产值。另一方面，非洲黑人经营着仅能维持生计的传统农业，这种局面严重影响了南非农业的整体发展。这种二元结构的形成是因为在种族隔离统治时期，土地法令将 86％的土地给了白人，广大的黑人被排挤到土地贫瘠的保留地。到种族隔离制结束时，先前白人地区由 6.7 万个农场主占有，规模大都超过 1 000 公顷，而黑人地区人均占有可耕地低至 0.1 公顷。虽然南非政府已经开始扶植黑人发展农业，增加了对农村地区的投入，但要改变这种二元格局，短时期内难以完成。

第三节　世界农业生产经营主体演化规律及走向

世界农业生产经营主体的演化，因不同历史、文化和资源禀赋而展现出一定的差异性，但也拥有基于农业产业特征的共同性。总体上来看，随着经济社会的发展和对传统农业经营模式的改造，农业生产经营主体的演化呈现出家庭经营基础上的多元化、专业化、规模化的发展趋势。

一、农业生产经营主体以家庭为主

自 20 世纪中叶以来，世界农业生产力和农业生产技术迅猛发展，一些国家经过技术改造后，农业生产力已经达到很高的水平，许多中小农场在激烈的市场竞争中不断受到排挤和淘汰，农业生产主体的结构发生了很大变化。但无论是农户之间联合或合作建立的各种组织，还是工商企业等外部组织的进入，均不能完全替代家庭在农业生产中的地位。从世界范围内来看，家庭农场一直是数量最多，拥有农业资源和生产产品最多的一种形式。根据 FAO 的世界农业普查数据，全球 5.7 亿个农场中 90％以上是由个人或家庭经营管理的家庭农场。据估计，他们占据了 70％～80％的农田，生产了世界上 80％以上的粮食。

发达国家农业大多以家庭经营为基础，甚至在经营规模不断扩大的过程中也并未动摇家庭经营的地位。日本、法国、荷兰、丹麦、美国等国家都是在农业家庭经营条件下实现了农业现代化，取得了农业发展的卓越成就。在日本，自土地改革之后确立的自耕农为主体的农业经营结构一直以来没有太大变化，自耕农的家庭经营形式是日本农业中最主要的经营形式。家庭农场是所有欧盟国家主要的农场类型，占欧盟农场的 96％。在法国，21 世纪之前，家庭农场占全部经营主体的比重均在 90％以上，尽管进入 21 世纪之后，这一比例快速下降，但到 2010 年，家庭农场所占比例仍然高达 70％。在美国，家庭农场一直是最主要的生产经营者，农业雇工人数占农业就业人数的比例一般低于 25％。如果排除兼业雇工、季节雇工、农业中一些特殊企业的大量雇工以及家庭经营中的辅助劳动雇工，美国农业雇工经营的比例将会更进一步降低。从农场的数量来看，尽管近年来家庭农场的数量有所下降，但由家庭经营的农场比例仍超过85%，与1997年相比，基本没有变化。如果把其他形式的家庭经营也计算在内，那么以家庭为单位经营的农场约占美国农场总数的87.9%（表3-5），占农业总产出的89%以上。而在发展中国家，则广泛存在以家庭为单位进行农业生产的小农生产者。

表3-5 美国各种类型农场数量

单位：个

类别	1997年	2002年	2007年	2012年	2017年
家庭农场	1 922 590	1 909 598	1 906 335	1 828 946	1 751 126
合伙农场	185 607	129 593	174 247	137 987	130 173
公司农场	90 432	73 752	96 074	106 716	116 840
其他农场	17 247	16 039	28 136	35 654	44 081

资料来源：美国农业部经济研究局，汇编自美国农业普查数据。

从世界范围内来看，尽管各个国家在人地资源禀赋、农业经营制度上有很大的不同，但是家庭经营在各个国家中都仍然是农业生产最主要的方式。这种现象背后存在深刻的内在原因，反映出市场经济和现代化农业的某些规律性要求。在现代经济发展中，农业家庭经营表现出了无可比拟的体制优势。一方面，农业家庭经营能充分调动农村劳动人口的积极性，更广泛、更有效率地推动各类资源进入生产领域，刺激农业生产率的提高，从而为现代市场经济的形成和发展奠定基础。另一方面，农业家庭经营能适应现代农业的发展方向。农业生产无法像工厂管理那样通过计时、计件和劳动纪律来对劳动者的日常生产活动进行激励和控制，因此农业生产更多地要求劳动者自身对整个生产结果有内在的负责冲动，更多地要求劳动者对整个生产过程持续稳定地倾注责任心和感情。因此，农业家庭经营就成为农业经营形式的理想选择。随着经济社会和科技的不断发展，农业经营的方式不断创新，企业化、专业化、规模化、集约化程度不断提高，但这都没有动摇家庭经营在农业中的基础地位。

二、农业生产经营主体形式逐渐多元化

总体上看，随着经济社会发展和对传统农业经营模式的改造，农业生产经

营主体形式日益多元化。在家庭经营这一基础上，各国出现了类型多样的合作经营和企业经营主体，而且即便是同一类型的生产经营主体，其内部也呈现多元化发展模式，例如美国的公司农场、法国的公司法人和农业团体、日本的法人化经营体和村落营农组织、韩国的法人化经营体等。这种经营主体多元化的趋势在日本和韩国最为突出。对欧美国家来说，可以通过不断提高土地的集约化程度来提高其农业的国际竞争力，那么对于人口众多而土地有限的东亚国家而言，提高农业经营主体的多元化程度，才是增强其农业国际竞争力的有效路径。虽然家庭农场以外的农业经营主体数量不多，但是它们为农业发展注入了新的活力，对各自国家农业竞争力的提高有很强的促进作用。

各国农业生产经营主体形式虽然都呈现出多元化的趋势，但他们在各国的表现形式却各不相同。在美国，公司农场的数量和重要性都在不断提高，在受季节影响小、技术水平高、附加值高的农产品领域，公司农场具有明显的生产优势。1997—2017 年，与家庭农场和合伙农场的数量下降相反，美国的公司农场数量增长了 29.2％。但公司农场的发展也并不意味着家庭农场地位的弱化，因为绝大部分公司农场依然由家庭持有，2017 年家庭持有公司农场的比重高达 96％。在俄罗斯，20 世纪 90 年代以来通过大规模的农业改革催生出一大批新型农业生产经营主体，包括农业企业、个体居民、家庭农场，其中农业企业经济贡献最大，个体居民次之，家庭农场总体生产比重最小。从 1992 年以来，俄罗斯农业生产经营主体的演化过程呈现出以下几个特点：农业企业生产仍占主导地位；个体居民生产地位在整个农业中仅次于农业企业；家庭农场经济产值所占比重较小，但处于上升态势。在欧盟，农场可分为三个不同的类型：半自给农场，其以种植粮食为主，供养农民及其家庭；中小型农场，通常是家族企业；大型农场，具有合法形式或成为合作社的大型农业企业。

三、农业生产经营主体生产逐渐专业化

现代农业要求生产专业化，而生产专业化又能促进使用现代化技术设备、大幅度提高劳动生产率、降低生产费用、增强市场竞争力，因此各国农业生产经营主体纷纷向专业化方向发展。专业化生产给农业发展带来了极大的好处，根据农业生产的地域特点，因地制宜确定专业化方向，有利于合理利用当地资源，推广科学技术，提高农艺技术水平。还有利于提高资金的利用率，集中资

金发展生产，提高农产品商品率和劳动生产率，降低农产品生产成本。

1. 生产产品专业化

现代农业的生产专业化是与高度发达的农业市场化紧密联系在一起的，农业生产专业化是农业社会分工发展到一定程度的产物。现在高度商业性农场已经不仅仅只生产一个大类的产品，而是纷纷将经营范围或领域聚焦于特定的产品或生产环节。在英国，按照某一种产品的产值占50%以上为标准，可以将农场分为六种类型：乳业农场、牲畜农场、家禽农场、作物农场、园艺农场、混合农场。在美国，家畜和家禽的各个品种及其生产过程均有高度发达的专业化社会分工。不仅有牛、猪、羊、鸡等品种专业化生产农场，而且在各个品种里又可以分成更具体的专业养殖农场。例如，养牛业就有仔牛养殖场、肉牛养殖场、奶牛养殖场等。在奶牛养殖场中，又可以分为专为奶制品加工厂提供鲜奶的农场，以及从生产鲜奶到奶制品加工、销售的综合性奶业农场等。在养殖形式上，又可以分为放牧式养牛场、圈养催肥养牛场等。

2. 生产区域专业化

农业区域生产主要受到不同地区农业自然条件和农业自然资源的影响。由于不同地区有自己独特的自然、生物、文化及人文因素，因此各地区农业生产有不同的特征。在市场价格变化的过程中，各地区生产者为了增强市场竞争力，只有利用各地区的特殊条件，发展各地区最有利可图的农产品商品，谋求农业经营的合理化，从而提高农业生产率、增加农业收入。这样，各地区就可以根据独特的自然条件和经济条件，实现区域专业化生产。在日本，水稻是最主要的农作物，全国各地均有种植，主要产地为北海道、东北、关东、九州，其中东北地区水稻产量占全国的1/3；马铃薯主要产于北海道、长崎等地；牛、羊主要饲养于北海道、九州、东北等地；猪主要分布于九州、关东、东北。在巴西，南部地区气候温和、土壤肥沃，生产了巴西大多数的粮食、出口农作物和油菜籽；东北部地区则较为干燥、降水量少，主要生产可可、热带水果和林木产品等；中部地区土壤质量差，无法维持作物生长，主要发展畜牧业。

3. 生产工艺专业化

随着社会分工和商品生产的高度发展，许多原来属于农业本身的作业项目，已经逐渐改为由农场以外的企业负责。例如种植业的农民就只负责田间种植，育种、选种等有关种子处理的工作由专业化的种子公司负责，化肥、农药等生产资料的供应和使用也由专业的公司承担，收货时则由粮食贮运公司把谷物直接从田间运走，并负责干燥、加工、储藏直至销售。畜牧业也同样如此。

四、发达经济体的农业生产经营主体经营规模逐渐扩大

世界各国在由传统农业向现代农业转变的过程中，自然资源、土地制度等自然、社会、经济因素的差异，使得各国农业现代化的路径和模式不尽相同。工业化国家的农业现代化发展主要有三种类型：以美国和加拿大为代表的第一类，这类国家人少地多、劳动力资源短缺，农业现代化的建设路径是大幅度提高劳动生产率，在机械化得以实现的基础上重点转向生物技术，最后实现农业现代化；以日本和荷兰为代表的第二类，这类国家人多地少、劳动力资源丰富，其农业现代化的建设路径是大幅度提高土地生产率，在生物技术的基础上发展机械技术，实现农业现代化；以英国、法国为代表的第三类，介于前两者之间，现代农业建设的路径是土地生产率和劳动生产率双重提高。但无论是哪一种类型的农业现代化进程，都是由传统分散经营的小农经济向集约化、规模化现代农业经济转变的过程，在这一过程中，其农业生产经营主体数量不断减少、经营规模不断扩大。

农用土地的逐渐集中和农场经营规模的扩大是现代农业发展和农业现代化的基本趋势。第二次世界大战结束以来，世界农业生产经营主体在经营规模扩大的过程中表现出两极分化的特征。在数量上，各国都还有相当一部分小规模农场；中等规模农场的数量和经营面积占比都相对减少；大规模农场的数量不断增加，尽管数量占比还相对较低，但它们经营的农地面积占比却非常高。在经营面积上，小规模农场经营的耕地面积日益萎缩，土地越来越向大规模农场集中。大规模农场的生产能力进一步提升，农业规模化经营程度得到提高，这一现象在美国和欧洲各国尤其明显。二战以后，美国农场土地不断整合，农场平均规模从 1950 年的 87.4 公顷增加到 2019 年的 179.7 公顷。20 世纪 90 年代之后，尽管美国农场的平均规模变化不大，但中位数规模却在平稳增长，从 1982 年的 589 英亩增长到 2012 年的 1 201 英亩，农场面积中位数的提高说明了农场正在向大规模生产转变。在澳大利亚，农场平均规模从 1982—1983 年度的 2 720 公顷，增加至 2002—2003 年度的 3 340 公顷，再至 2015—2016 年度的 4 331 公顷，增长了将近 60%。日本自 2010 年以来也通过"农地重画"

"担手培育"等系列措施，重视单个农业生产主体的规模扩大，并逐渐取得成效。

五、"大国小农"是中国的基本国情农情，小规模家庭经营加规模化、多样化农业生产社会化服务是中国农业的基本特征

目前，中国有承包耕地的农户数量为 2.27 亿户，户均耕地面积 6.13 亩。进入 21 世纪以来，随着中国工业化、城镇化进程不断加快，农村人口和劳动力不断向经济发达的城市（镇）转移。与此同时，乡村人口的老龄化进程也在加快。这些因素促使农业生产经营主体结构也正在发生系统和持续的变化。在这个过程中，中国政府适应其变化，采取促进农业生产经营结构重组、培育新型经营主体、发展多种形式规模经营、促进农业生产经营规模扩大等措施解决无人种地和种地效率低的问题。中国目前的新型农业生产经营主体主要包括家庭农场、农民合作社、专业大户、农业产业化龙头企业以及最近几年出现并迅速扩张的农业社会化服务组织等多种类型。

据统计，目前在中国，家庭农场超过 100 万家，经营耕地 50 亩以上的农户（含家庭农场）数为 413.8 万户；农民合作社超过 220 万家；农业产业化龙头企业达到 9 万家；农业社会化服务组织 89.34 万个（其中近 4 成与合作社和基层农村集体经济组织重合）。这些新型农业生产经营主体的出现，使中国农业走出了单个农业生产主体土地面积增加以及通过为小规模农户提供生产服务的规模增加这两种农业规模经济的实现形式。这对于促进中国农业长期发展、粮食等重要农产品的稳产保供和农业绿色可持续发展将发挥重要作用。

纵观世界各国农业生产经营主体的演化，无论农业微观经济组织如何创新，组织结构如何向高端发展，家庭经营始终是农业生产经营的主体，无论发达国家还是发展中国家的农业发展历程均深刻表明了这一点。在农业经营主体不断演化的过程中，家庭经营也在与时俱进地创新发展，企业化、专业化、规模化、集约化程度不断提高，家庭经营的主体地位与农业生产经营主体的创新并行不悖。不同类别的农业生产经营主体在农业组织结构中的功能和定位各异，各种主体之间也并不是非此即彼的对立关系，而是各有其优势和局限性，各有其适应范围和生存空间。

放眼未来，家庭经营仍然会在农业生产经营中占据不可动摇的主体地位，与此同时，随着经济社会发展和对传统农业经营模式的改造，农业生产经营主体形态也会日益多元化。而在这其中，公司农场将会凭借其优越的组织优势有效地扩大农场规模，从而使其在国内产业经营和国际农业经营中具有比其他生产经营主体强得多的抗风险能力，成为未来农业生产经营主体中的一种重要类型。

第四章 CHAPTER 4
世界农业生产服务业 ▶▶▶

农业生产服务是农业现代化过程中农业分工深化和专业化发展的必然结果。农业生产服务业发展驱动的农业服务化已成为世界农业现代化的共同趋势。但由于世界各国之间农业发展水平相差甚大，使得世界农业生产服务业发展层次和特点多样。特别是在农业比较发达的国家，农业生产服务业已经成为引领和支撑现代农业发展的主要力量、农业产业体系竞争力的主要支撑和农业产业发展的"稳定器"。

第一节　世界农业生产服务业概况

一、农业生产服务内容与分类

农业生产服务是指为农业生产经营活动提供的中间投入服务，如农机作业服务、农业技术服务、农事管理服务、农业保险服务等。

农业生产服务业是指由农业生产服务供求活动所形成的独立产业，是以农业生产全程和农业全产业链、供应链、价值链为服务对象的生产服务业，是为农业生产经营及全产业链提供中间投入服务的产业。农业生产服务既是农业分工深化和专业化发展的必然产物，也是生产性服务业与农业融合发展的必然结果。

（一）农业生产服务内容

农业生产服务内容主要由农业分工水平和专业化程度决定。随着农业生产经营活动范围的拓展、农业产业链的延伸和专业化程度的不断提升，农业生产服务由初级的产销服务逐步发展到覆盖农业生产全过程、贯穿农业全产业链的中间投入服务，在技术上基本实现了所有环节的中间投入及其服务的分离，并衍生出相应的服务产业。其服务内容主要包括农资配送、农机作业、植保防疫、农事管理、农产品销售、农业保险和金融、技术推广、信息咨询、品牌设计、综合方案等方面，以及涉农法律服务、中介服务等（表4-1）。

（二）农业生产服务分类

农业生产服务具有服务劳动和农业劳动的双重属性，可以从不同层面划分为不同类型。

从产品属性角度看，农业生产服务分为公共服务、公益性服务、经营性服务三类。公共服务主要指基础性和关键性的农业科技研发应用、气象信息、自然灾害预防和救助、疫病防控、农产品质量安全等方面的服务，主要由政府建立专门的服务部门或系统提供，并纳入政府公共财政体系。公益性服务是指公共服务和经营性服务之外的所有服务，如一般性的农业科技研发应用、区域性的病害统防统治、农民教育培训、农业信息、农业绿色生产，以及面向区域、企业、小微主体等提供品牌发展、信息咨询、金融保险等方面的服务，这类服务供给的主体因不同国家实际情况和发展水平不同而有所不同，一般都采取政府支持和社会供给相结合的方式。经营性服务是指直接面向农业经营主体提供的商业性服务，如农机作业、农资供应、农产品销售等方面的服务，这类服务主要由市场服务主体或以市场化方式提供。

从生产过程角度看，农业生产服务可分为产前服务、产中服务、产后服务以及生产全过程服务、全产业链服务等。从不同生产环节划分服务类型，主要是考虑到不同生产环节的农业技术特征具有明显的差异性，决定了农业生产服务的过程特点和服务主体的差异性，使农业生产服务主体呈现多元化特征（表4-1）。

表4-1 农业生产服务的服务范围与内容

服务范围	服务内容
产前	种子、农资供应服务；育秧育苗服务；设备购置、设施建设及维修、保养服务；信息咨询；信贷、保险、担保等金融服务
产中	耕、种、防、收等农机作业服务；技术服务；灌溉、排涝、施肥、锄草、中耕等农事作业服务；剪枝、疏果、采摘等经济作物、特色作物作业服务；植保防疫服务；气象信息、农事信息和灾害预警服务
产后	运输；烘干仓储；分级包装；初级加工；销售；经纪；等等

（续）

服务范围	服务内容
生产全过程	作业托管；技术托管；生产组织；技术方案；质量监督；等等
全产业链	订单组织；品牌塑造和运营；食品安全；信息追溯；产业链、供应链、价值链管理；供应链金融；等等

二、世界农业生产服务业的发展历程

世界农业生产服务业的形成过程，是以世界农业现代化的进程为大背景。世界农业现代化以世界工业化为起步和推动因素，以城镇化为牵引力，以农业科技进步为支撑，并随着世界工业化、城镇化、信息化进程而逐步深化。这一过程中，工业化、信息化与农业现代化的结合，加快了农业分工分业，催生了农业生产服务业。较早出现的农业生产服务是较易实现分工的耕、种、收等农机作业环节，即现代意义的农业生产服务业形成在农业机械化起步时期。这一时间点在各国有很大差异。总体上看，世界农业生产服务业的发展与农业现代化阶段以及技术水平、要素结构和资源禀赋密切相关，依据其发展程度大体分为四个阶段。

（一）起步发展阶段

农业现代化起步时期，农业分工和专业化初现端倪，一些简单的农业生产服务初步形成，如围绕农具维修、农产品销售等服务，并随农业现代化起步时间和基础的不同而呈现差异性。如英国等西欧国家，农业现代化起步于第一次工业革命时期，农业生产服务萌发时正处在英国工厂手工业和资本主义生产方式逐步普及的发展阶段；美国、澳大利亚等新大陆国家，是通过引进西欧农业生产方式后，农业生产服务才开始形成。在这个阶段，农业生产方式基本上处于自给自足状态向资本主义大生产方式的转型时期，农业分工水平不高，农业生产服务仅以简单初级的农机具维修、手工作业和产品购销为主，农业生产服务尚未形成独立的产业，市场发育水平很低，服务范围狭小，服务覆盖面也很小，主要是由一些为农业生产提供服务的综合性或专业性合作社发展起来的。

（二）形成发展阶段

农业现代化中前期，两次工业革命推动了以农业机械化、电气化、化学化为主要特点的农业现代化进程，农业分工和专业化水平迅速提升，促使农业生产服务迅速形成，并成为独立的产业。一方面，各国政府着手建立并完善农业科研和技术推广体系以及农业信贷和保险服务体系等，为农业发展提供服务保障。另一方面，农业机械化、电气化、化学化技术的普及，使农业生产各环节的分工明显加快，催生了围绕装备设施使用、技术使用和化肥、农药供应的市场服务。这个阶段农业生产服务主要是由政府建立公益性农业服务体系提供，如农业科研和技术推广体系。市场化的农业生产服务供给基本上是处于自发发展阶段，如美国是部分购买大型装备的农场提供服务，日本是一些购买机械的农户提供服务，德国则出现了农机服务公司。这一阶段一直持续到发达国家普遍实现农业机械化、电气化和化学化，从实现的时间节点来看，英国等西欧国家纵跨了两次工业革命时期，实现比较早；美国等新大陆国家则主要是在第二次工业革命期间实现；日本、韩国等东亚国家则是在二战结束后才开始实现。

（三）升级发展阶段

农业现代化中后期，欧美发达国家普遍实现了农业机械化、电气化、化学化，随着以信息技术、生物技术和新材料为核心内容的第三次工业革命和新技术的广泛普及与应用，推动了发达国家以信息技术、生物技术等新技术为基本特征的农业现代化进程，农业装备设施、技术水平全面升级换代，农业产业链、供应链、价值链迅速拓展，农产品国际贸易加快发展，驱动农业分工和专业化水平的快速提升，并推动和促进农业生产服务业迅速升级发展，服务范围、服务领域、服务内容全面拓展，基本实现了农业生产全过程、全产业链的覆盖。这个阶段，虽然农业占国民经济的比重逐年下降，但农业粮食安全、文化传承、环境保护等农业多功能性日益凸显，客观上要求加大对农业的支持保护力度，其中最重要的举措之一就是以农业生产服务为重点支持领域，将其作为提高农业产业竞争力的重要手段。一方面，世界各国普遍加强农业科研和技术推广体系建设，全面提升农业信贷和保险服务支持水平，重视农民的农业生产经营技能培训，从政府主导服务供给增加转向推动提升服务效率效益的改革，引入社会力量、市场力量等多方力量参与公益性服务的供给。另一方面，转变对农业生产服务市场的态度，从自发性发展转向支持性发展。如日本支持发展农业生产托管，美国支持农业家庭共同购买重型设备进行农机作业服务。这一时期，发达国家基本形成了覆盖农业生产全过程、全产业链的农业生产服务业。农业生产服务业已成为新技术、新要素转化应用的重要渠道，成为推进农业现代化进程的有效支撑。

（四）驱动引领阶段

农业现代化新阶段，互联网、物联网、智能化技术和生物工程技术与现代农业加速融合，推动世界农业发展进入以数字农业、智慧农业、绿色农业、高效农业为主要特点的农业现代化新阶段。这一阶段，高端装备、前沿技术和新兴模式普及应用的门槛大大提高，越来越依赖农业生产服务的集成、中介、中转作用，才能把先进装备、技术和要素等导入农业生产过程。同时，随着农业服务化的深化，除了基础研究外，农业创新主体转向为以企业为中心，特别是农业装备制造、育种、农药、化肥、电商、信息以及高端技术等领域的大型公司，日益成为农业创新驱动的主力军。此外，农业国际竞争日益深化发展，突出表现为以核心装备、核心技术为支撑的服务竞争，推动农业价值中心向产业链、供应链、价值链的服务环节转移，世界各国特别是发达国家都把农业生产服务业作为农业升级发展的战略性产业，并推动公益性与经营性服务、农业生产服务业与现代农业的融合发展。在这一背景下，大型涉农企业集团纷纷向现代农业服务商转型，农业生产服务业已成为涉农企业发展的核心竞争优势，并推动农业生产服务业成为引领现代农业产业链、供应链、价值链升级的重要驱动力量，成为现代农业持续健康发展和产业安全的"稳定器"。

三、不同类型国家农业生产服务业动态特征

从世界农业发展演变历程看，世界各国农业按照其实现农业现代化的程度可分为全面实现农业现代化、基本或初步实现农业现代化和农业现代化准备起步三个发展时期。从世界各国农业生产服务业发展看，世界农业生产服务业发展进程与发达农业国家、发展中农业国家和最不发达农业国家这三类型国家农业发展密切相关，发展水平与这三类型国家特征基本吻合。

（一）发达农业国家农业生产服务业发展成熟

全面实现农业现代化国家主要是欧美发达国家及日本、韩国、新西兰、澳大利亚等发达国家，这些国家已经进入农业现代化的新阶段，农业要素市场配

置水平高，农业分工和专业化水平高，农业生产服务业已处于与现代农业发展相互支撑和动态平衡的发展阶段。具体来说，就是农业科技和技术推广服务、农民教育和培训服务、农业信贷担保与保险等金融支持以及区域性信息、品牌、法律等公益性服务体系和机制较为健全，形成了政府部门、社会组织、市场主体分工协作、有效配合的高效服务供给机制；覆盖全产业链的农业生产服务已经形成，产业分化、环节细分较为充分。农业生产服务业已担当起先进农业装备、技术和要素导入农业生产过程的关键角色，形成了以新技术、新模式率先推动农业生产服务业升级换代再促进农业现代化转型升级的发展格局。农业生产服务业已成为发达国家保持农业产业链竞争优势和维系农业产业安全的战略抓手。

（二）发展中农业国家农业生产服务业发展迅速

发展中农业国家中，主要包括中国、印度、巴西、墨西哥、阿根廷、马来西亚等。它们依托国家工业化快速发展、农业科技不断进步所提供的基础，借鉴和学习发达国家发展经验，在推动农业现代化发展进程中，在大力构建政府主导的农业科研和技术推广、农民教育培训、农业金融保险服务等公益性服务体系的基础上，加快推动农业产前、产中、产后的农业生产服务业的发展，为加快农业现代化提供要素支撑；同时，注重加强与发达国家农业方面的交流合作，引入先进的技术、管理和模式，极大地促进和推动了发展中国家农业生产服务业快速发展。但受农业装备和技术水平、要素市场不完善的制约，发展中国家农业生产服务业与其加快农业现代化的需求相比还存在一些差距，尤其是公益性服务的供给数量不足和效率不高，经营性服务全链条、全产业覆盖面较低。与此同时，发展中国家农业现代化建设进程以及农业生产服务业发展也呈现不平衡性，基本实现农业现代化的国家，农业现代化起步早，农业生产服务业发展基础较好，建立了较为完善的公益性农业服务体系，发展了较为全面的农业生产服务业。初步实现农业现代化的国家，农业现代化发展进程相对缓慢，直接影响农业生产服务业发展，这些国家的农业生产服务业尚处于缓慢发展进程中。

（三）最不发达农业国家农业生产服务业发展不足

亚洲、非洲以及其他地区的一些最不发达农业国家的农业现代化尚处在准备起步发展阶段，农业仍以传统落后的生产方式为主，尚不具备农业分工和专业化的外部条件，也就无法实现农业生产服务业的顺利发展。这些国家的农业机械化、电气化、化学化、信息化处于非常低的水平，农业技术水平低、生产能力明显不足。不少国家农业技术和装备都依赖国外援助，甚至粮食等重要农产品也依赖国外进口。这些国家或多或少受发达国家和发展中国家农业发展道路或模式的影响，重视农业发展，尝试发展现代农业，开始建立以农技推广、农民教育和农业保险等为主要内容的公益性农业服务体系。但这些公益性农业服务的供给，一般限定在较小范围、较低水平，仍然要依赖国际援助。总体上看，这些国家的农业生产服务业尚处在简单初级的发展阶段。

第二节　世界农业生产服务业发展特点

一、世界农业生产服务业主要发展模式

世界各国农业生产服务业发展路径是由各个国家具体国情农情所决定的。但从总体看，世界农业生产服务业的发展有其共性的规律，并由此形成主要的发展模式：一是以欧美为代表，适应大（中）规模农业生产经营方式，主要由政府购买公益性服务，农民专业合作社和农业公司提供专业化、市场化服务的发展模式；二是以日本、韩国为代表，适应小规模农业生产经营方式，主要由政府直接支持且农民合作组织体系提供大部分农业生产服务，逐步增强市场化、专业化服务组织作用的发展模式；三是以中国为代表，适应小农户为主的多种适度规模经营方式，依托政府主导的公益性农业服务体系，不断健全多元市场主体参与的农业社会化服务体系，培育农业生产服务市场，通过专业化服务实现小农户与现代化有机衔接的"小规模农户＋市场化服务＋政府支持"的发展模式。

（一）欧美发展模式

欧美发达国家农业经营主体生产经营的规模较大，实力较强，市场经营意识强，农业要素市场完善，形成了以专业合作社、农业公司等为主要服务主体，以专业化市场化服务为主要供给形式，覆盖全产业链的农业生产服务业发

展格局。欧美发达国家均注重现代农业的竞争力，不断深化公益性农业服务的市场化改革，提高服务供给效率和效益，注重发挥市场主体和社会组织的作用。目前，已经基本形成了以法律法规为主要依据，以政府购买服务为主要形式，以市场主体、社会组织等多元化力量为供给主体的公益性农业服务体系。欧盟的共同农业政策、美国的农业法案都是以这种方式支持公益性农业服务的发展。

（二）日韩发展模式

相比欧美发达国家的大规模公司型农场，日本、韩国都是以小规模农户家庭经营方式为主。日本、韩国都以综合性农协系统为农户提供产前、产后的供销和产中技术服务，以及农业金融保险、农民教育培训等公益性服务。同时，农协系统也作为其他专业化、市场化服务主体为农户提供服务的组织纽带。在产中环节，农协系统主要承担技术服务和统一组织职能，并不直接从事农业生产经营和产中环节作业服务，而是由农户自办或合办的农事组合、集落营农等合作组织，以及专业化、市场化公司提供服务。

（三）中国发展模式

中国在探索农业现代化道路的过程中，始终注重发展农业生产服务业，以实现小农户和新型农业经营主体的协调发展。农业生产服务业已成为中国特色农业现代化道路的重要特征。农业现代化进程中，中国的农业经营主体从户均几亩地的小农户演变成以小农户为主，家庭农场、农民合作社、农业公司等多种规模经营主体竞相发展的格局。为保障粮食安全、促进农民增收、加快农业现代化，中国建立了覆盖全面的公益性农业服务体系，支持多元市场主体参与农业社会化服务体系建设，为小农户和各类农业经营主体提供专业化服务。目前，中国已经形成了由农民合作社、农业服务公司、农业服务户、农村集体经济组织、供销合作社等组成的农业生产服务供给市场，在面向小农户的农业生产服务供给中，家庭农场、种养型合作社、农业公司等规模经营主体也发挥了重要作用。小农户通过多元化的农业生产服务供给，克服了生产规模小的弊端，应用了现代农业机械、技术、模式等，实现了与现代农业发展的有机衔接。同时，有了农业生产服务供给，小农户可以外出务工、种地务农两不误，实现了持续增收。

以上代表了目前最为典型的三种农业生产服务业的发展模式,这三种模式在农业生产服务业发展初期的路径选择不同,但随着农业现代化进程发展需要以及农业生产服务业的发展,最后都走上了以国家支持或国家购买公益性服务为基础,农业合作社、农业公司提供专业化、市场化服务为主体的农业生产服务业发展模式。

二、世界农业生产服务业服务内容

(一)不同农业发展阶段农业生产服务业服务内容

农业现代化起步初期,农业生产服务供给以产前农资供应、资金配给和产后销售为主,随着农业发展水平的提升,农业生产服务逐步向产中环节和全产业链层面延伸,这使得不同国家因农业发展水平不同而农业生产服务业呈现阶段性发展特征。如欧美发达国家农业生产服务业呈现全产业链服务业务均衡发展的局面,而亚洲、非洲等最不发达的农业国家,农业生产服务仍处于初级发展阶段,只有简单的农资供应、农产品销售服务等。但不管农业现代化所处阶段如何,保障粮食安全、发展现代农业、维护农民生计都是需要重视的问题。因此,几乎所有国家都建立了以农业科研和技术推广、农民教育培训和农业金融保险为主要内容的公益性农业服务体系。

(二)不同资源禀赋条件与农业生产服务业服务内容

耕地是一个国家农业最重要的资源禀赋,决定了农业经营规模和经营主体的结构,进而决定了农业生产服务需求结构。农业生产服务的供给与农业经营主体的需求及其经济性有关,并取决于农业经营主体的规模结构,农业经营主体规模太小或太大都不具有农业生产服务供给的经济性。而在农业生产服务供给经济性的规模范围内,规模越大对产前、产后的专业化服务需求越强烈,规模越小对产中环节的综合性服务需求越强烈。产中综合服务的发展,提高了农业生产水平,会进一步激发产前、产后的专业化服务需求,如美国、法国、德国等大规模经营的国家,围绕产前、产后已经形成了发达的农业生产服务业;日本、韩国等小规模农户经营的国家,则需要在产中环节建立综合性的服务组织体系,对接各种产中服务主体,以此实现农业生产服务业的全面发展。

（三）不同要素配置方式与农业生产服务业服务内容

农业生产服务作为农业经营主体配置要素的一种方式，能否成为农业经营主体的理性行为选择，取决于农业生产要素的供给价格、结构和方式。如大中型农机具适应大规模农场经营方式，如果向小规模农场普及，只能以农机作业服务的方式，这就决定了加拿大、澳大利亚这种以超大规模农场为主要农业经营主体的国家，产中环节主要以农场主自购或租赁方式使用大型农机。日本、韩国农业经营主体以小规模自耕农为主，农机配置以小型为主，适应了小规模农场的作业方式，因而产中作业服务比例较低。

不同国家推进农业机械化方式的不同，也导致了资源禀赋类似国家农机作业服务产业发展存在差异。典型的是巴西和阿根廷，两国都实现了较高水平的机械化。巴西强调直接为各类农场配备农业机械，为大型农场配备各种自动化收割、播种设备，为中小型农场配备畜力或人力小型机械，其农机作业服务发展不是很充分。阿根廷农业机械主要是由农业服务承包商购买，再由农业服务承包商为农场提供服务，阿根廷农业生产中农业机械作业基本是外包服务，90%的谷物收获、70%的农作物播种和化肥农药使用都是通过农业服务承包商；农业服务承包商购买的农业机械占阿根廷全国购买量的60%以上。

三、世界农业生产服务业供给方式与主体

多元化是农业生产服务业的典型特征，既体现在不同国家发展路径的多元性，也体现在一国内部农业生产服务供给方式以及服务主体的多元化。不同国家虽然选择了不同的农业生产服务供给方式，但都存在政府主导、农民合作、企业导入和市场自发四种供给类型，形成了多种多样的服务主体并存的发展格局。

（一）政府主导供给方式

对于具有公共属性或公益性明显的农业生产服务，如气象服务、灾害预警、疫病防控、科技研发、农技推广等，世界各国大都选择由政府成立专门机构，并建立服务体系，以财政经费来提供。对于部分经营性服务，在市场发育

初期或者偏远地区或者面向部分群体（贫困人群、小农户）时，多数国家也会将其纳入政府主导的服务体系，或以政府购买服务的方式，引导公益性组织或市场主体增加供给。政府主导的农业生产服务供给类型，在欧美发达国家以及日本、韩国等发达国家已经形成了较为成熟的服务体系，是其农业生产服务业发展的重要支撑。欧美主要是农业科研和创新及其支持系统，日本、韩国主要是农协主导的农业综合服务系统。在广大发展中国家，不同国家根据需要建立政府主导的服务体系，这种政府主导的农业生产服务体系，主要提供农技推广、农民培训、农业金融保险等服务，整体力量较为薄弱。

除了承担行政管理和公共服务的政府涉农部门外，政府主导的农业生产服务体系的服务主体主要有以下几种。一是政府直接设立的服务机构。这类服务主体最为典型的是农业科技和推广部门。绝大多数国家都设立了农业科研体系和农业技术推广体系。农业科研体系由国家设立的研究机构和公立或私立的涉农院校组成，建立了覆盖全国的试验站、实验中心和区域研究中心。农业技术推广体系主要由不同层面的农业技术推广中心、示范中心、推广站等组成。虽然各国对这些机构的称谓不同，但组织系统和架构基本一致。二是国有、国营的服务公司，主要是在国有经济占重要地位的国家。这些国家成立国有公司从事农机农技引进、农产品购销等服务业务。在农业金融保险服务领域，大多数国家成立了国有公司参与提供服务。三是政府支持的社会组织，主要是公益性或非营利的社会组织，参与到农技指导、农民培训中。这也是向欠发达国家进行农业援助的重要组织形式。

总体来讲，农业生产服务市场发育越充分，政府涉农部门或主导的服务主体承担的职能和业务范围越小，如欧美发达国家，政府农业部门的农业生产服务职能已经缩小至农业科技和技术推广、农民教育培训和绿色生产方式普及等领域。

（二）农民合作供给方式

农业生产服务是农业经营主体参与市场竞争、衔接产业链其他主体的重要途径。对于发展急缺，市场供给不充分、不合理的农业生产服务，农业经营主体尤其是中小规模农场、小农户会联合起来，为自己或其他农业经营主体提供。这种供给类型主要的合作组织形式是农民自发组建合作社，服务内容主要集中在产中环节以及与产中密切相关的产前和产后服务，如"耕、种、防、收"的农机作业服务，以及与此有关联的种子、农资统一采购和产品分级包装、统一销售等。

（三）企业导入供给形式

农业生产服务既是价值增值的主要源泉，也是介入农业生产过程、掌控质量信息，实现标准化、规范化生产的重要手段。居于农业产业链、供应链主导或优势地位的企业，主要是从事农产品加工、运销、电商等方面的企业，这些企业以导入农业生产服务的形式稳定原料来源、确保产品品质或者扩大利润空间，所导入的农业生产服务主要是满足农产品生产和质量要求的农资、品种、技术和相关作业服务，以满足农业经营主体特别是小规模农户经营产业链的技术要求。这种供应方式对应着世界广为流行的订单农业形式。

（四）市场自发供给形式

农业生产服务的分工经济性诱发了自发的市场供给形式。这类市场自发的农业生产服务供给形式主要有三类服务主体。

一是农业服务户或农场兼职服务主体。部分农业经营主体兼职提供农业产中作业服务，或者转型为农业服务户、农业服务主体，是产中环节农业生产服务供给的原生形态。虽然他们最贴近需求，且有服务的成本优势，但规模较小、实力较弱，市场竞争力不及农民合作服务组织和专业服务主体。随着农业生产服务市场的发育，这类服务主体发展空间逐步缩小。但在日本、韩国等小规模农户经营为主的国家，这类服务主体在农业产中环节仍发挥重要作用。在日本，农业生产托管服务的供给主体主要是托管服务户，并且大多数都是农业机械设备齐全的专业农户。在美国，农机作业服务的供给主体虽然以公司和合作社为主，但农场本身仍是数量上较为庞大的群体。

二是农业供应企业向服务商转型。种子、农资、农技、农机等供应企业，为促进主营业务发展，而向农业生产服务领域拓展业务。这类企业顺应现代农业发展过程中农业服务化的趋势，逐步转型为现代农业服务商。目前，国际大型的种子、农机、农技、农资企业，都已实现主营业务的服务化转型，成为现代农业的集成服务商，牢牢占据行业垄断地位。

三是农业生产服务企业。这类服务主体包括专业化的农业服务公司，如农业科技公司、飞防植保公司、智慧农业服务公司等，也包括农产品加工运销企业、农机农资供应企业等涉农企业成立的专门服务力量或设立的分公司、子公司。这些服务企业是专业化、高端化农业生产服务供给的主力军，是现代农业与现代服务业融合发展的前沿领域，是先进技术集成转化的关键。在美国，农业服务公司称为农技服务公司，从生产厂（经销商）买来种子、化肥、农药、灌溉器材等，直接面向农场提供技物结合的服务，如病虫草害预测、植保技术、施药施肥服务和培训等，按面积收取服务费。在农业信息化、智慧农业等领域，美国农业生产服务的主体主要是面向农业的高科技公司。他们借助智能化和大数据等技术，帮助农场主实现农作物全生命周期和全产业链的智能决策。除了专业的服务公司外，种子、农资、农技、农机等供应企业，为了促进主营业务的发展，不断拓展农业生产服务领域、服务范围、服务内容，这类农业服务企业顺应现代农业发展的要求和农业服务化的发展趋势，逐步转型为现代农业的服务商。

第三节　世界农业生产服务业发展趋势

世界农业生产服务业，将继续沿着世界农业现代化的演变方向发展。在世界贸易和经济全球化的大背景下，农业生产服务业将成为各国开展农业交流合作的重要纽带。这使得农业生产服务业将成为引领世界农业现代化进程的战略性产业。世界农业生产服务业将顺应农业现代化的发展方向而呈现新的发展趋势。

一、公益性农业服务供给市场化深入推进

构建现代农业产业体系，提高农业竞争力，已经成为各国发展现代农业、保障农业产业安全的共同追求。美国、日本，以及欧盟国家都把提高农业竞争力作为农业支持保护政策的改革方向，关键性的举措就是不断深化公益性农业服务体系的市场化改革，引入社会组织、市场主体，采取政府支持与市场运营相结合的方式，提高公益性农业服务的供给质量和效率。二战结束后，西欧国家都通过公共投资的方式建立了政府主导的农业咨询和技术推广服务体系，由高等院校、科研机构、地方试验站和农民合作组织承担具体的服务业务。进入20世纪90年代后，受经济形势波动和财政支出压力增加的影响，政府开始减

少公共投资，退出农业咨询和技术推广领域，转而鼓励私人部门从事这些生产服务，推动国家农业咨询推广服务体系走向市场化。2008年以后，欧盟通过共同农业政策推动农业咨询和技术推广服务体系向农业知识创新服务体系升级，拓展了功能、扩大了领域，并不断推动公共服务组织私营化、服务运作管理商业化，形成了农业知识创新服务供给市场，服务供给效率和效益得到明显提升。美国农业技术推广服务体系中，市场主体也占据了很重要的位置，除了农业院校、研究中心、州农业试验站、联邦与州合作的农业推广站外，还有3 300多个私人农业合作推广站、1 200家服务于农业的私人科研机构、近万家农业服务公司。对于发展中国家来说，推进市场化改革，有助于减轻政府提供公益性农业服务的财政负担。因而，发展中国家大都同步推动公益性农业服务供给的市场化改革。因此，在今后相当长一段时期内，市场化改革仍然是构建世界公益性农业服务体系的主流趋势，并通过市场化改革推动公益性服务与经营性服务结合发展，为提升农业竞争力提供有效支撑。

二、农业产中环节作业服务市场加快培育

进入信息化、数字化、智能化时代后，农业装备和技术的价值大幅提升、应用门槛也大幅抬高。新型设施装备和先进技术在农业产中环节的普及应用，已经大大超出农业经营主体的能力，必须依赖专业化分工和服务导入。因此，引领现代农业信息化、数字化、智能化升级发展，必须大力发展农业产中环节作业服务，以产中环节专业化、市场化服务主体的发展，带动农业产中环节走上信息化、数字化、智能化的发展轨道。日本农业产中环节进行作业外包的比重偏低，但农业生产托管是带动小农户发展现代农业的重要形式，也是解决当前农业问题的重要补充。日本注重发展农业生产托管服务，1999年，《食品、农业和农村基本法》《农村振兴法（修订）》等把农业生产托管作为确保农地有效利用、提高农业生产效率和规模经营水平、培育农业生产经营组织的政策支持措施。2006年，日本农林水产省把农业生产托管列入农业经营改善认定计划。近年来，日本很多地方政府在农业农村发展规划中出台了专门政策，鼓励把农业生产托管作为重要的发展方向，为提供托管服务的农业经营主体提供机械购置补助、托管费用补助或贷款、减免相关税费等优惠政策。美国的很多农机装备公司将农机作业服务与农机销售、租赁业务并列进行重点推介。

三、涉农企业加快向现代农业服务商转型

随着现代农业服务化的深入推进，农业产业链、供应链、价值链的中心将继续向农业生产服务业转移，将推动农资和农机制造企业、农产品运销企业等向现代农业服务商转型，这种转型是世界农业生产要素市场发展演变的自然趋势。目前，多数跨国涉农企业集团已实现或正向现代农业服务商转型，农业生产服务业是其保持企业核心竞争力和国际产业链竞争优势或者垄断地位的重要支撑。

四、农业创新驱动日益依赖农业生产服务业

创新驱动是世界农业现代化的第一驱动力。随着农业生产服务业在农业产业链、供应链、价值链中地位的迅速提升，创新资源、优质要素等将更趋向于向农业生产服务业集中。一方面，农业生产服务业将成为世界农业创新驱动发展的重要领域；另一方面，农业生产服务业的发展也将成为农业科技创新、管理创新、模式创业、业态创新及创新成果转化应用的重要驱动力量，其中农业生产服务企业或者涉农企业在农业创新驱动方面的重要作用日益凸显，并将发展成为农业创新驱动的"中心组织者"。发达国家的农业生产服务企业或涉农企业，不仅从事农业生产服务，还从事技术开发、新产品研制等方面的科学研究以及公益性科研机构研究成果的中试、孵化、转化等工作，对促进农业科技进步发挥了重要作用。

五、数字平台经济日益成为业态创新的重要方向

数字平台经济引领农业信息化、智能化发展新潮流，世界各国都十分重视数字农业、智慧农业的发展，使得以数字服务为主要特点的平台经济成为农业生产服务业态创新的新方向。在欧美发达国家以及日本、韩国等发达国家，农业生产服务业已经进入数字平台经济迅速发展的阶段，是服务创新、业态创新的集中领域。农业生产服务数字平台主要包括三种类型。一是面向不同层次区域的综合性服务平台，为区域或周边提供农业生产经营的综合性服务。二是面

向产业链的集成服务平台，一般由产业链、供应链的主导企业发起成立，或者由产业链合作组织成立。三是数字农业服务平台，即面向区域或产业提供线上交易、技术方案和资源获取等服务的信息化平台，如电商平台、智慧农业服务平台等。前两类服务平台，是农业服务主体降低农业生产服务交易成本、提高交易效率，进而整合服务资源，扩大服务覆盖面的有效组织形式。第三类服务平台，主要是依托互联网、信息化技术与现代农业的融合发展开展农业生产服务。这些服务平台是农业生产服务业高质量发展的重要体现形式，依托各类服务平台，可以把农业生产服务整合成服务体系和服务网络，使农业生产服务业更好地与区域农业发展和农业产业链结合，促进农业生产服务的供求匹配。如发达国家的大型农业企业都把数字化农业作为未来农业发展的重要方向，应用人工智能、大数据、物联网等新兴技术推出数字化农业平台、农业生产应用程序，集成气象数据、田间信息、农机作业等，形成可视化的数据界面，分析和评估农作物长势，为用户提供科学的农事管理和种植方案，重塑供应链、价值链，让农业种植方案更绿色、更高效、更高产。

第四节 世界农业生产服务业发展中的几个关系

农业现代化在保障国家粮食安全、促进城镇化和工业化、实现农村平稳发展和农民持续增收等方面有着特殊重要的作用。随着农业生产服务业驱动农业现代化的作用凸显，各国越来越重视农业生产服务业的发展。纵观各国农业生产服务业的发展历程以及各国政府支持农业生产服务业的战略演进和政策演变，需要注意处理好几个关系才能在推动农业生产服务业高质量发展的同时，发挥其加快农业现代化和提升农业竞争力的关键作用。

一、服务规模经营与土地规模经营的关系

农业产中环节生产服务业的发展，如农机作业、统防统治、生产托管等，让小规模农业经营主体通过购买服务实现了规模经营，获得了规模经济效益，这是中国学者把农业生产服务作为小农户衔接现代农业主要路径的原因所在。就世界农业生产服务业发展与农业现代化的互动关系看，服务规模经营与土地规模经营都是实现农业适度规模经营的有效路径，但并不是相互替代的对立关

系，而是基于有效竞争的相辅相成关系。在整个世界农业现代化进程中，存在土地经营规模扩大导致产中环节农业生产服务需求增加或升级、促进农业生产服务业发展的现象，而农业生产服务业发展进一步促进土地经营规模扩大的"过渡"关系。产中环节农业生产服务市场供给的形成，需要一定的土地规模经营条件，就同一类型、同一性质的农业生产活动而言，越是大型的农业设施装备或先进技术，单次作业服务的土地规模要求越大。土地经营规模越大，越是集中连片，农业生产服务的效益就越好，降本增效作用越是明显。农业生产服务为土地规模经营主体提供了更具成本优势的要素配置方式。特别是大型农业设施装备比较昂贵的情况下，农业生产服务已经成为土地规模经营主体的必然选择。因此，注重产中环节农业生产服务业发展，不能替代土地流转集中，应该注意发挥服务适度规模经营和土地适度规模经营相辅相成，联动促进农业现代化的作用。一方面，要促进小规模经营主体，特别是小农户实现土地规模扩大或者满足集中连片作业的需求，为农业生产服务低成本供给创造条件；另一方面，要注重发挥农业生产服务促进土地规模经营主体发展壮大的推动作用。

二、政府主导供给与市场配置供给的关系

发展农业生产服务业，重点是发展市场化服务主体和业务供给，但离不开政府主导的公共服务和公益性服务体系的支撑。在小规模经营主体为主的国家，政府主导的农业服务体系更是发挥着重要作用。在世界各国农业生产服务业发展过程中，都存在市场化改革的倾向。欧美发达国家在发展农业生产服务业的过程中，逐步缩小了政府提供的公共服务或政府主导的公益性服务范围，主要是发展市场化的农业生产服务供给。发展中国家由于市场化程度低，在最初发展农业生产服务业的过程中，主要是发展由政府主导建立的具有普惠性、公益性特征的农业服务体系，这种政府主导的服务体系把小规模农业经营主体纳入服务范围，为其提供服务保障，对于发展中国家将小规模农业经营主体纳入现代农业发展轨道至关重要。但由于政府主导的公益性服务，财政支出负担比较大，且服务供给效率不高，因此，发展中国家随着市场经济的逐步发展，也开始学习借鉴发达国家的做法，即大力发展市场化的农业生产服务供给。对于经营性农业生产服务，培育市场主体和市场化供给方式，有利于加快形成农

业生产服务产业，增加服务供给。

同时，也存在明显的问题。一是市场化服务倾向于服务大规模农业经营主体，排斥小规模农业经营主体。如欧盟在推进农业知识创新服务体系市场化改革过程中，就使小规模农场获取相应服务的成本和难度增加。二是市场化服务形成农业生产服务的垄断竞争市场。农业生产服务具有垄断产品属性，完全依靠市场机制发挥作用，容易造成农业服务公司在区域或产业链层面的垄断优势。事实上，在世界农业生产服务市场中，欧美国家的大型农业跨国企业集团已经形成了垄断优势，在其内部农业生产服务市场上，也存在明显的垄断竞争现象。需要注意的是，欧美国家推行公益性服务的市场化，是在公益性服务充分发展的基础上，为进一步提升供给能力、优化供给方式而作出的策略性选择。发展中国家在公益性服务薄弱的情况下，盲目推行市场化改革，反而使排斥小规模农业经营主体和垄断竞争问题过早显现，不利于农业现代化推进。因此，在发展农业生产服务时要注意处理好政府主导供给与市场配置供给的关系，优先建立和完善公益性农业服务体系，注重培育公平竞争的市场环境，实现公益性服务体系与经营性服务业务共同发展。这启示我们，要实现中国农业生产服务业的高质量发展，并发挥其促进和推动农业现代化的战略作用，需要继续健全和完善政府主导的公益性服务体系，同时注重培育大型农业服务集团，发展多元竞争的服务市场，构建多层次服务组织体系，把农业生产服务业培育成加快中国特色农业现代化进程的战略性大产业。

三、不同规模经营主体对服务的不同需求之间的关系

世界各国农业发展都面临着农业生产不同规模经营主体如何协调发展的问题，小规模经营主体尤其是小农户的现代化又是各国不断推动农业现代化的难题所在。农业生产服务业为小规模经营主体衔接现代农业提供了"桥梁"，但这是以农业生产服务能够把小规模经营主体以低成本、便捷的方式纳入服务组织体系为前提的。实际上，世界各国农业生产服务业的发展都面临协调大规模经营主体和小规模经营主体农业生产服务需求的问题，并由此诱发了农业生产服务供给的二元市场。大规模农业经营主体需要专业化、高质量的农业生产服务，对产业链层面的增值服务和产前、产后的配套服务需求强烈，需求规模大且便于供给；小规模农业经营主体需要综合化、便捷化的农业生产服务，对产

中环节的初级作业服务需求强烈，产前、产后和产业链层面的服务需求尚待激发，而且需求规模小，需求零碎，服务供给成本高。这种服务需求上的差异，是市场化农业服务主体倾向于服务大规模农业经营主体的根本原因。面向大规模农业经营主体的农业生产服务市场能够自发形成，其中的市场化服务主体在市场容量上难以满足自身服务能力时，才会向周边的小规模农业经营主体提供服务。面向小规模农业经营主体的农业生产服务市场，不仅发展困难，而且适应小规模农业经营主体的需求特点，形成了与面向大规模农业经营主体不同的农业生产服务市场，主要是其服务业务集中在产中环节，且服务业务档次较低、主体分散、业务量小。依靠这种农业生产服务市场，难以实现小规模农业经营主体与现代农业发展的有机衔接。因此，打破农业生产服务二元市场的关键在于建立面向小规模农业经营主体的服务组织体系，实现零碎、低档需求的规模化、高端化、全程化，消除现代农业服务导入的障碍。以小规模农业经营主体为主的国家，农业经营主体呈现大规模与小规模二元分化的发展格局，要发展农业生产服务业，必须注意处理好、统筹好不同规模农业经营主体需求的关系，注意把小规模农业经营主体引入现代农业发展轨道。日本在这方面的做法值得借鉴，为促进小农户接受产中农业生产服务，日本建立了公益性农业生产服务中介组织，主要以村为单位设立农业生产托管服务中心，负责小规模农户农业生产作业服务需求的收集、整合，实现与服务供给的匹配。同时，日本注意发展产中环节的合作组织，引导小规模农户土地流转集中，形成规模化和集中连片的作业服务需求。

四、现代农业不同演化方向产生的新需求之间的关系

世界农业现代化的演化格局正在发生新的变化，对农业生产服务的需求内容和方式都提出了新要求。这将决定农业生产服务业发展的方向，也是农业生产服务业高质量发展的重大机遇。世界农业现代化正朝着规模化、标准化、定制化、数字化、绿色化的方向加快升级，更依赖农业生产服务业提供高效率、集成式、系统化的综合解决方案。农业规模化的演进，需要面向不同类型、不同规模的农业经营主体，通过服务规模经营与土地规模经营的融合发展，提供规模化、专业化的全程农业生产服务，源源不断导入新技术、新装备、新模式，突破土地规模边际报酬递减的限制，持续稳定并提升现代农业经营效益。

农业标准化的演进，顺应了现代农业产业链、供应链、价值链升级发展的需要，通过集中、标准、统一的跨区域、跨主体农业生产服务，解决分散化生产经营导致的农产品质量参差不齐问题，破除生产端对农业全产业链升级发展的制约，把更多小规模农业经营主体纳入现代农业发展轨道。农业定制化的演进，是顺应城乡居民食品消费需求升级的小众化、个性化、功能化、精致化趋势，通过农业生产服务的持续深化细分，不断形成新的服务内容和模式，为农业供给侧动态适应和匹配需求侧演变提供要素和技术支撑。农业数字化的演进，是满足创新驱动现代农业发展的迫切需求，通过发挥农业生产服务的成果转化、技术集成、应用推广作用，把信息化、智能化新成果、新技术转化为农业生产经营和全产业链可用的新技术、新模式、新服务，导入到现代农业生产经营过程中，为农业信息化、智能化发展提供综合解决方案，不断驱动现代农业的新产业、新业态、新模式生成。农业绿色化的演进，是满足全社会对现代农业食品安全、环境建设、健康养生、休闲娱乐、文化传承等多功能迫切需要，通过农业生产服务突破不同类型农业经营主体尤其是小规模农户的绿色生产技术方案应用瓶颈，实现绿色生产、循环经济、效益优势的有机统一，为农业绿色化发展提供持久动力。世界现代农业的几个演变趋势，都会释放出更多、层次更高的农业生产服务需求，牵引农业生产服务业持续快速发展。但几个趋势下农业生产服务的需求方式和特点存在很大差异甚至矛盾，如规模化与小众化、标准化与差异化都是农业生产服务需求的演变方向。这就需要农业生产服务业以组织化、平台化、网络化的业态和模式创新，在更大空间范围、更广技术集成、更深要素配置、更精分工分业等维度，提升农业生产服务业对现代农业演变的兼容性、包容度，全方位、全要素驱动现代农业升级发展。这既是发达农业国家农业生产服务业持续发展、现代农业持续升级的重要经验，也是当前农业生产服务业的演变方向。中国要加快农业现代化进程，必须科学把握、有效应用农业生产服务业的演变规律，顺利把农业生产服务业培育成农业农村现代化的战略性大产业。

第五章 CHAPTER 5
世界农业机械化 ▶▶▶

农业机械在农业生产中的应用，开启了传统农业迈向现代农业的进程，引发了农业生产方式的巨大变革。从农业现代化的实现路径看，不同国家选择不同的发展路径，但其共同点是首先实现农业机械化。农业机械化是现代农业的重要物质基础，是农业现代化的重要标志。

第一节　世界农业机械化发展概况

一、农业机械化的地位与作用

作为先进农业技术和生物技术实施的载体，农业机械化可以提高农业生产技术水平，改善农业生产经营条件，进而提高土地产出率、资源利用率和劳动生产率，保证农产品质量，减轻劳动者的劳动强度，在提高农业科技含量、增强农业功能、提高农业综合生产能力以及促进农村产业结构调整中发挥着重要作用。没有以农业工程技术为主导的农业机械化，就没有现代农业的迅速发展。

（一）农业机械化是农业现代化的物质基础

现代农业要求在先进的农业基础设施条件下，采用现代生产工具，应用先进农业技术，进行农业生产与加工，最大限度提高农业劳动生产率、土地产出率和农产品商品率，实现农业生产的标准化、规模化、产业化及农村建设城镇化。农业机械是农村先进生产力的代表，先进的生产工具是实现农业现代化的关键要素，它能适应现代农业生产要求，突破人力畜力所能承担的生产规模、生产效率的限制，实现人工所不能达到的农艺要求，改善农业生产条件，提高农业综合生产能力，促进传统农业向现代农业转变。农业机械化是实现农业现代化的前提和基础，农业固定资产大部分是农业机械，农业产前、产中、产后作业机械化水平是衡量现代农业发展程度的重要标志，没有农业机械化，就没有农业现代化。

（二）农业机械化是实现农业科技创新的有效途径

实现传统农业向现代农业转变，关键是依靠科技进步，推进农业增长方式由资源依赖型向科技推动型转变。大面积推广应用精量播种、化肥深施、秸秆还田、节水灌溉等农业节本增效技术，提高农业资源利用率，离开机械化是不可能完成的；开展抢收抢种、抗旱排涝，以及农田水利建设、中低产田改造等农业生产活动，增强农业的抗御自然灾害能力和综合生产能力，必须依靠机械化作业才能得到较好的实施；利用现代生物技术、信息技术、工程技术等，进一步提高农作物单位面积产量、改善农产品品质、节能降耗和改善生态环境，也必须借助机械化手段才能得以有效实施和广泛应用。一言蔽之，发展现代农业靠科技，科技应用离不开农机。大力发展农业机械化，用现代科学技术改造传统农业，用现代物质条件装备农业，是发展现代农业最直接、最有效的途径。

（三）农业机械化是提高农民收入的根本方式

农业劳动力占全社会从业人员的比重和农民的收入水平，是衡量农业现代化程度的重要指标。农业机械化水平较为发达的国家，由于农业机械化技术的不断创新和广泛应用，大幅度提高了劳动生产率，农业劳动力占全社会从业人员的比重大多在8%以下。无论发展中国家还是发达国家，农业机械化水平越高，农民收入也就越高，社会经济相对繁荣。发展农业机械化，一是可以最大限度地发挥农机的增产、增效功能，直接创造财富；二是可以发挥农机的替代功能，转移农村劳动力；三是可以发挥农机的吸纳优势，安置部分农民实现农业再就业。通过发展农业机械化可以吸纳越来越多的高素质农民从事农业生产和农机服务业，涌现出一大批从事农机经营、销售和服务的农机大户、农机经销店、农机服务合作社等新型农机服务组织，从而为开拓农机市场、拓宽服务领域提供了条件。

二、世界农业机械化发展模式

发达国家农业机械化发展大体可归纳为三种模式：大规模机械化作业为先导、高劳动生产率的发展模式，生物技术为先导、主要粮食作物全程机械化的发展模式，生物技术和机械化技术并重、产业化的发展模式。

（一）大规模机械化作业为先导、 高劳动生产率的发展模式

这种模式主要以美国、加拿大、澳大利亚为代表，属于资本集约型，先提高农业劳动生产率，再提高土地产出率。这些国家自然条件优越，平原广阔，光热条件较好，地广人稀，人均土地资源丰富，具有发展农业的有利条件。实行大规模机械化作业很大程度上源于明显的区域发展优势。特别是在农业区，大部分为开阔平原，土壤肥沃，一年四季气候分明，作物生长期长。这一资源禀赋特征使得机械作业相对价格不断下降，劳动力相对价格不断上升，促使农场主不得不使用机械动力替代人力畜力，促进了农业机械与农业机械化技术的不断改进与发展。

以美国为例，美国 20 世纪 50—60 年代实现了农业现代化，是世界上实现农业机械化最早、水平最高的国家之一，已经进入高度机械化、自动化阶段。大田作物生产及收获已全部实现机械化，一些机械化难度大的农作物生产（如番茄、葡萄等）也实现了机械化，正在向大功率、高技术含量发展。美国工业为农业提供了大量先进的农业机械，是其农业竞争力强的重要因素之一。美国农业机械化大致经历了半机械化时期（南北战争至 1910 年）、基本机械化时期（1911—1940 年）、全面实现机械化时期（1941—2000 年）和高度机械化与智能化时期（2001 年至今）四个发展阶段。

（二）生物技术为先导、 主要粮食作物全程机械化的发展模式

这种模式主要以日本、韩国为代表，属于劳动集约型，先提高土地产出率，再提高农业劳动生产率。在人多地少、土地供应缺乏弹性、土地价格与工资同步上升等客观环境下，把科技进步放在重要位置，通过生物技术改良农作物品种，加强农田水利设施建设，发展农用工业，提高化肥与农药施用水平，致力于提高单位面积产量，从而实现土地生产率的大幅度提高。随着耕地利用的集约化程度提高，以及年轻劳动力不断转移到城市，农业机械化得到快速

发展。

日本农业机械化发展始于 20 世纪 50 年代，目前已经全部实现了机械化，特别是水稻生产机械化处于世界最高水平。日本农业机械化大体经历了农业机械化起步期（1947—1964 年）、农业机械化发展期（1965—1989 年）、农业机械化向广度和深度发展期（1990—2000 年）和农业机械化向信息化、智能化方向发展期（2001 年至今）四个阶段。

（三）生物技术和机械化技术并重、技术及其装备产业化的发展模式

这种模式主要以英国、法国、德国等西欧国家为代表，属于中间型，同时提高农业劳动生产率和土地产出率，既重视现代农机装备农业，又重视现代科学技术的普及与推广，机械技术与生物技术并进，把农业生产技术现代化和农业生产手段现代化放在同等重要的地位，实现了农业机械化、电气化、水利化、园林化。

以法国为例，法国全境大部分是平原，土壤肥沃，气候条件好。20 世纪 60 年代由农业净进口国变成净出口国。2019 年，法国农业劳动力占全社会劳动力总数的 2.5%，农业劳动生产率接近 53 000 美元/人；畜牧业总产值占农业总产值的 52%；种植业以小麦、甜菜、葡萄等为主，葡萄产量居世界首位，甜菜产量居世界第二，是小麦主要出口国之一。

法国原是小农经济国家，第二次世界大战以后，法国重视生物技术的研发与应用，提高单位面积产出量；加速土地集中，扩大农场规模，同时限制大农场面积无限扩大，鼓励建立适度规模的中型家庭农场及其组合。为了实现这一目标，法国政府一方面成立国家土地整治公司，购买小块分散及农民自愿出售的土地，整治后再以适当价格卖给一些具备发展条件的农户，另一方面为符合条件的农户购买土地提供低息贷款。法国农场数量减少，规模不断扩大，1960 年法国农场总数为 177.4 万个，其中面积在 20 公顷以下的占 70%；到 1982 年，法国农场总数减少到 107.9 万个，其中面积在 20 公顷以下的减少到 50% 左右，土地相对集中。由专业化农场、合作社提供的谷物、畜产品、水果、蔬菜、葡萄酒等农畜产品，占全国总产量的一半以上。农业专业化简化了农机配置，促进了农业机械化水平的提高。

法国农业机械化经历了起步期（1860—1949 年）、快速发展期（1950—1975 年）、高效发展期（1976—2000 年）和高度机械化与智能化期（2001 年至今）四个发展时期。目前，智能农机装备研发与应用加速，正在逐步实现农

业全产业链的智慧化，提高资源利用率和生产效率，降低农业成本，保护农业生态，实现农业系统整体优化。

可见，从农业现代化的实现路径看，不同国家选择了不同的发展路径，但无论选择何种实现农业现代化的路径，其共同点是必须解决农业机械化问题。

第二节　世界农业机械化发展与演进

各国的农业机械化发展差异很大，有的尚处于起步阶段，有的已经实现了机械化并在向智能化发展。

一、发达国家的农业机械化

美国、加拿大、英国、法国、德国、澳大利亚等发达国家，大多在 20 世纪 40—60 年代陆续实现了农业机械化，20 世纪 60 年代前后相继实现了全面机械化；农业现代化进程大体开始于 20 世纪 40 年代，在 70 年代后先后实现现代化。日本于 20 世纪 50 年代、韩国于 20 世纪 70 年代开始发展水稻机械化，分别在 20 世纪 80 年代末期和 90 年代中期实现水稻生产全程机械化，目前水稻生产机械化水平保持在 95% 以上。农业机械化成为发达国家和地区农业现代化的重要标志、重要内容和重要支撑。

随着工业 4.0 的发展和环境保护意识的增强，发达国家在全面实现农业机械化的基础上，正在向智能化、绿色方向发展。

（一）农机装备主要特征与应用

工业 4.0 带动了农业 4.0 的发展（图 5-1）。世界农机装备的发展主要围绕农业安全与机械、农业数字化、水资源管理和农场管理等方面，并适应现代农业发展需要，呈现出"大、全、新、高、特"等特征。

"大"即大型、超大型的农机装备及农机具产品。各大农机巨头均生产推出大功率重型拖拉机，如约翰迪尔 9900 系列青饲机产品，芬特、克拉斯等也都出产标配 800 马力[①]以上的巨型青饲机，以及大型林业装备及超大型翻转犁等产品。

---

① 马力为非法定计量单位，1 马力≈735 瓦特。——编者注

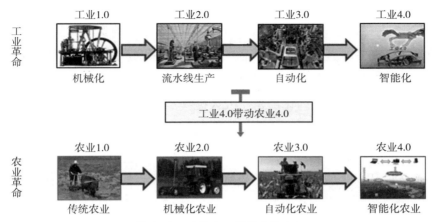

图 5-1　工业 4.0 带动农业 4.0

"全"即全程全面机械化。涉及种植、养殖以及农产品初加工、废弃物处理等各个领域，大田作物、经济作物全程全面机械化。

"新"即新技术、新产品、新领域、新发展。欧美发达国家不仅突出了产品技术的创新性，而且更加重视人机工程学、环境安全和使用操作安全创新，农业生产对科技创新的要求也越来越高。

"高"即科技含量高。所有国际农机巨头都研发了典型的高功率、高科技含量的重量级顶级精品和前沿创新产品。如纽荷兰第一代甲烷动力拖拉机和氢燃料电池驱动系统的概念设计，约翰迪尔 380 马力 SESAM 大型纯电动拖拉机，实现脱粒和分离清选识别全自动耦合、实时自动调整的芬特 IDEAL8T 型联合收割机新型传感器系统，搭载奔驰六缸发动机的道依茨-法尔 C9306 TSB 型联合收割机等。

"特"指高度专业化的特种农业和园艺机械设备。这些设备功能各异，外观时尚，且呈现向智能化和机电一体化方向发展。在施药技术方面，已实现了精准化，配备全球定位系统（GPS），实现精准、精量施药。

进入 21 世纪，随着现代信息技术发展与应用，以及互联网、物联网、大数据、云计算等快速发展，智能农机装备研发与应用加速。现代信息技术的应用不仅体现在农业生产环节，也已进入农业经营、管理及服务等领域，逐步实现农业全产业链的智慧化，极大地提高了资源利用率，降低了农业能耗和成本，减少了农业生态环境破坏，提高了农业生产效率，实现农业系统整体优化。

美国农业得益于全面机械化，劳动生产率大幅度提高。2019 年，农业劳动生产率接近 65 000 美元/人，一个农业劳动力能够养活 134 个人；占美国全国就业总人数 1.4% 的农业劳动者，不仅生产了供全国人口消费的物美价廉的食物，而且还出口了占美国出口总收入 20% 的农产品，其农产品国际市场占有份额名列第一。美国农业生产主体 90% 是规模不等的家庭农场，其余是合伙制或股份制农场。机械化技术和集约化经营，大大提高了家庭农场的劳动生产率和土地产出率，提高了经济效益。土地规模经营不仅是美国农业发展的先决条件，也是现代农业发展趋势。

日本从最初以小型机械为主，逐渐向大型机械发展；不断大力开发、生产和推广农田、蔬菜、果园和畜牧生产使用的各种新型农业机械，如红外线谷物干燥机、蔬菜苗自动嫁接机械、多种蔬菜收获机械、自动喂饲和挤奶设备、自动控制植保机械等。为充分体现舒适和省力的优越性，大型拖拉机驾驶室内安装与汽车相同的空调设备、收音机、音响装置等，并已逐渐采用自动化、智能化技术，且这类高技术正在向农业各领域、各生产环节渗透。

（二）绿色环保机械化技术在农业生产中的应用

在发达国家，绿色环保机械化技术越来越受到青睐。绿色环保机械化技术主要包括保护性耕作、精准施药、精准施肥、节水灌溉、秸秆综合利用、残膜回收、谷物干燥、病死畜禽无害化处理和粪污资源化利用等。

1. 保护性耕作机械化技术

保护性耕作起源于美国。20 世纪 30 年代，随着机械化大面积推广，连年翻耕地表裸露导致土壤风蚀加剧，美国中西部多次发生严重黑风暴。在最严重的 1935 年，造成 3 亿多吨表土被卷进大西洋。同年美国出台《土壤保护法》，开始研究免耕播种技术，1960 年大面积推广，后来逐步发展成为保护性耕作。1980 年以后，美国保护性耕作机械化技术和机具基本成熟并持续改进，加速了这项技术的推广应用。目前，美国、澳大利亚、巴西、阿根廷等国保护性耕作已成为主流耕作技术，应用面积占本国耕地面积的 40%～80%，欧洲多个国家也有较大面积应用。联合国粮食及农业组织、可持续农业机械化中心也将保护性耕作机械化技术作为发展中国家农业机械化发展的主推技术之一，在亚洲、非洲大力推广。

2. 精准施药机械化技术

20 世纪 40 年代中期至今，农药进入有机合成高速发展时代。20 世纪 60

年代末期以后，有机农药向高效化方向发展，人们越来越重视农药对生态环境的影响与农药残留导致的农产品安全问题。20世纪60—70年代，欧洲国家逐步建立了以大型地面植保机械和有人驾驶的航空植保为主体的防治体系，且欧盟决定在欧盟国家内部禁止使用无人航空施药，至今只允许地面机械按照非常严格的欧盟标准进行农药喷洒作业。在美国超大规模农场的规模化种植和同类作物连片种植的区域，大多采用有人驾驶的大型固定翼飞机和载人直升机进行飞防作业，并已形成较完善的农业航空产业体系、政策法规及大规模运行模式。据统计，美国农业航空对农业的直接贡献率达15％以上，年处理40％以上的耕地面积，全美国65％的化学农药采用飞机作业完成喷洒，其中水稻施药作业100％采用航空作业方式。美国政府尚未立法规定允许无人机从事农药喷洒作业。在亚洲，1985年，日本推出了世界第一架用于喷洒农药的植保无人机"R50"，此后单旋翼植保无人机在日本迅速发展。2005年开始，日本水稻生产中单旋翼植保无人机使用量已超过载人直升机。目前，采用小型单旋翼植保无人机进行农业喷雾已成为日本农业发展的重要趋势之一。东南亚及非洲部分国家，植保无人机作业应用面积正在逐步扩大。

3. 精准施肥机械化技术

近年来，精准变量施肥技术及配套机械研究已成为国际农业生产领域的重点，相关机械正朝着大型化、信息化、自动化及智能化方向发展。发达国家建立了较完整的信息网络，将历年农作物产量、土壤墒情及氮磷钾肥量等数据输入精准农业网络，实时采集农作物生长特征，快速计算单位区域内最适于农作物生长的施肥量，采用变量施肥技术精准调配化肥施用量，有效提高肥料利用率，减少环境污染。

4. 节水灌溉机械化技术

农业灌溉面积仅占世界耕地面积的20％，而生产出的粮食却占世界粮食总产量的40％。世界粮食产量虽然是过去的2倍，但生产这些粮食所用的水却是过去的3倍多。据英国《科学家》周刊报道，仅印度、巴基斯坦和中国一年抽取的地下水总量达400亿米^3，占世界农业用地下水总量的50％以上，是该地区雨水所能补充的2倍多。因此，必须走水资源合理配置的可持续发展道路，发展节水节能新技术，特别是田间喷灌技术、微灌技术和滴灌技术等。美国节水灌溉技术处于世界领先水平，节水灌溉系统的配套产品非常先进。以色列的农田与温室大棚普遍采用喷灌和滴灌的方式，灌溉系统普遍采用计算机控

127

制，具有自动化程度高、配套齐全和可靠性高等优点。澳大利亚、法国、日本等国家也都开发出成熟的灌溉控制系统。日本已实现地下管道灌溉，且管网的自动化、半自动化给水控制设备较完善。南非、津巴布韦等非洲国家，特别重视节水灌溉技术的推广，在广大干旱地区普遍推行喷灌技术。

5. 秸秆综合利用机械化技术

发达国家的农作物秸秆处理，基本上是采取粉碎还田、生物发电或作为生物燃料等几种方式，特别是在欧洲，利用秸秆进行发电和作为燃料比较普遍，秸秆收集设备的信息化、自动化技术比较高，提高了作业的高效性、作业性能的稳定性及作业质量的可靠性。

6. 残膜回收机械化技术

20世纪50年代初，农膜覆盖技术兴起并在日本、欧美等迅速普及。农膜覆盖具有保墒、增温、节水、抑制杂草等作用，实现了农业生产力的飞跃和生产方式的改变。随着农膜覆盖面积的扩大，废弃的农膜碎片进入到耕地土壤，影响土壤的通透性，阻碍农作物吸收水分及根系生长，使耕地质量逐渐恶化，对农业生态环境造成了严重的破坏。各国逐渐认识到不能仅仅追求农膜使用所带来的经济效益，其带来的环境影响不容忽视，必须解决好农膜的回收问题。解决地膜白色污染的主要办法有两种：一是研究新型农机装备将地膜进行回收；二是欧美和日本等的科学家提出的降解塑料概念，并把它作为解决白色污染这一世界难题的理想途径。以色列是研究残膜回收机起步较早的国家之一，日本及欧美等采用收卷式回收地膜，设备使用效果较好。

7. 病死畜禽无害化处理和粪污资源化利用

病死畜禽无害化处理是防止畜禽疫病扩散、有效控制和扑灭畜禽疫情、防止病原污染环境的重要举措。20世纪80年代以来，由于口蹄疫、疯牛病、高致病性禽流感等重大畜禽疫病时有发生，欧美发达国家日益重视畜禽尸体无害化处理工作，形成一系列无害化处理操作手册，规范无害化处理方法。这些国家通常采用深埋、焚烧、化制、堆肥、碱化水解五种常用无害化处理方法。在粪便处理方面，发达国家规模化畜禽饲养场的畜禽粪污处理及综合利用通常与其饲料收获及加工、自动取饲、全混合拌粮、自动饮水、清粪设备、环境自动控制设备和全自动畜产品采集设备等构成综合体系。

8. 谷物干燥机械化技术

谷物干燥机的研究起步于20世纪40年代，50—60年代发达国家基本上实现了谷物干燥机械化，60—70年代谷物干燥实现了自动化，70—80年代谷物干燥向高效、优质、节能、降低成本、计算机控制方向发展，90年代以后谷物干燥设备已经达到系列化、标准化。在美国，已具有适合各类大小农场的中小型低温干燥仓及大中型高温干燥机，以柴油和液化气为热源，直接加热干燥，粮食干燥机械化水平达95％以上。在日本，形成了适于干燥水稻的小型固定床式稻谷干燥机，中小型循环式低温稻谷干燥机，以柴油和煤油作为热源，少量采用稻壳作为燃料，配置完善的自动控制系统。近年来，欧美各国在谷物干燥过程的计算机模拟方面取得了较大的进展，产品的干燥效率、品质进一步提升，能耗与损失进一步降低。

（三）农机社会化服务组织成为农业机械化的重要推手

发达国家农业机械化的发展，很大程度上得益于完善的农机社会化服务体系。在各国政府的支持下，农机合作组织不断发展。

农机合作组织形式大致可以分为四类：一是纯属民间性质，不以营利为目的的社团组织，美国的农机合作社、法国的共同使用农业机械合作社（简称居马）、德国的农机环和韩国的机械化营农团是这一类型的典型代表；二是与政府联系紧密，政府给予补贴，协助政府制定或执行有关政策，如日本农业协同组合（简称日本农协）、日本农业机械协会、日本全国农业机械商业协同组合联合会、日本农业机械工业会等；三是单纯以营利为目的的公司和企业，美国和德国的农机租赁公司、经销商等是这一类型的典型代表；四是纯属政府机构和组织性质的组织形式，如日本肥料机械处（课）、地方农政局和美国农业部等。

二、发展中国家的农业机械化

发展中国家农业机械化起步较晚，但农业机械化的愿望迫切，发展速度比较快。

（一）中国特色的农业机械化

1. 中国农业机械化发展历程概述

自新中国成立以来，中国的农业机械化发展经历了创建起步阶段（1949—

1980年)、体制转换阶段（1981—1995年)、市场引导阶段（1996—2003年)、依法促进阶段（2004—2017年)、转型升级和高质量发展阶段（2018年至今)。参照工业4.0、农业4.0发展阶段的描述，从技术创新与应用的角度，农业机械化与农机工业的发展也可分为农机1.0、农机2.0、农机3.0和农机4.0。

农机1.0，指从无到有，特点是以机器代替人力和畜力，目前中国在这一阶段已取得了很大的成绩，但还有很多短板和薄弱环节，所以还要"补课"。农机2.0，指从有到全，特点是全程全面机械化，这是现阶段要大力普及的方向。农机3.0，指从全到好，特点是用信息技术提升农业机械化水平，包括农业机械设计、制造、作业和管理水平，这一阶段正在进行试验示范。农机4.0，指从好到强，即要实现农机智能化，"农机＋互联网"，目前正在积极探索（图5-2)。中国农业机械化取得长足发展，呈现向全程全面高质高效转型升级的良好态势，为保障粮食等重要农产品供给安全、打赢脱贫攻坚战、全面建成小康社会提供了强有力支撑。

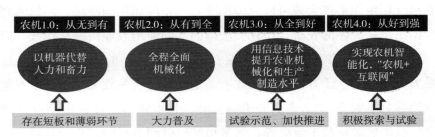

图5-2　中国农机4.0发展框架图

2. 中国农业机械化发展水平概述

截至2019年，中国农机总动力达到10.28亿千瓦，比2004年的4.98亿千瓦翻了1倍多；拖拉机保有量达到2 224.29万台，比2004年增长了41%，其中，80马力以上拖拉机保有量达到127.28万台，配套农具保有量达到436.47万部，80马力以上拖拉机配套农具比达到1∶3.43；水稻插秧机保有量达到90.66万台，是2004年的13.5倍；谷物联合收割机保有量达到212.84万台，是2004年的5.25倍，其中，稻麦联合收割机保有量达到157.01万台，是2004年的4.12倍，玉米联合收割机保有量达到55.83万台，是2004年的近100倍；谷物烘干机保有量达到12.79万台，是2004年的14.7倍；经济作物、饲草料作物、畜牧养殖、水产养殖、农产品初加工、设施农业等农机装备快速增长，为农业机械化提供了物质装备基础。

截至 2019 年，全国农作物耕种收综合机械化率已达 70.02％，小麦、水稻、玉米三大主粮总体上已基本实现机械化，为保障国家粮食安全提供了重要保障。大豆、棉花生产关键环节机械化水平快速提升，特别是棉花采摘机械化水平已超过 50％，极大地降低了采棉劳动强度。但马铃薯、油菜、花生种植与收获机械化水平仍有待一步提高，特别是马铃薯种植和收获机械化水平分别仅为 27.80％和 27.78％，油菜种植与收获机械化水平分别仅为 32.54％和 44.00％。甘蔗收获机械化水平目前不到 5％。特色经济作物、畜牧养殖、水产养殖、农产品初加工、设施农业等各产业领域机械化水平普遍不到 40％。推进农业全程全面机械化发展的任务仍然艰巨。

3. 中国农业机械化发展路径

中国以服务乡村振兴战略实施和农业农村现代化对机械化生产的需要为目标，以深化和推动农业机械化供给侧结构性改革为主线，加大智能农机装备研发、关键核心技术攻关力度；推进产学研推用相结合，强化数字农业、智能农机等国家技术创新中心或工程中心建设，探索建立无人化农场试点；大力推动机械化与种养制度模式、智能信息技术、农业经营方式、农田建设标准相融合相适应，构建基于农机农艺融合、机械化信息化融合的农业机械化生产体系框架（图 5-3）。

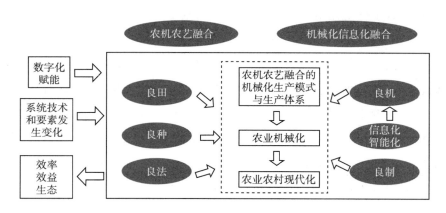

图 5-3　农机农艺融合、机械化信息化融合的高效农业机械化系统框架图

中国农业机械化基于"两融合""两适应""三动力"，实现"补短板、强弱项、促协调"，推动农机装备产业向高质量发展转型，农业机械化向全程全面高质高效升级，走出一条中国特色农业机械化发展道路，为实现农业农村现代化提供有力支撑（图 5-4）。其中，"两融合"指的是农机农艺融合、机械

化信息化融合，"两适应"指的是农机服务模式与农业适度规模经营相适应、机械化生产与农田建设相适应，"三动力"指的是以科技创新、机制创新和政策创新为发展动力。

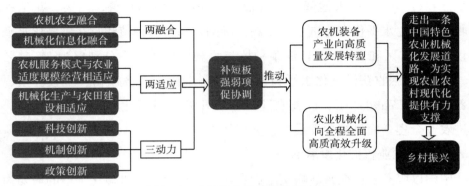

图 5-4　中国农业机械化发展路径

　　中国通过大力发展农机社会化服务带动小农户进入现代农业。培育壮大农机作业服务公司、农机合作社、农机服务专业户等农机服务主体，鼓励农机服务主体创新服务方式，推进农机社会化服务向农业生产全过程、全产业延伸。大力发展全程托管和"数字化＋农机作业""全程机械化＋综合农事服务中心"等农机服务新模式新业态，鼓励农机服务主体通过跨区作业、订单作业、农业生产托管、数字化应用等多种形式，开展高效便捷的农机作业服务，推进农业适度规模经营，促进小农户与现代农业发展有机衔接。支持大中专毕业生、退伍军人、科技人员等创办领办新型农机服务主体，引导鼓励农机服务主体与家庭农场、种植养殖大户、农民合作社及农业企业等规模生产主体构建农业生产服务联合体，探索实现农机互助、设备共享、互利共赢的有效方式，提高农机使用效率。截至 2019 年，中国农机服务组织达到 19.2 万个，其中农机合作社 7.4 万个，农机作业总面积达到 70 亿亩次，农机作业服务收入达到 3 615 亿元，为保障粮食等重要农产品供给、增加农民收入、打赢脱贫攻坚战提供了强有力支撑。

（二）亚洲其他发展中国家的农业机械化

　　虽然亚洲发展中国家农业机械化水平仍然不是很高，但总体上应用已非常广泛，如印度、斯里兰卡、泰国、越南、孟加拉国、缅甸、尼泊尔等国，大多已经实现集约化生产，斯里兰卡早在 20 世纪 70 年代就已非常广泛地使用拖拉机。这些国家大多已采用拖拉机代替了牲畜，采用各种动力机械进行农业生产，如联合收割机或脱粒机进行收获或收获后处理。

亚洲发展中国家农业机械化之所以快速发展，很大程度上是由于本国经济和农业转型，一方面是出于绿色农业发展的需要，另一方面是由于劳动力成本的不断上升。随着工业化步伐的加快，劳动密集型制造业和农村非农经济快速发展，工资不断上涨，劳动力成本增加，机械化的发展开始加速。不同国家在不同阶段和不同经营规模下，不同农业经营主体采用的机械化生产模式有所不同。

印度、泰国和越南等国农业机械化发展已步入快车道。在印度和泰国，较大规模的农场与小农户生产已经共存数十年。在越南，经过经济体制和农业经营体制改革后，农业生产单元（农场）规模呈现出多样化特征，而规模化农场及其经营主体在农业生产中已普遍使用农业机械。这些国家由于劳动力成本上升，对农业机械化的需求日益迫切，微耕机、小型动力机械和中小型联合收割机较广泛使用。政府制定补贴政策支持农机制造商和购买农机的农民。农机装备通常为少数农民所拥有，大多数农民通过雇佣或者租赁农机获得服务，即农机社会化服务。菲律宾的农机租赁市场也有很大需求。这些模式与美国等国家农业机械化早期的做法相一致。

孟加拉国、尼泊尔和斯里兰卡的农业经营单位以小农为主，农村劳动力丰富，特别是孟加拉国和尼泊尔。小农场的平均规模过小，用农业机械代替人畜力进行农业生产不具备规模经济和比较效益优势。但是，孟加拉国和斯里兰卡的耕整地作业已经实现高度机械化。据估算，在斯里兰卡，80％的耕整地作业实现了机械化，大多数地区的农民也使用联合收割机。尽管尼泊尔是一个多山多丘陵的国家，机械化水平较低，但自20世纪90年代以来，尼泊尔对拖拉机的应用持续快速增长。缅甸农业机械化正处于快速发展期，小型拖拉机、耕整地机械和联合收割机的应用越来越广泛。

虽然从国家、政府和市场角度，亚洲这些发展中国家不同程度地存在阻碍农机租赁市场发展的因素，但也出现了不同形式的农机社会化服务带动小农户的发展。

政府补贴和公共产品在大多数亚洲国家的机械化发展中发挥关键作用，这些干预措施大多在促进农机具的发展以满足农民的需要、增加获得机械的机会和克服协调失败方面发挥了积极作用。这些国家小型和相对便宜的拖拉机、动力耕耘机（微耕机）和收割机，通常由本国制造或从中国、印度、泰国或其他邻近亚洲国家进口，是亚洲最常用的农业机械。动力耕耘机（微耕机）在孟加拉国、斯里兰卡和缅甸占主导地位，在其他水稻产区也很常见。

（三）部分非洲国家的农业机械化

埃塞俄比亚、加纳、肯尼亚、尼日利亚和坦桑尼亚农业机械化发展模式有较大不同，但是与其他低收入非洲国家相比，它们大多数机械化水平相对较高。根据联合国粮食及农业组织 2018 年发表的一项研究显示，2005 年，全非洲由拖拉机实施耕整地作业的面积占 10%～20%。虽然拖拉机的应用不断增加，但在非洲的一些主要国家增长一直比较缓慢，包括尼日利亚，它拥有非洲最大面积的农用耕地。因此，相比之下，非洲拖拉机的应用程度远远落后于亚洲国家。

上述 5 个非洲国家尽管机械化整体增长缓慢，但各自国内均有机械化水平高、机械化应用广泛的地区。其中，加纳的需求最为迫切和普遍，许多中等规模的农场都拥有拖拉机，1/3 的农户不同程度采用机械化生产，对机械化的需求主要集中在北部大草原地区。在坦桑尼亚，2005—2015 年，从中国进口的拖拉机数量几乎翻了一番，机械耕地面积占全国耕地面积的 14%，但 64% 的拖拉机集中在 6 个毗邻的地区，这些地区相对干燥，土地充足，市场环境良好。在尼日利亚，2012 年拖拉机进行耕地的面积下降到 7%，而且主要集中在收入较高的资本投入密集地区，服务于南方大米和北方各种谷物的生产。

第三节　世界农机装备与技术发展趋势

高产、高效、低耗、优质、生态、安全，是世界农机装备与技术发展的新趋势。

一、种植业农机装备技术发展趋势

（一）农机动力——拖拉机

拖拉机被称为农业机械的"龙头"，在农机产业中占有重要地位，也是国际各大农机厂商必争之地。拖拉机功率不断上延，大型化已成趋势，智能化、信息化技术水平不断提高。尤其是电子和信息技术的应用，不仅使拖拉机的经济性得到提升，同时也改善了各类型拖拉机的驾驶操纵舒适性和监控性能，新能源拖拉机不断涌现。

（二）播种机械

播种机作为农业生产中至关重要的组成部分直接影响着作物播种质量的好坏，播种质量的好坏也影响着后续的机械化管理以及机械化收获的质量和效果。国外蔬菜播种机不仅可以播种不同形状的种子，而且可实现高速播种。播种机的发展方向主要是大型化、智能化、更精密、更高端、更快速，播种质量和速度不断提高。

（三）植保机械

就应用领域而言，国际植保机械的发展从相对成熟的大田作物植保机械正快速转向更加关注果蔬等园艺作物植保机械。无论是大田作物植保机械，还是园艺作物植保机械，其技术发展趋势均体现为高效精准变量施药、减少农药飘移、提高施药效率，从而降低施药量，最大限度地节约资源、保护环境，保障农产品安全。

（四）谷物收割机械

某种意义上联合收割机的发展水平代表了整个农机行业的前沿趋势和发展水平。国际上联合收割机产业的集中度相对较高，市场基本被各具优势的农机巨头垄断。其技术发展趋势，一是以200马力以上大功率为主；二是产品的智能化、信息化水平及舒适性不断提升；三是功能复合化，通过更换不同的割台，可以收获小麦、水稻、玉米、高粱、大豆、谷子等多种农作物，实现一机多用。

（五）园艺机械

针对特定作物的专用园艺机械是欧洲农机产品的一大特色。除前述涉及的众多园艺拖拉机和植保机械外，还有专门研发的除草机，苹果、葡萄采摘机及蔬菜收获机械等。专业性、针对性极强的高端、环保、智能设备是国际园艺机械的重要发展趋势。如意大利种植面积在100万公顷以上的葡萄园，葡萄生产从挖沟、种植、灌溉、剪枝、病虫害防治、施肥到采摘已经全部实现了机械化。撞击式葡萄采摘机，由于破损率低、效率高，被广泛地运用在意大利各酿酒葡萄生产基地。

二、养殖业及其废弃物处理设备发展趋势

畜牧养殖机械装备主要涉及拖拉机、青饲机、饲料加工机械和贮存设施、全混合日粮搅拌车、金属活动猪栏、蛋品收集设备，以及与生物质能源生产和利用相关的技术和机械装备，特别是能源技术创新与农业环境有机结合，总体上呈现大型化、自动化、智能化发展趋势。各类养殖（如奶牛养殖、智能挤奶系统等）及其废弃物处理技术设备，体现了绿色可持续农业发展与环境保护的迫切需要。

数字化、网络化技术在畜牧养殖价值链中的作用将快速得以应用并产生效果，满足动物福利要求的基于养殖动物个体管理和质量保障的数字化解决方案成为畜牧养殖技术发展前沿，数字养殖已成为畜牧养殖业的最新发展趋势。在生猪养殖领域，核心方向是机械化生产方式轻简化、饲料卫生及动物健康；在牛养殖生产领域，核心方向是饲草料全链条自动化及其圈舍设施安全等；在挤奶技术领域的技术创新前沿则是进一步提高挤奶工效及质量、挤奶过程低扰动奶量计量、奶牛个体产奶预估等；家禽生产领域，与牛养殖生产领域相似，更多关注的是垫料、环境、饮水等工程工艺的改善等。

三、信息化、智能化技术提升农机产品性能和效率

从现代农机装备制造上看，采用现代信息技术，充分利用计算机网络及通信技术，支持企业的产品开发、生产、销售、服务等各个环节，实现信息采集、加工和管理的网络化、集成化和实时化，最终实现企业全面数字化管理，是现代农业发展的总体趋势。大喂入量谷物联合收割机、直线行走导航系统、车载电子信息系统、多功能电控操纵手柄将会广泛应用。围绕数字化设计、智能化制造、精准化作业、数字化管理与服务（监管、调度、诊断、服务、电商）等，实现农机自身电子信息化、农机制造过程信息化、农机作业过程信息化、农机调度管理信息化、农机产品销售服务信息化等功能。目前无人驾驶技术、田间管理技术及人工智能和车联网技术逐步发展成熟，精准农业系统，诸

如自动导航、水肥和产量图谱都已应用于实际。

四、智慧农业发展

随着现代信息技术与农业的深度融合发展，"农业数字革命"正在到来，发达国家对智慧农业进行了战略布局。

智慧农业的目标就是要最高效率利用各种农业资源，最大限度减少农业能耗和成本，最大限度减少农业生态环境破坏，实现农业系统整体最优。其主要特征就是覆盖农业全链条、全产业、全过程和智能化，全面感知、可靠传输、智能处理、物联网技术等作为支撑和手段，通过自动化生产、最优化控制、智能化管理、系统化物流、电子化交易等完全不同的生产方式，最终实现高产、高效、低耗、优质、生态、安全的现代农业发展模式与形态。

据测算，目前美国20%的耕地、80%的大农场实现了大田生产全程数字化。加拿大联邦政府指出，土壤与作物传感器、家畜生物识别、农业机器人等技术将在未来5～10年进入实际生产，颠覆传统农业生产方式。根据国际咨询机构预测，到2025年，全球智慧农业市值将达到684亿美元，发展最快的是亚太地区（特别是中国），主要内容包括大田精准农业、智慧畜牧业、智慧渔业、智能温室，主要技术包括遥感与传感器系统、农业大数据与云服务技术、智能化农机装备（无人机、机器人）等。

可见，未来农业对生产规模、技术、装备、标准、组织、人才等都提出了新的要求，如何迎接这样的挑战是我们不得不面对的问题。

第四节 世界农业机械化发展规律

尽管各国实现农业机械化的路径不同，但也呈现出内在的规律，大体可以归纳为五个"合"。

一、农业机械化与农业现代化融合

世界上已经实现了农业现代化的国家，大多是在基本实现农业机械化之后10～15年实现全面机械化，15～30年之后实现农业现代化（表5-1）。

表 5－1　发达国家基本实现和全面实现农业机械化的时间表

国家	基本实现农业机械化时间	全面实现农业机械化时间
美国	1946 年	1954 年
加拿大	20 世纪 50 年代初期	20 世纪 60 年代末期
联邦德国	20 世纪 50 年代	20 世纪 60 年代末期
法国	1955 年	1970 年
意大利	20 世纪 60 年代	20 世纪 70 年代
英国	1966 年	20 世纪 70 年代末期
苏联	1953 年	20 世纪 70 年代末期
匈牙利	1980 年	20 世纪 80 年代末期
澳大利亚	—	1986 年
日本	1967 年	1982 年
韩国	—	1996 年

资料来源：农业部农业机械化管理司，北京农业工程大学，1991. 世界农业机械化发展要览［M］. 北京：北京农业大学出版社.

　　农业机械化发展具有明显的时空性，不同作物、不同产业处于不同阶段和不同区域环境，其机械化的重点、要求、机械类型等均有所不同。对于特定区域农业机械化发展，通常是优先发展粮食生产机械化，然后向经济作物、园艺作物、畜禽养殖、水产养殖、农产品加工等产业机械化拓展；针对粮食作物机械化生产，优先解决耕、种、收等环节的机械化，然后向产前育种、田间管理和产后处理机械化延伸。针对不同区域，通常优先发展平原地区、旱田地区机械化，然后再向丘陵山区、水田地区机械化发展（图 5－5）。

二、农业机械化与农机研发制造融合

　　欧美等地区的农业发达国家，均拥有强大的农机装备研发能力、较高的生产制造水平，以及完善的农机生产制造体系、标准体系、科技信用体系与权益保护机制，农机生产企业是农机产品技术创新的主体。美国农机研发是由政府、科研机构和企业共同完成的，尤其是高校及专业从事研发的团队。农科专业在美国高校特别受重视，是仅次于法律和医学的专业学科，几乎每个州立大学都设有农科专业学院，与农机相关的专业大多设置在农学院内。在美国的研发体系里，政府扮演基础建设的角色。据资料显示，美国从 20 世纪 80 年代开始，每年投入农业领域的研发资金高达数十亿美元（含农机基础性研究），到

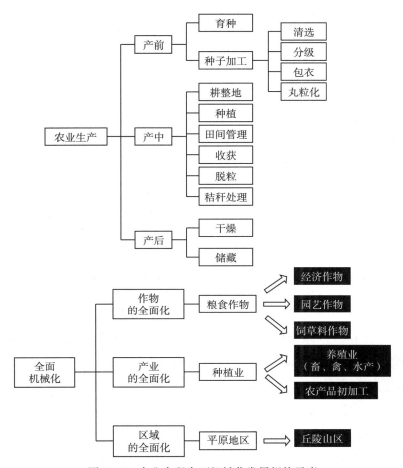

图 5-5　农业全程全面机械化发展规律示意

21 世纪，这一数字更是提高到数百亿美元，对农业科技贡献率超过了 80％。由于美国特殊的战略安排和经济发展能力，使其能够在 20 世纪 60—70 年代，把主要的基础设施完全建成，不少农机企业的制造基地就是在这一时期完成的。美国农机制造企业大约有 1 000 家，大型农机企业只有 20 家左右，其余都是中小型企业，不生产拖拉机、收割机等产品，主要从事特种农机装备、配套件供应及技术改造等工作。美国还有其他一些各具特色的农机企业，为美国农业机械化的发展奠定了良好的物质装备基础。

德国在柏林工业大学、布伦瑞克工业大学和慕尼黑工业大学设有 3 个农机方面的教研室和研究所，在波恩大学、吉森大学、哥廷根大学、霍恩海姆大学、基尔大学和慕尼黑-万斯坦法大学的农业系设有 6 个教研室和研究所。这些大学的研究所都从事科研工作，科研成果给教学和工业发展奠定了理论基础。德国拥有一批一流的农机生产企业，用世界一流的先进工艺生产世界一流的农机产品，给农场提供世界一流的成套机械化解决方案，成为农业效益优良、农场稳产高产的重要保障。

三、农机农艺融合

发达国家在发展农业机械化方面并没有单纯强调就机械本身问题去研究机械，也并不是每种农业机械的发展都必须要由农艺的变化来让步，而是通过多部门、多角度、多管齐下的方式进行攻关，以整体农业经济效益最大化为目标，农机农艺部门进行通力合作。

（一）棉花采摘机械化

美国从 1850 年开始着力研制采棉机，尽管经过了一个世纪的努力，但到 1949 年，棉花收获机械化程度仅达到 6%。从 20 世纪 60 年代起，美国农业专家和工程设计专家经过认真反思后认为，棉花品种制约了采棉机械化的发展。由于棉花栽培行距较宽，采棉机采摘部件的机械结构也受到限制。因此，应当致力于改进农艺技术使之适应机械化技术的要求。农业专家开始培育适合机械化采摘的品种，并对棉花窄行距密度栽培法进行大量研究。由于棉花品种的成功改良和窄行距密度栽培法的有效推广，促进了棉花收获机械化的迅速发展，到 1970 年，棉花收获机械化程度达到 95%，居世界第一位。

（二）水稻机插秧

日本从 19 世纪末就开始研究水稻洗根大苗插秧机，由于这种机器结构复杂，调整不便，机械插秧问题没有有效解决，插秧质量不稳定，历经 70 年没有在生产中成功应用，至 1972 年该插秧机退出了市场。为了实现机械化作业，日本从 1967 年开始研究工厂化集中育秧、带土小苗移栽技术，同时插秧机的研制转向了带土秧苗插秧，最终获得了成功。带土秧苗移栽机械化的发展，使水稻插秧机械化程度每年以 8~14 个百分点的速度发展，到 1978 年达到 88%。

（三）大豆与马铃薯生产机械化

为减小大豆机械化收割的损失率，美国除了从机具上采取措施外，还努力探讨和分析了大豆的生长形态，培育出了抗倒伏、少落粒、下层结荚部位高的新品种，降低了割台损失，实现了大豆收获的机械化。马铃薯等块根类作物收获机械，由于马铃薯块根深埋土壤中的生物特性不能改变，要实现收获机械化就必须充分考虑其特殊性，设计采用割蔓、挖掘、滤土、捡拾等联合作业机械来提高马铃薯的收获效率和质量，以实现马铃薯收获机械化。

（四）果蔬等经济作物生产机械化

在美国，为了实现番茄收获机械化，20世纪50年代末期就培育出了韧皮番茄，便于机械化收获。在法国和意大利，为实现葡萄作业机械化，把葡萄树栽成扁平形，树与树排列成行，既有较好的光照与通风，又便于拖拉机进入行间松土、施肥、喷药和采摘。水果蔬菜的收获要实现机械化，比粮食作物难度大得多，有些甚至至今还没有解决如何机械化的问题。这是因为果树果实和蔬菜的生长形态不适于机械化采摘，而市场对于果实外观要求又较高。如水果采摘器，到目前为止，作为鲜果上市的水果收获仍没有完全实现机械化。水果采摘器的结构设计必须充分考虑果实在果树上位置的不确定性、果实碰撞易造成损伤降低品质和腐烂等问题。而作为加工用的苹果树种植，则可通过改变苹果树品种及种植方式，实现机械化收获。

（五）统一种植标准与机械化生产

统一作业标准，不仅减少了机具设计上的麻烦，同时增加了机具的适用范围、延长了使用时间、提高了作业效率，从而降低油耗。阿根廷统一行距的做法是一个很好的例子，其在全国范围内统一小麦行距23厘米、大豆行距46厘米、玉米行距69厘米，农户买一台播种机，拆装不同数量的开沟器就可以播种不同的作物。如买一台24行小麦播种机，拆去一半开沟器可播种12行大豆，拆去2/3开沟器则可播种8行玉米。一台播种机把几种作物的播种问题全解决了。美国玉米种植一直统一按照76厘米的种植行距。曾经有美国的农艺专家提出将玉米种植行距改为60厘米，如果改变种植行距，意味着所有玉米收获机需要更换割台甚至于更换收获机，对于农场主来说是不小的一笔投资。通过协商、讨论与综合考虑，不更改玉米种植行距，而是通过品种改良、合理调整株距、机械化技术应用等综合措施达到提高玉米产量的目的。美国至今玉米种植行距仍然为76厘米。可见，农机农艺部门进行通力合作，是实现农机农艺融合发展的重要条件。

四、政府扶持与市场动力结合

除了发挥市场的作用，政府扶持是实现农业机械化不可或缺的重要因素。纵观发达国家农业机械化发展历程，在基本实现农业机械化和工业化加快时期，各国毫无例外地将农业机械化发展列入国家经济发展计划，制定和出台扶持农业机械化的政策，保障农业机械化快速、健康发展，为实现农业现代化和国家经济发展创造了条件。在机械化发展的初级阶段，各国对农业机械化的促进通常以政策支持为主，直接向生产者提供资金支持。随着农业机械化和现代化的发展，各国逐渐加强法律法规体系建设，主要将农业机械金融支持，如贷款、减免税收等，以及农业机械技术安全规定、农业机械推广培训要求、农业机械环保要求等纳入法治轨道。如韩国出台了《农业协同组合法》《农业协同组合法施行令》《农业协同组合法实施规则》。立法形式灵活，表现为农业特别立法和涉农普遍立法。发达国家农业政策通常比较稳定，立法比较先进，具有较强的可操作性；立法体例灵活，农业立法不追求立法体例的一致性，以实用性为主要诉求；立法内容详细，通常立法内容"粗"则表现为法的原则性，"细"则表现为法的可操作性。

（一）农业机械化相关立法内容

一是农机安全技术、环境保护的规定和标准。以美国、英国、德国等国为代表，其中美国、英国属普通法系，国家不制定成文法，只规定若干原则和安全、环保技术标准作为司法审判的依据，由司法审判当局以判例的形式颁布规则和禁令；德国属大陆法系，制定了详尽的安全法规和管理规程。

二是政府推进农业机械化的职责。包括农机投入、推广新技术、进行质量检查等，以日本、韩国为代表，反映了20世纪50年代以后新兴国家和地区为推进农业机械化发展采取的一系列法规措施。部分国家农业机械化立法时间轴如图5-6。

美国、加拿大较早实现工业化，农业自然条件优越，是世界主要产粮国和粮食出口国。早在20世纪40—50年代，美国实现了农业机械化，农机工业发展已达世界领先水平，其农业机械化法律法规体系主要围绕农业机械的贷款优

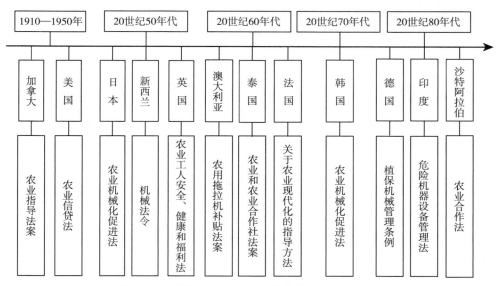

图 5 - 6　部分国家农业机械化法律制定的时间轴

惠、税收减免，且以州立法律为主。

英国、德国的农业较为发达，已经实现全程机械化，因此无单独明确的对农业机械化发展促进或规范的法律，其农业机械化法律法规体系多围绕农业机械安全设立，对安全性提出了明确的要求。农业机械化法律法规体系十分注重农业机械的安全生产和使用，其农业机械质量也多处于全球前列，这与农业机械化法律法规的制定密不可分。德国的农业机械化法律法规体系由多项农业机械、设备的管理条例和法案构成。如《农药和植物保护机械管理条例》对植保机械提出明确的检测要求；2000 年以来对农业机械新技术做出了规定，如《航空植保机械条例》规范了航空植保机械的环保性，要求药液飘移的范围应确保人和动物的安全。

日本一直以法律手段规范和促进农业机械化的发展。在 2017 年之前，其农业机械化法律法规体系以《农业机械化促进法》为核心，《农业机械化促进法实施规则》和《农业机械化促进法施行令》作为辅助说明，以其他相关法律法规为补充。根据实际农业机械化发展状况制定《控制农业机械温室气体排放的措施》《农业机械自动驾驶安全保证指引》等，对《农业机械化促进法》中要求的内容提出具体约束和指导。另外在其他关于农业的立法中对农业机械化的发展也提出具体要求和支持措施。1981 年设立的《农业经营基础设施促进法》要求农业经营者应在经营农业之前提供关于农业机械购置的计划。2017年，日本实施《农业竞争力强化支援法案》，将农业机械的产学研合作促进农业机械化发展纳入其中，并颁布《农业竞争力强化支援法案执行令》《农业竞争力强化支援法案实施细则》，针对农业机械自动驾驶新技术进行立法，以《农业机械自动驾驶安全保证指引》加以规范。

（二）各国农业机械化支持政策概况

农业机械化离不开政策的支持，政策支持的内容涵盖了农机购置补贴、农用油优惠、信贷、科研推广、服务组织培育等全领域。

1. 对农民购置大型农业机械或装备实施优惠政策

日本政府对农民购买拖拉机，联合收割机，育苗设备，大型米面加工、干燥、储藏设备，以及灌溉、施肥设备提供 50％ 左右的补贴，补贴以外的费用政府通过长期低息贷款给予支持，利率一般比市场利率低 30％～60％。韩国政府向购买农机具的农民提供长期低息贷款，并建立了 26 个机械化插秧示范区和机械化插秧服务体系，中央、地方政府各出资 20％，其余 60％ 由政府向农民提供贷款。法国在发展农业机械化的关键时期，由政府提供总投资 20％～30％ 的补贴，农民购买农业机械可以得到 50％ 以上农业信贷合作社贷款。澳大利亚政府对农场主购买新设备时提供 18％ 的补贴。俄罗斯规定销售拖拉机、联合收割机和其他较贵的农业机械，购买者可以分期付款或享受 5～7 年的无息贷款。美国各州均出台了农业机械销售和使用的减免税政策。

2. 对农用燃料实行减税和补贴

对农用燃料实行减税和补贴的目的是降低农业机械作业成本，减轻农民使用农业机械的负担。韩国政府给农户提供比市场价格低 50％～80％ 的免税油。德国在农业政策中规定，农民用的柴油半价供应，政府实行 25％～50％ 的价格补贴，20 世纪 70 年代德国政府为此每年支出 4 亿～5 亿马克[①]。美国政府对农用柴油实行免税政策。法国政府一直对农用燃料实行减税 15％ 的优惠政策，20 世纪 50 年代以来实行农用燃料减价，农用汽油减价达到 30％～45％，有些年份该项减免达到了法国农业预算的 23％。

3. 重视农业机械化科研投入及技术推广

在 20 世纪 70 年代，美国农业科研经费每年就达 15 亿～20 亿美元，近来仍在增加。科研经费的分配比例大致是公共研究系统与种子、农业机械、

---

① 马克为德国原货币德国马克的简称，现已停止流通。——编者著

农业化工、食品等各类私营公司各占一半。此外，还专门拨出部分农业技术推广经费。以 1977 年的联邦预算为例，资助农业技术推广的经费就达 2.4 亿美元，用以向农民，尤其是农村青年宣传推广农业新技术、新工艺和新设备。

4. 强化农业机械化培训

很多国家和地区，尤其是 WTO 成员都把农民培训作为一项公益性事业，由政府直接出资开展培训工作。目的是提高农业机械经营者的技术水平等基本素质，为提高农业生产和经营水平提供基础保障。

5. 引导建立各种形式的农业机械化经营组织

为节约成本，扩大经营规模，提高农业机械的使用效率，大多数国家鼓励支持成立各种形式的农业机械化经营组织，并制定相应的优惠政策。韩国在 1977—1986 年推进农业机械化的关键时期，对具有一定规模的农业协会、农地改良组合等机械化营农团购置农业机械，实行补助 40%、贷款 60% 的全额支援供应方法。这些优惠政策的实施，有力地促进了各种农业机械化经营组织的建立和服务体系的完善。

（三）支持政策的主要特点

尽管各国农业机械化支持政策不尽相同，但也有一些共同特点。

1. 基本实现农业机械化时期是政府支持的重点阶段

基本实现农业机械化时期，由于农户在农业机械方面的投资能力比较弱，政府对农业机械化发展直接提供高额的财政支持效果非常显著，对农业经营规模较小、农户投资能力不足的国家更是如此，各国政府在财政投资、信贷、补贴、税收等方面的支持起到了非常重要的作用。即使在其后的全面机械化发展阶段和实现农业现代化之后，欧美国家仍然继续将支持农业机械化发展当作政府支持农业的一个普遍性措施和有效途径。法国在 20 世纪 50 年代之前是典型的小农经济国家，通过国家政策支持进行土地整治，扩大经营规模，扶持农业机械化发展，告别了小农经济，为实现农业现代化打下了良好的基础。

1970 年以前，韩国农业是以种植水稻为中心的劳动密集型小农经济结构，这一特点随着工业化进程逐渐发生了变化。尤其是农业劳动力的持续减少和农业用工费的急增，促进了农业机械化的发展。1970 年以后，在工业化进程加快时期，韩国政府陆续出台了扶持农业机械化的政策，在农业机械购置方面制定了补贴、贷款等优惠政策，鼓励农民使用农业机械。尤其是在 1978 年出台了《农业机械化促进法》后，农业生产转入提高农业劳动生产率的机械化技术推广应用阶段，政府的金融支持使得农业机械化在农户购买力很脆弱的状况下得到了快速发展，效果非常明显。日本经过近 40 年实现的水稻生产机械化，韩国仅用了一半的时间。

2. 将发展农业机械化纳入国家经济发展体系

国家通过立法和制定支持政策，将发展农业机械化纳入国家经济发展进程，促进和引导本国农业机械化的发展，这是世界各国发展农业机械化，推进农业现代化的基本经验和做法。特别是在工业化、城市化过程中，农业劳动力加速转移，农村生活条件改善，人工成本上升，必然要大力推进农业机械化，实现城乡统筹发展。韩国连续实施了 6 个国家农业机械化事业五年计划，有重点地分步实施推进工作，在较短时间内实现了农业机械化。日本《农业基本法》明确鼓励通过扩大生产规模、合并土地和实行机械化等促进农业现代化，并据此采取了系列措施，推进农业机械化进程。意大利政府先后制定实施了"农业发展十二年规划"和两个"农业计划"，建立发展农业的"周转基金会"，以优惠利率为购买国产拖拉机的农户提供贷款和补贴，大大加快了农业机械化进程。法国在二战后前三个国民经济发展计划中，把农机装备现代化放在突出位置，推行农机装备现代化和规模化，用 15 年时间实现了农业机械化。

3. 在农业机械化不同阶段采用差别化的政策支持工具

各国在推进农业机械化进程中，政府都制定了农业机械化相关扶持政策，如土地集中政策、农业专业化政策、农业信贷政策、农业生产价格补贴政策、农用燃油减税与补贴政策等。在资金扶持方面，采用了政府投资、资金补贴、低息贷款、建立基金等多种方式。根据农业机械化的发展程度，总的趋势是在农业机械化发展初期，财政支持尤其财政补贴力度较大，在农业机械化发展的后期，适当调整政策上的优惠。但是由于农业的弱势产业地位，即使是已经基本实现农业机械化，财政支持仍然是支持农业发展的重要手段。这在农业经营规模较小、农户投资能力不足的国家更是如此。

此外，发达国家始终将农机科技创新和技术培训作为扶持农业机械化发展的重要内容，并大力鼓励发展农机社会化服务组织，扶持农业机械的共同利用。

五、农业机械化发展与本国国情农情相结合

　　发达国家农业机械化发展大体可归纳为三种模式，但即使是同一种模式，例如法国和德国，其农业机械化的路径、阶段也有很大的不同，可以说，没有两个国家的农业机械化道路是完全一样的。但有一点是共同的，无论选择何种农业现代化发展的路径，或者何种农业机械化道路，农业机械化都是农业现代化的基础，都是在农业机械化实现的基础上才能实现农业现代化。而且在从传统农业向现代农业转变的关键时期，农业机械化是影响现代农业发展的最重要因素。任何国家既要借鉴别国的经验教训，又必须与本国国情相结合。

　　中国农业机械化迈入了向全程全面高质高效转型升级的新发展时期，农业生产从主要依靠人力畜力转向主要依靠机械动力，进入了机械化为主导的新阶段，形成了中国特色的农业机械化发展道路。在借鉴发达国家经验的同时，中国也将会通过南南合作、三方合作，以及与联合国粮食及农业组织、世界粮食计划署、世界银行、可持续农业机械化中心等国际组织合作，将中国可持续农业机械化经验传播到世界发展中国家，助力发展中国家粮食安全和减贫问题的解决，提高全球农业生产效率。

第六章 CHAPTER 6
世界农业信息化 ▶▶▶

当前,以人工智能、区块链、大数据、云计算、物联网等为核心的新一代信息技术创新空前活跃,与各领域的融合发展已经成为不可阻挡的时代潮流,不断催生新技术、新产品、新模式,推动全球经济格局调整和产业形态深度变革。信息化与农业农村现代化形成了历史性交汇,信息化与农业农村农民的融合正在向广度和深度拓展,为全方位、全角度、全链条地改造提升传统农业和落后乡村,进而实现农业农村现代化提供了千载难逢的历史机遇,数字农业农村必将迎来大发展。

第一节　世界农业信息化发展现状

世界农业信息化演进与农业、信息技术的发展和演进相伴相生。回顾世界农业信息化演进历程,梳理世界农业信息化演进形态,总结世界农业信息化演进规律,可为促进世界农业信息化未来更好发展提供参考。

一、世界农业信息化特征

经过半个世纪的发展,世界农业信息化呈现以下特点:一是以无人机、智能机器人等为引领的无人农场、无人牧场等开始不断涌现,彻底改变了数千年来"以人为核心"的农业生产模式;二是以作物表型、生物传感器等为支撑的精准农业不断升级,真正实现了作物生长过程中水、肥、药、种、土等投入要素的精准控制;三是以高分辨率卫星、全球定位系统等为代表的空间遥感技术大规模应用推广,从根本上解决了人类预测重大自然灾害的难题,为粮食安全提供了保障；四是以区块链、大数据、云计算等为核心的信息化平台保障了农产品流通过程中的安全可靠，颠覆了以农产品批发市场为代表的农产品生产流通模式。

世界上多个国家都将农业信息化作为战略重点和优先发展方向，相继出台了"大数据研究和发展计划""农业技术战略""农业发展 4.0 框架"等战略，构筑新一轮产业革命优势。各国推进农业信息化的做法各具特色，形成了不同的发展模式：中国高度重视农业农村信息化建设，从国家层面出台了数字农业农村发展规划等，实现了数字农业农村跨越式发展；美国、加拿大、澳大利亚等国家的精准农业建立在以大农场为主要模式的生产经营体制之上，实现了农业生产的高度集约化；德国、法国、日本等国家有健全的体系、充足的资金投入，注重信息系统服务建设，农村信息化基础设施相对完善，形成了多层次农业信息服务格局；以色列、荷兰等国家农业信息化发展凭借着发达的信息技术优势和先进的管理模式，创造了现代化设施型精准农业；印度、韩国等政府对巩固和稳定农业及农村投资力度较大，加强农村基础设施建设，重视农村电信服务，加强信息化技术人才的培训，并与国际合作制定农村信息服务优惠政策；越南、马来西亚等国家凭借其良好的自然条件及人力资源优势，发展出初级的人力资源型精准农业；肯尼亚、赞比亚、孟加拉国等国家主要依靠国际组织、非政府组织（NGO）等援助开展信息服务平台建设，效果显著。

二、世界农业信息化发展历程

当今世界信息技术革命十分迅猛，新技术、新模式、新业态不断涌现，农业信息化和数字化是信息技术在农业领域的应用和延伸，世界农业信息化和数字化演进历程与信息技术的发展和演进息息相关。

总体而言，世界农业信息化可以分为四个阶段，每一阶段都有典型的信息技术应用代表，形成本阶段的信息化模式；同一技术会出现在不同阶段，具体表现为技术成熟度、应用广泛度等方面的差异；前一阶段为后一阶段发展打下基础，后一阶段是前一段技术的进一步延伸和实现。

一是 1970 年以前，世界农业信息化萌芽发展阶段。随着电报、电话的发明以及电磁波的发现，人类通信领域产生了根本性变革，实现了由金属导线上的电脉冲来传递信息及通过电磁波来进行无线通信，使人类信息传递进入信息化时代。世界农业信息化和数字化萌芽发展阶段，以电报、电话、广播、电视等为代表的信息化设备在农业农村领域的推广应用为代表，使农业信息服务彻底突破了空间距离限制。电报、电话、广播、电视等在农村地区应用主要以美国、日本等发达国家为主。20世纪50年代，电视已基本在美国农村地区普及，1968年美国农村居民的电话普及率已达到83％。20世纪50年代中期，日本农林水产省在农村地区建设农事广播（有线放送）基础设施，开始逐步建立完善农业管理（计算机）中心及农村有线电视等。世界农业信息化和数字化萌芽发展阶段，主要通过信息化设备把农产品市场、科技等信息传递给农业生产者，促进了农业科技进步，稳定了农产品市场行情，推动了农业生产发展。

二是1970—1990年，世界农业信息化初步发展阶段。1971年世界上第一台微处理器（芯片4004）在美国硅谷诞生。微型计算机的发明，真正实现计算机从科学计算走向行业应用，而农业则是计算机应用的重要领域之一。1985年，美国8％的农场主已开始使用计算机处理农业生产数据，其中一些大农场则已计算机化。该阶段世界农业信息化和数字化主要体现在农业数据处理、农业数据库开发、农业决策支持系统建设等，农业数据处理分析的效率和能力得到显著提升。

农业数据处理方面，1976年德国使用计算机计算每块地的面积、登记每块地的类型及价值，并在此基础上建立了各地区、村庄、道路的信息系统。农业数据库开发方面，1985年美国对全球428个农业数据库进行了编目，这些数据库已成为世界最重要的农业信息资源；德国建立了害虫管理数据库系统（1985年）、农药残留数据库（1988年）、植物保护剂数据库（1989年）等。农业决策支持系统方面，20世纪80年代中期，德国政府委托有关研究部门建立了全国的地区农业经济模型。

三是1990—2010年，世界农业信息化快速发展阶段。1990年欧洲粒子物理研究所蒂姆发明了万维网，万维网的诞生给全球信息的交流和传播带来了革命性的变化，从而使互联网迅速普及，使农业信息的传播发生了根本性的变化。在上一阶段的基础上，世界农业信息化和数字化开始呈现网络化、精准化特征。

在网络化方面，20世纪90年代初，日本建立起了农业技术信息服务全国联机网络。1997年47％的美国农场主使用互联网，20％的大型商业化农场已经接入互联网。2000年，日本有34％的农户拥有个人计算机，其中12.2％接入互联网。2001 年，德国 17 万户农户中有 7.5 万户使用了计算机，有 5.5 万户使用了互联网。2004 年，在澳大利亚经营产值超过 5 000 澳元的农场中，有 55％的农场利用互联网开展了电子商务。

在农业生产精准化方面，1993 年海湾战争结束后全球定位系统（GPS）开始民用，遥感（RS）、地理信息系统（GIS）等与现代信息技术结合，推动了精准农业发展。2003 年，美国首次在明尼苏达州开展了精准农业技术试验，减少了化肥施用总量，经济效益大为提高。

四是 2010 年至今，为世界农业信息化全面发展阶段。这一阶段进入以数字技术为特征的新一代信息技术全面研究应用时期。2013 年汉诺威工业博览会上，德国提出"工业 4.0"的概念，其核心关键词就是"集成"和"智能化"。以数字化、网络化、智能化为主要特征的第四次工业革命蓬勃兴起，大数据、物联网、第五代移动通信技术（5G）、云计算、区块链、人工智能等信息技术成为新一轮科技革命和产业变革的主导，为农业信息化带来了新的发展机遇。世界农业信息化和数字化朝泛在化、精准化、智能化、无人化方向发展，催生了农业大数据、智能农机装备、农业物联网等一批战略性新兴产业。

农业大数据方面，意大利建立了农业大数据体系，充分利用了土壤、气象、水文、土地价格等多种空间信息基础数据产品，形成了农业资源、环境、遥感等大数据。美国利用激光雷达技术，收集果树在整个生长过程中的果树高度、树干宽度、树冠宽度、树叶密度、叶子颜色、果实颜色、果实形态等数据，对数据进行智能分析。农业机器人方面，日本于 2015 年启动基于"智能机械＋现代信息"技术的下一代农林水产业创造技术，重点发展以农业机器人为核心的无人农场。英国国家精准农业中心在欧盟第七框架计划支持下，实施智慧农业项目，实现了从播种到收获全过程的机器人化农业。农业智能传感器方面，日本研发了面向养殖的虚拟围栏技术、奶牛可穿戴设备等，采用人工智能技术判断奶牛是否生病、排卵或者生产等。美国研制出基于叶片水分感知的智能微芯片，当植物缺水时会发出报警声音。

三、世界农业信息化演进形态

信息化代表了一种信息技术被高度应用，信息资源被高度共享，从而使得人的智能潜力以及社会物质资源潜力被充分发挥，个人行为、组织决策和社会运行趋于合理化的理想状态。自信息技术应用于农业领域以来，一些发达国家先后在数据库建设、专家系统、智能决策和控制等方面开展了系列研究应用，农业信息化的发展与信息技术研发进展关系密切。

一是从物理的农业对象提取数据，存储农业数据并转化成农业信息。通过航空和航天遥感、采用专门仪器进行测量、传感设备感知、人工操作等，从耕地资源、水资源、气候资源等农业生产资源中提取数据，并进行处理和存储，建设农业环境信息库、农业资源（土地、土壤、气象、水等）数据库、农业科技成果信息库、农业期刊文献综合数据库、农作物种质资源数据库、植物检疫病虫害名录数据库、农副产品深加工题录数据库、农产品集市贸易价格行情数据库、农业机械化数据库、农业经济统计资料数据库等。美国政府打造开放数据平台，建立了约 8 000 个与农业有关的数据集，涵盖了天气、土壤、食品原料加工、农业灾害、农产品价格等。

二是不断积累农业数据和信息，设计数据农业、表型农业、信息农业模型，构建虚拟农业对象。农业物联网数据组成了农业信息化的数据基础，采集了作物生长的温度、湿度、光照等环境数据；高通量植物表型平台技术可以采用多个传感器测量植物的重要物理数据，比如结构、株高、颜色、体积、枯萎程度、鲜重、花/果实的数目等。作物生长模型试图从作物生长发育的生理生化机制角度建立作物生长模型，同时为虚拟作物的动态生长过程及其可视化研究提供支撑。随着生命科学与信息科学的进一步交叉融合，将动植物结构和功能数字化，可实现动植物形态结构的精确描述、可视化表达、定量分析，以及对动植物系统内部各要素的状态、发展演变过程进行定量计算、评价、模拟、预测和虚拟表达。随着数字经济的发展，信息资源逐步成为除物质和能源之外的第三大农业农村战略资源。

三是运用信息技术及工具手段，建立物理世界中的农业对象和虚拟世界中的农业对象之间的联系并促使其发生相互作用。农业生产者通过信息媒介获取信息，助力农业生产。通过利用全球定位系统、遥感监测系统、地理信息系统、农业专家系统、智能化农机具系统等，实现精细化农业生产，比如自适应喷水、施肥和洒药，自动化畜禽蛋供水、供料、通风、清粪、产蛋、挤奶、屠宰、加工、包装和交易等。通过无线电遥控操作田间拖拉机和联合收割机，对温室土壤和环境温湿度进行检测，实现自动灌溉和温室环境控制，保障温室作物正常生长，实现周年生产。

第二节　世界农业信息化作用

　　农业信息化运用信息技术手段改造农业，拓展市场经营空间，提高资源使用效率，加快农业供给侧结构性改革，有利于促进各类要素有序自由流动、资源配置优化和市场深度融合，实现农业生产节本增效，推动农业生产方式向以标准化、规模化、集约化、绿色化、工业化和社会化为特征，以追求绿色生态可持续发展为最终目标的现代农业生产方式转变。世界农业信息化终将推动世界农业生产变革、世界农产品流通变革、世界农业格局调整。

一、信息化推动世界农业生产变革

　　信息化和数字化是继农业机械化、电气化、化肥化之后，对农业具有革命性意义的技术产品组合，它改变了农业生产工具，打造系统性的可持续、集约化的农业新范式，形成大幅度提高农业生产力、资源利用效率和实现农业可持续发展的综合性解决方案，以产生更好的经济效益、生态效益和社会效益。具体表现为三种变革模式。

　　一是信息化突破了自然环境限制，摆脱了对传统要素的依赖，通过大数据、物联网等技术实现了对农业生产环节各个要素的精准化感知和控制，从"靠天吃饭"到"知天而作"。首先，在农业生产过程中，通过物联网、大数据等现代信息技术实现了对农业气象的预测、对农业生产环境的监测、对农业智能的控制等，农业生产由田间逐渐向室内转移，从而有效规避传统农业无法摆脱的自然风险，打破传统农业生产的空间限制。在设施农业中，通过农业环境自动化控制，获取温度、湿度、光照等数据，利用补光、通风、增温、降温等设备对环境进行控制，突破自然条件限制，实现可控农业生产。其次，利用大数据、云服务等技术，对农业生产环节数据进行智能分析，对于病虫害等信息提前预警，使得农业生产对水、土地、气候等自然条件的依赖逐渐弱化，减少灾害等不良因素对农业生产的影响。比如，美国孟山都公司整合田间、土壤、天气等要素的数据资源，通过人工智能对数据进行分析，调整种植方案，推荐病虫害防治措施。最后，现代农业生产对信息要素高度依赖，数据、信息要素在农户、市场和政府之间充分流动，形成了全产业链的信息流，数据、信息要素服务于农业生产全过程，并为决策者提供价值判断、匹配优化等选择，农业市场信息更强调实时监测、即时传输及科学反馈等，使农业生产要素配置结构持续优化，实现高效率的农业生产。

二是农业信息化打破了农业生产时间、空间限制，在不同程度上实现了标准化、设施化、智能化、规模化、无人化的农业生产，从"面朝黄土背朝天"到"遥控指挥作业"，实现农业生产节本增效。在农业生产中引入无人机技术、无人驾驶技术和人工智能，实现无人自主农机车24小时不间断作业，打破农业作业时间约束；通过农业机械自动导航技术，实现夜间作业，大大降低农业生产的劳动强度，使农业生产智慧化、省力化。美国农业智能机器人很好地解决了草莓收获中劳动力缺乏的问题，该机器人一天可收获8英亩草莓，可以代替30名农民。美国利用无人机的低空遥感技术结合人工智能技术，可以在24分钟内完成20公顷土地的扫描工作，大大节省了人力成本。法国除草机器人可以实现高精确度的作物杂草清除，在整个生长季中为农民节约时间。

三是农业信息化减少了农业资源投入，提高生产效率，节约了农业生产中水、肥、药等投入品，大大降低了生物化学污染风险，最大化地保护了生态环境，实现农业绿色生产。以色列由太阳能驱动的计算机控制灌溉系统，利用塑料管道灌水系统密封输水，适时适量缓慢均匀地把含有肥、药的水送到植物根系或喷洒在茎叶上。根据统计，应用滴灌技术能够节水90%、节能50%、平均增产约30%。澳大利亚各地针对降水、土壤肥力、气候等特点，通过农业信息监测和农业决策支持系统，保障高效与绿色的农业生产。德国配备3S技术的大型农业机械，可在计算机自动控制下进行各项农田作业，完成诸如精准播种、施肥、除草、采收等工作，确保药、肥的高效利用，避免环境污染。新西兰特别重视土壤保护，用计算机技术为植物量身定制生产计划，采用少量、多次的施肥方式。美国采用大数据和互联网技术提升农业生产的效率和效益，在农场投入产出预算、预测收成、盈利预估和库存管理等方面应用移动互联网技术，大大提高了农场的科学化管理水平。

二、信息化推动世界农产品流通变革

流通是促进产业发展乃至经济繁荣的重要环节，农产品流通是农业改革发展当中的重要一环。传统以农产品批发市场为核心的农产品流通体系，无法解决农村地区分散的种植业、养殖业中小生产与大市场进行对接的问题。信息化和数字化引发世界农产品流通变革。一方面，超越了时间限制，使得未来订单、定制农业成为可能；另一方面，突破了空间限制，提高了农产品流通效率。在上游，信息化和数字化最大限度地整合了农业生产要素，建立了面向农户的涉农平台；在中游，流通商应用大数据、物联网、区块链等技术，让一切业务都流程化、数据化、可视化；在下游，建立直接和终端消费者链接的平台。

一是改变了农产品交易模式，使农产品订单销售、全球销售成为可能。随着互联网技术的进一步普及和新兴中产消费群体的崛起，农产品销售互联网化程度将进一步提高，呈现全渠道融合、跨境电商化和产业生态融合等趋势。美国在流通环节较早运用电子商务技术，农业流通模式不断创新升级，由传统的线下流通模式向线上线下相结合的电子商务模式转型发展，农产品与农资的销售均构建了从生产者到购买者的网上直销渠道，形成了电子商务销售模式，改变了传统的农资与农产品流通渠道模式。农资经营者不再侧重产品的流通，而更多地关注用户需求，向提供综合服务转变，大农资一体化的服务体系逐渐建立，农资企业向农业大数据业务进军；农产品经营者通过在线销售农产品，使农产品销售模式不断创新，建立订单销售、私人定制新型供销模式。

二是数字化将改变农业食品链的各个环节，实现农产品全流程可追溯，保障农产品质量安全。通过数字驱动，实现农产品流通全系统、全流程精准化管理，提高数字化水平，向消费者强调其新鲜食品的质量保障。美国沃尔玛公司使用区块链技术记录每一袋菠菜和每一棵叶用莴苣的追溯信息，以便迅速追踪污染。日本农林水产省开发了蔬菜水果、水产品可追溯系统，为果蔬产品的生产者、流通业者和消费者提供了交换信息的在线平台。马里蔬菜水果联盟为790家小规模农户和5家外销公司创建了供应链管理和追踪系统，用于跟踪、管理、支付和监督产品质量标准。

三是催生了整个农产品生产、加工、运输、仓储等全过程升级改造。传统农产品流通过程中，信息双向自由流动性较低，农业各环节互动性较差，这种负反馈式的单向交流进一步制约了农业生产，增加了农业流通成本。信息化和数字化使得信息在农产品生产、加工、运输、仓储等各环节单向流动的格局被逐步打破，农户在农业生产经营过程中应用相关技术实现微观农业生产个体的信息采集，并通过现代通信实时传输给市场和政府部门；市场和政府部门则根据汇总的微观数据信息和其他市场信息、气象信息等作出科学决策，并反馈给农业生产者，指导其进行农业生产经营；政府与市场通过购买、租赁、共建共享等方式实现彼此间的数据服务。农业各环节形成较高的跨区域、跨领域的通达性，形成信息及时回流的发展模式，进而推动要素和信息的双向流动与农业各环节的互动，从而保障了农业生产、销售和消费等各环节的稳定运行，并最终服务于农业全产业链运行效率的提升。

三、信息化推动世界农业格局调整

全球粮食体系迫切需要创新解决方案，以便应对相互关联的挑战，如确保人人享有粮食安全和营养，促进包容性增长，可持续管理自然资源。数字化可以促进互联互通、减少效率低下现象和降低信息成本，在应对这些挑战方面发挥日益重要的作用。数字技术可以产生巨大影响，提高农业生产率、可持续性和效率。数字技术提供的机遇是巨大的，且具有深远的变革意义。数字技术影响所有经济部门和整个社会，但其对农业的影响可能是具体的，并且带来经济、社会和伦理方面的挑战和风险。信息技术的发展大大加速了全球化的进程。随着互联网的发展和全球通信卫星网的建立，国家概念将受到冲击，各网络之间可以不考虑地理上的联系而重新组合在一起。随着信息革命对人类生产生活产生的影响日益加深，信息化和数字化将引发世界农业格局的调整，主要表现在以下三个方面。

一是国家农业竞争加剧，不断迭代积累农业发展优势。信息技术使得国家农业优势更加凸显，信息化、数字化具有竞争优势放大作用，善于运用信息化、数字化改造提升农业的国家，其原本传统优势或独特优势会在竞争中更加明显。国与国之间的双边农业合作更加密切，信息化、数字化使得国家之间能够更精准、更快速地定位农业合作点并找到合作对象，实现更有效的优势互补。德国的高机械化水平结合工业 4.0 理念，助力传统农业数字化转型，德国农业经营模式以中小型家庭农场为主，由于农业生产率和科学技术水平的提高，为扩大规模优势，农场被不断合并，统计数据显示，目前一个德国农民可以养活 144 个人，而在 1980 年这个数字仅为其 1/3。在 5G 开发中，中国企业在核心技术和专利标准中取得的成果领先于其他国家，中国成为全球 5G 生态建设、技术创新和 5G 商用的重要助推力量。北斗相关产品已出口 120 余个国家和地区，基于北斗的智慧港口、国土测绘等已在东盟、南亚、东欧、西亚、非洲成功应用，增强了这些国家和地区的粮食供给保障能力，提升了农业现代化水平，在发展农业、改善农民生活、实现粮食安全方面作出了重大贡献，受到当地政府和民众的赞扬和欢迎。

二是信息化、数字化使得多边农业协作、区域农业联动等更加频繁，南南合作、"一带一路"（数字丝绸之路）等国际合作框架中的农业合作，特别是时代特色明显的农业信息化合作，为推动世界农业发展做出重要贡献。无论在全球层面还是地区层面，学术界和实业界都在积极探索，如何让更多国家受益于数字经济，充分挖掘数据潜力，扩大生产，驱动创新，扩大出口。从传统丝绸之路沿线国家，到非洲、美洲等更广阔的区域；从以往较单一的合作方式，到投资、贸易、人才、技术领域的全面开花；从西安二十国集团（G20）农业部长会议上将"一带一路"倡议写入中国与联合国粮农三机构发布的联合声明，到首届"一带一路"高峰论坛上《共同推进"一带一路"建设农业合作的愿景与行动》发布，已有80余个国家与中国签署了"一带一路"农（渔）业领域合作文件，这些都为推进"一带一路"农业合作奠定了坚实基础。2002年，举行东盟与中日韩农林部长会议，会议审定了"东盟粮食安全信息系统"项目，该项目旨在建立东盟粮食安全信息系统，以促进东盟国家间的粮食信息和其他农业统计信息共享。2011年，美国国际开发署（USAID）和比尔及梅琳达·盖茨基金会共同创建了"移动农民基金"，主要用于移动通信技术在撒哈拉以南非洲农业领域的应用和推广，推动基于移动手机的农业信息和咨询服务的发展，提供增加农民收入和提高生产率的服务，推出和完善"移动农民"服务，测试和验证通过移动手机传输农业信息服务的模型，创造移动农民生态系统内的知识共享氛围等，范围涵盖埃塞俄比亚、加纳、肯尼亚、马拉维、马里、莫桑比克、尼日利亚、卢旺达、坦桑尼亚、乌干达和赞比亚等。2014年以来，通过搭建世界互联网大会这样的主场平台，以及举办中美互联网论坛、中俄网络媒体论坛、与英国、德国等欧洲国家开展网信合作、开展"一带一路"沿线国家网信合作等方式，成功搭建中国与世界互联互通的国际平台和国际互联网共享共治的中国平台。

三是全球农业治理任务迫切而艰巨。联合国粮食及农业组织（FAO）等国际组织在世界粮农治理中应该发挥更大作用。2020年粮农组织理事会第164届会议批准了由FAO主办国际数字粮食及农业平台的提案。国际数字粮食及农业平台旨在提供一个具有包容性的多方利益相关者论坛，以确定和讨论粮食和农业部门数字化的潜在利益和风险。通过对话，一是促进数字经济领域与粮食和农业领域国际及多边论坛之间的协调并缩小差距，提高对粮食和农业部门数字化问题的认识；二是向各国政府提供政策建议。上述治理机制的形成表明，全球农业数字化的广泛应用必将推动全球农业合作的深化和国际治理体系的建立。尽管发展的过程还可能漫长，但这种趋势是世界农业现代化不可或缺的条件。

第三节　世界农业信息化未来展望

从全球视野看，世界农业信息化发展呈现出以下特征。一是不平衡性，具体表现在世界各国农业信息化发展的时期、方式、速度和类型各不相同，发达国家与发展中国家的农业信息化水平差异显著、差距较大，国家不平衡、地区不平衡、技术不平衡等现象显著；二是创新性，农业信息化引领现代农业发展模式，基因育种、大田作业、畜牧养殖、机械化收获、加工储运等都离不开信息化的参与，创新引领成为信息化驱动农业发展的重要模式；三是滞后性，主要是指农业信息化与工业、医学、教育等信息化相比，仍然发展较晚，技术水平低、组织架构弱、产业模式不清晰等问题明显。

展望未来，信息技术、数字技术的快速发展势必引发更多变革，必将对农业发展带来深刻影响，农业信息化和数字化前景无限。了解世界农业信息化演进的规律、动力、方向和路径，将有助于推动世界农业信息化发展。

一、世界农业信息化演进规律

信息技术的不断突破，都是在逐渐打破信息（数据）与其他要素的紧耦合关系，增强其流动性，以此提升使用范围和价值，最终改进经济、社会的运行效率。伴随信息技术的发展进步，世界农业信息化从注重硬件投入向信息开发和新信息资源建设并重过渡，从应用单一信息技术向多种信息技术集成应用过渡，从主要推进信息服务向全面推进农业生产经营服务管理信息化过渡。世界农业信息化和数字化的演进历程和演进形态呈现有规律地发展，主要表现为三个规律特征。

一是信息技术、数字技术及其工具的成熟度越高，针对农业的适用度越高，农业信息化和数字化发展越快。信息技术具有泛在性和寄生性特点，这就决定了信息化必然要切入农业发展的各个方面和各个环节，离开了具体业务载体而谈信息化毫无意义。推进农业信息化，要与粮食安全、重大动植物疫病防控、农产品质量安全、农业机械化等相结合，必须立足农业发展基础和发展方向，必须要优先从能用信息技术手段解决的突出问题入手，既要符合信息技术发展的阶段性特征，又要符合农业发展阶段性特征。一些发达国家十分重视农业信息化基础设施建设，如法国从各国家级农业部门到各省级单位均配备了服务器等相关涉农终端硬件，建立了相关智慧型农业数据库，为农业信息化发展提供良好的软件与硬件设施。一些发达国家十分注重建立统一的技术标准体系，促进各个平台互联互通互认、共建共享共治，为农业信息化发展提供标准保障，如英国政府农业事务部门制定了一套详细具体的农业信息技术标准体系，使得农业信息化相关技术的研发与应用走向标准化。

二是利益相关主体对于在农业中应用信息技术、数字技术的意愿越理性和强烈，农业信息化和数字化发展越好。信息化是一个涉及多部门、多领域的系统工程，重视统筹推进是各国推进信息化建设的普遍经验。许多国家在推进信息化工程中政府部门都进行了强有力的引导和推动，并动员和组织各种社会力量参与建设，形成推进农业信息化的合力。一些发达国家依托自身成熟的农业推广网络，及时高效地推广普及农业信息化发展理念及其相关技术，重视利用农业协会、农民组织等社会组织促进农业信息化应用，通过高效推广普及、充分调动农民的积极性、积极鼓励与引导社会公众参与、重视人才教育培养等举措，为农业信息化发展奠定了较好的社会基础。韩国依托信息化村建设，从发展精准农业生产、进行智慧农业决策、开展农产品电子商务的角度，推动了整体农业产业的快速发展，形成了典型的信息化村整村推进模式。

三是相较于投入，农业信息化、数字化所带来的价值回馈越合理，农业信息化、数字化发展越有可持续性。发达国家的农业信息化研发应用主体往往是具有相当耕地面积的私营农场和专业化组织，农业生产具有规模化和商业化特征。为了提高农业生产效率和农产品商品化率、降低生产成本，通过市场化机制调节农业信息化研发主体投资回报，加上政府政策和资金支持，农业生产主体可以承受并愿意主动接受机械化和信息化可能带来的技术经济风险。许多国家和地区的经验表明，建立健全信息化法规和政策支持体系，维护各类主体权益、促进信息资源共建共享、为信息化健康发展提供制度保障等，对推进农业信息化发展具有重要意义。美国销售额在 50 万美元以上的大型农场都使用产品监测器等精准农业技术，技术使用率超过 85％；中小型农场（销售额在 25 万美元以下）的经营模式逐渐转化为"植物工厂"模式，采用物联网技术进行控制与诊断，通过机器人进行移栽作业，借此提高作业效率与产量。

二、世界农业信息化演进动力

世界农业信息化和数字化的不断演进，是各种动力因素交叉作用、迭代推进的结果，其中既包括内因，也包括外因，既有显性因素，也有隐性因素。

一是需求驱动。到 2050 年，全球人口预计将从 2018 年的近 76 亿人增长到超过 96 亿人，粮食需求将大幅增长。与此同时，淡水资源、生产性可耕地等自然资源的压力越来越大，从而驱动信息技术和数字技术在世界农业领域的深入应用，助力农业生产在应对全球气候变暖、人口规模增长、资源环境制约等重大挑战的同时，保障世界粮食安全。

二是主体推动。在政策、资金、技术、人力等方面支持下，政府、市场等农业利益相关方顺应信息革命、数字革命时代发展趋势，推动信息技术和数字技术在世界农业发展进程中发挥更大作用。首先，政府需要借助智慧农业增强农业竞争力进而实现产业突围，这将是推动农业信息化和数字化发展的主要推动力。各国政府高度重视智慧农业未来发展布局，并上升到国家战略层面，多措并举，支持农业增强自身竞争力。其次，市场在促进世界农业信息化和数字化方面具有重要作用。农业信息化和数字化有非常巨大的市场潜力，发挥市场机制的作用，会吸引市场参与农业信息化和数字化建设。2020 年，日本农业物联网达到 580 亿～600 亿日元规模，农业云端计算技术的运用占农业市场的 75％，农用机器人的市场规模达到 50 亿日元。

三是创新带动。科技革命必将带来信息技术和数字技术的不断突破和创新，数字经济的蓬勃发展将催生更多商业模式创新，加速农业信息化、数字化转型发展，带动世界农业信息化、数字化逐步发生从量变到质变的革命性演进。首先，农业信息网络基础设施发展迅猛，将成为带动世界农业信息化和数字化发展的新载体。其次，每一次信息技术革命都将带来农业信息化和数字化跨越发展。工业 4.0 将寻求更加理性的技术应用场景，而农业领域是最佳选择之一，颠覆性数字创新技术将迅速改变农业产业链，推动世界农业信息化和数字化发展。

三、世界农业信息化演进方向

信息技术的快速开发和广泛应用，正是当下时代变迁的决定性力量。世界范围内，工业4.0、机器人、分享经济、物联网、万物互联、5G、虚拟现实、人工智能等来自不同领域、不同层次的术语，被人们广泛地提及和应用，共同描绘人类对正在来临的万物互联、机器智能、人机一体时代的憧憬。信息化使社会各个领域发生全面而深刻的变革，它同时深刻影响物质文明和精神文明，已成为经济发展的主要牵引力。互联网"开放、平等、协作、分享"的精神与移动通信"自主、自在、自由"的特点相互结合，为人类社会奉献了脱离于时空的无缝连接，信息化使经济和文化的相互交流与渗透日益广泛。在信息化、数字化终端技术、软件技术及网络技术的共同武装下，特别是基于移动互联网"随时随地、万物皆可连接"的特性，伴随机器的自动化、智能化、网络化的不断发展，劳动者可以利用以前不能利用的时间，做以前做不到的事，跨越整个网络的协同效应将最终实现，人类社会的劳动生产率将再次得到极大提高。

一是更广泛的连接与融合，更趋多元化的服务。当感知无处不在、计算无所不在，连接就无所不在、跨界融合就无所不在，激发新技术、新模式、新业态的机遇也无所不在。信息技术、数字技术集成应用，生物技术与信息技术有机互动，农业信息化、数字化向农业农村农民信息化、数字化过渡，信息化、数字化驱动一二三产业融合发展。统筹推进线上线下农业农村发展，挖掘农业农村数据信息资源这个建设现代农业的新要素，培育信息技术这个农业供给侧结构性改革的新动力，打造互联网这个农村大众创业、万众创新的新平台，大力拓展物联网、大数据、信息服务、农村金融、分享经济等农业农村经济的新空间。非洲国家本土开发的手机应用服务逐渐由单一（如天气查询、农产品价格查询等）转为多元，服务内容和功能日趋多样化，包括了天气和气候变化、农产品产量和价格查询、线上交易、农业技术分享等，较具代表性的手机应用包括加纳的Esoko、喀麦隆的Agro-Hub、肯尼亚的M-Farm等。

二是更个性化的自动化、适度规模化与定制化。信息技术、数字技术在农业领域的应用带动农业机械化的进一步发展，继而加速实现适度规模化、自动化、少人无人化。同以往三次产业技术革命相比，第四次产业技术革命的特点是以新一代信息技术、生物技术、新材料技术、新能源技术为代表，给人类社会带来了智能化的影响，这种影响不再单纯追求规模化，而是强调个性定制、在线生产、跨界融合。比如，个体农民完全可以通过互联网为城市居民生产他们委托定制的农产品。又如在电子商务覆盖农业农村条件下，小农户所生产的产品完全不必经过中间商，可直接将产品销售给消费者。同样，小农户生产经营所需要的设备、农业生产资料等，也可在网络上直接购买。这些变化对小农走向现代化更加便利。不同应用主体形成不同智慧农业发展模式和路径，如小农户以信息技能培训、技术托管与装备共享服务、电商平台和小型智能终端应用等为主，针对种养大户、家庭农场、农业企业、合作社等新型经营主体则以提高生产效率、提升产品附加值、全产业链智能化转型等应用为主。同时，围绕不同区域的产业类型和特点，形成不同应用模式，如中国东北以规模化大田精准种植为主、东南沿海以智慧渔业与智慧物流发展为主、西南山区以智慧特色农业发展为主。

三是更深入的智慧与共生。工业经济重视对资源的独家占有，信息经济讲求对资源的使用和共享；工业经济强调价值链上下游的分工，信息经济提倡价值网络上的交互与协同；工业经济注重内部研发，信息经济推行网络众包，产业链和价值链上的各个合作伙伴及用户等利益相关者构建形成良性互动的生态体系。随着人工智能等信息技术、数字技术的不断成熟，人类对农业的认知不断完善，通过深度挖掘农业农村数据价值，农业功能将进一步拓展，农业将与人类、与大自然更好地交融共生。

四是无人农场的大规模出现。全球以信息技术为代表的智慧农业呈现较快发展态势。英国、日本、挪威、美国、澳大利亚、韩国相继在大田、设施、渔业等领域构建了无人农场，实现了农场的高效运转，大大提高了农业生产率和资源利用率。美国伊利诺伊州农场主用移动设备管理农场，2个人可以经营约520公顷田地。

四、世界农业信息化演进路径

在农业信息化和数字化演进方向的指引下，推动农业信息化和数字化高质量发展，要遵循农业信息化和数字化演进发展规律，借鉴有益实践经验，需从以下方面着手。

一是全面深入推进信息技术、数字技术在促进农业高质量发展中的应用，把握好信息技术、数字技术的先进性和适用性，既要惠及规模化农业用户，更要让小农户能够分享信息化发展成果和数字化红利。积极支持信息技术在科研过程中的应用，支持鼓励科研院所及涉农企业加快研发功能简单、操作容易、价格合理、稳定性高、维护方便的信息技术设备和产品，加快农业农村适用技术、产品和装备研发及示范推广，抓好典型示范带动。肯尼亚在科技创新助力农业发展方面对世界上不同国家都有一定的启发作用，近来他们推出了一款名为"爱牛"的手机应用，奶牛养殖户在注册个人信息后，能通过手机短信获取定制信息，奶牛养殖生育周期、疾病预防方法等信息一目了然。

二是全方位推动农业数字化转型，产业要数字化转型，部门更要数字化转型，人也要数字化转型。数字技术赋予整个技术圈、产业界无限的想象力，全面走向数字化是明显趋势，要尽快掌握新技术的核心原理和应用价值，并适时应用到数字化转型过程中，全面审视各业务环节，并通过统一的架构打通各环节之间的信息传输，建立新型的数字化业务体系，洞察数字技术背后的作用机理，并恰当地应用于组织管理变革中，搭建起利于提升组织业务效率、调动各方潜能、强化协同的新型组织形态。出台涉农数据开放的规划和指导意见，推动数据立法，完善公共数据开放制度，重视数据安全，鼓励社会化力量广泛参与数据挖掘与利用。研究制定监测评估农业农村信息化、数字化发展水平的指标体系、评估方法，组织开展全球范围内的农业农村信息化、数字化发展水平监测评估，记录世界农业农村信息化、数字化发展过程，衡量世界农业农村信息化、数字化发展水平、阶段和差异，推动世界农业农村信息化、数字化健康发展。

三是统筹培养促进农业信息化、数字化发展的人才梯队，要覆盖政府、科研、市场、应用等领域。农业信息化发展不仅需要5G、人工智能、数据中心等新型基础设施的支撑，更需要信息技术、数据科学、农业科学和装备科学的基础研究和理论突破。农业信息化未来发展的重要动力来源于农业信息技术、农艺与农机有机融合，有赖于数字技术与农业科学、资源环境科学、基因组学、农业经济和社会科学的交叉集成。只有对动植物生产与水土资源、环境之间的复杂关系和生态联系进行科学理解，才能将海量农业数据转化为知识和决策；只有与个体动植物的基因组学、微生物群等分子信息相结合，强大的机器学习、深度学习和数据挖掘技术才可能发挥重要作用，实现数据赋能农业的目标。要强化高精尖农业农村信息化复合型人才的培养，强力打造农业农村信息化从上到下过硬的工作队伍，切实加强乡村级农业农村信息化工作队伍建设，加强农民培训，提高农民信息技能，培养农民利用信息的生产生活习惯，提高农民的信息获取及应用能力。

四是多方协作，建立科学而又不失柔性的协作机制，国与国、部门与部门、政府与市场、科研团队之间等要加强协作。推进农业农村信息化标准建设，研究制定技术标准、数据标准、信息采集和加工标准、安全标准、信息服务工作标准、信息化项目管理规范等相关标准体系，建立健全相关工作制度，建立行业发展规范。

第七章 CHAPTER 7
世界农业产业融合发展 ▶▶▶

农业产业融合发展是世界现代农业的本质特征，是经济发展的必然趋势。20世纪70年代以来，以信息技术革命为代表的高新技术及其产业的发展，城乡二元结构的消融等，逐步打破了工业经济时代三大产业之间界限清晰、分立发展的产业格局，产业出现了融合化发展趋势。根据产业关联方式，可将农业与相关产业的融合发展分为纵向和横向两种类型：农业产业内部的整合型融合为纵向融合，农业与二三产业之间的交互型融合为横向融合。研究世界农业产业化融合发展及趋势，对于丰富和发展农业发展理论，指导现代农业发展实践，具有十分重要的意义。

第一节　农业多功能性及农业产业融合演变

农业功能开拓与产业融合发展是经济社会发展客观规律的反映。当前，农业的多功能性正日益充分地显现和发展，农业已经不再是简单地提供食物，而被更多地赋予了新的含义。农业多功能性的开发利用，提升了农业自身价值，增加了农民收入，巩固了农业在社会发展中的重要地位，为现代农业发展开辟了新道路。

一、农业多功能性认知及利用过程

人类很早就认识到农业具有多功能性，遍布各地的园林与皇苑就非常典型地体现出人类索取的是农业景观与休闲狩猎功能。进入现代社会后，人们开始从市场价值角度系统认识并开发利用农业的多种功能。1966年，John

W. Mellor 在《农业发展经济学》中详述了农业的食物、就业、原始资本与工业原料等功能。欧盟在 1985 年的共同农业政策改革后，明确提出不仅要确保农业的战略性、经济性、社会性等功能，还要促进农业对农村环境的保护功能。20 世纪 80 年代末，日本政府为了保护本国的稻米市场，在其"稻米文化"理念中明确提出了农业多功能性概念，即农业在确保粮食和其他农产品的供给之外，还发挥防止洪涝灾害、涵养水源、防止土壤侵蚀和水土流失、处理有机废弃物、净化空气、提供绿色景观和自然景观，以及继承传统文化等多方面的作用。1992 年联合国环境与发展会议通过的《21 世纪议程》正式采用了农业多功能性提法。1996 年世界粮食首脑会议通过的《世界粮食安全罗马宣言》和《世界粮食首脑会议行动计划》等国际性文件对农业多功能性给予承认和利用。此后，经济合作与发展组织（OECD）、世界贸易组织（WTO）、联合国粮食及农业组织（FAO）、"77 国集团＋中国"等国际组织都对农业多功能性给予关注。各国纷纷重视农业多功能性的发展，先后以政策形式出台关于本国农业多功能性的文件。至此，农业多功能价值开始在世界范围获得重视与利用。

农业的多功能性包含很多内容，主要可归结为经济、社会、政治、生态、文化五个方面。一是农业的经济功能。农业为社会提供农副产品，以价值形式表现出来的功能，是农业的基本功能。二是农业的社会功能。主要表现在对劳动就业、社会保障和社会发展方面的促进功能。三是农业的政治功能。从很大程度上讲，农业生产状况决定了社会秩序的状况，农业生产方式决定了社会组织制度的样式。农业发展的好坏直接关系到绝大多数人的切身利益，起到维护社会和政治稳定的作用。四是农业的生态功能。合理的农业生产必然伴随着土壤、水利、气候及生态环境等自然条件的良性循环，具有保护遗传资源与生物多样性、保持和改善生态平衡、净化空气、涵养水源、调节气候等协调人与自然体系的功能。五是农业的文化功能。主要表现为农业在保护文化的多样性，以及教育、休闲和提高审美等方面的功能。

农业各功能又有多个不同的子功能。农业各功能、内部各子功能之间表现出极强的关联性，各功能又共同构建了一个有机整体，表现出了各大小功能之间的多重关联性及作用的全面性和整体性。对此，必然要强调在发挥农业多功能作用时，应综合考虑各功能的关联性，以求得个体功能作用充分发挥、总体功能最大的理想效果。在对农业多功能性这一概念的运用过程中，欧盟、日本和韩国等特别强调农业在保护文化遗产、确保粮食安全、保护环境方面的重要作用，并呼吁各国和国际社会加强对农业多功能性的研究。进入 21 世纪后，全球对气候变暖、食品安全、生态环境等问题关注度上升，农业多功能性的内涵不断扩大和丰富。现在农业在营养健康、社会稳定、生态环境、乡村发展等方面的意义和作用得到了前所未有的重视。

客观认识农业的多功能性，有助于理解农业与环境、经济与社会领域之间的各种相互关系的复杂性与重要性，同时注重农业功能的外部性和公共性、多样性、整体性，通过功能作用之间的相互依赖、相互促进和相互制约的关系，使得总体功能发挥理想效果，并为不同阶段各国农业发展重点的确立、制定农业发展规划和社会发展战略等提供理论依据。农业多功能性的发挥，客观需要打破产业界限，充分利用工业、服务业和高新技术产业的技术成果、经营理念和管理模式，优化农业资源配置，拓展农业产业发展空间，在农业与相关产业交叉、融合发展中充分展现现代农业的多重功能。

二、农业专业化与融合化的界定和联系

农业专业化是社会分工和商品经济发展的结果和标志，它的产生经历了漫长的历史过程。在农耕社会，农业生产是自给半自给性的，即一个地区或一个生产单位要生产出供自己消费的全部或大部分物质资料，因而这种生产只能是全面型的。资本介入农业以后，农业中的商品经济蓬勃发展。一个地区或一个农业生产单位不再是为了直接满足自己的消费而生产，而是为了通过交换满足他人的消费，于是转变成为大规模的商品经济。与此同时，农业中的社会分工也日益发达，生产者之间越来越要求相互交换产品，农产品也就越来越多地作为交换价值来生产。社会分工越发展，商品经济越兴旺，个别地区或个别生产单位的生产内容越趋向单一，农业专业化水平越高。总的来说农业专业化主要包括三个方面，分别是地区专业化、生产单位专业化及工艺专业化。地区专业化是指某一地区专门生产某一种或某几种农产品，如某地区土壤、气候等自然条件适宜种植某种作物，就要充分利用其自然条件，以获得比较高的经济效益；生产单位专业化是指某个生产单位专门生产某种作物，如种粮专业村、养猪专业户等；工艺专业化又称分段专业化或作业专业化，是指一个生产单位完成全部生产过程的一个环节，例如专业繁育、专业育肥、专业屠宰加工

等。农业专业化能够充分利用自然、人力、物力资源，因而能够提高劳动生产率。

农业融合化是在经济全球化、高新技术迅速发展的大背景下农业提高生产率和竞争力的一种发展模式和产业组织形式。农业融合化包括农资供应、农产品生产、加工、销售及服务环节的纵向融合，以及农业引入生物技术、信息技术等高新技术产业的发展理念、技术成果和管理模式的横向融合。前者延长了农业产业链，后者拓宽了农业产业链，无论是纵向延长农业产业链还是横向拓宽农业产业链，都是一种更高形态的农业产业的空间变化。农业融合化的实质是农业生产与相关服务的流程的细化与专业化，农业融合化发生的前提是农业自身的成熟化与效率化。

农业专业化与融合化相互依赖、相互促进。当农业专业化发展到一定程度时，随着规模的扩大与效率的提高，会在已有的基础上发生自然的产业延伸与新产业形态的衍生，向农业融合化发展，农业融合化发展又会推进农业专业化发展及各个环节得到强化。在农业融合化发展上，农业生产专业化、市场化、商品化发展到一定程度时，必然引起农资供应、农产品加工销售及服务的融合。在农业产业融合中，生产、供应、加工、销售等各个环节之间既有高度专业化的分工，同时又有密切的合作，并且分工与合作的程度还在不断加强与深化。可见，农业生产专业化是农业融合化的基础，而农业融合化又推动农业专业化分工及各环节发展。

因此，农业融合化的大致过程是：农业生产力水平的提高促进了社会分工的深化，而社会分工的深化一方面促进了生产的发展，另一方面当一部分农民进入市场后，市场法则会引导其转向农业专业化。在此基础上，就会产生专业合作社和专业公司等形式的农业内部联合和农、工、贸一体化的外部联合。这两种联合相互交错、结合，形成各种农业经营载体，组成了农业产业系统经营体制。在这个意义上讲，农业融合化就是农业专业化和社会化的过程，也是农业分工深化的必然结果。以美国为例，20世纪50年代以后，美国农场大力发展"专业化分工，社会化生产"的工业生产经营方式。随着美国农业生产经营专业化水平的提高，生产部门比重逐渐下降，农业投入部门、农业加工与销售部门的比重逐渐增加，城市化率提高，最终形成了市场导向型的社会化服务体系，实现了农业融合化发展。

三、农业产业融合发展演变过程

世界农业产业融合的总体发展一般是沿着农业到农工、农商再到农工商的路径演变。它们的变化体现出农业产业结构由低向高升级的发展规律。首先，随着经济发展水平的提高，世界主要国家农业产业占国内生产总值的比重呈现持续下降的趋势；其次，在经济水平不断提升下，农业及其关联产业内部结构将会改变，农林牧渔业生产所占比重会从最高下降至最低，关联制造业比重则先升后降，关联流通业比重持续升至首位，休闲旅游业比重也呈上升态势。

世界各国农业产业融合发展与经济发展水平相一致，一般分为四个阶段。第一阶段为农业占主导阶段。在经济发展的低收入阶段，农林牧渔业是农业及其关联产业的核心，占比接近半数，关联制造业与住宿餐饮业发展水平低，工业化相对落后导致农产品加工业和服务业发展水平极低。第二阶段为加工业高速发展阶段。在中等偏下收入阶段，第一产业在该阶段下降到1/3的比重，快速的工业化带动农产品加工业高速发展，流通业中加工农产品交易不断增多，人们收入水平的提高带动相关服务业的发展。第三阶段为第三产业成为核心阶段。在经济发展的中等偏上收入阶段，该阶段农业及其关联产业中农林牧渔业占比大幅下降，产业结构转型升级，流通业与住宿餐饮业等第三产业成为农业及其关联产业发展的核心。第四阶段为纵向到横向融合拓展阶段。在经济发展的高收入阶段，技术创新推力增强，后备资金供给充足，关联流通业与休闲农业占比不断扩大，农业产业纵向融合实现高度专业化，农业产业横向融合发展使农业与非农业之间的重叠现象日益突出。

统观各国农业产业融合发展趋势，农业与各产业间的融合性不断加强，一方面体现在纵向发展上产业链不断延伸，包括生产、运输、加工、销售等各个环节间紧密相连；另一方面，数字农业、生态农业与旅游农业的快速兴起，成为推动农业产业融合发展的巨大动力。在农业产业融合发展演变过程中，推进农业的产业化经营，促进农业的接二产连三产，助力城乡融合发展，是当今世界现代农业发展的趋势与方向。

（一）发达国家的农业产业融合发展演变

目前，美国、日本、韩国、法国等发达国家已经在农业产业融合发展的道路上进行了长期实践，已进入农业产业融合发展的高水平阶段。

美国的农业产业融合主要体现在三个阶段：第一阶段是规模化农业带来的农业产业化阶段；第二阶段是农业转型成为高科技、高产出产业；第三阶段是现代科技及其智能运用向农业领域高度渗透，随着产业结构调整向产前产后延伸，进入价值链拓展阶段。美国农业主要是以农场和牧场为单位，美国是最早开展农业产业化经营的国家，起步于20世纪50年代，经过几十年的发展，生产区域化、高度专业化、经营一体化、服务社会化的产业大格局已经全面形成，其经营形式主要有三种，包括农业合同制经营、农场主合作社经营及农工商合作企业经营。美国农业纵向融合依托农业综合企业，将农业生产、工业制造、商品流通、信息服务、金融支持等产业融为一体。近年来，美国的农业产业横向融合不断发展，其农业与非农产业之间的重叠现象日益凸显，生物农业、分子农业、数字农业、精准农业、生态农业与旅游农业等新型产业形态迅速兴起，成为推动美国农业发展的巨大动力。

日本农业产业融合发展起步于20世纪90年代，日本农业专家今村奈良臣1996年率先提出了"六次产业"的概念，提出了通过农业生产、加工、销售和服务一体化发展，实现三次产业之间的互动耦合发展，形成农业全产业链和延长其经济价值链，农业产业融合成为日本现代农业发展的新兴模式，对于农业农村农民的生产生活产生了积极的促进和带动作用。日本政府为促进六次产业发展出台了相关法律政策，主要有《农山渔村第六产业发展目标》（2008）、《农工商合作促进法》（2008）、《食品、农业和农村基本计划》（2010）、《六次产业化：产地消法》（2010）、《统合第一、第二和第三产业建立农村"第六次产业"的指导方针》（2013）。2011年，水产厅成立水产业六次产业化推进团队，都道府县组建六次产业化地产地消推进委员会。通过这一系列政策的顶层设计和积极推进组织结构建设，全面促进六次产业发展。2015年，《经济财政运营和改革的基本方针2015》作为政府方针提出，推动产学官协同开放式创新模式，支援吸引多元化研究主体的平台搭建，促进民间资金导入和应用配对，强化创新性技术成果转化；2015年12月，日本农林水产省成立产学官协作协议会。2016年4月，日本"知识聚集和活用场所"启动，目标为在农林水产食品领域导入异领域知识和技术，加速创新性技术研发并致力于科研成果的商品化导向，构建新型产学协作研究体制。截至2020年5月，平台会员数达到3 430个，其中研发平台达到170个。日本"知识聚集和活用场所"弥补了产业间的交流诉求及地域间联动的可能性，是产业融合更具根本性、革命性和持久性的创新模式。

韩国农业产业融合发展经历了四个阶段。第一个阶段是 20 世纪 60—70 年代的农工并进时期，推进农工并进政策，促使生计型农业向商业型农业的转型；实行"新村运动"，其宗旨是提高农村经济活力，增加农户非农收入。第二个阶段是 20 世纪 80—90 年代，积极促进农村收入源开发，改善农村产业结构，试行《农渔村收入源开发促进法》，制定《农业、农村及食品产业基本法》，宗旨是培育农业的基础产业地位，保全农村地区的生产生活空间，促进农村地区开发，保全农村地区环境。第三个阶段是 21 世纪第一个十年，农业产业培育转换阶段，制定《促进城市与农渔村交流的相关法律》，指定"休养村"，推进体验式旅游等农村旅游业，促进城乡交流，强化传统食品和产地加工业与农业的有机联系。第四个阶段是 2010 年至今，农业"六次产业化"和"农村融复合产业化"阶段。颁布《农业产业化推进计划》，培养 1 000 个在 2017 年销售额达到 1 000 亿韩元以上的农业产业融合发展的经营主体（农业、村庄共同体、法人经营体、自营个体），为农村地区的个体农户和高龄女性每年提供 5 000 多个就业窗口，提高农户的农业外收入，增加农业农村经济增长的动力；颁布《农业、农村及食品产业发展规划》（2013—2017），以产业园区带动农业产业发展，加强对农村体验等旅游服务质量以及附加值较高的项目扶持和政策支持，支持农工商融合型先导企业的培育和服务定制，进而不断推动农村产业融合发展；颁布《农村融合复合产业培育及支援法》《2018—2022 农业、农村及食品产业发展计划》，将农村政策的价值取向由通过农业活动获取生产和生活资料转变为以人为中心，农村政策对象从农业人、农村居民转变为消费者等全体国民，农村政策方向从单纯提高农业生产率转变为促使农业、环境、餐饮的均衡发展。

法国农业实现产业融合，主要是通过农业合作社的管理模式。法国在实现农村一二三产业融合的过程中，农业合作社起到重要的作用。从 20 世纪 60 年代起，相继颁布了《农业合作社法》《合作社总章程》《农业指导法》《农业共同经营组合法》《合作社调整法》等。有数据统计，法国有 13 000 多个农业合作社，3 800 多家农业合作企业，90% 以上的农场主加入了农业合作社。法国农业合作社是农业与工业及其他产业部门紧密结合的供应链一体化生产组织形式，体现出其推动农业产业融合化发展的重要主体地位。法国有非常完善的农业信息服务平台，农业合作社可通过该平台与农业生产资料供应商、农场主、农户、批发商、零售商紧密连接起来，实现整个供应链上物流、资金流、信息流的计划与控制。法国也拥有十分发达的冷链物流网络，保证了物流环节的质量。法国乡村旅游起步于 20 世纪 70 年代，经过几十年的探索和发展，法国乡村旅游已成为仅次于蓝色旅游的第二大旅游项目。1983 年，法国成立半官方半民间的公共职业联合机构农会常设委员会，成为政府和农户之间的桥梁。1998 年，又成立推广农业旅游的中央机构农业及旅游接待服务处，并与国家青年农民中心、互助联盟等联合，建立了组织网络"欢迎莅临农村"，成为各农场的网络营销平台。农会和农业及旅游接待服务处有效地促进了乡村旅游的标准化、规范化发展。

（二）发展中国家的农业产业融合发展演变

以中国、巴西、印度及非洲部分国家为代表的发展中国家，具备一定的现代农业发展基础，农业产业融合取得了一定成绩，积累了不少经验。当然，它们中的产业融合水平参差不齐，有些国家农业产业融合水平已经达到发达国家水平，但多数国家受经济发展水平限制，农业产业融合尚处在较低水平阶段。

中国农业产业融合发展开始于 20 世纪 80 年代的乡镇企业发展；兴起于 20 世纪 90 年代农村企业推行"贸工农、产供销"一体化发展，通过公司或龙头企业系列化服务，把农户生产与国内外市场连接起来，实现农产品生产、加工、销售的紧密结合，形成各种专业性商品基地和区域性支柱产业；加速发展于 21 世纪初中国加入世界贸易组织，国家鼓励农村开展公司加农户、订单农业等多种形式，支持发展"一村一品"业态，大力推进农业产业化经营的决策，随之工商资本大量涌入农业产业化领域，各级龙头企业得到蓬勃发展；全面发展于中国政府实施乡村振兴战略，国务院专门出台《关于推进农村一二三产业融合发展的指导意见》，支持建设农业产业优势强镇、农产品加工园、国家现代农业产业园、优势特色产业集群等。2020 年，中国农产品加工业营业收入超过 23.2 万亿元，农产品加工转化率达到 67.5%，科技对农产品加工产业发展的贡献率达到 63%，建设了一批产值超 10 亿元的特色产业镇（乡）和超 1 亿元的特色产业村。截至 2020 年底，县级以上龙头企业 9 万余家，其中国家重点龙头企业 1 500 余家；返乡入乡创业创新人员达到 1 010 万人，1 900 多万名返乡留乡人员实现就地就近就业。

巴西农业产业融合发展水平较高。巴西庄园生产制度具有悠久的历史，政府通过实施土地改革计划，调整土地关系，促进农业规模经营、集约经营，培育大中型农场或农业企业进行规模化、集约化、专业化生产，各区域内将优势农产品产业做大做强，以利于获得规模效益，降低农业生产成本，形成一批有竞争力的产业带、产业链。通过农业产业化经营，实现农业产业价值最大化。巴西的农业产业融合发展通过农工联合企业和农业合作社为主体实现。农业合作社不以营利为目的，向社员提供产、供、销及市场信息一条龙服务，合作社组织从高到低可分为全国合作社组织、州合作社、组织中心合作社和基层合作社4个层次。巴西现有各类农业合作社5 500多个，涉及农牧业、消费服务、劳动、信贷、卫生等12个领域，农业专业合作社在巴西农业产业融合中起到支撑作用，在推动巴西农业产业化、现代化方面发挥了重要作用。同时，巴西实施区域专业化生产，形成农业产业集群，提升农业产业竞争力。以当地名优特等优势农产品为重点的农业产业区域化空间布局，并在相应区域内形成了农业产业集聚、集群，使巴西各个地区都能充分地发挥各自的比较优势，有利于提高农业产业效益。

印度的农业产业融合处于起步阶段。印度通过创办农工贸一体化合作社和公司带动初步实现产业纵向融合。20世纪60年代中期，印度国家合作发展公司的成立，以及农产品加工合作社的组织和发展直接促成了一体化合作社的出现。新型合作社的特点是对农产品进行加工，实现产品增值，全面参与农业生产的产前、产中和产后全过程。经过30多年的时间，农业一体化合作社在印度已经初步发展起来，它已经出现在除粮食以外的其他生产领域，如甘蔗、油菜籽、牛奶、林业、棉花、烟草等，其中尤以牛奶合作社和蔗糖合作社最为突出，并创立了属于自己的品牌。印度还使合作社的机制和发展优势与公司制度的灵活、自主及规范结合在一起，建立起了合作社形式的大型商业企业，以私营大公司为轴心，向农民、渔民、菜农、果农订购初级产品并加工销售。

目前，非洲部分国家的农业产业融合发展仍处于落后阶段，农业基础设施落后，包括灌溉设施、农村电力、交通设施等。此外，非洲部分国家农业生产要素投入不足，加工能力不强，农业与加工、运输、餐饮和旅游等各个产业间的融合程度低，造成农产品生产增值链短，产品附加值低，未形成完整的产业体系。

第二节　农业产业内融合发展

农业产业内融合发展指的是在农业产业纵向一体化融合过程中，农产品加工业发挥核心带动作用，将农业生产、销售及其他相关服务形成"一条龙"的生产过程。由于各个国家农业资源条件、经济发展程度、技术水平不同，各国农业产业内融合存在差异，形成了不同的农业产业内融合发展模式。

从世界范围来看，日韩、欧美发达国家均十分重视农产品产业链上的各个环节，使产前、产中、产后有机结合，建立起较为健全的产业化体系，且呈现出"加工企业＋农场"、企业集团一体化经营、合作社/农协、产业集群等不同带动模式。发展中国家农产品加工业发展水平则呈现出参差不齐的状态。一些国家集约化、专业化特征明显，农产品加工业的带动作用正逐步凸显；但仍然有一些发展中国家农业产业化水平低下，经营方式粗放，农产品加工水平不高，生产组织与流通组织分割，没有形成产加销产业链条，相关产业配套服务的系统化等严重不足，致使产业间的融合水平不高。

一、美国农商合作模式

（一）契约型合作

农业产业纵向融合的第一种典型模式是"农场＋企业"的契约型合作发展模式。该模式在美国等家庭农场发达地区比较常见。一般情况下，农产品加工企业或者合作社与农场主签订协议，双方利益分配机制较为完善。企业确定原料的品种、数量、价格和质量，农场主则为企业提供标准化、专用化的原料，保证原料的稳定供应。合作制组织形式下，企业与农场主之间采取合作制或股份合作制，农场主则既是原料供应商，也是企业的社员或股东。一个加工企业往往拥有上千个农场主股东，农场主销售农产品给加工企业既可以获得直接销售收入，同时按照销售量还能参与公司的利润分红。因此，农场主和企业之间普遍建立了合作关系，一般按照交易量进行数次利益分配，确保加工增值效益回馈农场主。原有的企业和农场仍保持各自的独立地位不变，合同制成为私人公司与农场结合的一种主导类型。这种合作制组织形式，能将多个农场主与加工企业组成一个利益共同体，有效调动各生产主体的生产积极性，有利于产业的稳定发展。

（二）农工商综合体紧密型一体化经营

美国的农工商综合体通过大的工商或金融资本购买或租种土地的形式进入农业，组建大规模企业，将农业生产同农业生产资料的生产、供应及农产品加工、销售统一在一个经营体内，融合为一个企业，综合体实行统一核算，形成完全垂直一体化的综合经营，形成产供销一体化的组织模式。这种方式中，大公司一般处于主导地位，在综合一体化经营的基础上，几个相互连接的生产环节被置于单一所有权下，由同一个指挥中心管理和协调，实行类似流水作业的工作程序。由于许多农工商综合体的农业生产是以家庭农场为依托的，所以也存在利益关系问题。企业与农户（农场主）的关系是共同体内部的关系，其所形成的收益，在农工商相关环节产业间或参与主体间进行分配，比较效益偏低的产业和环节（如初级产品生产环节）可以获得达到产业平均利润率的补偿或保护。这些农工商综合体十分注重产业链的打造，而不局限于某一环节的收购。其中最显著的特点是"一条龙"式的集团化运作，即从种子、化肥、种植等生产环节到物流、销售渠道等流通环节均有效参与，最终凭借资本与经验的优势，完成对上游原料、期货，中游生产加工、品牌和下游市场渠道与供应的绝对控制权，从而获取产业链上的高附加值。

二、欧洲多主体整合模式

（一）农业合作社整合家庭农场经营

欧洲地区合作社已呈现出从单一的生产环节向产前和产后延伸，逐步覆盖整个产业链的趋势，同时合作社的经营领域也从重点主导产业向各个行业拓展，几乎涉足农业的各个领域，成为发挥产业融合作用的重要载体。以法国为例，法国农业合作社已形成了完整的农业产业链一体化网络，逐渐形成了农业合作社与家庭农场之间既独立又合作的双层经营结构，实现了农工商一体化、产供销一条龙经营的模式。其中，家庭农场负责农业种植和生产，而合作社则主要负责在产前、产中提供农业生产服务，产后负责运输与销售。法国75%的农户都加入了一个以上的合作社，合作社收购了全国91%的生猪、70%的谷物、55%的牛奶和51%的葡萄酒。法国农业合作社已整合到国家农业和粮食生产各环节中，进入各种生产贸易领域，成为农业和食品工业的重要组成部分。

（二）多主体形成产业集群整合

产业集群作为一种区域经济发展的重要引擎，是集生产、加工、销售为一体的全产业链组织模式。各种农工商综合企业、农业合作社是集群的主要参与者及组织者，特别是农产品加工企业发挥了主导带动作用，形成了各具特色的农业产业集群。比较有代表性的有法国葡萄酒加工产业集群，法国政府大力扶持葡萄酒产业发展，并通过制定发展规划及相关政策，强有力推动了产业集群内葡萄种植户、葡萄酒专业合作社、葡萄酒研发机构等各主体的发展。农业产业集群作为一种新型空间组织形式，在推动产业融合过程中的作用不容忽视。

（三）大型加工企业集团整合

欧洲农业产业在纵向一体化融合进程中，专门从事农产品加工的大型企业也发挥了巨大推动作用。以法国为例，其农产品加工业已成为联结农业生产和农产品销售的关键环节。法国畜产品的80％及种植业产品的30％由食品工业部门加工，其中肉类和奶类加工行业产值占食品工业的50％左右，基本实现了从育种、养殖、屠宰、加工、流通到消费者餐桌的全过程参与。法国乳制品公司兰特黎斯集团，已成为世界第三大牛奶收集者，辐射带动的牛奶生产商不计其数。通过乳品加工与众多牛奶生产商建立了牢固的合作伙伴关系，在整个乳制品产业链的核心引领作用十分突出。芬兰最大的乳制品联合生产企业瓦利奥公司，对奶牛的饲养，原奶的收购、运输，乳制品的精加工、产品的销售和出口进行一体化经营，加工能力占芬兰牛奶加工总量的77％左右。

三、日本、韩国农工融合模式

（一）加工企业产业化经营

日本作为全球精致农业的代表，通过大力发展农产品加工业，农产品得到深度开发，农产品商品率高达95％以上，增强了传统农业的竞争优势。其经营模式主要有两种。第一种是直营型的经营模式，即农产品加工企业直接从农民手中购买或者租用土地，进行农产品加工或建立种养场，从事产业化经营。

该模式更加注重农业科技成果的转化，有利于激发加工企业的生产积极性和创新精神，使得企业在市场与农户之间发挥重要桥梁作用。第二种是委托型的经营模式，即农产品加工企业通过与农户或农场主订立契约、合同等形式，对种植或养殖的产品品种、交货时间、质量、工艺做出约定，委托其生产经营，龙头企业负责后续加工及对外销售。这种经营模式同样是以加工企业为核心，尤其是发挥龙头企业的引领带动作用，从而实现产业链各环节的联结，最终促进三产融合，协调发展。

（二）农业协会带动

日韩农协在产业融合过程中发挥了重要组织引领作用，承担了多种职能甚至一部分政府经济职能。农协以农民为构成主体，以服务农民为宗旨，不仅为农协成员提供农业生产资料供应、农业技术推广、农产品加工与销售、农村金融保险等产前、产中、产后的农业生产性服务，还为农协成员提供教育培训、医疗、保健、养老、资产管理、基础设施建设等多样性经济和社会服务。一方面，农协兼具自负盈亏的企业集团、依法成立的公法社团等多重身份，并通过民主管理、交易额分红返利、职员聘用制和干部民主选任制等制度强化成员对组织的认同感。另一方面，农协还承担了政府赋予的一部分农业政策职能，因而农协在农民中具有较强的号召力和影响力，这为三产融合发展提供了强有力的组织保障，可以避免单纯依靠经济联系产生利益纠纷和协调难题。农协作为产业一体化的重要载体和推动力量，发挥了不可替代的作用。

（三）农工产业园带动

韩国农工产业园是韩国四大产业园中的一种，20世纪80年代中期开始，韩国在农村地区大力建设农工产业园区，1984年率先在公州、南原等6个地区指定了农工园区。截至2017年，韩国有农工产业园468个，主要分布于除首都圈之外的地方市道，在促进中小企业发展、缩小城市和农村收入差距、平衡经济发展等方面发挥了积极的作用。农工产业园区由市长、郡守直接指定批准，由当地自筹财源，发展农业机械、农产品相关产业。根据韩国产业园区经营联合会网站资料，在韩国农工产业园中集聚了各类农工类企业，食品企业、机械企业、石油化工企业、电气电子企业、运输装备企业均占很大比重。

四、发展中国家农业产业内融合概况

发展中国家也开始日益重视农产品加工业关联带动作用，构建产加销一体化经营，培育龙头企业、合作社等农业产业化联合体发展，推进产业化经营和产业融合。

中国政府高度重视农业产业融合问题，在推进乡村振兴战略过程中，注意尊重农民的意愿，让农民能实实在在从产业融合发展中提高知识和能力，获得看得见的经济收益。各级政府采取支持措施的原则主要是：坚持因地制宜，分类指导，支持农民探索不同地区、不同产业融合的模式；坚持尊重农民意愿，强化利益联结，保障农民获得合理的产业链增值收益；坚持市场导向，充分发挥市场配置资源的决定性作用，更好发挥政府作用，营造良好市场环境，加快培育市场主体；坚持改革创新，打破要素瓶颈制约和体制机制障碍，激发融合发展活力；坚持农业现代化与新型城镇化相衔接，与乡村发展建设协调推进，引导农村产业集聚发展。经过多年的努力，中国各级政府的这些办法，很受广大农民欢迎，调动了农民参与农业产业融合发展的积极性和创造性。

以巴西、阿根廷等为代表的发展中国家，经济发展速度较快，农产品加工业和合作社引领作用非常突出。巴西农业以商业大农场和家庭农场为主要经营主体，中小农场纷纷加入当地合作社，形成了以农业合作社为管理载体的产业化运作模式。例如供销合作社职责在于向农民供应农业生产资料，还有农产品包装、加工、储藏、运输等各类农业服务。巴西的大型猪肉加工企业多采用"公司＋农户"的合作组织生产模式，这类集仔猪繁育、育肥、屠宰、预冷、分割、熟制品深加工为一体的综合性加工企业，生产集约化、专业化特点突出，对产业链的整合能力较强。巴西食品公司已成为全球最大的鸡肉生产企业和出口企业。阿根廷对农业产业一体化经营体系进行不断完善，当地的农业已经摆脱传统单一的生产方式，农产品生产过程中生产、加工以及流通等链条无缝隙链接，农业综合竞争力得到了明显的提升。阿根廷还重视农业产业间的关联效应，整合了以畜牧业为核心的种植业、养殖业、食品加工业产业链条，尤其是把食品业转变成为产业一体化经营的重要环节。

以北非国家为代表的发展中国家受自身基础设施、劳动力素质和农业科技水平的制约，农业产业化和产业融合进程较慢，但在技术革命和政府的大力推动下，也做了很多有益的尝试。20世纪60—80年代，北非多数国家都成立了农业合作社组织，以动员团结小农，推动农业发展。合作社向小农提供服务，小农接受国家指导帮助乃至接受管控。如埃及、苏丹围绕棉花建立起的农业合作社，实际上就是整合了原有的种植园-佃农体系而来的棉花种植合作组织，这些合作社的社员不仅能够接收到政府提供的良种贷款、农药补贴等财政支持，还能接收农业技术支持甚至是行政化的生产指令。这些合作社配合产业上游建立起的国家专卖制度和大型的国有公司，使得埃及、苏丹等国家对农业的行业管控能力大大加强。同时，北非国家还通过订单农业等模式链接农业生产与销售。在苏丹，投资棉花产业的公司也采取了订单农业方式来实现与棉农的联结，进行棉花的生产与收购管理。

第三节 农业与其他产业间融合发展

各国在关注农业经济功能如食物功能、原料功能、创汇功能、就业功能等基础上，更加关注农业的生态功能、生活功能和休闲功能等，以农业多功能为特色的都市农业、观光农业、旅游农业、康养农业等新业态在发达国家和发展中国家均得到较快发展。

一、都市农业

在城市快速发展的今天，如何统筹城乡协调发展成为焦点问题。都市农业作为一种大都市周边与间隙地带的农业发展类型，是在农村工业化和城市化发展过程中依托城市、服务城市发展起来的具有生产、生态、生活和人文等特征，为生产优质高效农产品，满足城市发展要求和居民高端需求，并为迎合大都市宜居、休闲需求，由一二三产业延伸融合形成的多功能复合型农业。

（一）德国的"市民农园"

都市农业起源于20世纪初德国的市民农园。1919年，德国制定了《市民农园法》，明确规定所有城市都有义务向市民提供市民农园。几乎所有农民都参与到合作社中，各种合作社在区域范围内成立联社，设立全国机构，代表农民在经济、法律、税收等方面的利益，实行自愿、民主的自我管理，将分散的市民农园在产、供、销和技术方面紧密地联系在一起，这使得市民农园发展更为顺畅、自由及个性化。近年来，建立市民农园的主旨转向为市民提供体验农家生活的机会。德国市民农园经久不衰的原因主要是其在不同时期体现了不同功能，主要包括提供安全食品、满足休闲娱乐需求、培训农事技能、促进文化融合、营造城市景观等，由此体现出其长期以来与时俱进的特点，满足了不同时期人们物质和精神上的不同需求，属于社会生活功能型模式。

（二）日本的"共享农场"

日本的共享式体验农场充分对接当地市场供需两端，将弃耕农地打造为都市人喜爱的蔬果地。"都市农园＋共享农场"运营模式类似中国的"开心农场"模式。日本 Ma farm 农场的都市小农园在日本已经开设了 120 多家，拥有会员 1 万多人。在都市田园农业基础上，延伸出专业农业学校、农产品直营，以及农田土地租赁平台。专业农业学校在日本多个城市设有务农技术、农业经营和蜜蜂养殖 3 个专业；农场还拥有 3 家自营的蔬菜直营店；在农园土地租赁平台内，作为一个专业的第三方为买卖双方搭建桥梁，有闲置农地的人可以上网登记自己的土地位置，想租赁土地的人可以在平台上搜索，进行交易。

（三）新加坡的"农业科技公园"

新加坡是一个城市经济国家，现代化集约的农业科技园是新加坡重点发展的农业融合模式。从 20 世纪 80 年代起，新加坡政府设立了十大高新科技农业开发区。在农业园区内，建有 50 个兼具旅游特点和提供鲜活农产品的农业旅游生态走廊，有水培蔬菜园、花卉园、热作园、鳄鱼场、海洋养殖场等，供市民观光，并相应地建有一些娱乐场所。经过多年建设，新加坡农业园区已建成为具有高附加值农产品生产与购买、农业景观观赏、园区休闲和出口创汇等功能的科技园区，成为与农业生产紧密融合、别具特色的综合性农业公园。

二、旅游农业

旅游农业是以充分开发具有旅游价值的农业资源和农产品为前提，吸引游客前来观赏、游览、品尝、休闲、体验、购物的一种新型农业经营形态。它把旅游与农业结合为一体，让游人在体验农事中享受休闲、观赏的乐趣，达到寓教于乐的目的。其主要特征是"以农促旅，以旅带农"，促进本地特色农业与旅游业的有机结合。

（一）法国的"专业化农场"

法国自 19 世纪中期以来，大力发展农业旅游产业。法国旅游农业的发展得益于多个非政府组织机构的联合，行业协会指导制定相关行业规范和质量标准，推动了以专业农场经营为供给主体的旅游农业飞速发展。法国建立的农场基本上都是专业化经营，20 世纪 80 年代初，法国就拥有了 2 万余个休闲农场。法国各个行业协会在政府政策的指导下，通过行业规范和质量标准，加强行业自律与规范管理，推动以农产品农场、点心农场、农场客栈、骑马农场、探索农场、教学农场、暂住农场、狩猎农场以及露营农场等专业农场经营为主的旅游农业快速发展。

（二）澳大利亚的"葡萄酒庄园"

葡萄酒庄园是产业协同型农业发展模式，主要适用于农业产业规模效益较为显著的地区。澳大利亚是开展旅游农业最早的国家之一，特别重视葡萄酒旅游产业的产学研紧密结合，主要依托葡萄酒庄园的生产设施、田园风光、酿造工艺、生产设备、特色美食、葡萄酒历史文化吸引游客，同时开发观光、休闲和体验等农业旅游产品，带动餐饮、住宿、购物、娱乐等产业延伸，形成战略联盟，带动相关产业发展，从而产生产业经济协同效益。澳大利亚通过成立维多利亚葡萄酒业旅游委员会、南澳大利亚葡萄酒业旅游委员会来促进葡萄酒业与旅游业协同发展，以此带动葡萄酒的加工和销售，吸纳农村剩余劳动力就业，促进农村经济发展和农民收入水平提高。

（三）中国的"农耕文化体验园"

以农村风土人情、民俗文化为旅游吸引物，充分突出农耕文化、乡土文化和民俗文化特色，开发农耕展示、时令民俗、品尝体验等旅游活动，增加乡村旅游的文化内涵，举办七届的北京农业嘉年华已经成为品牌农耕文化体验园区，通过传承古老农耕智慧，弘扬中华优秀农耕文明。打造创意农业景观、展示现代农业技术、推广农耕科普知识、开展创意农业体验等多项活动，让农业文明、乡村文化真正动起来、活起来。有效带动昌平周边延寿、兴寿、小汤山等 6 个乡镇的民俗旅游和农业产业发展，年接待游客 70 万人次以上，周边各草莓采摘园年接待游客 256 万人次，直接带来的农产品销售收入、旅游收入均超过亿元。

三、休闲农业

随着工业化、城市化加速，农村劳动力严重外流，农地抛荒和非农用现象普遍，城乡差距日益扩大。为扭转农业农村衰退的不利局面，以释放农业农村多种功能为契机，日本、韩国等国利用乡村自然生态、淳朴民风、适于休养等特点，开展了观光农园、农家乐、康养小镇、田园综合体等形式的休闲农业。

（一）日本的"田园综合体"

在日本，乡村旅游已经逐渐发展为集度假、休闲、观光、体验、教育等功能为一体的复合型旅游产品。政府通过给予贷款、贴息等激励措施，逐渐实现绿色观光农业园区生产手段设施化、智能化和生产经营管理网络化发展。日本田园综合体依托景观资源、优质空气、特色农事、生态饮食、农耕文化进行开发。著名的熊本县阿苏农场，位于火山脚下，依托温泉、作物种植等优势，打造了理疗养生主题项目，疗养、住宿、体验、饮食、商业明确分区，各个区域承担着不同服务功能，经营品类多样。

（二）韩国的"观光农园"

韩国于 20 世纪 70 年代开展了"新村运动"。"新村运动"使韩国农村发生了巨大变化，特别是使农村硬件环境得到大幅改善，农村观光已具备基本条件。1984 年，韩国农林畜产食品部以"农村观光休养资源开发"项目的形式出台了促进观光农业园、民宿村庄、周末农业园等发展的政策措施。农林部为每个观光农业园提供 4.5 亿韩元融资支持，韩国共有 491 个观光农业园接受这项资助。韩国政府 2002 年以来又出台一系列促进农村观光政策措施，政策重点转向支持以村庄为单位的农村观光。韩国政府通过公开招标方式，评选符合条件的村庄，予以资金支持。此外，政策主管部门不再局限于农林畜产食品部一家单位，行政安全部、农村振兴厅、山林厅、文化体育观光部等多个部门机构均通过各种项目形式来促进以村庄为单位的农村观光发展。

（三）荷兰的"特色小镇"

欧洲在经过工业化和城镇化之后，由于城市、产业和社会各方面的发展需求，逐渐形成了形态各异、主题鲜明的特色小镇。荷兰打造出以各种花卉为主题的特色小镇，举办花卉盛宴、花卉活动，每年都吸引众多海内外人士前去观赏。比如荷兰著名的库肯霍夫公园，除了郁金香主题之外，还会定期举办园艺与插花等工作坊、游园活动、蔬菜花园、沙滩花园、探险之旅、花园迷宫、鲜花拍卖等不同主题活动，从多个方面、不同角度展现典型的荷兰乡村风情，带动住宿、餐饮等周边产业发展。荷兰最美的田园小镇羊角村，被誉为"绿色威尼斯"，具有原始的生态条件，没有汽车，没有公路，只有纵横密布的河网和176座连接各户人家的小木桥，整个乡村就是一个公园田园社区。

第四节　世界农业产业融合发展趋势

一、农业内部整合性融合

农业内部整合性融合指在充分发挥传统农业基本功能的基础上，注重水土涵养、环境保护、资源节约，同时结合生物链的基本原理，将农业内部各自分立的种植业、畜牧业、水产养殖业等各个产业紧密联系起来，构建一种上下游之间的有机关联。整合农业资源，发展现代种养模式，形成节约农业资源，保护生态环境的物质流动方式，是农业可持续发展的内在要求。根据产业间关联方式的不同，农业内部整合性融合分为四种模式。一是贸工农、产加销一体化。通常以大型企业或者合作社、农协等为主体，生产经营由上游延伸至农产品生产、加工、流通、销售、服务各个领域。很多农业产业化企业都采取这种模式，例如美国农工商综合企业，形成紧密型完全垂直一体化经营。二是主体间分工合作模式。以企业、合作社为主体，通过订单、统购统销、股份合作等利益联结机制，形成"农户＋企业""农户＋合作社""农户＋合作社＋企业""农户＋合作社＋基地"等形式，将一二三产业紧密结合，如美国、日本、英国、法国等国家，都建立了完整的订单农业制度。三是区域间产业集聚模式。特定地区资源禀赋、产业特色和发展方向一致，产业间及产业组织在特定区域集聚，形成集群化、网络化发展格局，如法国葡萄酒加工产业集群、韩国农工产业园等。四是循环农业模式。在种植养殖等农业产业间，以及农业与加工业之间，依据生物链而形成上下游的有机衔接，如日本爱东町地区油菜籽—油渣—有机肥料或饲料的循环农业等。

二、功能拓展的产业间融合

充分发挥农业所具备的多功能性，在农业生产经营活动中利用"农业＋"模式，与文化、教育、旅游、康养等产业相融合，结合农业农村的自然资源，实现产业交互型的融合。从农业多功能性看至少有以下几种融合方式。一是农业与城市融合的都市农业。通过在城市及周边建立市民农园、农业主题公园、城市森林、生态公园等，发挥农业生态保障功能。二是农业与旅游融合的旅游农业。主要以专业农场、特色庄园等为形式，通过农业产业延伸带动上下游相关产业发展，产生产业间协同效益，发挥农业旅游、度假、创汇等功能。三是农业与村落融合的休闲农业，或称观光农业、康养农业。主要以农民合作社、家庭农场、种养专业户、龙头企业等新型农业经营主体为主要载体，以自然村落、特色片区、优势资源为开发单元，让农民充分参与和受益，集循环农业、创意农业、田园社区等要素于一体，发挥农业开发振兴农村的经济功能。

三、农业与新技术渗透性融合

当前，高新技术的迅猛发展对经济社会各方面和传统产业发展的影响越来越广泛和深刻。生物技术、材料技术、信息技术、数字技术、航天技术等诸多高新技术加速对传统农业的介入、渗透，从而导致传统农业生产方式发生变革。一是与信息技术融合的数字农业、精确农业。信息技术主要包括以卫星遥感技术、地理信息系统技术和全球定位系统为核心的现代空间信息处理技术，以及模拟模型技术、虚拟现实技术、人工智能技术、多媒体技术、计算机网络技术等。在当前的农业发展实践中，信息农业最新的典型形态是数字农业和精准农业，在以色列、日本等农业自然条件不够优越的发达国家发展得尤为迅速。二是与生物技术融合的生物农业、生态农业。农业生物技术是以农业生物为主要改造对象，以农业应用为目的，以基因工程、细胞工程、发酵工程、蛋白质工程、酶工程等现代生物技术为主体的综合性技术体系。生物技术在农业领域的渗透主要表现为应用生物技术进行生物育种，生产生物能源和生物医药等生物产品，由此形成了涵盖生物育种、生物能源、生物饲料、生物疫苗和制剂等领域在内的生物农业。生物农业的典型形态主要有生物种业、生态农业或能源农业和医药农业。三是与航天技术融合的航天农业、太空农业。现代航空航天技术在农业领域的应用，改善了农业种质资源，开辟了农业发展的新地理空间，形成了农业新形态——航天农业。航天农业是人类继地球农业、海洋农业之后，利用太空资源开拓的农业发展新领域，大大扩展了农业发展的地理空间范围。在美国、日本、法国等国家，逐步形成了科学研究的新领域——太空农业，并已取得了一定的研究成果。

第八章 CHAPTER 8
世界农业标准化、品牌化及质量安全 ▶▶▶

　　农业标准化是以保证农产品质量安全、保护生态环境和提高劳动生产率等为主要目标，以区域特色农业资源为依托，以市场为导向，对农业生产服务活动建立健全规范化的工艺流程和数字化衡量标准的活动。农业品牌化则是经营者通过取得相关质量认证，取得相应的商标权，达到农业生产标准化、经营产业化、产品市场化和服务社会化，从而延伸农业产业链并获取较高经济效益的行为。农业标准化与品牌化之间具有紧密联系，其共同目标都是提升农产品质量和安全性，进而更加有序高效地推进农业生产生活方式绿色转型，实现高水平的农业现代化。

第一节　世界农业标准化和品牌化发展特征与态势

　　农业标准化、品牌化是衡量农业现代化程度的重要内容。鉴于世界农业发展的复杂状况，研究世界农业标准化、品牌化，应首先对其发展特征及其态势做出判断。

一、世界农业标准化和品牌化的特征与功能作用

　　标准化、品牌化对促进世界农业发展产生了积极作用。随着世界经济全球化的日益广泛和深入，推进世界农业标准化、品牌化建设具有重要现实和历史意义。

　　（一）世界农业标准化和品牌化特征

1. 世界农业标准化的基本特征

　　（1）具备完整的体系框架。一般而言，世界农业标准化体系包括国际组织

及各国政府层面的法律法规体系、行业层面的农业生产和服务标准体系、信息层面的信息管理与推广应用体系、监管层面的监测监督体系以及认证层面的农产品质量安全认证体系。农业标准化体系的运行不仅需要涉及产前、产中、产后全过程的农业标准体系，还需要其他保障体系来辅助完成。各方面相辅相成，共同构成世界农业标准体系的基础框架。

（2）各国保障制度差异显著。强有力的保障及配套措施，是农业标准化体系得以有效运行和实施的前提和基础。由于农业生产技术、生产条件以及农业标准化发展路径的不同，发达国家与发展中国家在农业标准化实施保障制度上存在较大差异。当前，大多数发达国家对农业标准的制定发布、农产品质量检测、农产品监督管理和认证认可等，都有比较完善的管理模式，形成了严格的标准实施保障体系。在法律法规的建设方面，发达国家为使各类农业标准得以推广实施并取得明显成效，制定了各种法律法规，特别是制定了与之对应的技术规范来约束有关政府机构、民间组织以及各类生产经营者的行为。而大多数发展中国家农业生产力相对较低，农业标准化尚处于起步阶段，相应的农业标准化体系及其保障制度还不完善，构建完整的农业标准体系及其配套制度还有很长的路要走。

（3）作用对象复杂多样。农业标准化的作用对象不仅包括种植业、养殖业中各类农业相关产品，还包括与农业生产、管理相配套的农业服务；不仅要有定性标准，还要从需求出发创立定量标准。世界范围内各国农业生产条件和自然资源具有不同的特性，相应的农业生产技术及其配套的农业经营管理服务也各有差异。通过农业标准化寻求世界范围内农业的合理统一，保证作用对象的有序多样化将是未来世界农业的一项重要任务。

2. 世界农业品牌化的基本特征

（1）政府给予支持与管理。政府在品牌战略的不同环节、不同层次以及不同发展阶段承担的角色、履行的职能都有所不同，但基本都在品牌发展战略的制定及实施中发挥了重要作用。政府将品牌战略作为参与全球农业竞争的国家战略，为农业发展创造空间，建立农产品品牌文化，并通过国际交流推向国际市场。此外，政府结合农业标准化建设与农产品品牌战略，根据传统文化和地方资源，积极推动农产品品牌认证制度建设，制定产品认证体系，具代表性的如法国的原产地命名控制（AOC）认证体系。

（2）推动品牌农业文化建设。围绕农业产业生产特点、自身优势及发展理念，创造农业品牌文化，并使之与农业生产、经营管理各个环节主体的核心价值相衔接，讲好农业品牌故事，以保证产品品质与品牌形象提升，最终实现对各类品牌形象的统辖，形成统一的国家农业品牌形象。

（3）以市场需求为导向，开展标准化和适度规模化经营。规模化是基础，标准化是保证。没有规模化，农业产业难以商品化；没有标准化，产品品质难以稳定，无法保证客户体验，从而不利于品牌形象的确立。世界农业品牌化均以农产品为核心，坚持高端、高质量定位，对高品质原料进行精加工，建立健全品牌规划，实行规模化与品质化生产，充分利用资源，增加综合收益。

（二）世界农业标准化和品牌化发展的逻辑关系

1. 农业标准化的功能作用

（1）农业标准化是现代农业的基础。农业标准化已经成为现代农业的重要内容和显著标志之一。农业标准化的基础是农业标准和技术规范，因此农业标准化工作能保证农业技术的顺利引进与应用，有助于科学技术的革新，有利于农业科技推广与进步，能将科技成果转化为现实生产力。同时，农业标准对产品质量安全与环境保护的要求，能相应地改善产地环境，保证农业可持续发展，推动农业和农村经济发展结构调整，从而进一步实现农业现代化。

（2）农业标准化是农业产业化的重要推动力。农业产业化的实施离不开农业标准化。随着农业生产发展的社会化、规模化，农业生产的协作越加重要，农业标准化对于农业产业化生产和管理起到协调与连接作用，是农业产业化发展的必要条件。农业标准化能促进农业产业链的有效衔接与延伸，降低农产品交易成本、生产组织过程中的成本，降低市场风险等。

（3）农业标准化是增强农产品竞争力的有效手段。农业标准化以标准和技术规范作为工作基础，通过制定和实施符合实际的先进、合理、可行的农业标准，能有效地保证农产品质量的普遍提高，为培育优质品牌农产品提供支撑。农业标准化是优质农产品占领市场的重要手段和保护市场的重要技术措施，是突破农产品国际贸易技术壁垒的利器，同时也是农产品国际贸易中签署合同和仲裁的重要依据。

（4）农业标准化与数字化相结合。随着技术进步与创新步伐不断加快，世界主要农业发达国家都将数字农业作为国家战略重点和优先发展方向，将"互联网＋"、大数据、遥感、人工智能等现代信息技术广泛应用于农业发展全过程，构筑新一轮产业革命新优势，深刻改变了人们的生产和生活方式。数据驱动将成为农业全程标准化体系建设的关键所在，未来所有的农业产业单元都将拥有定制化的数据供应系统，无论是建立生产记录台账制度，还是实施农产品质量全程控制，都是建立在数据供应定制化和数据模型国产化基础上的，亟须搭建农业信息资源集成的数字农业平台。在农业数字化快速发展的过程中，农业标准化发展必须突出数字化导向，加强农业实验数据监测，精确表达，形成数字标准、变化阈值，为智能农业、精准农业、生态农业提供标准支撑。

2. 农业品牌化的功能作用

（1）农业品牌化使资源高效率配置。目前，国际农业市场环境已从以价格为主导的竞争转变为以品牌为主导的竞争。一旦农产品品牌被市场认可，其农产品价格刚性增强，农业附加值增加，为农民收入增加和地方经济振兴提供有力保障。一个国家地区的品牌建设状况就能反映该国农业发展的水平和农业发展战略。

（2）农业品牌化推动工业化与城市化发展。就世界范围看，农产品品牌发展，离不开宏观经济环境的工业化和城市化这两个鲜明特征。工业化使品牌发展拥有市场需求，提高了劳动生产率；城市化使品牌发展拥有庞大而集中的消费人群和户外广告的丰沃土壤。通过工业化与城市化发展，建立货畅其流的高效农产品市场体系，实现农业生产者与市场的有效对接，为农产品品牌发展提供强大的动力支持。

（3）农业品牌化促进政府完善农业信息服务体系。政府通过财政、金融、科技、贸易政策及措施，促进品牌产业，支持品牌企业，扩大品牌贸易。完善的农业信息服务，便于农民把生产和销售与市场紧密联系起来，使农业生产率得到很大的提高，为农产品品牌化注入强大的活力。

3. 世界农业标准化和品牌化发展的逻辑关系

（1）农业标准化是保持农业品牌竞争力的根本。农业品牌化的核心竞争力是农产品质量，而农业标准化则是农产品质量的重要保障。通过农业标准化，强化农业生产各环节的质量安全控制能有效保持农产品品质的稳定性，使得农业品牌能立足于市场。法国的"红色标签"就是反映农业标准化对农业品牌化影响的典范，"红色标签"是指法国农业部颁发的生态食品特种标签，为了持续保持加贴"红色标签"农产品的品质标准，法国农业部不定期颁布技术说明细则，周期性调整"红色标签"产品规定的内容，促使相应农产品的生产工艺标准不断完善，消费者更愿意从同等价位、同等标准的产品中选择"红色标签"农产品，超前的标准成就了其领先的市场地位与巨大的品牌价值。

（2）农业品牌化倒逼和助推农业标准化发展。农业品牌建设贯穿农业全产业链，是助推农业转型升级、提质增效的重要支撑和持久动力。对农产品而言，品牌化建设能够帮助消费者建立起对农产品的认知，并持续扩大品牌的客户群体，进而进一步完善相关的农业标准，这也是实现农业产品长远发展的关键。目前农业品牌建设主要以地域为单位，在挖掘地域特征的基础上，有针对性地带动农业标准建设。

二、世界农业标准化的发展态势

（一）农业标准化的发展历史

近现代的标准化起源于工业，农业标准化是在遵循工业标准化路径的基础上作用于农业生产实践中产生并逐渐发展的。起初，农业标准化在国际上未形成系统的理论研究框架，未形成统一的定义，发达国家通常用有机农业等专业名词来表示农业标准化相似的概念，而农业标准化相关的工作也多以农产品质量安全管理为基础，包括农产品质量安全相关标准的制定、修订及宣传、农产品质量安全管理控制等。之后，随着全球化和区域经济一体化的发展，农业相关的贸易、各国间农产品进出口逐渐增多，国际农业标准化相关的合作也日渐增多，区域性的农业标准化国际组织及机构随之诞生，对于推动国际农业标准化具有重大意义。1947年，国际标准化组织（ISO）成立，下设农产食品技术委员会（ISO/TC34）主管农产食品类国际标准的制定、修订工作。1961年2月FAO总干事B. R. 森与世界卫生组织（WHO）、联合国欧洲经济委员会（ECE）、经济合作与发展组织（OECD）以及欧洲食品法典理事会积极开展讨论，设立国际食品标准计划，1961年6月上报FAO理事会第三十五届会议，同年11月第十一届FAO大会决议通过，成立国际食品法典委员会（CAC）。由CAC依据FAO和WHO通过的《食品法典委员会章程》制定的一系列国际标准，即为国际食品经典标准，简称CAC标准。其目的在于实现食品安全和营养等公共健康目标、保护消费者健康和确保食品贸易公平。其内容包含农药残留、食品添加剂、兽药残留、卫生标准、食品污染物、分析与采样方法、标签与认证体系等方面标准，是食品标准领域最为重要的国际参照体系。在食品质量安全领域，世界贸易组织的《卫生及植物检疫措施协定》（SPS 协定）和《技术性贸易壁垒协定》（TBT 协定）依照的就是国际食品法典标准。在农业现代化的进程中，世界各国经历了不同的农业标准化发展路径。发达国家凭借其先进的科学技术和农业生产水平逐渐形成了贯穿农业生产各个环节、全产业链的农业标准化体系，发展中国家则开始为了发展现代农业着力加强农业标准化工作。现今，随着农业新技术和信息化的发展，国际农业市场深度融合，传统农业正快速转向现代农业，农业标准化有了更深刻的内涵，也不再局限于农产品质量安全。

（二）农业标准化的发展现状

1. 农业标准化的市场导向性明显

发达国家凭借其先进的农业生产技术及经验，较早地发展农业标准化，发展中国家也紧随其后开展农业标准化相关工作以发展现代农业。当前，世界范围内的农业标准化工作主要依靠农业市场来推动。各国农业标准的制定、实施、推广更多地表现为满足市场对农产品多样性、优质性和安全性的需求，农业标准化的发展路径更多地表现为市场导向型。美国在农业标准化建设和发展过程中，始终围绕农产品生产、加工、贸易活动开展农业标准制定、修订工作，以市场为导向服务农产品的出口，满足消费者需求。日本农业标准化包括农产品加工工艺和加工过程标准化，也是由市场需求决定的。

农业标准化参与主体的多元化也是当前世界农业标准化、市场化趋向的共性。大部分国家在农业标准制定、修订时会注重公众的参与，重视民间团体的作用，对民间团体制定的标准予以认可并作为标准加以执行。法国的标准化协会、日本的农业协会等民间组织已经成为农业标准体系的重要组成部分，参与各类农业标准化工作。

2. 农业标准化的合法性加强

法律法规是标准制定、实施的有效依据及保障，标准的制定、修订需要以法律为基础。当前，世界范围内的农业标准是与相关的法律法规统一运作的，这赋予了农业标准较强的法律内涵，也给予其相应的法律保证。美国农业标准化工作的开展主要依赖于《农业营销法》《联邦谷物标准法》《联邦种子法》和

《联邦食品药物化妆品法》四部法律。农业相关标准法规嵌套于法律法规体系之中，其制定、发布、实施均是强制性的，受法律保护和约束。在日本，任何在市场上销售的农林产品及其加工品（包括食品）都必须接受日本有机农业标准（JAS）制度的监管，遵守JAS制度的管理规定，按照标准进行认证，符合有关标准并得到认证的农产品才能进入市场，且市场价格也较高，否则不能进入市场或价格较低。

3. 农业标准化的国际化趋势渐显

在农业标准制定上，世界各国日渐注重标准的国际化和国际接轨，国际农业标准和农产品认证互认与合作也逐渐增多。与过去不同，现今世界各国为提升农业标准的国际话语权，正积极参与国际标准制定、修订工作，一些国家对于高进口率以及无标准的农产品，优先采用先进的国际标准。中国是国际食品法典农药残留委员会和添加剂委员会的主席国，积极与世界各国共同推动国际食品标准制修订工作。同时，国际合作的日益增多也是农业标准化工作国际化的重要表现，其中又以发达国家对发展相对落后国家的农业标准化技术援助与合作为典型。

（三）农业标准化的发展趋势

1. 农业标准化的内涵更加丰富

随着全球化和农业现代化的发展，先进的农业生产技术及区域性的农产品得以在世界范围内传播与流通，新的农业生产模式也接连涌现，如德国的观光农业，日本的精准农业以及其他国家的绿色农业、立体农业、休闲农业、订单农业等。世界范围内农业的发展面临着深刻的变革。现代农业不再局限于传统的种植业、养殖业，而是融入了农产品加工、农业社会化服务等二三产业的要素。因而，农业标准化协调及规范的对象也将进一步拓展到农业产业融合及新兴的农业生产经营模式上。

2. 各国农业标准逐渐趋同

农业国际标准是农业国际贸易的有力依据，有助于突破国际贸易壁垒，推动建立有序的市场秩序。因而，推动自身农业标准与国际标准接轨，参与国际规则与标准的制定，是当下世界各国、各地区标准化发展战略的重要目标之一。

三、世界农业品牌化的发展态势

(一) 农业品牌化的发展历史

农业品牌化的雏形，源于农产品质量安全认证体系，包括产品认证和体系认证，始于 20 世纪初美国开展的农作物种子认证，并以有机食品的产品认证为代表。到 20 世纪中叶，随着食品生产传统方式的逐步退出，新食品的出现和工业化比重的增加，国际贸易的日益发展，食品安全风险程度的增加，发达国家相继引入"从农田到餐桌"的过程管理理念，危害分析及关键控制点 (HACCP)、良好农业规范 (GAP)、良好生产规范 (GMP) 等全程质量安全控制的体系认证应运而生。

1. 起源阶段

20 世纪 20—70 年代是有机农业的萌芽阶段。有机农业在可行范围内尽量依靠作物轮作、秸秆、牲畜粪肥、豆科作物、绿肥、场外有机废料、含有矿物养分的矿石等维持养分平衡，利用生物、物理措施防治病虫害。有机农业思想经过长时间的积累和演化，从 20 世纪 60 年代开始受到发达国家政府的重视，部分农民在政府的引导下将传统农业向有机农业过渡。在该阶段内，有机农业的实践者和引导者自发建立了大量的机构和团体，其中，1972 年在欧洲成立的国际有机农业运动联盟 (IFOAM) 是影响力较大的全球性非政府组织，提出了有机农业发展的四项基本原则，即健康原则、生态原则、公平原则和关爱原则。IFOAM 的成立，推动了有机农业在世界范围内的快速发展，是有机农业发展的一个重要里程碑。有机农产品则是有机农业的产物。

2. 成长和发展阶段

1997 年，欧洲零售商农产品工作组 (EUREP) 在零售商倡导下，提出了主要针对生产初级农产品的种植业和养殖业，对两者分别制定和执行各自的操作规范，鼓励减少农用化学品和药品的使用，关注动物福利、环境保护及工人健康、安全和福利，保证初级农产品生产安全的一套规范体系，被称为良好农业规范 (GAP)。2007 年，欧盟对其 GAP 进行更新，并将"欧盟良好农业规范"更名为"全球良好农业规范"(Global GAP)，成为各国制定 GAP 的全球标准。目前，全世界已经有超过 110 个国家的大约 15 万家的大型农场和企业获得 Global GAP 认证，并与世界其他多个国家和地区的 GAP 实现了互认，拓宽了其适用范围。

3. 成熟和兴盛阶段

Global GAP 是目前世界上最完整、最翔实、最严格、最权威的 GAP 体系，具有较强的可操作性，从技术角度来说，Global GAP 是一系列适合国际认证及法规认可的标准文件，具有极其重要的意义。众多国家在借鉴 Global GAP 的基础上，纷纷制定了符合各国国情的 GAP，其目的是严格监管初级农产品的微生物含量，既包括未经深加工而直接出售给消费者的水果和蔬菜，还包括家庭农场中果蔬的种植、清理、加工、仓储等过程。实施 GAP 国家标准也是深入开展农业标准化建设，全面提高农业综合生产能力的有效途径。目前，欧盟、美国、中国、日本等都在推行 GAP 管理体系，FAO 也积极向其他国家推荐 GAP 管理体系。众多实践证明，在农产品生产中推广 GAP 是转变传统农业生产方式，加快生产管理的规范化与标准化，促进农业增效、农民增收的卓有成效的措施。同时，对食品安全，尤其是微生物的危害具有极大的改善作用。

（二）农业品牌化的发展现状

目前，世界范围内大部分国家对于农业质量安全发展已经上升到国家战略高度，国际农业大国均建立了一系列制度，出台了很多法律法规，以加强农产品质量安全，为此必须重视农产品质量认证，加强农产品品牌建设，从而提高农产品国际市场占有率，加强农产品国际竞争力。

当前国际推行的农产品质量认证体系主要有四种，如表 8-1 所示。

表 8-1　国际主要推行的农产品质量认证体系

体系	含义	特点
有机食品 （organic food）	有机食品是指来自有机农业生产体系，根据有机农业要求和相应的标准生产、加工和销售，并通过合法的、独立的有机认证机构认证的产品	涵盖一般农作物产品（如粮食、油料、蔬菜、水果、茶叶、咖啡等）、有机食用菌产品、有机禽畜产品（如肉类、蛋奶制品等）、有机蜂产品、酒类、采集的野生产品以及以上述产品为原料的加工产品
危害分析和关键控制点（HACCP）	HACCP 是一种合理、科学、系统的危害评估、识别和控制方法，用于食品安全危害控制和预防	可将食品安全危害的风险降低到最低或可接受的水平；预测和防止在生产和加工过程中影响食品安全的危害并减少产品损坏；将安全控制的重点从传统的最终产品检验变为对加工过程和原材料质量的控制

194

（续）

体　系	含　义	特　点
良好生产规范（GMP）	GMP 是食品企业在原辅材料采购、生产加工、包装及储运等过程中，关于人员、建筑、设施、设备的设置，以及卫生、生产过程、产品品质等管理应达到的条件和要求	对食品生产过程中的各个环节、各个方面实行严格监控；GMP 重点在成品出厂前的整个生产过程的各个环节上，而不仅仅是着眼于最终产品上
良好农业规范（GAP）	GAP 是一套针对农产品生产（包括作物种植和动物养殖等）的操作标准，良好农业规范认证关注农产品种植、养殖、采收、清洗、包装、储藏和运输过程中有害物质和有害生物的控制及其保障能力，保障农产品质量安全，同时还关注生态环境、动物福利、职业健康等方面的保障能力	GAP 以 HACCP、良好卫生规范、可持续发展农业和持续改良农场体系为基础；避免在农产品生产过程中受到外来物质的严重污染和农事过程不当操作带来的产品危害

（三）农业品牌化的发展趋势

农产品品牌已成为现代农业竞争力的重要衡量指标，贯穿于农业全产业链。农业品牌化是农业产业发展的必由之路，品牌化需要大数据来驱动。在大数据环境下，要塑造农业品牌、促使农业产业升级，需要构建农业品牌信息数据集。随着精准农业、智慧农业、物联网和云计算的快速发展要求，大数据已经成为一种新兴的战略资源，农业数据呈现出爆炸式的增长。

同时，"互联网＋"模式为农业发展提供了前所未有的战略机遇。农业互联网将从消费端开始，逐步倒逼上游，改变落后的流通方式和产业组织方式。农业互联网在运行中会产生积累海量数据，这些数据为"大数据＋农业"奠定了基础。农业大数据不但会进一步完善农业互联网，还会产生许多意想不到的成果，促使尽快实现农业现代化。农业现代化需要农业品牌的支撑，在大数据环境下，要打造现代化农业品牌必须首先构建标准数据集、生产数据集、生态数据集、市场数据集，在这些数据集的基础上形成"基于用户—吸引的农产品预售""基于问题解决的线上到线下（O2O）＋反向顾客对企业电子商务（C2B）""基于内容合作的农产品众筹""基于用户—体验的 O2O＋消费者对工厂（C2F）＋会员制新型农场"四种信息数据模型。只有这样，才能给出很好的信息服务，构建农业品牌，为现代化农业实现品牌化插上腾飞的翅膀。

品牌农业与现代农业，是同一个事物从不同的角度切入所产生的不同的解答。在宏观战略上，以政策鼓励与资金扶持为手段推进农业产业现代化。如果从市场的角度研究现代农业，从食品企业和农业产业化经营的角度切入现代农业，现代农业的所有工作可以聚焦为一点，这就是品牌农业。因此，品牌农业与现代农业一脉相承。开展品牌化建设，实现由资源要素驱动向以品牌引领发展，已是所有农业人共同关注的话题。品牌是重要的无形资产，品牌化是农业市场化与产业化进程中的一种必然。作为农业现代化的核心标志，农业品牌化是农业产业转型升级不可逾越的选择。

第二节　世界农业标准化和品牌化
与质量安全关系演化

保证农产品质量安全是对农业生产、流通、消费的根本要求，人类为此进行了长期不懈地探索。进入现代社会后，人们才开始逐渐认识标准、品牌与农业质量安全的关系，并在农业标准化品牌化建设、保障农产品质量安全上开展了卓有成效的工作。

一、农业标准化和品牌化对质量安全的关键作用

在现代经济社会，标准、品牌与质量是密不可分的。农业标准是衡量农产品质量安全的依据，农业品牌首先代表着产品的安全优质特性，农业标准化和品牌化是质量安全的基本保证。

（一）农业标准化是保障质量安全的有效手段

没有标准就没有质量，没有高标准就没有高质量，保障质量安全应首先实施标准化。以种子标准化为例，种子是农业生产的起点，是质量的内在因素，种子质量标准化是农业标准化的一项重要内容，是取得农业高产优质高效的根本保证。

1. 完善的农业标准体系保证农业生产的质量安全

从发达国家的农业现状和发展进程可以看出，农产品已成为出口创汇的重要来源。要生产大量且安全的农产品，主要是靠在育种、栽培（养殖）、收获处理及加工等方面实现标准化。另外还可用标准化手段约束进口产品，提升整体质量安全水平。保障质量安全，一方面靠投入，另一方面就要靠标准化这一科学管理手段。无论是劳动力投入、资金投入，还是技术投入，要想达到预期

效果，就要采用科学的管理手段，这个手段也只能是通过完善的农业标准体系实现标准化。

农业标准体系中标准数量多，涉及面广，可以涵盖产前、产中、产后各个环节，包括产地环境、GAP、农产品质量安全、卫生防疫检验、农产品流通、检验检测方法、投入品、设施建设、机械器具等各个方面的标准。首先是产前标准，包括新品种选育及种子质量标准、产地环境标准、设施建设标准等；其次是产中标准，包括农业投入品标准、GAP 等；最后是产后标准，包括等级规格标准、包装标识标准、流通消费标准等。标准化全过程的覆盖保证了农业生产各个环节的质量安全。

2. 严格的认证认可合格评定程序保障现代农业质量安全

除了完善的农业标准体系，严格的认证认可合格评定程序也是保障现代农业质量安全的有效手段。发达国家为了健全农业标准化体系和提高农产品质量安全水平，纷纷建立了围绕认证认可为中心的合格评定程序。比如，GAP、GMP、HACCP 及食品质量安全体系（SQP）等生产管理和控制体系及相应的认证得到广泛推广。完善的农业标准化体系和严格的认证认可合格评定程序，经由权威机构主导推广，行业协会和生产经营者协调统一，或者由第三方组织监督协作，在法律法规的规范下有力地推进了农业标准化，进而保障了质量安全。

（二）农业品牌化是提升质量安全的有力措施

1. 标准化生产成为质量安全的保证

没有良好品质，就难以实现品牌化。农业品牌的建立，让规模化、标准化生产成为质量安全保证的前提。品牌为维持其信任度和美誉度，就必须拥有完善的农业生产管理制度，保证某种农产品的持续生产，并以一定的数量加以保证，这就必然要进一步扩大生产规模。同时以市场为导向，以满足多样化、优质化消费为目标，通过标准化等生产方式来保证农产品的安全性与优质性，加速土地、资金、技术、劳动力等生产要素不断向品牌农业企业集聚，较快实现资源优势向质量优势和效益优势转变。在农业产业化发展中，出现的"品牌企业＋农户＋标准＋基地"或其他类似形式，农业标准化发挥了很好的桥梁作用，在农业科研成果的基础上制定了一系列标准，成为提高农产品质量安全水平的有力措施，促进了农业产业化的发展。例如全球最大的柑橘品牌——新奇士，使用统一种植标准，从而保障了农业品牌的品质。

2. 有效传递生产信息，激励生产主体保障提升质量安全

在流通环节，消费者难以获取或辨别农业生产过程的质量安全信息，并且部分生产者缺乏自律性，这使得基于质量安全信息的价格决定机制难以发挥作用，难以实现质量安全层面的优质优价，而安全生产者往往生产成本更高，相当于效益更低，从而丧失了生产质量安全农产品的内在激励。

农业品牌化能够减少市场信息不对称现象，品牌企业生产的农产品在规格、安全性以及其他方面能够达到一定的水准，能够使交换双方在交换过程中有共同的依据，使市场有更多的质量安全知情者，消费者可以通过对相关品牌的信任来选购产品，减少了市场信息的不对称现象，实现农产品的优质优价机制，激励生产主体保障提升质量安全。

同时，信息追溯系统成为流通过程中质量安全风险管理和减少信息不对称的重要手段。欧盟规定食品、饲料、食用畜禽，以及与食品、饲料制造相关的物品，在生产、加工、流通的各个环节必须确立食品信息可追踪系统。日本将食品信息可追踪系统推广到肉食产业、水产养殖产业以及蔬菜产业，使消费者通过商品包装就可以获取食品品种、产地以及生产、加工、流通过程的相关履历信息。发展中国家农业生产主体为农户，其小规模和分散的特征使得在大量农户中实施信息追踪系统成本高且难度大，应发挥品牌企业的纽带作用，在品牌企业中启用信息追踪系统，通过品牌企业把小规模和分散的农户组织起来，以品牌企业为支点，形成更大的规模，降低成本，提高效率。目前，一些大型农业品牌企业或组织开始在原有标准化生产与管理基础上，采用信息追溯系统，进一步确保农产品安全、可靠、优质，在应对突发事件时，积极主动承担后果，保证品牌损害最小化，增加品牌诚信度。

二、提升质量安全水平助推农业标准化和品牌化

（一）提升质量安全水平有助于树立农业品牌化

1. 有助于提升农业品牌竞争力

质量安全是农产品的基础，代表农业品牌信誉。市场对质量安全有着高层次、多方面的要求，优质农产品的市场竞争力在同等条件下大于劣质品。提升农产品质量安全水平，是提升农业品牌竞争优势的有效手段。品牌企业围绕市

场需求，对资源、市场、科技、生产、经营、配套服务体系充分论证，在育种、栽培（养殖）、收储、加工、安全卫生、检验检疫、包装标识以及生产资料的供应和技术服务等环节上，强化新技术的开发和推广应用，保证产前、产中、产后及加工环节的质量安全，将质量安全融入品牌价值。

提升质量安全水平，获得质量认证，有助于提升农业品牌竞争力。政府利用其公信度对品牌加以认证和评定，获得质量认证表明农业生产的质量体系能够稳定生产市场认可的合格农产品及其加工产品，成为农业品牌化的重要方面。经过认证的品牌，能够保证产品来源和质量，引导消费者购买。品牌认证开展较早且发展较完善的是法国，其农产品认证分为四种：一是原产地命名控制，确保产品来自特定区域和产品高等质量；二是"红色标签"认证，是法国农业部颁发的国家级优质产品标识；三是生物农业标识认证，是法国农业部颁发的生态食品特种标识；四是产品合格证认证，用以证明产品符合技术要求中说明的特殊生产规定。法国农产品认证作为农产品区域品牌化的关键环节，把农业标准化建设与农产品品牌战略相结合，例如法国葡萄酒的 AOC 认证体系通常在地域范围、土质条件、气候条件等基础条件，以及葡萄品种、栽培方式、产量控制、糖分含量、酿造酒的种类、酿造技术等方面加以规范，达不到技术标准的产品，即使出产于该地区，也不能使用当地 AOC 名号。

2. 有助于延长农业品牌生命力

农产品从生产到销售，价值链较长，需要农业生产者的自律性，在产前、产中、产后各环节保证质量安全。随着质量安全水平的稳定发展，消费者对品牌信任度增高，增加产品美誉度，品牌获得稳定顾客，并带动大量的潜在顾客，进一步提升品牌化。提升质量安全涉及产前、产中、产后全过程和农业发展的各个领域，农产品具有优质、安全、卫生的特点，在市场上获得良好声誉，受到消费者的信任。标准化生产模式与质量安全追溯体系建立，使生产管理处于良性制度环境中，推动产品品牌影响扩大化与诚信度提升。农业品牌代表着对产品的特性、质量和服务的一贯承诺，对于农产品质量安全要求严格，备受消费者青睐，但是随着品牌进一步发展，农产品质量安全事件还时有发生，消费者对食品安全问题十分敏感，安全事件对品牌的伤害无法估量。唯有将质量标准放在首位，才能做好农业品牌，延长其生命力。

与农业品牌化发达国家相比，发展中国家的很多农产品只有商品名称，没有品牌商标，大多数农产品是贴标生产并出口的，自有品牌出口的农产品比例很低，大多数农产品需要经过出口商重新包装后才能进入国际市场。造成这种现象的原因还是农业生产企业忽视了农业品牌的创建，只有很少的农产品加工企业重视塑造自己的品牌。进一步分析，发展中国家农业品牌化发展滞后，主要存在品牌数量少、影响范围有限、科技含量低等问题，有自然方面（农业生产的季节性、地域性等）和经济、技术方面的原因，但究其根源是质量安全水平不高，缺乏竞争力，难以运用品牌经营。从世界农业品牌化的成功经验看，多为先保证质量安全，后成长为品牌。没有树立良好的品牌，从长期来看不利于国际竞争。在部分发展中国家的内部市场，已经出现农产品"卖难"的问题，应保证品牌农产品质量安全，提升品牌化竞争优势。

（二）提升质量安全水平有助于推动农业标准化

1. 有助于促进标准体系发展

品牌农业依靠提高农产品及其加工产品的质量安全水平，从而获得市场竞争优势。提升质量安全水平迫使农业生产企业采用相对高的农业标准，并且不断提高农业标准。市场竞争中，农业生产企业为满足市场需求，提高农产品及其加工产品的质量，获得市场竞争优势，自然而然地就参与了农业标准制定，并逐步形成企业的自身标准，即企业标准。企业标准是农业生产企业根据市场需要、自身生产能力、发展战略、市场定位等综合因素制定的，具有本企业独有性，因而具有很强的市场竞争性。企业标准之间的竞争促使企业标准不断完善和发展，从而也促进了农业标准体系的发展，提升了农业标准化水平。品牌农业企业在提升质量安全水平过程中参与农业标准制定、修订，优势明显。一是品牌农业企业是连接农产品收购市场和销售市场的纽带，对市场需要的农产品质量安全标准和农户能够生产的农产品质量安全标准更为熟悉，能够判断农户是否有能力按已制定的标准生产，因此，品牌农业企业制定的标准更具有可行性；二是品牌农业企业能够了解最新的农产品质量安全要求，对国际市场最新标准需求和绿色壁垒的具体要求都相对了解，品牌农业企业能够针对不同市场制定不同等级的标准，做到有的放矢。

2. 有助于促进农业标准创新

品牌农业在提升质量安全水平过程中，不断追求农业标准创新，促进农业标准化。一是产品标准的创新。有些规模较大的农产品国际贸易基地或企业已经种养殖出质量安全水平较高的产品，促使和推动了相关类别的产品标准的创新。二是操作规程的创新。既注重产前、产中、产后操作规程的技术含量，同时注重操作规程的操作环境和安全控制规范。三是实施标准的创新。农业标准的实施与品牌发展相结合，起到示范辐射作用；与农技推广相结合，使实施农业标准转化成农业生产者的自觉行动。四是质量标准的创新。以种子质量标准为例，通过实施种子质量标准，改变良种和非良种界线不明、真品种与假品种混淆不清的状况，并在种子精选、加工、包装等诸多环节完善规范操作。五是加工和包装标准的创新。加工和包装是实现农产品多次增值的有效途径，创新性地进行农产品的加工和包装，以合乎标准要求、内外精美的包装赢得消费者的青睐。六是农业安全生产监测预警标准的创新。作为保障质量安全的重要手段，要求监测预警标准适应农业生产周期长，生产、加工、包装、运输环节较多等特点，能指导相关人员及时有效地对农产品生产环境、产品产量等开展监测、追踪、量化分析、信息通报和预报，建立起一整套针对农产品质量安全问题的功能系统，力争所预测的结果前瞻而精准，所提供的应对措施及时而有效，将可能发生的危害及短缺风险尽量消除在生产过程中，风险消除的过程就是促进标准化渗透的过程。

第三节　世界农业标准化和品牌化对农业发展的影响

推动农业标准化、品牌化，不仅要看到它对于农业质量安全的重要，还要在更大格局上认识标准化、品牌化对世界农业现代化的重要作用，强化国际标准化、品牌化治理机制建设。

一、农业标准化和品牌化对农业发展的现实意义

（一）推动农业标准化和品牌化，促进农业产业发展

推行农业标准化，可以提升农业基础设施的利用率，推动农业产业化。目前世界上不少国家，农业产业都面临着"明天谁来种地"的问题。破解这个难题，应该要靠产业化。产业化就是转变农业生产方式，培育新型农业经营主体。要切实改变过去那种粗放、低水平的种植方式，积极培育种粮大户、农业专业合作社和农业龙头企业，这就离不开标准化，可以在优势产区建设一批规

模化、标准化生产基地，基本实现规模种养基地生产过程标准化、规范化，以及开展特色农产品标准化生产示范等措施来推广农业标准化。

推行农业标准化，还能引导农业走品牌化发展之路。农产品的质量安全是产业发展的基础和底线，提升农产品供给质量是产业发展的目标任务和方向，这既离不开标准化的支撑，也需要品牌化的发展。标准是质量的准绳，品牌是质量的展示。通过提升标准，完善体系，提升质量；通过品牌打造，提升质量附加值，提升产业市场竞争力。标准、质量、品牌，三者共同推动世界农业不断迈向现代化。

（二）推动农业标准化和品牌化，提升农产品市场竞争力

事实表明，标准化生产经营可提高农产品质量，为品牌化提供品质基础；品牌化可提高农产品价值，激励着标准化工作的继续开展。标准化与品牌化在良性循环中相互融合，共同驱动农产品的发展，提升农产品的市场竞争力。

实施农业标准化和品牌化是促进农业科技成果转化和推进产业化经营的有效途径，农业产业化经营是推进农业和农村经济发展的重要组织形式，农业产业化的实施过程，也是规范千家万户农民生产行为和应对千变万化农产品市场的过程，可以肯定地说，没有农业标准化和品牌化，就难以实现农业的产业化，推进农业产业化，必先推行农业标准化和品牌化。

随着国际市场一体化发展，各国内部市场竞争加剧，特别是农产品日益激烈的竞争，加快了科技技术转化为生产力的速度，培育和提升农产品市场竞争力已越来越受到重视。而标准化和品牌化的发展，有助于提升农产品市场竞争力从而实现可持续发展。创新发展模式，是促进传统农业向现代农业转变的重要手段，是引导土地、资金、技术、劳动力等生产要素优化配置，促进资源优势向质量优势和效益优势转变，有利于不断优化农业结构的有效途径，并且可以培育和打造农业名牌，提升农产品质量安全水平，此外，还能积极开拓新的农产品市场，促进农产品消费，促进优质优价机制的形成，促进农业增效、农民增收。

（三）推动农业标准化和品牌化，提高农民收入水平

推动农业标准化和品牌化发展，促进农民增收和农业增效。一是在此依托下的优质农产品可提高农业的生产效率和产值，从而增加从业农民的收入；二

是农民收入不断增加与农业增效水平不断提高时，其生产优质农产品的积极性提高，可扩大优质农产品的范围，进而有助于提高农业产值，进一步增强推动农业标准化和品牌化建设。在实际运行中，优质农产品比较具体，容易理解与操作，可成为农民增收和农业增效的载体。从业农民主观上关注和提供优质农产品，客观上可达到增加收入、提高效率的目标。

加强农业标准化和品牌化建设，发挥标准化生产的示范、引领和带动作用，提升农产品质量安全水平，发挥品牌化运营的品牌效应，产出质量安全的优质农产品。以优质农产品为纽带，不断强化质量安全意识和品牌效应，真正体现优质优价，让当地农民得到实惠，在保证农民利益的前提下，实现企业、合作社以及政府部门的共赢。

农业标准化和品牌化涉及农业产前、产中、产后多个环节，以食用安全和市场需求为目标制定农业标准，通过实施农业标准，综合运用新技术、新成果，普及推广新品种，在促进传统优势产业升级的同时，促进农业生产结构向优质高效品种调整，实现农业资源的合理利用和农业生产要素的优化组合，促进农业素质的整体提高，为提高农业效益奠定了基础。农业标准化和品牌化的实施将全面改善农产品品质、提高农产品内在和外观质量，成为品牌、名牌产品的质量保证，是实现优质优价、增加农民收入的基本保障。

二、共推标准化和品牌化构成现代农业发展重要措施

（一）农业标准化和品牌化助推农业市场化进程

农业标准化和品牌化的实施，将逐步提高全社会对农产品生产与消费的质量意识，人们对农产品的生产和消费行为将更加注重其标准和规格。近几年来，伴随着农产品供求关系发生变化，国家逐步放开了农产品市场，农产品生产也由产品生产逐步转变为商品生产，传统的农业生产经营理念将彻底转变，代之以工业化商品生产的经营理念。推行农业标准化和品牌化，加快了农业商品化生产的进程，促进了农业市场经济体制的发育。生产经营者将更加重视生产的规范化、包装的规格化、流通的有序化和物流效率，更加依赖市场需求信息调整生产标准和技术规程；消费者也将改变单纯对农产品的数量满足，而代之依据标准衡量其质量、卫生指标以及营养状况，依据产品生产来源记录进行质量鉴别和质量追溯。

农业标准化和品牌化的实施，将不断提高优质农产品的比例，促进农产品生产向"保证数量、提高质量、注重效益"的优质高效型农业发展，以标准化组织生产、加工的优质产品将逐步改变目前粗放型大路农产品主宰市场的格局，在品种和品质结构上更符合市场需求，同时可以优化农产品区域布局结构。标准化和品牌化将促进区域优势产品的升级，使之规模化程度、规范化生产水平更高，产业化经营能力更强，农产品区域布局在依托资源优势的同时，更加依赖标准化和品牌化生产技术水平，从而推动市场化进程。

（二）农业标准化和品牌化助推农业现代化进程

农业的根本出路在于现代化，农业现代化是一个国家现代化的基础和支撑。一个国家没有农业现代化，那么这个国家现代化是不完整、不全面、不牢固的。而现代化农业之路，必须是产业化、标准化和品牌化。现代农业是广泛应用现代科学技术、现代工业提供的生产资料和科学管理方法的社会化大生产的农业。标准化和品牌化集现代科学技术和现代管理技术于一体，具有科技推广和科学管理的双重性。没有农业的标准化和品牌化也就没有农业的现代化。推进农业标准化和品牌化，用现代工业的理念来谋划和管理农业，用现代科学技术来改造传统农业，用现代标准来规范农业生产和农产品经营，用现代组织方式来完善家庭承包经营，从而提高农业的科技含量和生产经营的管理水平。与此同时，农业标准化和品牌化技术的快速应用推广，反过来将刺激农业科学基础研究的开展，形成研发、推广的良性循环。

（三）农业标准化和品牌化助推农业经营机制创新

农业标准化和品牌化是"科技兴农"的载体和基础。它通过把先进的科学技术和成熟的经验组装成农业标准，推广应用到农业生产和经营活动中，把科技成果转化为现实的生产力，从而取得最佳的经济、社会和生态效益，达到高产、优质、高效的目的。它融先进的技术、经济、管理于一体，使农业发展科学化、系统化。因此，实施农业标准化和品牌化的过程就是推广农业新技术的过程，是促进农业由粗放型向集约型、由数量型向数量质量并重型、由传统农业向现代农业转变的过程。

农业标准化和品牌化的实施，必须依托一定的组织体系，形成规模化生产经营单元。市场经济体制迫使广大生产者、经营者必须以标准化规范生产经营行为，生产者、经营者将不得不按照市场对资源的配置要求以不同的方式结合，形成规模化、组织化生产经营联合体，这些联合体表现为合作经济组织、农业龙头企业、市场流通组织等多种组织形态。因此，农业标准化和品牌化的实施和推进，实际上也是提高农业组织化程度和生产经营规模，推进农业产业化发展的过程。

标准化和品牌化同时可以优化农村产业结构。农业标准化和品牌化的生产经营，将促进农业产业的内部分化。由于标准化和品牌化生产的规模不断扩大，农村产业内部的各个环节将逐步趋向专业化，并分化为多个子产业。标准化和品牌化的生产、加工和流通，链条清晰、环节专业，促进了农业劳动力的分工，也促进了农业劳动力在农业产业内部各子产业的就业结构调整，不断壮大的农产品加工流通业将有效缓解目前农业劳动力转移的压力。

三、农业标准化和品牌化是农产品国际贸易竞争的重要手段

（一）农业标准化和品牌化发展有利于应对技术贸易壁垒

20 世纪 90 年代 WTO 成立以来，一些发达国家实施以标准为基础的国际贸易发展战略，提高农产品市场准入门槛，已成为农产品出口的主要障碍。面对激烈的农产品市场竞争和日益严重的技术性贸易壁垒，要做好优势农产品能"打出去"、受冲击农产品能"守得住"两篇大文章，就必须加快推进农业标准化和品牌化，下大力气增强国家农产品的国际竞争力，提高国家农产品贸易的技术保护水平。

拥有先进的农业标准和品牌可以在竞争中占据主动地位。一个国家的农业标准在国际上是先进和有信誉的，无论是进口还是出口，在竞争中总是处于主动地位。发展中国家为了争夺国际市场，常常采用发达国家特别是进口国家的农业标准进行生产，从而有利于消除贸易技术壁垒，增强其农产品国际竞争力。

打破贸易壁垒和技术壁垒是标准和品牌的"矛"的作用，农业标准和品牌还有"盾"的保护作用。发达国家和新兴的工业化国家凭借其贸易大国的地位和先进的技术优势，借助农业标准的差异，高筑技术标准、技术法规、技术认证等技术壁垒阻止发展中国家商品出口。它具有隐蔽性强、透明度低、不易监督和预测等特点，是阻挡外国商品进入内部市场的屏障。

（二）农业标准化和品牌化发展极大促进农产品国际贸易

农业标准和品牌是市场经济发展的产物，可以起到沟通市场与农业的作用。它可以增强农民的市场观念、市场意识，使企业和农民更加懂得，依靠科技进步实行标准化和品牌化生产、提高农产品质量是走向市场的成功指南；有利于将千家万户的农民组织起来进行规模经营和规范管理，为农业企业化产业化经营提供可能，促使农业国际贸易主体向多元化迈进。

农业标准化和品牌化是解决国际贸易中信息不对称的一个工具。农业标准化和品牌化，以及达到了国际标准和水平的检测方式方法和结果，就像一面镜子，将产品的信息如实地反映出来，并在贸易双方传达能简化交易手续，节约流通时间和检测费用，可以提高交易效率，降低交易成本，尤其是双方都能接受和认可的标准有利于消除信息不对称产生的逆向选择行为，建立起生产者和消费者之间的信任关系，完成商品交易。

农业标准化和品牌化是农产品进入国际市场参与竞争的"绿卡"。标准是个依托，背后是具有变迁和扩张性的资本和强大势力，资本的张力能带动科技和管理从高到低流向的潮汐涌动，从而提供农产品科技含量和竞争力；标准是个载体，每一项标准后面，都承载着生产者对消费者社会自然的承诺；标准是把尺子，蕴含着领先技术管理和实践经验，是对产品安全卫生质量等诸项指标的综合规定，是市场和消费者需求的全面反映，体现了原则和公平。标准有强制性和规范性，有害消费者和大自然权益的商品流通不会畅通无阻。

品牌是质量的代名词。在市场经济下，打造品牌是跻身于国际市场的有效途径。标准是农产品品牌建设的基石，标准化是农产品创立名牌的必由之路。信息标准化是树立品牌的前提和基础，要创立农产品品牌，首先要把握农产品市场律动的脉搏，也要对资源科技生产经营配套服务体系等进行充分论证。按标准进行农业生产，是提升农产品品质使之成长为品牌的技术基础要求，从优良品种种养技术，到农产品加工质量包装储运以及生产资料供应和技术服务上，全面实行标准化的生产与管理。标准化还有利于品牌的维护，因此，品牌是农业标准的积累，证明品牌的出路在于质量管理。

（三）农业标准化和品牌化是当前国际农业合作的重要领域

农业标准化和品牌化可在农业对外贸易实践中让各国实现自我创新、自我发展。各国的农业企业贯彻实施"走出去"战略，进军农产品国际市场，必有许多新鲜经验可资借鉴，有利于实现自身技术水平和市场运作能力的快速提高，可以起到一举多得的作用。农业标准化和品牌化在其发展历程中，经过农业对外贸易的众多实践，也同样可以实现自身的理论与方法创新。

农业国际标准化和品牌化是农业国际贸易自由化的重要前提。国际标准和品牌是打开国际市场的关键。目前，国际性、区域性和双边、多边农业标准的协调，其目的就是为农业贸易自由化消除不必要的技术壁垒，既要"零关税"，也要"零门槛"。农业国际标准和品牌本身就是协调的产物。发达国家的高度专业化和农业跨国公司的出现，逐步形成了世界范围的专业化分工协作以及产品标准、技术标准与管理标准的集成统一，增加了各国农业经济的相互依赖性。

农业标准化和品牌化将有力地促进区域及全球农业资源共享，为农业经济发展提供新空间。区域经济的合作架构，为优势资源互补、农业资源整合、全球市场稳定、农业投资便利提供了有利契机。随着纵深推进和相关政策措施不断出台，农业投资机会将大幅显现。

农业标准化和品牌化将有力地促进要素有序流动和市场深度融合，为全球农业贸易提供新契机。从全球农业来看，农业可持续发展需要新视野、新方式、新思维来推进新型农业国际合作，促进资源丰富的国家提高农业生产能力，构建安全、高效、稳定、可持续的全球农产品供应体系。农业标准化和品牌化将推动建成高水平的自贸区网络，推动形成公平、安全、稳定的区域农产品市场体系，使各国能平等分享经济发展及农产品市场增长带来的利益。通过农业国际产能合作，把国家农业产业价值链，通过投资、合作等方式延伸出去，形成区域农业供应链、产业链，这不仅有利于自身农业产业的转型升级，也有利于推动优化全球农业价值链。通过农业标准化和品牌化建设，可以促进世界各国农业标准的接轨，建立国际化的农产品标准、品牌及认证体系，必将进一步提高世界各国农业对外开放的质量和水平，也必将推动国家农业及农产品贸易等方面的相关制度和法律体系的完善。

第九章 CHAPTER 9
世界农业教育与培训 ▶▶▶

现代农业教育与培训起源于欧洲发达国家，在各国社会经济发展进程中，农业教育与培训越来越得到重视。农业教育与培训的水平及其有效性是现代农业发展的主要因素之一。了解、梳理和归纳世界不同国家和地区的农业教育与培训的发展规律和趋势，对于"借他山之石、攻本国之玉"和有效开展国际农业教育与培训合作具有重要意义。

第一节　世界农业教育与培训的发展历程

世界各国农业教育与培训的形成和发展与本国的经济发展水平和教育发展水平是密不可分的。也正因如此，各国的农业教育与培训有不同的发展历程。

一、欧洲国家农业教育与培训的发展历程

（一）德国

1800 年以前，德国的教育发展主要是初等教育，主要特征是发展德语学校来普及中小学义务教育，农业教育还提不到日程上，所以，当时德国几乎没有正规的农业教育，职业技术教育途径也主要是传统学徒制，但传统学徒制教育适合城市工商业，对农业的影响甚微，正规农业教育只有一家中等兽医学校，农业教育总体上是世代传递的"干中学"途径的农艺实践传承。

1800 年开始，普鲁士、奥地利等邦国成立教育部，教育掌管由教会逐步转归邦国，学校教育向世俗化发展。随着实科学校教育发展，一批农、林、医、机械、采矿以及其他应用科学领域的技术学校和专科学校也渐渐创办起

208

来。1818 年符腾堡建立了霍恩海姆农业学校（今霍恩海姆大学）。1871 年 1 月
18 日德意志帝国宣告成立，德意志实现真正统一，德国的经济、教育等开始
步入一个新的发展时期。

德国中等农业职业教育可追溯到 19 世纪中后期的冬季农业学校。冬季农
业学校以中小农场主为培养对象，利用非农忙的连续两个冬季，进行全日制的
农业知识学习，以官方考试作为毕业条件，但没有学历或学位。这种冬季农业
学校因实用性而得到了迅速发展。

19 世纪 70 年代，作为职业学校前身的"普通补习学校"开始出现，这种
学校主要是为读过国民学校的在职青年提供补习而创办的。同时，涉农职业学
校也开始出现，仅南德地区就诞生了 4 所农耕学校、1 所园艺学校、1 所葡萄
酒酿造学校。1887 年，教育家凯兴斯泰纳在慕尼黑建立了第一所劳作教育的
职业学校。随后，各种培训职业学校教师的训练机构也相继建立。当时职业学
校的门类很多，加上各种各样的专门学校，德国渐渐形成了一个较完整的正规
职业教育系统。

1885 年德国农业协会（DLG）成立，农协效仿手工业的学徒制模式，对
农业职业教育开始建章立制。1934 年，农业领域的职业教育被分为两类：一
类是以农业工人为培养对象，由学制两年的农业职业学校实施；另一类是以农
业企业主为培养对象，由学制两年的农业学校实施。1935 年这两种学校统一
称为农业职业学校。1938 年德国正式引入职业义务教育制，农业职业教育归
属其中。到 20 世纪 30 年代末，德国已基本形成了统一的农业职业教育体系雏
形；50 年代以来，德国又陆续颁布了十多项有关职业教育的法令，如《联邦
职业教育法》《联邦职业教育促进法》《实践训练师资条例》等。2005 年《职
业教育法》（修订）把德国的职业教育分为职业预备教育、中等职业教育（获
得完全职业资格）、职业进修教育、职业转行教育。该法同时赋予联邦农业部
门在法律框架内制定农业类职业教育的基本规范和标准的职责。

（二）英国

英国政府对农民职业教育与技术培训工作高度重视，制定和设立了相应的
法规、机构与计划，农业培训也是英国各产业培训中唯一能获得政府资助的培
训项目。为加强农民职业教育与技术培训，英国于 1982 年颁布了《农业培训
局法》，1987 年又对其进行了修改和补充。政府还不定期地针对农民教育培训

工作组织进行调查研究，针对调查中发现的问题及时制订改进措施。同时，为避免滥发资格证书，英国还成立了专门的职业资格评审委员会。

二、美国农业教育与培训的发展历程

美国的农业教育体系主要由高等农业教育、中等农业教育和农业推广教育组成，前两者是正规学历型农业教育，由教育机构和具有教育资格的科研机构来实施，后者是非正式农业教育，由政府农业部门、农业教育机构、科研机构、企业及其他社会组织来实施。

美国的农业高等教育体系主要形成于19世纪20年代到20世纪30年代。19世纪是美国从农业社会转向工业社会的重要发展时期，美国一方面迫切需要大量具有现代农业知识、技术和管理的农场主，另一方面也大量需要具有现代科学知识和技术的工程师，尤其是新式农业机械的使用需要具有机械工艺知识和技术的人才来实现。以奠定美国农业教育赠地学院基石的《莫里尔法案》为标志，美国农业教育与培训体系大体可以1862年为界分为两个时期，其前可称为早期农业教育，其后可称为农业教育体系形成时期。

1823年，美国在缅因州加德纳建立了全美第一所职业学校加德纳学园，该校首次把农业和机械工艺列为必修课。此后，美国各地陆续出现了农业技术学校或在原有院校设置农业教席。到1860年南北战争前，几乎各州都有了一所州立农学院。尽管此时出现了正规大学开始提供农业教育或专门建立农学院的现象，但由于资金不足等原因，无论在办学规模上还是教学内容上，都不能满足农业发展的迫切需要，发挥的作用非常有限。总体上说，高等农业教育还比较微弱和零散，但起到了将农业教育提到正规院校教育日程上的作用，也为日后通过《莫里尔法案》奠定了基础。

1862年7月2日，美国总统林肯签署了《赠地法案》，史称《莫里尔法案》。该法案规定，由政府免费提供土地，用这些赠地所得收益在每州至少资助建立一所以讲授与农业和机械工艺为主的学院，或者资金必须用于资助至少一所具有学科领先水平的学院从事农业、机械等相关学科领域的教学研究。《莫里尔法案》旨在为普通公民提供低费用、平民化的高等教育机会，为工农业发展培养所需的专门人才。《莫里尔法案》促进了美国高等教育面向经济社会服务，也导致形成了美国公立大学体系，使得劳工阶层、妇女、少数民族和移民获得了接受高等教育的机会，推动了美国农业教育的大规模发展。

《莫里尔法案》颁布后，掀起了一场建设赠地学院的运动，各州纷纷建立农工学院、农业技术专科学校和以农工学院为主的州立大学，少数州在原有大学内增设了农学院。经过短短 10 年时间，美国就相继新建了 24 所赠地学院，这些学院的招生人数达 2 600 人，占当时全美大学生总数的 13%。

1890 年 8 月 30 日，美国颁布了《第二莫里尔法案》，该法规定联邦政府第一年补助各赠地学院 1.5 万美元，以后每年增加 1 000 美元，直至每年补助额达到 2.5 万美元，这保证了赠地学院有一定的固定经济收入。1907 年颁布《纳尔逊修正案》，对职业技术教育经费问题作出了规定，联邦政府为高等技术教育拨付经费，农业学科再次受益。1935 年通过了《班克黑德-琼斯法案》，该法案进一步给农工学院拨款以加强农业科学研究和农业推广。《莫里尔法案》及其后的一系列法案直接或间接地推动了美国赠地学院运动的兴起和蓬勃发展，最为突出的在于两点，一是涌现出一批农业院校来提供高等农业教育，二是公立或部分公立院校的出现促进了美国的平民化教育，尤其惠及农村青少年接受高等教育。美国的高等农业教育体系随之逐渐发展成型，到 20 世纪初期，美国基本建立起了全国范围的高等农业教育体系，主要表现：各州都有提供高等农业教育的院校；初步建立了较为系统的农业科学学科，如农学、植物病理学、土壤学、园艺学、畜牧学、兽医学等自然科学学科，还建立了农场管理、农业簿记、农业推广等社会科学学科；拥有了一支稳定的农业学科教师队伍；拥有较大规模的学生群体；有些院校还建立了农业试验站、示范农场和农业推广站；形成了教育、科研、推广"三位一体"的模式。

在高等农业教育快速发展的同时，美国的中等农业教育也发展得很快。南北战争后，资本主义在全国迅速扩张，当时的高等教育规模还很小，劳工和大多数农场主的教育程度较低。发展中等职业技术教育成为美国经济发展的紧迫问题，在农业经济为主的社会中，中等职业教育发展最为普遍的是农业教育，尤其是农业教育机构中出现了赠地学院这样的领头学校。

赠地学院成立之初，学院除了完成教学科研任务外，还要组织力量在中小学里讲授农业课程，以推动建立农业中学。进入 20 世纪，农业中学的发展更是一日千里。为了进一步促进职业教育的发展，1917 年国会通过了以鼓励发展职业技术教育为主要内容的《史密斯-休斯法》。该法规定联邦政府与各州政府合作改进职业教育，在中学建立职业教育课程，重点关注高中生的农业、工业和家政培训。在农村和城市郊区的中学开设农业教育课程，要求对农村的在校学生及校外青年开放农业教育，这样使得已在农场工作的成年人也有了接受中等农业教育的机会。该法对美国职业教育起到了积极的推动作用。1946年的《乔治-巴登法案》重点关注高中生的农业、工业和家政培训，职业教育成为联邦援助学校的下一个主要领域。1962年的《人力开发和培训法》和1964年的《经济机会法》等进一步加强和完善了职业教育。

此外，美国还有各种促进农业教育的非政府组织（如农业协会）和项目。早期农业教育发展与农业经济发展以及农业协会等非政府组织密切关联，比如，1785年富兰克林在费城成立了最著名的全美第一个农业协会——费城农业促进会，协会的主要工作是促进农业教育和推广农业科学技术知识。到1891年全美已有900个农业协会。在协会的帮助下，美国的很多中学以及大学开设了农业技术课程。

三、亚洲国家农业教育与培训的发展历程

（一）中国

中国农业教育源远流长，早在先秦时期，农家学派的许行就提倡耕读并举。中国近代农业教育始于清朝末年，1896年江宁储才学堂、高安蚕桑学堂和遵化农算学堂创立，1897年杭州蚕学馆创建。1902年，直隶农务学堂创建，是中国高等农业教育的开端。1903年，清朝政府仿效日本实施新学制，农业教育被正式列入学制系统。农业学堂分为高等农业学堂、中等农业学堂和初等农业学堂，传授不同级别的农业知识和技能。

民国初年，将高等农业学堂、中等农业学堂、初等农业学堂分别改为农业专门学校、甲种农业学校、乙种农业学校。农业专门学校的专业分为农学、农业化学、林学、兽医，甲种农业学校和乙种农业学校都包含农学科、蚕学科和水产科，另外，甲种农业学校还有森林学科和兽医学科。

1922年，受新文化运动影响，中华民国改变了仿效日本的学制，转向以美国为模板确立了"六三三四"的学制体系（小学6年、初中3年、高中3年、大学4年）。在之后的30年，农业教育方面初步形成了研究生、本科生、专科生、中专生到职业教育和农民教育等不同层次的体系，初步建立了教学、科研、推广"三位一体"的管理模式。

　　1952 年，中央实施教学改革，转为采用苏联教育模式，对高等农业学校进行院系调整，把设在综合大学的农林学院、系、科组成独立的农林院校，并新建了一批农牧、林业、农机化和水产院校。但到改革开放前，受计划经济体制和"文化大革命"影响，中国农业教育发展艰难，学校数量出现了较大波动。

　　党的十一届三中全会后，农业教育恢复整顿。在一系列政策指引下，高等农业教育结构不断优化，本科教育、研究生教育、专科教育共同发展，专业结构更加丰富，全日制、函授、夜大、自学考试等办学形式并存。与此同时，农业专科教育和中等农业教育也快速发展，学校数量、招生人数、毕业人数都显著增加，学科设置也从单一的农科扩展到包括农、工、理、文、财多种学科。20 世纪末开始，一些农业中等专业学校升格为大专层次的职业技术学校。

　　中国近代的农民培训也始于清末。例如，清光绪三十三年（1907 年），四川江津张鹿秋设农业夜校，以新法启迪农民；河北高阳王毓斌在所设初级小学内附开夜课班，专教农民；陆惠中在河南新蔡希圣桥创设耕余补习班。20 世纪 20—30 年代，出现了新的教育思想，以黄炎培（职业教育思想）、晏阳初（平民教育思想）、陶行知（生活教育思想）、梁漱溟（文化教育思想）为代表的乡村建设运动派思想家开展了一系列教育实验。第一次国内革命战争时期，毛泽东在韶山举办农民夜校，在广州兴办农民运动讲习所，培养农民运动骨干。第二次国内革命战争时期，中央苏区广泛举办了夜校、半日制学校、补习学校、识字班等。抗日战争时期，各抗日根据地普遍开展冬学运动。

　　1949 年后到改革开放前，中国共产党对农民开展乡村文化教育，在农民中推广汉字教育、科学技术等。改革开放后，随着经济和社会的发展，农民工队伍增长迅速，国家开始重视旨在提高农民综合素质的教育培训。农业部从 1990 年开始在全国开展农民技术资格证书即"绿色证书"制度试点工作，1994 年开始全面组织实施"绿色证书"工程，按农业生产岗位规范要求对广大农民开展技术培训，培养农民技术骨干。1997 年，为了提高农业劳动生产率，保障粮食安全，推广农业科技成果的应用，国务院实施了"跨世纪青年农民培训工程"。

　　进入 21 世纪以来，政府对新型农民培训的重视程度与投入力度加大，培训种类也更加丰富。2003—2006 年，农业部单独或联合其他部委实施了多种农民培育项目，如"新型农民创业培植工程""农村劳动力转移培训阳光工程""农业科技示范户工程""农民科学素质行动计划"，旨在提升新型农民的创业创新能力、转移就业能力、农业科技能力等。

为破解未来"谁来种地""如何种好地"问题，2012 年，中央 1 号文件首次提出大力培育新型职业农民。同年，农业部在全国 100 个县启动新型职业农民培育试点工作。2014 年，农业部联合财政部启动实施新型职业农民培育工程，在全国遴选 2 个示范省、4 个示范市和 300 个示范县。截至 2016 年，新型职业农民培育工程的实施范围已经扩大到 8 个整省、30 个整市和 2 000 多个农业县（团、场）。

2019 年 6 月 14 日，农业农村部办公厅、教育部办公厅印发《关于做好高职扩招培养高素质农民有关工作的通知》，启动实施"百万高素质农民学历提升行动计划"。该计划提出经过 5 年努力，培养 100 万名接受学历职业教育、具备市场开拓意识、能推动农业农村发展、带领农民增收致富的高素质农民，形成一支"永久牌"乡村振兴带头人队伍，并打造 100 所乡村振兴人才培养优质校。2020 年 6 月 2 日，农业农村部办公厅印发《关于做好 2020 年高素质农民培育工作的通知》，推进农民技能培训与学历教育有效衔接。

（二）日本

日本自 1868 年明治维新开始，积极引进西方教育思想进行学制改革，职业技术教育和训练得到倡导和强化，农业教育开始发展，经过 100 多年的发展，形成了日本农业教育体系。

19 世纪后期，日本建立起一批中级农业教育学校和农业补习学校。1872 年北海道开拓使在东京的增上寺设立了开拓使临时农业学校（札幌农业学校的前身），首启了日本农业学校的办学大门。与此同时，日本的高等农业教育也开始了初创时期，其中较有代表性的是两所学校，一所是具有日本高等农业教育机构开端象征的札幌农校（今北海道大学）；另一所是具有日本农业教育最高学府象征的东京农林学院（今东京大学农学部）。20 世纪前后，日本高等农业教育快速发展，出现了东京帝国大学农科大学、北海道大学附属农林专业、东京高等农学校、京都帝国大学农学部等。至 20 世纪 20 年代末，日本高等农业教育机构体系已经初步形成。

二战后，日本不断调整高等教育结构。1949 年 5 月颁布了《国立学校设置法》，按新学制改组大学，把战前的大学、专科学校、高等师范学校统一合并，调整为四年制大学。其中，对原有的农业职业学校、涉农大学等进行了撤销或合并，改革高等农业教育模式，提升办学层次。

1955 年，日本加入关税及贸易总协定（GATT）。为了适应国际化背景下的经济结构调整，入关前后日本高等农业教育采取了一系列积极有效的应变改革措施，大力推进研究生教育，国立大学研究生院从 1953 年开始设置农学研究科，提供硕士和博士课程。1964—1972 年，先后在 28 所国立大学设置了研究生院农学研究科。

进入 20 世纪 60 年代，日本经济增长开始加速，工农收入差距扩大，农村劳动力大量转移到城市，为保障农业后继有人，农林省和文部省共同推进设立"培养农业创业者农业高中"，因此，全国各地普遍设立农业高中。

20 世纪 60 年代中期起，日本进入高速经济增长时期，农业的弱势地位更加突出。为了进一步培养农业继承者和地区农业振兴的中坚力量，日本中央政府和地方政府开始设立农民研修教育机构，称为农业大学校。1968 年农林水产省在东京都多摩市设立了农林水产省农业大学校，专门招收高中毕业的农家子弟，培养现代农业的骨干人才。随后，各道府县也先后设立了公立农业大学校，以培养适应本地区农业农村发展需要的现代农业人才。道府县的农业大学校基本上由培养技术人员的农业讲习所、培养农户经营的见习农场以及其他有关机构合并而成，实现了一县一校。

1970 年，日本颁布了《高等农业教育实施设置运营规定》；20 世纪 70—80 年代日本重视发展针对农业经营者短期职业教育的农业特别专攻科；20 世纪末，日本开始逐步普及大学教育，高等农业教育人数增加；进入 21 世纪，日本一方面将教育大众向研究生教育迈进，另一方面国民终生教育成为新亮点。

（三）菲律宾

菲律宾大学的农业学院成立于 1909 年 3 月，是菲律宾的第一所农业学院。自从在美国殖民时期成立以来，农业学院采用了美国土地赠款教育系统，为了补充教学，在大学附近或大学内部建立了研究站和合作推广服务。从那时起，菲律宾的农业教育由称为州立大学的高等教育机构提供，这些机构都是由《国会法案》创建的。

菲律宾农业部有专业的培训机构——农业培训学院（ATI）。在 1987 年，菲律宾根据第 116 号行政文件对农业部进行重组，当时的农业推广局、农业培训理事会和农村发展培训中心合并，建立了农业培训学院。ATI 从 1987 年开始正式运营，当时菲律宾农村发展培训中心为其提供了 10 个培训中心。一年后，又新增了 9 个区域培训中心和 7 个农民培训中心。

1989 年，ATI 开始扩展，再次增加 7 个农民培训中心，7 个渔民培训中心，以及 1 个国际养猪培训中心。1997 年，菲律宾共和国 8435 法案和新的《农业和渔业现代化法》进一步加强了 ATI 作为农业部的扩展和培训机构的作用。1998 年，菲律宾区域贸易中心移交给了渔业和水生资源局，而区域贸易中心则更名为省级培训中心。至此，ATI 拥有 16 个区域培训中心和 1 个国际养猪培训中心。2016 年，ATI 因为成功建立了质量管理体系并获得 ISO 9001：2015 认证，从而获得了政府质量管理委员会的认可。目前，菲律宾农业培训机构仍在不断发展扩大其服务。

（四）泰国

泰国的农业基础教育可以追溯到 1898 年，在义务教育的基础上，小学首先建立了正规的农业教育。农业基础教育始于小学的学校园艺活动，目的是使学生拥有基本的农业知识和实践。泰国还建立有专门的学校来培训农业教师，以便在小学进行农业教学。然而，由于教育政策的突然变化以及预算的限制，教师培训项目在十年后被终止。在"绿色革命"之后，泰国引入美国的农业职业教育理念，发展高层次的农业教育。

泰国的农业培训从中小学的早期职业教育扩展到农业职业教育，接着又在农业专业职业学院提供教育。20 世纪 70 年代被认为是泰国农业职业教育的高潮时期，随着政府部门对农业人力的大量需求，农业大学迅速增多。职业农业教育的三个基石是课堂教学、学生组织和有监督的农业体验，现在已作为泰国职业农业教育的核心。

泰国的高等农业教育时代始于 1943 年，当时建立了第一所农业大学，即现在的泰国农业大学。在 20 世纪 60 年代和 70 年代的"绿色革命"的刺激下，农业教育迅速扩展，以满足对人力和技术的需求，农业大学、农业学科和相关课程也开始增加。

（五）印度

印度早在 20 世纪初就仿照英国模式建立了若干所提供现代农业教育的农

业学院，20 世纪中期，受到美国教育、科研、推广"三位一体"模式的影响，印度开始模仿美国赠地学院模式建立邦立农业大学，成为农业技术推广的重要力量。第一所邦立农业大学于 1960 年在北方邦帕特纳格建立。邦立农业大学是独立机构，由属地邦政府拨款，兼具教学、研究和部分农业技术推广职能。

总体上说，20 世纪 60 年代以前的印度农业教育是比较落后的，为了扫盲，印度曾开展了规模空前的成人识字运动，如"农民识字计划""成年妇女识字计划""青年非正规教育计划""全国成人教育计划"等。为了加强职业教育和减轻大学压力，印度推行中等教育职业化，这一措施有利于乡村地区的农业职业教育。印度比较重视高等教育，在教育资金分配上偏重于大学，广大农村地区的初等和中等教育资金非常有限。联邦和邦农业部门负责农业科研、教育和推广的协调管理，政府采用网站、电话、短信、手机应用程序等现代通信手段开展推广和咨询服务。

第二节　世界农业教育与培训体系

世界各国的农业教育与培训在不同的发展历程中形成了不同的体系。一些发达国家已经建立了较为完整的农业教育与培训体系，而有些国家的农业教育体系较为单一，农民培训体制还不完善。

一、欧洲国家农业教育与培训体系

（一）德国

1. 管理体制与机构

1969 年以前，联邦德国的在职农民培训主要由商业会所和农会负责，农民联合会、农村妇女联合会、农科学生联谊会和农村青年联合会协助进行。1969 年联邦政府公布《联邦职业教育法》，农民教育培训工作开始由农业协会主管，地方教育当局和培训农场协同进行。联邦德国和民主德国统一后，民主德国所属地区的农民教育培训工作也由 1969 年《联邦职业教育法》规定的相应机构负责管理。

德国农业教育培训的基本体制构成包括：一是通过正规大学或大专院校培养高级农业专门人才，二是通过职业培训和进修达到国家对农业从业人员的资格要求。德国的职业农民职业教育包含高等教育与职业教育,其中,高等教育分为研究型大学、应用型大学,职业教育由预备职业教育、中等职业教育、进修职业教育三个层次组成。

2. 教育培训形式

"双元制"模式是德国农民职业教育的最典型特征。企业和学校为教育地点和教育主体的双元,受教育者具有学生与学徒的双元身份,学生有过半的时间在企业实践。此外,德国还开创出"企业联合职业培训"的人才培养模式。

德国《联邦职业教育法》和《就业法》规定,农业就业者在正式进入工作岗位之前,必须经过不少于 3 年的正规职业教育。农业职业教育学制一般为 3 年,理论学习时间占 1/3,生产实践占 2/3。在生产实践和理论学习达到要求后,学生需要参加全德统一的农业职业资格考试,考试合格人员才能取得农业职业资格证书,成为农业工人。3 年的农业职业教育毕业取得初级农民资格后,还要经过 5 年的生产实践并经过国家考试合格,才能取得农业师傅资格。获得农业师傅资格,才能享有政府对农民实行的各种补贴政策。另外,一些中学毕业的学生,经过农业大专和农业大学的学习成为农业技术人员。

3. 教育培训证书制度与考试

农场师傅证书(绿色证书)是农民从事农业工作的资格,分为 5 个等级,每个等级分别代表不同的水平和从业资格。一级证书是农业职业教育学徒工证书,这只是一个初级证书,甚至还不能证明获得者是一个合格的农民。一级证书获得者经过 3 年的农业职业教育,并且通过规定课程的结业考试,获得二级证书,才能成为一名合格的农业专业工人。二级证书获得者通过一年制的专科学校或参加农业师傅考试,获得农业师傅证书,即三级证书,此时便有了独立经营农场和招收学徒的资格。三级证书获得者通过两年制的农业专科学校深造,毕业后获得四级证书,成为农业企业技术员、农业企业领导,此后如能通过附加考试,便可进入农业高等学校深造,毕业后获得欧盟颁发的五级证书,成为农业工程师。

4. 教育培训法规与实施

德国 1969 年起颁布的《联邦职业教育法》《联邦职业教育促进法》以及《联邦职业教育保障法》三部法律构成了其职业教育的法制基础。其中,《联邦职业教育法》在法律上确立了"双元制"职业教育模式,《联邦职业教育促进法》和《联邦职业教育保障法》将保障措施纳入法制轨道。另有相关部门颁发的《职业教育条例》《实训教师资格条例》与《农业行业协会毕业考试条例》

等作为辅助。德国还颁布了修订后的《联邦职业教育法》，更加明确了政府、企业和农民在农民教育培训中的地位和作用。

（二）英国

1. 管理体制与机构

英国教科部负责院校教育和院校的职业培训。就业部的培训局专门负责制定职业教育和技术培训的方针政策，制订"成人就业培训计划""青年培训计划"等。此外，英国还有由农业部和地方教育部门共同负责实施的"技术与职业教育计划"，该计划包含了农业职业教育和技术培训。

2. 教育培训对象及考核制度

郡级农学院主要培养具有较全面知识的新一代农业劳动者，科研与咨询部门的培训是较高层次的专项培训，而绝大部分的农民则是由地区培训中心培训。

农业培训除邀请学院教师和研究咨询部门的科技人员任教外，还请在农业生产第一线工作的具有丰富实践经验的专业人员任教，但对于这类教员，一般先由农业培训局组织培训，经考核拿到合格证后才能参加教学工作。对于参训学员，尤其是参加学院各类职业训练班的学员，有严格的考试制度，经考试合格后，颁发国家职业资格证书。职业资格共分五级，一级为最基本技能，二级为农业工人必须具备的资格，三级为农场顾问必须具备的资格，四级、五级为农场经理必须具备的资格。为避免滥发资格证书，还成立了专门的职业资格评审委员会，农业领域的资格评审委员会由农业培训局、教育界、国家职业技能考核委员会、农民协会及政府部门的代表组成。

3. 教育培训法规与实施

为加强农民职业教育与技术培训，英国政府制定了一系列法令和政策，促进了现代农民教育培训体制的建立。英国规定农场工人上课时间的工资由农业培训局的政府基金支付，农场主不用支付。除了对农民进行培训外，在农民培育上，英国也实施了多项农业补贴政策。为获得补贴，农民必须符合"交叉遵守"的相关标准和规定。

（三）荷兰

1. 农业教育体系

荷兰的农业教育体系包括绿色中等职业教育预科、绿色中等职业教育、高等农业教育和农业成人教育。

绿色中等职业教育预科提供的是不分科的通识教育，相当于小学教育的高年级，旨在为学生提供一个具有激励性、启迪性、丰富多彩的学习环境，包括设在农业教育中心下的授课点及普通综合性学校。绿色中等职业教育预科涉及领域面非常广，包括植物、动物、绿化、食品、自然、休闲及环保等，设有不同的专业方向。

绿色中等职业教育在农业教育中心完成，学习形式分两种：一是在学校的全日制学习；二是每周工作 4 天，在校学习 1 天。农业教育采用模块式教学方式，每一模块都包含一定的实践内容，特别注重教学实践，学生在不同的时间到不同的农场、单位参加实践劳动，还要参加在实践培训中心的实践技能操作培训。

荷兰的高等农业教育包括瓦格宁根研究中心及地方农学院两部分。瓦格宁根研究中心主要承担农业植物科学、动物科学、食品科学、环境科学、农村经济与社会科学等领域的高级专门人才的培养和基础科研工作；地方农学院一般侧重 1～2 个学科领域，培养高级农业专职人才。

农业成人教育面向社会开放，任何层次的学员都可参加学习，开设的课程及教学内容不仅与教育、科研、推广和农业经营紧密相关，而且可以根据学员的具体要求开设新课程。

2. 培训内容

荷兰农民教育内容特别强调实际应用，培养学员独立解决问题的能力。在结束初级农业学校的学业后，学生通常要经过两年的见习期，坚持"干中学"，学校听课只占一部分，主要和农场主一样干活，在实践过程中可以得到辅导老师的帮助。荷兰在各种对农民的中长期培训中，采取课堂教学和实验示范相结合的方式。

二、美国农业教育与培训体系

（一）管理体制与机构

美国农业部是联邦层级唯一管理农业教育、农业科研和农业推广的政府机构，分支机构遍及全国各地，直接行使其研究、教育、推广的服务和监督职能。美国农业部与农业教育部门密切联系、深入合作，一起开展农业教育、科研和推广活动。美国农业部有不少研究机构、文献机构、信息机构是与高校（尤其是赠地学院）合作的，甚至就直接设置在大学里。农业推广教育更是农业部系统自上而下的一个工作系统。农业部和教育部门的合作也包括中小学领域，如著名的 4H 青少年发展项目、学生午餐计划等。所谓 4H 青少年发展项目就是用四种价值观即头脑（head）、心灵（heart）、双手（hands）和健康（health）来培养新型农民，成为农业部推广普及农业知识和技术的重要桥梁。

美国现代农业教育与培训体系主要体现为由中等、大专、本科和研究生教育组成的四级教育结构，由副学士、学士、硕士和博士构成的四级学位结构，教育、科研、推广"三位一体"的协同体制，农业部、农业协会、涉农企业等多主体、多方位的新农场主和新技术培训项目。

当前，美国源于赠地学院的院校已达到 110 所。赠地学院从问世至今，一直是美国高等农业教育的中坚力量。赠地学院之后兴起的传统黑人大学（HB-CU）也达到了 101 所，其中不少学校提供农业教育。

（二）教育培训形式和内容

美国的中等农业教育大体有四条供给渠道：一是中学开设农业技术教育课程，通过课程学习，培养学生的农业兴趣，为美国农业准备后备力量或亲农情结；二是中等农业职业技术学校，这类学校是美国中等农业教育的重要力量；三是农业实验站举办农业技术学校，学制两年；四是大学农学院附设中等农业技术学校或举办中等农业技术教育，如农业短训班。

美国的中等农业教育灵活多样、具有很强的地区性特点，各校办学形式和课程内容根据当地农业发展的需要和职业结构以及学生兴趣点来设置，没有全国统一课程。通常包括农业通识课程、专业课程和从事非农场工作的涉农人员的专门课程等。

美国的农业培训项目非常灵活多样，农业需要什么，农业部及其下属机构就提供什么。随着农业后继者短缺问题的加重，美国农业部通过修改农业法案出台了大量新农场主培训培养项目，从技术培训到经营管理、从财政支持到环境维护，无所不包。

公众农业教育也是美国农业教育与培训体系中的重要内容。拨款支持青年农业组织，支持美国童子军、4H 青少年发展项目、美国未来农民协会（FFA）等组织的涉农活动。至今美国仍有很多中学与美国未来农民和 4H 青少年发展项目合作开展活动，让城市长大的孩子们参与农业实践活动，学习种植庄稼，从事园艺、饲养家禽家畜和培养农业管理能力等技能。

（三）职业资格制度

美国为提升农业生产力，设立了务农职业资格准入制，对农业教育起到了很有效的推动作用。在美国要想成为一个农民，需要经过系统的农业教育和筛选标准。对从事农业的职业人员进行资质审查，同时对农业土地买卖严格审查，极大地保证了农民职业的稳定性和农业发展基础。对农场主培训，颁发技术教育证书和职业技能的培训证书，并辅以农业绿色资格标准，不具备相应证书的人，难以进入农业领域，并难以购买和继承农场。政府为鼓励职业农民注册制度的推进，在信贷、补贴及纳税等方面对注册农民进行支持，注册的职业农民在政府的保护和支持政策下，获得更多的农业资源来提高农产品数量和质量。美国农业部门和教育部门采用制度化的农民资质准入制度的同时，也培养现代化职业农民，并使其有更大的政策及资金空间。

（四）经费保障

美国农业教育与培训体系中的重要一环是经费保障，美国政府为了建立完善的农业教育与培训资金体系，采取多种措施将政府、农业培训机构及农民结合在一起，共同纳入资金体制下。美国通过多部涉农法律明确规定农业培训的资金额度，例如《农业试验站法》《莫里尔法》《史密斯-利弗农业推广法》都明确规定美国各州每年必须提供具体额度的培训资金用于当地农民职业教育，公立培训机构不能对参训农民收取任何培训费用，反而要给农民发放参训补助，鼓励当地农民参加农业职业培训。

三、亚洲国家农业教育与培训体系

（一）中国

1. 教育与培训体系构成

经过多年的发展和建设，中国形成了多层次、多类型、多形式的农业教育结构体系。整体上看，农业教育包括农业学历教育与农业非学历教育两大类。农业学历教育主要包括普通农业教育和农业职业教育。高等教育机构（农业大学或学院、综合大学的农学院等）是普通农业教育的最高层次，其他教育机构包括农业职业技术学院和农业职业技术学校。农业非学历教育主要包括农业资格证书教育、农业技术推广教育和农业继续教育。

在农民培育体系方面，中国形成了党委政府主导，农业部门牵头，相关部门密切配合，各类教育培训机构和社会力量广泛参与的农民培育工作格局。通过发挥农业广播电视学校、涉农院校、科研院所、农技推广机构在培训中的作用，鼓励和支持农业企业、农业园区、农民合作社等市场主体建立实训基地和农民田间学校，支持农技推广机构对接跟踪服务，中国已初步形成了以各类公益性涉农培训机构为主体、多种资源和市场主体共同参与的"一主多元"的农民教育培训体系。

农业农村部科技教育司统筹高素质农民培育工作，对各省进行工作指导和绩效管理。农业农村部农民科技教育培训中心受科技教育司委托，配合科技教育司加强培训体系、师资队伍和教材建设，负责运营管理农民教育培训信息管理系统。省级农业农村部门负责本地区高素质农民培训工作，指导市县落实培训实施方案，创设支持高素质农民发展的政策。市县农业农村部门负责对所在地区各类农业经营主体及农民培训需求进行摸底调查，择优使用培训机构，对培训实施过程监管和质量评价。

2. 教育与培训形式及内容

在农业教育方面，除了普通农业教育外，中国开展了多种形式的农业学历教育和非学历教育，包括高等农业成人教育、中等农业成人教育和初等农业成人教育。高等农业成人教育主要是通过农业大学、农学院、农业专科学校等开展的成人函授、自学考试、夜大、专业证书等学历教育。中等农业成人教育是通过农业广播电视学校、农业职业高中等开展的农民技术员、农民技师资格证书教育以及对农业技术员、乡（镇）村干部的岗位资格证书教育和继续教育。初等农业成人教育主要是开展农业技术推广教育和农民绿色证书教育。

近年来，高素质农民培育工作主要依托全国范围的农民教育培训专项工程推进农业农村实用技术和经营技能培训。农民教育培训在形式上体现了多样化和信息化。各地根据实际情况，实行集中培训与现场实训相结合，线上培训与线下培训相结合，采取"一点两线、全程分段"的培育模式，即以产业发展为立足点，以生产技能和经营管理能力提升为两条主线，分阶段组织集中培训、实训实习、参观考察和生产实践。另外，农业经理人培训增加了模拟教学，返乡入乡创新创业者培训增加了孵化指导。除此之外，各地在培育中重视运用信息化手段，如开发高素质农民信息化服务云平台、农业科教云平台，充分利用云计算、大数据、互联网、智能装备等现代信息技术手段，为农民提供灵活便捷、智能高效的在线教育培训、移动互联服务和全程跟踪指导。

农民教育培训内容主要包括三方面：一是综合素质，主要包括职业道德素养、团队合作、科学发展等内容；二是生产技能，主要包括农业生产新知识、新技术、新品种、新成果、新装备的应用，市场化、信息化、标准化和质量安全等内容；三是经营管理能力，主要包括创新创业、品牌创建、市场营销、企业管理、融资担保等内容。

此外，部、省、市、县分工协作，部、省主要开展经营管理、创业兴业能力以及师资培训，市、县主要开展技术技能培训。部级主要开展农民企业家、国家级农业产业化龙头企业和示范合作社带头人培训，省级主要开展青年农场主、省级农业产业化龙头企业和示范性合作社带头人培训，市、县级根据当地主导产业发展需求，统筹开展新型农业经营主体带头人、务农农民、农业工人、社会化服务人员的培训工作。

3. 职业资格制度

目前，中国初步形成了以熟练掌握某项或某方面生产技能为基本目标，结合农业农村关键生产环节分段进行认证的职业资格制度。早在 2003 年，劳动和社会保障部、农业部颁布了《关于印发农作物种子繁育员等 17 个国家职业标准的通知》，对农作物种子繁育员、农作物植保员、动物检疫检验工等 17 个职业（工种）实行就业准入制度。凡从事这些规定的职业（工种）人员，必须限期培训，取得国家统一颁发的职业资格证书，方可就业上岗。此后，农业职业资格制度也体现出与时俱进的特征。例如，以《中华人民共和国职业分类大典（2015 年版）》为依据，2019 年，人力资源和社会保障部、农业农村部、国家粮食和物资储备局根据《中华人民共和国劳动法》有关规定，共同制定了新的农产品食品检验员国家职业技能标准。

（二）日本

日本已经成功地构建了一个多层次、多方位的农业教育与培训体系。一是文部科学省管辖的正规学历教育。普通中学以培养学生健全人格和热爱自然为教育目标，提供农业素养课程和活动；中等专业学校以培养农业经营者为主要教育目标，传授农业生产技术和经营管理知识，重在培育实践能力；高校以培养农业科研人员和涉农领域管理人员为主要教育目标，提供专业教育和科研实践。二是农林水产省和各地政府管辖的非学历研修教育。农业大学校以丰富农业经营者理论知识、提高农业生产实践和经营管理能力为教育目标，给予拓宽视野、解决生产实践问题、学习新技术、理论联系实践等研修教育。三是社会教育。公民馆、图书馆等公共机构提供方便市民接触农业教育的读物、视频、场所、涉农活动等；社会上非政府组织和企业提供各种农业培训班等。在这一农业教育与培训体系中，中等专业学校、高校和农业大学校是提供农业教育与培训的主要力量。其中，高校包含普通大学和短期大学两类。

1. 正规学历教育

（1）中学农业教育。日本中等教育分两阶段进行：前期称为初级中学，学制 3 年，属义务教育阶段；后期称为高级中学，学制 3 年，属于非义务教育阶段。高中根据课程设置情况，又分为普通高中和职业高中，前者以升学为主，后者以就业为主。农业高等学校就是职业高中。

（2）中等专业学校农业教育。农业学校主要招收完成 3 年中学教育（初中）的学生，学制 3 年，课程分一般科目和专业科目。在校实习都结合专业进行，毕业后多数在农村从事所学专业的生产工作，他们对作物、畜牧、水产及农机使用等都很熟悉，并能修理农机等。20 世纪 80 年代以来，农业生产领域中除了少数是大学农学部或短期大学的毕业生外，大多数是农业学校的毕业生。因此，日本培养农业技术实用人才主要靠农业学校，或说中等农业教育是日本农业职业教育的中坚力量。

（3）高等农业教育。日本开展高等农业教育的主体有三类：第一类是综合性大学中设置农学部，这是提供高等农业教育最重要的主体；第二类是以农、农工或水产等校名上标明涉农的农科大学，农科大学在日本高等农业教育中所占比重较小；第三类是内设涉农学科的短期大学，这类学校是高等农业教育的重要组成部分。

日本的大学农业教育主要是三个层次：①大学本科教育，学生是从高中或者高等农业学校毕业后考入，在大学学习 4 年，课程分为一般科目和专业科目，一般科目由有关学院负责讲授，专业科目则按学科分设不同的讲座。②硕士研究生教育，大学本科毕业或经过若干年工作后考入，专业领域比本科更细，在专业学习的基础上进行研究。③博士研究生教育，取得硕士学位后的学习，以科研和专业师资为主要培养目标。日本普通大学里农科本科教育主要由私立大学提供，农科硕士生和博士生教育主要由国立大学提供。

短期大学是日本仿照美国两年制初级学院教育模式，以培养学生专门职业知识和实际能力为目标设立的，学制2～3年。这些短期大学招收高中毕业生，课程分一般科目和专业科目。短期大学的毕业生被授予短期大学士证书或准学士学位。短期大学的规模小、学制短，一般不到1 000名学生，师资兼职多，因而办学灵活性强，便于根据社会经济发展需要及时调整办学思路，因而受到各界重视，就业率高。短期大学的专业设置不多，课程设置和教学内容与本地区经济和社会发展紧密联系，并随时开设适应现代科技发展的新领域或教学科目，因而拥有独特的发展基础。

2. 非学历研修教育

农业大学校属于非学历教育，为研修性质。农业大学校的设置目的是培养农业生产骨干。各农业大学校的专业是根据所在地区的产业特色设置，因此，各地区、各校的专业和课程情况有所不同。农业大学校招收高中或中专毕业生，以及具有同等学力的农业生产关联工作者，学制1～3年，课程分一般教育科目和专门科目。授课教师以外请为主，一般由县政府农业机构公务员、农业试验场研究员、大学及农业团体担任。农业大学校的课程以讲座为主，除了专业课、通识课、公共专业课程外，还有涵盖自然科学和经济、社会、人文等课程，有的还有国际经济、农政以及国外农业研修等内容。实践教育是各农业大学校的教育核心，所谓实践教育是指通过在学校附属的农场、试验场或先进农户等处的实际体验而学习，通过这种体验的教育方法，将实践与理论有机结合，形成了"实践—理论—实践"循环往复的教育系统。

3. 社会教育

社会上也存在一些财团法人农民教育协会的学园或组织，实行体验与研修一体化的农业教育，较为知名的如位于茨城县水户的日本农业实践学园。另外，社会上的各种农业培训班，如务农预备校也发挥着农业教育的作用。务农预备校主要设在城市圈，对愿意开始农业的各类人员进行基本的农业知识和农业生产技术的培训，为农业和农家生活感兴趣的人提供体验活动，时间可长可短。在日本的中小学里，也提供有关农业的教育课程和活动。日本在中小学开展农业教育的历史很长，初中曾普遍设有农业课，后来成为选修课。从 1994 年起，初中开始全面实施新的学习指导纲领，其中有关农业的教育作为国民必须掌握的一般教养而开展。中小学中的农业教育旨在培养青少年热爱大自然、保护环境的意识，同时也增加一些农业常识和提高动手能力。

（三）菲律宾

为了增强农业和渔业部门的竞争力，菲律宾农业培训部为不同种类的农业生产者设计了非常完善的培训体系，其中包括培训、教育和咨询等多项服务。基于不同商品与种类，可分为水稻、玉米和木薯、高价值农作物以及有机农业。

在水稻种植培训方面，菲律宾政府的目标是通过培训中心网络，为农业推广人员开展有关稻米生产各种技术的培训计划，同时，农业推广人员又将为稻农提供新的知识和技能。目前，菲律宾国家水稻研究所已经通过农业部稻米计划，和国际水稻研究所进行合作。在整个培训过程中，政府为农业推广人员和农民提供密集的培训计划，其中包括土地准备、作物管理、机械操作等方面的动手活动。

在玉米与木薯种植培训方面，菲律宾政府正在积极开展农民科学家培训计划，旨在通过这个基于玉米的可持续农业发展伙伴计划提高贫困农民的状况。该培训计划包括三个阶段，即农业研究、开发和推广。具体培训是通过培训中心网络，以无线电为媒介，为农民提供了有关玉米生产全套技术的远程学习计划。木薯的培训与玉米有异曲同工之妙，每年都定期开展木薯培训计划和研讨会。

在高价值农作物种植培训方面，菲律宾的农产品培训机构正在发展优良农业规范培训计划，确保农民能够不断学习技术。该机构会通过广播播出为期一个季度的培训课程，以提高农民对高价值农作物各种生产技术的技能和知识。其也会提供培训计划，使农民在进行高价值农作物生产过程（包括机械化和收获后技术）中获得知识与技术。

在有机农业种植培训方面，为了确保《2010 年有机农业法》（第 10068 号法）的要求能在菲律宾顺利实现，农业培训机构积极开展了研讨会和培训活动，为有机农业提供支持。与其他基于商品的培训计划一样，使用广播为有机农业从业人员提供他们获得竞争力和可持续性所需的知识和技能。

（四）泰国

由于认识到农民培训的必要性，尤其是新技术、生产管理、市场和销售等方面的培训尤为重要，泰国农业部门成立了农业推广局，它是农业技术推广工作的最高管理职能部门，在全国都设立有农业推广办公室。1983年农业推广局推出了"农民培训计划"，其主要目的是给农民提供培训服务。该计划的培训课程主要有农场管理、农业贸易、市场交换基本知识，合作组织与生产协作，生产计划制定，多样化生产与自给自足。该计划推出后，农业推广局首先对农业推广人员进行培训，在完成对农业推广人员的培训后，再由推广人员对农民进行培训，由此展开对农民大面积的培训。2014年，泰国政府实施"新型农民培养发展计划"，其发展目标是通过该计划促使泰国农业向高科技高效农业发展转型。

第三节 世界农业教育与培训的特点

一些国家已经形成了较为完善有效的农业教育与培训体系，呈现出鲜明的特点。这些特点中既有相似之处，也有各自的特色。本节将归纳总结这些特点。

一、欧洲国家农业教育与培训的特点

（一）德国

1. 制章立规下的规范管理

德国的农业职业教育与培训由法律法规做保障。在联邦层面、州层面、行业层面出台了一系列相互配套的规章制度，涵盖了总体原则、框架结构、实施条例和标准等各个环节，如《联邦职业教育法》《巴伐利亚州教育教学法》《巴伐利亚州农林类学校职业教育法》《职业教育条例》《实训教师资格条例》《师傅证书考试条例》《毕业考试条例》等，并且适时修订法律法规，以适应社会经济发展的需要。

2. 理论与实践紧密结合

德国农业教育与培训的最大特色是理论联系实践，学以致用，一切以有效

的实际应用为准绳。中等农业教育重在培养高素质的农业工人和农场经营者，并且在教育时间分配上，课堂理论学习只占 1/3 时间，农场实践的学习时间占到 2/3。高等农业专科学校重在培养高层次应用型农业人才，在理论学习和实践学习上也做出了较合适安排。即使是综合性大学农业类专业的学生，也规定了以劳动者身份进行一定期限的基层农场工作实践。其教育使学生有亲身体验的"懂农"效果和实战能力。

3. 多方密切合作

德国农业教育与培训中，由于"双元制"体制，将学校与社会密切连接在一起，所以教育机构、政府部门、行业协会、企业（农场）以及学生密切配合，一切以培养学生为中心，连很多法律法规性规章制度往往也是相互协商、联合出台。如此多主体的密切合作，在国际上也是不多见的。

4. 清楚和可衔接的职业技术等级制度

德国农业教育与培训的学历等级制度的特点是清楚明确，对每一等级的学习要求、学习方式、学习年限、考试要求、获取证书等交代得清楚明确，严格执行。此外，德国的教育体系为不论处于哪个学历阶段的愿意学习者提供了多样化的深造通道，并且深造通道的多样化是德国教育体系的制度安排，所以，德国高中生直接考大学的比例并不高，他们中很多人更愿意先接受职业技术教育。

5. 职业培训资金来源多元化

德国"双元制"职业教育培训有比较稳固的资金来源，且渠道多元。国家财政是其较为稳定的一个来源，德国整个职业教育培训的经费约占国家教育投资的 15%，并且职业教育培训已经被纳入国家财政预算，由政府提供专项资金保障其发展。企业是其经费的主要来源，整个"双元制"职业培训 75% 的经费由企业承担。国家对于承担学员培训的企业实行一定的税收减免政策。地方政府、州政府负责职业学校的经费开支。此外，社会各界如各行业协会、社会团体也是职业培训的投资者。

（二）英国

英国农业在世界上并不占显著地位，在国民经济中的比重也比较低，但是，英国建立了比较完整的农业支持保护体系，形成了健全的农业科技教育体系，培养了强大的科研队伍。在英国各产业教育培训中，农业教育培训是唯一得到政府资助的培训，全国成立了 16 个地区培训中心，每年约有 30％的农业劳动者参加各种不同类型的农业培训活动，主要特色有：

1. 农业教育培训以市场为导向

农业学院为了求得生存和发展，就必须了解市场的变化，设置新专业，开设新课程，以适应市场的需要。对于各类培训学员，要有严格的考核制度。为避免滥发资格证书，还成立了专门的职业资格评审委员会。

2. 重视师资管理

英国农业院校十分重视对教师的聘用、考核和培训，聘用教师的基本条件包括学历、经历、技能，突出强调教师的实践技能，被聘用者一般要有 6 个月的试用期。每年度对教师进行考核，以此作为晋升或续聘、解聘的依据。

3. 多层次的教育培训

英国的农民职业教育与技术培训以农业培训网为主体，再辅以高校及科研咨询机构，基本形成初、中、高三个教育层次相互衔接，正规教育与业余培训相互补充，分工相对明确、层次较为分明的农民教育培训体系，能够适应不同层次人员的需求。

（三）荷兰

1. 完善的职业教育体系

荷兰已形成特色鲜明的职业教育体系，主要体现在：学生提前分流，职业教育与普通教育互联互通；职业教育层次分明，体系完善；注重职业能力教育，加强考试和课程管理；采取综合措施，减少生源流失；建立专门机构，促进职业教育与劳动力市场对接。

2. 绿色实践教育

中等职业教育强调绿色教育，强调与社会生产实际紧密结合，涉及领域非常广，包括植物、动物、绿化、食品、自然、休闲及环保等，设有不同的专业方向，如食品工艺、景观管理、马匹管理、花卉与设计、动物护理、体育与休闲、护理与环境及农业技术等专业。采用模块式教学方式，特别注重实践教学，学生要经常参加实践培训中心的实践技能操作培训，随时到农场、企业、基地参加实习实践活动。

3. 面向社会开放

任何层次的学员都可参加学习，开设的课程及教学内容不仅与教育、科研、推广和农业经营紧密相关，而且可以根据学员的具体要求开设新课程，以满足农业生产、经营与发展的需要。目前，荷兰农业教育集团正在推行英国商业与技术教育委员会（BTEC）开发并操作运行的证书课程模式，这是一种新型的职业培训模式，以能力本位培养为核心，致力于提高学生的实际操作能力和职业发展空间，是一种国际认可学历、国际标准资格、统一标准课程和适用世界各国的培训方式。

二、美国农业教育与培训的特点

（一）与农业需求密切结合

农业教育与培训内容与农业需求密切结合、与时俱进，这是美国农业教育的主要特点之一，其实也是西方发达国家农业教育的共同特点。从早期注重农业技术教育，如农作物理论和生产技术、农业机械化、农业投入技术效率等内容，拓展到农业经济教育，如农场管理、财务核算、农业投入经济效率等；从个体农场经营管理到宏观市场经济教育，如农产品价格与波动、财政补贴等；从农业经济教育拓展到农户家政教育、农村社区、自然资源保护、生态环境改善等；从国内视野拓展到国际和地区，如新市场开发、国际组织作用、国际竞争等。

（二）有效性和灵活性

美国农业教育与培训讲求有效性和灵活性，学以致用，以灵活性保障有效性。所谓有效性是指受教育者对所学知识和技术的掌握程度、毕业后从事与农业相关的程度、将所学知识和技术用于农业的程度。

美国农业教育的办学形式具有较强的地区性特点，主要取决于当地的经济状况和职业结构，尤其是中等农业教育。高等农业教育的灵活性突出表现为两点：一是课程范围广、门类多，以课程丰富度来提高教育针对性；二是给学生很大的选择权和选择范围，可以依自己的兴趣选课和组合知识结构，从而使得人才培育具有多样性。

美国农业教育有效性较高的原因，主要在于学农业的学生基本出于对农业的兴趣；很多学农业的学生来自农家，他们中不少人毕业后从事农业，尤其是中等教育者；注重理论与实践结合，学以致用，强调实战；课程选择面大和学

231

生选择自主权大，进一步提高了学生的学习兴趣。

（三）农业部门和农业教育与培训单位密切合作

农业部门和农业教育与培训单位密切合作这一特点，美国比其他西方发达国家表现得更为明显。究其原因，一方面得益于政府机构设置体制，美国农业部有些机构（如信息中心、文献中心、研究机构）直接设置在高校中，或合作运营，这使得他们之间具有天然的机构联系；另一方面得益于美国明确的教育、科研、推广"三位一体"协同模式。美国农业部对农业的管理范围是从产前、产中到产后，从田头到餐桌，其分支机构遍布全国。

（四）教育、 科研、 推广 "三位一体" 协同模式

教育、科研、推广"三位一体"协同机制是很多国家在提倡和追求的，因为这有助于以更快的速度将研究成果发挥转化为教育内容的作用，通过教育与推广迅速被农民掌握，转化为现实生产力；深化后的教育内容有助于推动研究和推广；推广工作中遇到的问题能被迅速反馈，从而使研究选题更有针对性，有助于解决实际生产中的问题，有助于将反馈的问题转化教育的新内容，将最新的研究成果与推广中遇到的问题介绍给学生，开阔他们的视野，引导学生研究和解决一些亟待解决的重大问题。这种三位一体的协同模式，美国提得最明确、连接得最有效，更重要的是美国对这种模式提供了最有效的体制保证，比如对农业职业教育院校工作任务中作出的教育、科研、推广三结合安排。

三、中国农业教育与培训体系的特点

（一）凝聚多方力量广泛参与

21 世纪初，中国已初步形成多层次、多类型、多形式的农业教育结构体系框架。过去 20 年中，中国政府根据农业和农村经济发展的实际需求，加快建设具有中国特色的农民教育培训体系，加强育训结合，统筹农业广播电视学校、涉农职业院校、科研院所、推广机构、农业企业、新型农业经营服务主体、涉农高校、职教中心、专业协会、技术服务公司等教育培训资源，基本形成了农村部门牵头，公益性培训机构为主体，市场力量和多方资源共同参与的教育培训体系。在该体系中，各级农业广播电视学校的支撑作用更加突出，涉

农职业院校投入农业农村人才培养力度更加有力，科研院所、农民合作社、农业企业、农业园区等多元力量参与农民培训更加广泛。

（二）注重农民学历教育与技能培训的有效衔接

近些年，中国在农民教育和培训方面越发重视统筹使用各类教育培训资源，推进农民技能培训与学历教育的紧密衔接。一方面鼓励各级农业广播电视学校、涉农职业院校、科研院所等发挥优质资源优势，拓展面向高素质农民的培训服务。另一方面鼓励培训机构组建学历提升班次，组织有学历需求的参训人员与职业院校对接，建立培训课时与学分转换机制。2019 年，农业农村部、教育部启动高素质农民学历提升行动计划，着力构建短期农民培训与中长期农业职业教育相互衔接、互融互促的新型农民教育格局。

（三）重视现代农业带头人的培育

根据乡村人才振兴需求和现代农业发展进程，培育有文化、懂技术、善经营、会管理的高素质农民受到中国政府高度重视。"十三五"以来，农业农村部大力实施高素质农民培育计划，推动农民技能培训。以种养大户、家庭农场主、农民合作社和农业社会化服务组织骨干以及返乡下乡创新创业者为重点，以提高生产经营能力和专业技能为目标，开展农业全产业链培训，提高农民产业技能水平。在高素质农民培育政策助力下，各地高度重视农村实用人才带头人、农村创业创新带头人、乡村振兴带头人、农村产业扶贫带头人、新型农业经营主体带头人、农业经理人的培养，各类带头人的数量不断增加，分类培育现代农业带头人也成为现阶段中国高素质农民培育工作的重点。

四、日本农业教育与培训体系的特点

（一）教育方针明确、法律法规保障

初级、中等、高等三个不同层次的学校农业教育目标，定位清楚，各有其特点。初级农业教育以认知和培养农业和大自然感情、塑造儿童健全人格为目标，中等农业教育以培养农业应用型技术人才为目标，高等农业教育的本科和大专阶段以培养高层次农业管理人才为主要目标，高等农业教育（大学院）的研究生阶段以培养农业研究人员和教学人员为主要目标。农业大学校以实践培

训教育为主，提升农业经营者的实践能力。

发展各种教育形式，以满足不同教育机构的需求。及时出台相应的法律法规，提供法律法规保障，落实办学经费等支持措施，并且根据社会经济发展阶段对教育的需求进行相关法律法规修订。

（二）适应发展阶段、产学密切结合

在经济发展过程中，产学密切结合是日本农业教育的一个基本思想。日本农业教育的机构形式根据不同社会经济发展阶段的需要而创新或调整。例如，随着明治维新，全面转向学习西方，引进现代科学技术，兴办起一批新型的现代大学，今天依然是日本大学核心的"七帝官十一"大学就起源于那个时代；同时，出于农业科学技术的需要，兴办起一批农事讲习所、农事修习场、农业试验场、农业学校等。20世纪60年代日本经济起飞时期，为了稳定农业后继者和提升农业生产力，兴办一批农业高中、短期大学、农业大学校等。

（三）理论联系实践、强化实战能力

日本农业教育的又一个突出特点是理论教学密切联系实践教学，着重培养学生的实际操作能力和适应社会发展能力。日本农业教育的主体对象是培养有一定理论知识、富有实践能力的农业人才，以发展生产力为主要目的，提高国民生活质量，农业产业教育包括生产、流通、消费的全部活动过程。不仅教给学生自然科学知识，还有社会科学知识和生活知识等，以适应社会发展的需要。所以，在农科学生的施教过程中与农户、农场、农产品企业密切联系和配合，使学生有切身农事体验和动手能力。学生毕业后，很快能就职就业并能胜任工作，得到社会的承认。

学校设有设备良好的实习农场。各学校除校本部有各种设备先进的试验室（如计算机室、生物工程室、组培室等）外，还有专用实习农场为实践教学服务，供学生进行实习。学生参加生产的全过程，实习中培养学生的动手能力，掌握主要农事活动的全过程和基本操作技能，直到商品出售，都是在教师的指导下，由学生亲自动手完成。实习农场把育人、商品生产、经济效益紧密结合起来，围绕教学、实践和市场搞好学生实习。除了生产实践外，还进行社会调查、国内外考察。

综上所述，从发达国家农业教育与培训体系的发展历程看，基本上都经历

了一个从无到有、从不完整到完整、从低级到高级的过程。国家间相互学习借鉴，最终形成了体系框架相似、具体有所侧重的农业教育与培训体系。纵观近200年发达国家农业教育与培训的内容，大体经历了从侧重农业科技应用拓展到农场经营管理，从农场内部经营管理拓展到外部市场，从国内农产品竞争拓展到国际竞争，从关注经济层面拓展到社会层面，从关注农业产业拓展到关注"地球村"。

从发展中国家农业教育与培训的发展程度看，大体可分为两类。一类是社会稳定、具有农业教育与培训体系的发展中国家。另一类发展中国家可以说还谈不上农业教育与培训体系，这类国家主要是低收入国家，主要分布在非洲、拉丁美洲、东南亚和南亚，总体教育水平很低，甚至文盲率很高。这些国家学历性的农业教育非常薄弱，主要体现为农业技术培训，尤其是在国际组织和国外政府帮助下开展的技术培训。

社会经济发展与教育发展具有一般规律，因此，当前各国表现出的农业教育与培训现状差异看起来像是各国的独特性，实质上是各国处于社会经济和教育不同发展阶段的表现，或说是处于该发展规律不同轨迹点的前后位置。

第十章 CHAPTER 10

世界农业技术研发和推广 ▶▶▶

农业技术是世界农业发展的源动力,优化农业科技资源配置、强化农业技术研发、促进农业技术推广一直是世界各国农业科技创新改革的重点内容。在土地、农业劳动力等要素的约束下,必须依靠技术研发与推广实现创新驱动,为农业可持续发展提供动力。

第一节 世界农业技术研发与推广现状

19 世纪中叶以来,世界农业科学发明、生产工具使用、生产技术应用等取得突破性阶段性发展成就,成为今天世界现代农业科技研发、推广体系建设的基础,为世界现代农业发展提供了核心动力。

一、世界农业技术研发现状

(一)农业技术研发体系

世界各国农业技术研发体系主要包括政府、农业高校、农业科研机构以及私人部门。其中政府在世界各国农业技术研发中居主导地位,私人部门是主要发达国家农业技术研发的重要参与者,而在发展中国家私人部门的参与度较弱。在美国等发达国家中,私人部门投资加快了农业创新链延伸。美国农业技术研发体系中政府发挥主导作用,近年来美国政府在食品和农业科技投入中占比 27.6%,美国的公共农业科研机构包括美国农业部农业研究局(ARS)和以赠地学院为基础发展而来的州立大学(如密苏里大学);美国农业技术研发的私人部门主要包括美国生物技术公司、农化企业以及非营利的私人农业科研机构，例如孟山都公司、杜邦先锋公司与唐纳德丹佛斯植物科学中心等，其中私人部门是美国最大的农业技术研发投入主体。在发展中国家，政府发挥主导作用，私人部门的参与度较弱。印度的农业技术研发体系包括政府、印度农业研究理事会（ICAR）、中央及邦立农业大学以及私人部门（如塔塔集团），印度农业技术研发投入以政府为主导（政府拨款占农业技术研发总投入的90%），私人部门参与度较低（私人部门投入占比仅有10%）。中国农业技术研发体系主要包括政府、各级公共农业科研机构、农业高校以及市场部门，但目前政府资金占农业技术研发投入的比例在80%以上，政府以外资金总和占农业技术研发投入比例不足20%。此外，一些国际研究机构，包括国际农业研究磋商组织（CGIAR）等，在促进世界农业技术研究推广中也发挥了重要作用。

（二）农业技术研发制度

农业产业的弱质性与不确定性，决定了政府需制定完善的农业技术研发制度以解决农业市场上出现的外部性、信息不对称等市场失灵问题以及缺乏平台支持、融资困难等基础问题。

1. 发达农业国家技术研发制度

当前世界主要发达农业国家形成了法律法规完善、资金渠道多元化、产学研协同高效、农业教育发达的农业技术研发制度体系。

美国农业技术研发制度具有目标明确、研究领域广泛、关注重点前沿等特点，包括全国计划与协调政策、确定研究项目内容政策、确立研究重点政策、研究项目执行与管理政策、检查与评价政策等方面。立法方面，美国以《农业法》为蓝本，相继出台《莫里尔法》《斯蒂文森-怀德勒技术创新法》《专利法》《植物品种保护法》等促进农业科技创新与高质量发展的法律法规。资金方面，美国政府除加大科研资金投入、颁布相关政策（《农业试验站法》《史密斯-利弗农业推广法》）外，还通过制定优惠政策撬动商业银行参与农业科技创新。此外，美国农业科技政策还有分工合理，建立灵活、高效的运行机制，以及企业为农业科技创新主体的特点。

日本农业技术研发制度的特点有农业经济立法、实施倾向性财政金融政策、重视发展农业科技和农业教育、鼓励推动协同组织等。日本十分重视科学技术制度改革，把推进科学技术活动的国际化作为重要政策，且日本的农业财政补贴政策属于农业科技政策中重要组成部分（如《农业改良助长法》《农业协同组合法》《科学技术基本法》等)。资金是构建日本农业科技政策的基础,"政府管政府,企业管企业""政策性金融防范制度保障"是日本农业科技财政的主要举措。农业人员教育是日本现代农业科技政策的核心,建立了培养农村青少年的农业学校、培养农业生产经营人才的农林水产学校以及培养高等人才的国立综合大学"三位一体"的教育体系。

韩国农业技术研发制度具有重视教育和农业投入、关注产学研结合、重视农业机械化、重视农业生态环境以及农业管理机构精简等特点。通过三级立法体制,韩国形成了较完善的农业农村法律体系。同时,韩国通过设置农村振兴厅以加强农村建设、农民教育与农业组织立法,其农业产业的持续性发展依赖于农业科技教育的发展以及农业法律法规的保障。荷兰、以色列等国农业技术研发制度具有立法为先、推进农业科技创新、政府投入为主、多渠道筹资为辅、农业科技体制改革企业化等特点。

2. 发展中农业国家技术研发制度

1949 年新中国成立以来,中国政府一直高度重视农业科技创新体系建设和改革,尤其是近年来加大政策支持力度,充分体现出优秀人才向农业科研一线引导转移、各领域资金向农业科研聚合投入、激励政策向科学家倾斜的优势。以法制保障农业科研工作开展,《农业法》《促进科技成果转化法》《科学技术进步法》相继修订实施,2015 年新修订的《促进科技成果转化法》,创新实施一系列新措施,推动科技成果三权下放,提高科技成果转化的法定奖励比例;先后设立促进科技成果转化引导基金、实施技术创新引导专项,推进金融对科技成果转化的支持;构建有利于科技成果转化的科研评价体系等。当前科技成果转化政策的特点是更加尊重市场规律、更加重视知识产权、更加强调企业是科技成果转化主体并更加聚焦市场保障机制。为加快农业科技体制改革、突破影响农业科技创新瓶颈、深化人才发展机制、健全农业科技创新体系等方面提供了法律与政策支持,也为中国农业践行"三创一体"与乡村振兴战略提供重要保障。

印度的农业技术研发制度具备科学合理的顶层管理机制,ICAR 作为农业部的隶属机构,承担着印度主要农业技术研发项目落实、高端农业人才培养等方面的职责。其主席由农业部长兼任,委员以知名科学家为主,下设机构集成了综合委员会与管理委员会。此外,印度农业技术研发制度还旨在构建组织规范、运作高效的集科研、推广以及教育为一体的协同体系,优化农业科技服务推广形式，加大科技宣传力度，鼓励私营部门参与农业技术研发，提高农业科研人员待遇等。

（三）农业技术研发投入

从农业技术研发投入强度来看，发达国家农业技术研发投入强度的平均水平为 2.37％。其中，美国农业技术研发投入包含农业和农业相关联的食物板块，从强度变化来看，2000—2014 年，美国农业技术研发投入强度从 6.48％上升到 7.24％。2007 年日本农业技术研发投入强度超过了 4％，2010 年和 2011 年分别是 5.19％和 5.17％，日本农业技术研发投入强度远高于目前发达国家农业技术研发投入强度的平均水平。德国的农业技术研发投入强度由 2000 年的 1.90％提高到 2015 年的 4.80％，提高了 2.90 个百分点。发展中国家农业技术研发强度多处于第二梯队，农业技术研发投入强度为 1.5％～2.4％，如巴西、智利等。从农业技术研发经费支出结构来看，发达国家主要以稳定支持的方式对农业科研机构、农业高校及私人部门进行资助，只有较小部分以基金等形式委托给了相关主体，如德国联邦政府管理的农业公共科研机构资金 90％来源于政府稳定的支持。此外，发达国家农业基础研究经费占比较高，德国将大量技术研发资金投入基础研究领域，德国联邦食品及农业部农业科技预算的主要支出对象为朱利叶斯·库恩研究所（JKI）、弗里德里希·洛夫勒学院（FLI）、马克斯·鲁伯纳研究所（MRI）、约翰·海因里希·冯·图纳研究所（VTI）四大机构，四大科研机构的研究重点聚焦于基础研究，主要任务是进行农业领域原始创新。日本与韩国农业技术研发投入中基础研究占比较高，其中韩国农业基础研究占比为 37.78％，日本农业基础研究经费稳定保持在 25％以上的水平。发展中国家农业基础研究比例相对较低，与国际上公认的基础研究、应用研究、试验发展投入比为 14∶24∶62 的"黄金比例"相差较大。

（四）农业技术研发产出

农业技术研发产出是指由个人或组织完成的具有学术价值或者经济效益的科技成果，主要包括论文、专利、新设备、新工艺等，其中论文与专利是农业技术研发产出的重要表现形式。

1. 论文产出情况

从论文量指数来看，前 22 名基本被发达国家占据（包括美国、英国、日本等），发展中国家中仅有中国、巴西、印度、波兰和墨西哥 5 个国家。

从论文质量指数来看，瑞士、荷兰两国领先，发展中国家里中国排名最高（第 16 位），其余发展中国家排名更为靠后。

从论文高被引指数来看，前 10 名仅有中国一个发展中国家（排名第一），其余均是发达国家，美国和英国分别排名第二和第三，其他发展中国家的排名均较为靠后。CNS 期刊（Cell，Nature，Science）发文量情况与高被引论文量指数情况基本类似。

2. 专利产出情况

从发明专利申请量来看，排名前 22 的国家中发达国家占 81.82％，包括美国、德国、韩国、日本等，发展中国家里仅有中国、巴西、印度与墨西哥 4 个国家上榜，且巴西、印度与墨西哥 3 个国家基本处于末位。

从专利授权来看，前 22 名中发达国家排名均较靠前，发展中国家中除中国排名第一外，其余发展中国家印度、巴西、墨西哥分别排第 16 位、第 20 位和第 21 位，均较靠后。

从专利被引来看，排名前 20 的发展中国家仅有中国与印度，且印度排名第 19 位，其余均为发达国家，前 22 位中巴西、墨西哥分别排第 21 位与第 22 位。

此外，从 22 国技术领域专利竞争力指数来看，动物疫病防控、农业生物技术、作物种质资源与育种、动物养殖与管理、作物有害生物防控、农业机械装备、动物营养与饲料、植物营养与肥料八大技术领域中，前 15 名除中国外均是发达国家（美国、日本、韩国、德国等），巴西、墨西哥与印度的排名均较靠后。

二、世界农业技术推广现状

农业技术推广是通过试验、示范、培训、指导以及咨询服务等，把种植业、林业、畜牧业、渔业的科技成果和实用技术普及应用于农业生产的产前、产中、产后全过程的活动。世界上的农业技术推广始于西欧，100 多年来，推广体系随着历史的发展及科学技术的进步，不断调整，逐步改善，各国的发展不尽相同。

（一）发达农业国家技术推广现状

发达农业国家中，美国农业技术研发投入约 50％用于农业技术推广，构建了联邦政府、州政府、地方部门"三位一体"的格局，美国国家统计局、私人部门、农业高校、非营利机构以及农业协会广泛参与，建立了以点带面的农业技术推广系统；此外，美国政府还建立农业科教园、农业信息化服务网站等，加快农业科技成果的推广与转化。欧盟通过推进农村基础设施建设及网络化、现代化改造，积极落实农村、农民咨询系统建设与完善等措施，提高农业技术推广效率。日本则主要发挥中央、县与地方三级农协的作用，日本农协除了发挥农业生产过程全程跟踪服务外，还承担农产品信贷、销售与初加工的责任，为保证农业技术推广质量，日本建立了农业科研机构、农技人员、农民"三位一体"的农业技术推广体系，其中农技人员服务于农业生产第一线，并收集农民生产过程中的难题上报农业科研机构，难题得以解决后，农技人员再反馈给农民。

（二）发展中农业国家技术推广现状

越来越多的发展中农业国家和最不发达农业国家重视农业技术推广工作，因地制宜构建不同形式的技术服务模式，促进了各国农业增长。

中国农业技术推广主要有以下特点：第一，政府先后出台了一系列农业技术转化与推广项目。从 1982 年的国家科技攻关计划到 1997 年的"973"计划、2006 年的农业科技成果转化资金项目、2014 年的国家科技支撑计划等，为促进农业技术转化推广，发挥了重要的引导作用。第二，全国构建了"四位一体"的农业技术推广体系，即以政府引导支持为基础，以农业研究机构和农业高等学校为依托，以大型企业等市场力量广泛参与，以农业高科技园为推广依托；具有法制完善、农业研发体系健全、研发人员素质高以及产学研推联系紧密的高效技术推广机制。第三，形成了良好的农业技术转化与推广环境。首先政府加大资金支持，累计投入 58.5 亿元基本建设资金，改善乡镇农技推广机构工作条件；中央财政每年投入 26 亿元，支持全国 2 500 多个农业县健全农技推广体系，提升农技推广效能；此外还通过撬动社会资本参与农业技术创新等方式拓宽资金渠道。

印度农业技术推广体系主要以公共技术推广为主，印度农业与农民福利部负责组织和指导全国农业技术推广工作，同时针对公共农业技术推广系统存在的问题，印度通过建立有偿农业技术推广机构、创新农业技术推广载体（农民生产者组织）、开发信息化工具（农民门户网站、农民短信中心与手机应用程序）等手段实现了对公共农业技术推广系统的有益补充。

印度尼西亚农业技术推广模式属于政府主导、多组织参与型，其中中央政府属于领导力量，主要负责政策制定以及细化农业技术推广的内容与方向，农业科技园区（负责培训、传播与孵化）、农业合作社（负责上传下达）、农业企业（负责发挥市场与技术优势）以及农业高校（负责技术人员培训、农业教育与农业研究）等主体也是印度尼西亚农业技术推广体系的重要组成部分。

第二节　世界农业技术研发的重点领域

发达国家农业技术研发的重点领域包括农业可持续发展、气候变化、食品安全与营养以及提升农业附加值等方面，旨在提高其农业国际竞争力、创造农业新的增长点、稳定食物供给以及提高国民福利。如美国农业技术研发方向主要集中在种植系统与作物保护、动物系统与动物健康、环境与自然资源、食品与饲料加工、农业机械与工程、人类营养与食品安全、社会与交流发展、经济评估与政策等领域。发展中国家农业技术研发的重点领域主要包括种质资源、动植物新品种培育以及农机装备等方面，旨在通过技术研发提高农业科技进步贡献率、保障粮食安全与粮食生产，并缩小与发达国家的差距。部分发展中国家伴随农业产业转型升级的加快，生态农业和智慧农业也逐步成为其技术研发的新领域。

一、农业可持续发展

美国支持农业可持续发展技术研发的举措包括：①通过基因和精准农业技术增强作物病虫害和动物疫病抗性，提高农业生产能力。②推进作物和畜牧生态系统发挥，并寻找替代策略。③强化涉及动植物生产、经济、土地、水、能源、环境管理、农村等数据监测和统计分析，强化生产和营销系统建设。④提高动植物产品中营养、代谢物和其他成分的效用和价值，提升农产品质量。

英国支持农业可持续发展技术研发的举措包括：①应用跨学科、跨尺度和跨系统等方法管理农业生态系统、土壤健康和资源利用，从而提高农业的可持续性和复原力。②开发新的策略来预测、检测、管理威胁动植物健康的疾病，并改善养殖动物的福利。③利用基因组学和遗传多样性来开发下一代改良作物和养殖动物。④将生物科学与新型工程技术结合，开发数字和预测工具，以支持精准农业和智能技术发展，支撑农业决策。

进入 21 世纪特别是中共十八大以来，中国农业农村经济发展成就显著，现代农业加快发展，物质技术装备水平不断提高，农业资源环境保护与生态建设支持力度不断加大，农业可持续发展取得了积极进展。支持农业可持续发展技术研发的举措包括：①加强农业科技自主创新、集成创新与推广应用，力争在种业和资源高效利用等技术领域率先突破，大力推广良种良法；大力发展农机装备，推进农机农艺融合；因地制宜推广节水、节肥、节药等节约型农业技术。②发展节水农业，推广渠道防渗、管道输水、喷灌、微灌等节水灌溉技术；积极推行农艺节水保墒技术，改进耕作方式，调整种植结构，推广抗旱品种。③推广高效、低毒、低残留农药及生物农药和先进施药机械，推进病虫害统防统治和绿色防控；加快可降解地膜的研发。④加强畜禽遗传资源和农业野生植物资源保护，遏制生物多样性减退速度；建立农业外来入侵生物监测预警体系、风险性分析和远程诊断系统，建设综合防治和利用示范基地，严格防范外来物种入侵。

二、气候变化

美国在气候变化方面技术研发的重点领域主要包括乡村规模保护与管理、气候研究与恢复。相应支持的举措包括：①确保农业用地、林地和私人土地得到保护和恢复，使农业生产更能适应气候变化和干旱等影响。②科学制定发展战略和管理办法，缓解和应对气候变化，使农业系统适应不断变化的天气状况和温度条件，以确保粮食安全。

欧盟支持气候变化技术研发的举措包括：①发展城市农业或垂直农业，分析和确定城市农业或垂直农业在减缓和适应气候变化、保障城市粮食安全、加强农业可持续集约化及减少土地相关生物多样性风险中的潜力。②应用新型作物育种技术适应或减缓气候变化，评价新型作物育种技术的现状，确定存在的技术差距，确定各种技术在适应气候变化方面存在的挑战和潜力，确定未来该领域的研究内容与研究方法。③在畜牧业中应用表型/基因型和新型育种技术适应或减缓气候变化，评价畜牧业中表型/基因型和新型育种技术的应用，评价牲畜饲养、健康、圈舍和管理技术，并根据用户的需求确定未来该领域的研究内容与研究方法。

中国支持气候变化技术研发的举措包括：①推广旱作节水农业技术。在华北、西北等旱作区建立 220 个高标准旱作节水农业示范区，示范推广蓄水保墒、集雨补灌、垄作沟灌、测墒节灌、水肥一体化、抗旱抗逆等旱作节水技术，提高水资源利用效率。②提升水利信息化水平。2019 年，水利部印发实施《智慧水利总体方案》，启动水利网信水平提升三年行动（2019—2021 年）。基本完成国家地下水监测、水资源监控能力、防汛抗旱指挥系统二期、水利安全生产监管等信息化工程建设。③围绕制约农业绿色发展的控水提质增效、秸秆循环利用、畜禽粪污资源化利用、农膜污染防控等八个重大关键技术问题持续攻关。

三、食品安全与营养

美国农业食品安全与营养技术研发的重点领域包括农业食品安全与卫生、营养与健康促进。相应的支持举措包括：①强化食品安全相关研究，以减少食源性疾病。②阐明不良的饮食和营养选择促进机制。③为低收入家庭提供更好获取营养食品的途径。④通过提高食品加工与包装效率，降低食品的总体加工成本，最大限度地减少食物浪费。

澳大利亚支持农业食品安全与营养技术研发的举措包括：①将营养科学确立为国家优先研究方向，基于多学科合作和创新聚焦相关技术开展攻关，创造重大健康和经济效益。②建设国家营养实时数据库，通过收集和分析澳大利亚人群的膳食摄入和健康信息，指导国家政策和干预策略的制定，促进营养科学的发展。③创建国家营养信息平台，提供科学可信的营养信息，提升全社会的营养科学素养。

新加坡支持农业食品安全与营养技术研发的举措包括：①侧重于植物和微生物蛋白质以及细胞培养肉研究，主要研究包括开发基于生物技术的高价值、可持续和营养的蛋白质生产新方法；研发替代蛋白质及其加工和规模化生产，使新加坡成为领先的替代蛋白质研发中心；通过使用未充分利用作物以及农产品和食品废弃物，开发循环生物经济和改善自然资源的可持续性技术。②提升食品安全科学能力，支持食品生产和制造方面的创新，并制定新的食品安全标准。主要研究包括明确新型食品带来的新安全风险，含毒性、过敏性和其他风险；开发早期预警和预测建模系统，利用人工智能技术整合和分析新出现的病原体、食品欺诈和其他食品安全风险数据；了解消费者对食品创新的看法，促进有效的公共交流和教育工作，提高食品创新的可接受度。

中国支持农业食品安全与营养技术研发的举措包括：①加快食物与营养科技创新。针对食物、营养和健康领域的重大需求，引导企业加大食物与营养科技投入，加强对食物与营养重点领域和关键环节的研究。加强对新食物资源开发和食物安全风险分析技术的研究，在科技创新中提高食物安全水平。加强食物安全监测预警技术研究，促进食物安全信息监测预警系统建设。深入研究食物、营养和健康的关系，及时修订居民膳食营养素参考摄入量标准。②部署食品制造与农产品物流科技支撑及食品营养与安全关键技术研发等重点专项，聚焦加工制造、营养健康、智能装备、质量安全及包装物流等研究方向。③加强平台支撑。以国家高新技术产业示范区、创新型县市为载体，持续推动成果转化，打造高水平人才高地、创新高地、开放高地。④加强食品的生产、储藏与加工、综合利用等，在综合性交叉领域开展具有战略导向性的基础研究；依靠科技实现"三大安全"的保障功能。

四、提升农业附加值

美国支持提升农业附加值技术研发的举措包括：①为农业和农村地区的农业系统、生物经济（包括生物燃料和生物能源）以及新型补充作物和替代作物提供基础设施、产品增值和创新方面的支持。②通过新技术和系统设计，提升农产品、新型作物和牲畜以及林业产品的价值，以创造新的市场、新的国内供应链以及更多的就业机会和经济发展机会。

澳大利亚支持提升农业附加值技术研发的举措包括：①从农场到消费者的源头保护技术。②农业产品质量和营养优化技术。③智能包装、加工和食品安全技术。④定制和个性化食品创新技术。⑤新市场和无摩擦贸易系统。此外，澳大利亚还将通过加强食品系统合作研究中心与利益相关者合作、建立基于数字平台的跨境食品贸易区等方式提升农业附加值。

五、种业

发达国家形成了以企业为主体的种业创新体系、严格的种子管理体系、不断加大的研发投入与国际化等种业发展举措：①以企业为主体的种业创新体系。美国于20世纪初期开展了种子认证，种业发展开始逐步面向市场，形成了种业企业繁育、出售公共研发机构产出的种子，公共研发机构进行改良的局面。到了20世纪70年代，美国进入现代种业时代，加大了植物专利权保护程度，激发了私人机构进入种业领域的热情，通过专利购买、自主研发等措施掌握了全球大量种质资源，培育了大量优质高效品种，确立了全球种业研发领导者的地位。2018年，德国拜耳公司收购了美国生物技术公司孟山都，成为全球最大的种业企业，巴斯夫也是德国著名的种业企业。近年来，德国种业企业基于数字化技术全程介入农业生产促进了种业业务与农化业务的整合，并通过全产业链纵深强化了自身的领头羊地位。②严格的种子管理体系。为确保种业的全球化优势，各国均形成了严格的种子管理体系。如美国的《种子进口法》《联邦种子法》对商品种子进行了较为全面的规定。日本通过强有力的知识产权保护与立法保护确保种业的研发、防止种子的外流，并于2021年实施了新的《种苗法修正案》。③不断加大的研发投入与国际化。各国种业企业不断加大研发投入强度与研发国际化进程。利马格兰集团年均销售收入的1/6用于研发，并在全球拥有100多个育种研发中心。拜耳在全球拥有近两万名育种工程师，针对不同地区资源禀赋结构开展育种研发工作，每年销售收入的1/8用于研发（超过20亿欧元）。

近年来中国促进种业发展的相关举措如下：①加强农业种质资源保护开发利用，加快第三次全国农作物种质资源、畜禽种质资源调查收集，加强国家作物、畜禽和海洋渔业生物种质资源库建设。②加强自主创新能力，开展关键核心技术攻关。③支持种业龙头企业建立健全商业化育种体系，加快建设"南繁硅谷"，加强制种基地和良种繁育体系建设，研究重大品种研发与推广后补助政策，促进育繁推一体化发展。④加强种业知识产权行政和司法保护。

六、粮食安全

近年来，中国一直致力于提高保障粮食安全的能力，粮食生产技术研发投入处于优先位置。实行测土配方施肥，推广秸秆还田、绿肥种植、增施有机肥、地力培肥、土壤改良等综合配套技术，稳步提升耕地质量。深入推进玉米、大豆、水稻、小麦国家良种重大科研联合攻关，加快优质专用稻米和强筋小麦、弱筋小麦，以及高淀粉、高蛋白质、高油玉米等绿色优质品种选育，推动粮食生产从高产向优质高产并重转变。印度在保障粮食安全方面的举措为重点培育抗逆性强和高品质的新常规品种的杂交品种。吉尔吉斯斯坦农业技术研发的重点领域为粮食安全与营养，旨在增加国内基本食品的产量并提高其稳定性，确保国民享有足够数量的多样化优质食品以及建立有效的粮食安全管理体系，监测和评估粮食安全与营养计划。

七、种质资源

中国在加强农业种质资源保护与利用方面的举措如下：①开展农业种质资源全面普查、系统调查与抢救性收集。完善农业种质资源分类分级保护名录，开展农业种质资源中长期安全保存。②搭建专业化、智能化资源鉴定评价与基因发掘平台，建立全国统筹、分工协作的农业种质资源鉴定评价体系。深度发掘优异种质、优异基因，强化育种创新基础。③充分整合利用现有资源，构建全国统一的农业种质资源大数据平台。④组织实施优异种质资源创制与应用行动，推进良种重大科研联合攻关。深入推进种业科研人才与科研成果权益改革，建立国家农业种质资源共享利用交易平台。

印度在种质资源保护方面的举措包括：①加强有应用前途种子的引进。引入40多个国家10万余份样本，如抗真菌、高蛋白的波兰小麦品种 Wirtas 等。②基于作物和畜牧培育及改良，重点培育抗逆性强和高品质的新常规品种的杂交品种。③制定食用鱼及观赏鱼的育种技术规范，研究新型水产养殖技术。

八、其他领域

在要素禀赋约束较强的北非国家，其农业技术研发的重点领域有着鲜明的地域特性。埃及农业技术研发的重点领域除了现代化农业科技和有机农业种植外，还聚焦于旱作农业节水技术，如抗旱良种的培育和筛选、节水机械研究、节水技术研究等。

第三节　世界农业技术研发应用的趋势

一、智慧农业

发达国家智慧农业的第一个典型特点在于数字技术深度嵌入农业生产全过程。如大数据技术的运用实现了农业研发、农业生产、农业销售的有效衔接，很大程度上消除了农业全产业链的信息不对称。又如传感技术的应用实现了养分、种群、气候变化等重要参数的持续监控、实时获取与动态反馈。第二个典型特点在于政府的大力扶持。如日本政府通过定向减税降费、给予转向补贴和无息贷款等多种组合手段强化智慧农业发展，并鼓励民营企业进入智慧农业领域。第三个典型特点在于智慧农业人才的培养。如日本将在新的高中学习指南中重点关注创新智慧农业技术，同时鼓励农业高校的大学生参加结合了智慧农业新技术的实践课程。又如美国政府通过项目与高校联合，为智慧农业发展提供高素质、多样化的人才。

（一）日本智慧农业

经过政府多年引导和扶持，日本智慧农业发展取得了较大成效。一方面，智慧农业相关的智能技术已基本覆盖农业各细分领域且发育程度日臻成熟（表10-1）；另一方面，智慧农业相关技术的采纳程度日渐提高，市场主体不断增多、规模不断扩大。

1. 智慧农业技术呈现"精、细、辅"特征

日本在制定智慧农业发展方向时，注重立足于小农生产实际，强调服务小农的功能定位。日本智慧农业相关技术具有明显服务小农生产的特点：一是基于日本小农精细化作业特点，相关智能技术更加强调"精"；二是技术覆盖领域更"细"；三是日本智慧农业的发展更加强调对人力的辅助与替代。

2. 政府和市场合力推进智慧农业技术发展

整体来看，日本智慧农业尚处于产业发展的早期阶段。在这一阶段，日本智慧农业还面临政策法规尚不完善、产业规划存在缺失、政策扶持力度不够等挑战，尚需强化政府主导。为此，2013年底，日本农林水产省成立了"实现智慧农业研究小组"，该小组主要职能是绘制智慧农业发展的路线图并提出针对性的政策措施。在强调政策支持的同时，更注重给予财政扶持。仅农业智能机器人这一专项，2015 年，日本农林水产省就通过"机器人革命"预算支出了 51.95 亿日元。近年来，日本正根据《农业竞争力强化支援法案》，通过定向减税降费、给予转向补贴和无息贷款等多种组合手段强化智慧农业发展，重点鼓励民营企业进入智慧农业领域，以增强市场活力，促进公平竞争。

表 10 - 1　日本智慧农业相关技术研发应用情况

技术分类	技术明细		
无人机技术	田地和农作物可视化*	授粉工作*	农药喷洒**
	农产品运输*	施肥**	播种**
	野生鸟类和动物破坏对策*		
农业机器人技术	自动操作系统**	割草机*	畜舍清洗*
	自动水果分拣系统*	辅助服务**	
	通用自走式机器人*		
	机器人拖拉机**	自动喂食***	收割机*
	运输机器人*	喷雾器*	挤奶***
	水稻插秧机**		
环境监测控制技术	设施环境测量**	水位测量**	水位调整**
	设施环境控制**	野外环境测量**	土壤分析**
	畜舍环境控制**		
畜牧管理技术	接触感应*	非接触式感应*	
生产流程管理技术	生产经营管理系统**	技术继承系统**	
	病虫害远程诊断系统*		
其他技术	家畜饲养管理**	家畜环境应对*	放牧管理*
	野生鸟类和动物破坏对策**		

资料来源：日本农林水产省。

注：*示范阶段；**市场化推广阶段；***普及阶段。

3. 为智慧农业提供技术和智力支撑

技术研发方面，一是高度重视智慧农业相关技术的自主开发，力争做到将核心技术掌握在自己手中；二是重视引进吸收其他国家在智慧农业方面的先进科技成果。此外，鉴于智慧农业的关键技术来自工业领域，尤其是来自机器人、人工智能（AI）等智能制造领域，日本非常注重从本国工业领域到农业领域的技术转移。例如，近年来，在政府鼓励下，日本电信行业巨头 NTT DOCOMO 公司、新兴高科技公司（软银等）纷纷进入智慧农业领域。

数字人才培养方面，从 2022 年起，日本将在新的高中学习指南中重点关注农业机械的自动控制和 AI 等创新智慧农业技术。对于农业高校，一方面，农业高校的大学生可以参加结合了智慧农业新技术的实践课程；另一方面，部分农业高校从各类智慧农业技术开发机构选聘外部讲师，由其负责向大学生讲授当前智慧农业新技术的发展情况。

（二）德国智慧农业

德国智慧农业的发展十分重视新技术的使用，不仅信息技术、遥感技术、计算机技术等在德国农业全产业链中的嵌入度较高，还形成了物联化的数字农业知识与信息系统。

1. 新技术广泛运用于生产各环节

德国农业生产领域的科技化程度极高。大型农业机械普遍采用了信息技术、遥感技术以及定位技术，农民通过远程操作即可实现耕地、播种等常见的田间作业功能。传感技术的广泛运用可以使农民便捷、准确地获取农作物生产的各种信息。此外，大数据分析系统的运用可以实现信息的实时分析，强化了农民对可能出现的相关问题的预警。

2. 运用传感技术与实时监控技术实现农业生产网络化

德国农业生产过程中建立了静态传感器与无线传感器相结合的传感系统，该系统实现了养分、种群、气候变化等重要参数的持续监控、实时获取与动态反馈。

3. 使用计算机调控生产过程

使用计算机技术对实时监控的数据进行统计分析，模拟最优的生产流程，实现产出最大化、效率最优化，从而减少资源浪费与面源污染。此外，计算机系统还实时向农民提供气候变化数据、市场波动数据等信息，实现精准作业。

4. 运用数字农业知识与信息系统（DAKIS 系统）实现物联化

农业全产业链中的所有监测的数据与模拟的信息都会被整合在 DAKIS 系统中，DAKIS 系统实现了相关信息与社会参数、农业知识、农业研发人员、农业生产过程的物联，从而形成可视化的用户界面，为农民生产提供决策建议。

（三）美国智慧农业

美国智慧农业的体系化建设十分完善，形成了"四位一体"的农业信息系统；此外，美国智慧农业还致力于基础研究、农产品流通与数字人才培养。

1. "四位一体"的农业信息系统

美国农业信息系统包括政府部门的信息收发系统、农业推广系统、公司信息系统以及民间服务系统。其中，政府部门的信息收发系统主要通过政策引导与资金支持手段为农业信息系统引入社会力量，推动农业信息系统的社会化运转；同时通过完善立法、强化监督等手段保证农业生产全过程信息收集与发布的及时性、可用性及准确性。政府主导建设以农业培训、农业推广为主的公益性推广系统。公司信息系统则主要聚焦于营利性农业技术的研发、转化与推广。此外，以家庭农场为主体组建的民间服务系统也是美国农业信息系统的重要组成部分。

2. 农业大数据支持农民生产决策

美国在发展智慧农业的过程中非常重视农业大数据的利用，美国农业部农业研究局致力于智慧农业基础研究，创建可用于农业决策支持的生产模型，并开发智慧农业的公共数据库，通过大数据平台建设为农民提供丰富的农业信息。农业经销商通过开发数据平台或相关技术，从产量预测、土壤取样、自动化机械应用中获取相关数据，为农民生产决策提供数据支撑与数据分析服务。

3. 电子商务技术助力农产品流通

电子商务技术在美国农产品流通过程中的发展已经较为成熟，极大提高了农产品的溯源与定价权，企业对企业（B2B）与企业对消费者（B2C）双结合的模型构建了"农产品电商—农产品电商""农产品电商—消费者""农资电商—农资企业"的网络化流通销售渠道。此外，孟山都等私人部门还投资农业大数据建设，构建了农资服务网络平台，为其客户提供精准的信息化服务。

4. 健全的数字人才培养体系

美国政府通过一系列项目与高校联合，旨在为智慧农业发展提供一批高素质、多样化的人才。一是提高科学、技术、工程、数学（STEM）与农业高度相关的小学、初中、高中课程的融合度；二是利用大学预科课程、正式与非正式实习机会、学徒制等途径提高青年大学生对农业的认识；三是利用奖学金和实习机会激励农业劳动力短缺地区的研究生进行智慧农业学习。

二、生物农业

发达国家生物农业的典型特点在于转基因技术应用广泛，商业化逐步成熟；生物肥料技术、生物饲料技术、生物农药技术发展迅速；基因编辑技术逐步成为推动现代农业发展的核心力量。

（一）转基因技术应用广泛，商业化逐步成熟

国外主要发达国家的转基因技术在农业生产实践中的应用十分广泛，且商业化程度较高。美国转基因作物种植面积约占全球转基因作物总种植面积的50%，美国大豆、玉米和棉花的转基因作物种植比例超过90%。美国有10家转基因公司处于世界前列，其中全球80%的转基因作物育种被孟山都等大型跨国公司所控制。尽管欧盟公众对转基因作物的态度不佳，但德国转基因作物的应用、转基因人才的储备均处于世界前列，拜耳、巴斯夫等公司的转基因技术与转基因产品被世界各国广泛使用。日本转基因技术起步较晚，但随着日本政府支持研发政策的不断落实、研发资源的不断投入，日本转基因技术整体步入亚洲前列，部分技术处于世界领先的位置，育成了大量动植物新品种，并迅速得以产业化应用。阿根廷是仅次于美国、巴西的第三大转基因生产国，阿根廷的大豆、玉米、棉花以及马铃薯等作物的转基因生产与商业化过程已经十分成熟。2018年，阿根廷玉米、棉花与大豆的转基因作物种植面积高达2 390万公顷，累计转基因产品收益超过千亿美元。此外，印度、新加坡等国也相继制定并出台了促进农业转基因技术发展的战略目标与相关政策，布局了转基因育种等现代生物育种项目。

（二）生物肥料技术、生物饲料技术、生物农药技术发展迅速

全球有100多个国家使用并生产生物肥料，且明确了相应的生物肥监管标准。主要发达国家生物肥料使用量占肥料总使用量的20%，美国、英国等国家达到50%，固氮菌肥料、溶磷生物肥料以及土壤调理菌剂的生产与使用已非常普遍。全球有超过30%的国家正逐步研发、生产适宜自身要素禀赋条件

的根瘤菌,在美国与巴西两大大豆主要生产国,根瘤菌的使用比例更是超过了90%。伴随资源约束的增强,全球主要发达国家均加快了高效生物菌群及抗逆、高固态生物肥料的研发进程,近年来,全球生物肥料的年均产量超过1亿吨,市场价值高达18亿美元。

全球研发与生产实践的生物饲料众多,包括酶制剂饲料、蛋白质饲料、含添加剂饲料等。其中酶制剂饲料是使用较为广泛的一种,欧美国家等包含酶制剂的饲料占全部饲料的90%以上,全球酶制剂市场主要被诺维信、帝斯曼、杰能科等公司控制(全球市场占有量近80%),2020年酶制剂饲料全球总产值超过13亿美元。生物饲料在主要发达国家已达50%的使用比例,欧盟主要国家均使用生物液体饲料喂养畜牧,未来5年内全球生物饲料总产值预计可达200亿美元。伴随生物技术的发展,未来生物饲料的品种将进一步增多、技术标准将进一步完善、市场竞争也将更加激烈。

全球主要发达国家均倡导绿色发展理念,对农药的管控愈加严格,各国也相继加快了生物农药的研发进程,生物农药也逐渐呈现出缓释、高效、多样、稳定的特征。现阶段全球产业化推广与应用的生物农药超过30种,其中细菌杀虫剂在全球已实现大规模应用,其优点在于灭杀效果好,且对自然环境无损害。近年来,病毒农药也取得了快速发展,全球产业化推广使用的病毒农药超过20种,尤其是用于棉花生产过程中的棉铃虫核型多角体病毒农药使用最为普遍。此外,微生物除草剂也在美国、日本、俄罗斯等国实现了较好的研发与推广。现阶段,生物农药在全球农药市场中的比例接近30%,且呈现逐年递增的态势,2020年全球生物农药的市场总额超过50亿美元。

(三)基因编辑技术逐步成为推动现代农业发展的核心力量

基因编辑技术将基因组信息、先进育种与精确育种方法纳入传统育种计划中,通过特定的基因改良实现农产品质量与农作物产量的提高,该技术为新产品开发、动植物抗逆、生物多样性挖掘提供了平台。2017年,美国农业部提交的《繁荣美国农业和农村行动报告》认为,基因编辑技术是第四次产业革命的重要推动力,对美国农业发展至关重要。2018年,美国农业部宣布不会对使用基因编辑技术育种的农作物进行监管,在此之前,宾夕法尼亚州立大学使用CRISPR育种的白蘑菇、美国先锋公司使用CRISPR育种的玉米新品种以及ω-3油料作物均得到了美国农业部的豁免。2019年,美国农业部发布的《关于 2030 年促进粮食和农业研究的科学突破》再一次强调了基因编辑技术在实现美国农业产业升级与转型中的重要性。此外,美国农业企业率先开展了基因编辑技术的布局,2016 年 8 月,美国孟山都公司与以色列 Target Gene 公司和德国 Nomad 公司就基因编辑在农业领域的技术研发签署了两项合作协议,致力于植物新技术的进步与优质农产品的研发。

三、绿色农业

世界主要发达国家高度重视绿色生态技术的研发和应用。如英国运用生物技术将废弃物转化为有价值的化学品和材料,提高经济和环境效益;美国利用规范性的水管理分析法降低水的使用量以及改进植物和土壤特性,提高水分利用效率。发展中国家中,中国始终坚持促进农业可持续发展,探索生产、生活、生态相协调的农业绿色发展道路,形成了卓有成效的做法。

(一)绿色农业技术应用以完善的法律法规为保障

欧美国家及日本等国均建立了较为完善的法律法规体系,促进绿色农业技术应用,以支撑农业绿色发展。美国早在 20 世纪 30 年代便开始针对农业绿色发展进行立法,先后颁布了《农业调整法》《土壤侵蚀法》等法律,对土壤肥力保持、面源污染防治等在法律层面进行了规制。此后,美国先后颁布了《食品安全法》《有机农业法》《清洁水法》《联邦杀虫剂法》《农药登记改进法案》等法律法规,在环境保护、污染物排放、农药与化肥的生产销售及管理等方面进行了立法规范。欧盟各国在遵守共同规定的前提下,因地制宜制定了本国绿色农业技术与产业发展方面的相关法律法规。如德国颁布了《生态农业法》《水平衡管理法》等,力求实现本国土壤、水、空气与动植物多样性的保护;瑞典颁布了《农业环境保护法》这一较为综合的法律,对农业生态、农业环境、农业绿色标准、农药等的生产与使用进行了相关规定。中国政府在 1984年《关于环境保护工作的决定》中就提出了发展生态农业,并于 1989 年颁布了《中华人民共和国环境保护法》,以法律条文的形式对农业环境保护进行了规范;加入 WTO 后,中国的农业绿色发展政策加强了对农产品质量安全的重视,相继出台了《无公害农产品管理办法》《动物检疫管理办法》《农药限制使用管理规定》《中华人民共和国农产品质量安全法》等。2015 年以来,中国深入开展化肥、农药使用量零增长行动,促进化肥、农药减量增效,出台《关于加快推进生态文明建设的意见》。此外,还对诸如《环境保护法》《水污染防治法》《农药管理条例》等不断进行修订。基于环境规制的约束作用,初步形成了小麦节水保优生产技术、玉米籽粒低破碎机械化收获技术、水稻机插秧同步侧深施肥技术、蔬菜全程绿色高效生产技术、南方水网区农田氮磷流失治理集成技术、全生物降解地膜替代技术等 10 项农业绿色发展的标志性关键技术。

(二)绿色农业技术应用以有效的绿色补贴为支撑

美国农业补贴政策逐步发展到环境保护与农民收入并重的阶段,实现了支持农业发展与注重农业保护的共赢,力求实现农业可持续发展。早在 20 世纪 90 年代,美国就已在耕地保护、牧区保护等方面实现了补贴与环境保护相结合,支持绿色农业技术应用,定期将农地土质、水源水质、牧区等情况上报管理部门,管理部门据此决定是否给予补贴及补贴数额。进入 21 世纪后,美国愈发重视绿色农业技术及产业发展,通过推行农业环境保护项目、农业环境改善奖惩机制、农地草场保护遵守条款,将农业补贴与相关条款紧密捆绑,从而引导农业生产方式逐步向绿色发展转变。美国的农业补贴已基本形成了以农业生产最大化为目标、以农民为载体、以环境保护为导向的绿色发展体系。欧盟的农业补贴体系也经历了由重数量到数量与环境并重的转变,2000 年之前,欧盟各国主要通过目标价格政策对农业生产进行补贴,并未对环境保护补偿作出硬性规定。2000 年以后,欧盟出台了《2000 年议程》,开始将环境保护纳入农业生产过程中,重视绿色农业技术及产业发展,并要求申请农业补贴的农民必须定期提供农业生态、森林、水质、植被等方面的信息。2013 年,欧盟共同农业政策规定了农民在申请农业补贴时所需要承担的环境保护清单,并规定第二支柱发展资金的三成必须应用于农业生态、气候变化、恶劣自然条件修复等绿色农业技术研发项目。近年来,中国农业绿色投入数额逐渐加大,有关农业绿色发展的财政资金投入已达到 1 500 亿元;陆续开展了乡村清洁、农作物秸秆综合利用、农业面源污染等多项农业生态环境工程项目,在测土配方、地下水综合治理等方面的农业绿色发展直接资金投入超过 200 亿元。还建立了绿色生态导向的农业补贴制度,到 2020 年基本建成以绿色生态为导向的农业补贴政策体系和激励约束机制。从蜂业绿色技术来看,2014 年以来，农业农村部设立蜜蜂授粉与绿色防控技术集成应用示范项目，累计安排部门预算资金 1 600 万元，蜜蜂授粉与绿色防控技术集成应用呈快速增长趋势，2019 年达 2 000 多万亩，将继续加大天敌与授粉昆虫技术产品在农业上的示范推广力度，积极探索农产品优质优价市场引导机制和绿色防控技术使用生态补偿机制。

第十一章 CHAPTER 11
世界农业合作社 ▶▶▶

    世界上第一个公认的标准的合作社是 1844 年诞生于英国曼彻斯特的罗虚代尔公平先锋社（Rochdale Society of Equitable Pioneers）。此后，各国根据国情和理念不断丰富合作社形态，兴起了 19 世纪和 20 世纪轰轰烈烈的合作社运动。1895 年，国际合作社联盟的成立推动了这场运动的深入开展。从世界范围看，农业领域的合作社可以分为两大类型，一是以美国和欧洲国家为代表的专业性合作社，二是以日本、韩国为代表的综合性合作社。两大类型合作社尽管起点不同，但在发展过程中互相吸收对方合理的成分，共同为世界农业现代化发挥应有作用。

第一节　世界农业合作社的起源、演化及本质特征

    随着罗虚代尔公平先锋社的成功，罗虚代尔原则被广泛传播和认可。1895 年，国际合作社联盟成立，根据经济社会环境的变化和合作社实践的发展，在罗虚代尔原则的基础上，国际合作社联盟对国际合作社原则进行了多次修改和创新。但总的来看，合作社基本的核心原则没有改变，且总体向着有利于提高合作社竞争力、凝聚力、吸引力的方向发展。

一、罗虚代尔公平先锋社及其效应

（一）罗虚代尔公平先锋社的产生与发展

    1843 年，英国北方曼彻斯特市的罗虚代尔小镇上，一个纺织厂工人要求增加工资的罢工斗争以失败告终。之后，工人们决定组织消费合作社，以改

善当时困难的处境。1844 年 10 月，罗虚代尔公平先锋社成立。该合作社主要业务是向社员出售面粉、黄油、茶叶、蜡烛等日用品，由社员入股筹集资金开办了一个小商店，并由社员在工余时间轮流售货，由此减轻了中间盘剥，对改善社员的家庭生活状况起到帮助作用。建社 1 年后，罗虚代尔公平先锋社的社员人数已达 74 人，资金总额达到 900 英镑。之后，合作社相继开办了面粉厂和纺织厂。到建社 100 周年时，该社已经拥有 100 多个分店和多处规模宏大的工厂及屠宰厂等，社员人数达到 3.2 万人，年营业额达到 200 万英镑。

（二）罗虚代尔原则

罗虚代尔公平先锋社的领办人之一何瓦斯是 19 世纪英国空想社会主义代表人物罗伯特·欧文的信徒，在欧文合作社思想的影响下，何瓦斯等人制定了流传后世的罗虚代尔原则。

1. 入社自愿

凡参加罗虚代尔公平先锋社的成员，入社自愿，退社自由，但要承认合作社章程，履行社员的义务，承担社员的责任。社员参加合作社出于一个共同的目的：维护社员利益，减轻中间盘剥，改善社员的生活条件和社会地位。

2. 一人一票

社员大会是合作社的最高权力机构，合作社的一切重大事项都必须经社员大会讨论决定，合作社的管理人员由社员大会选举产生，民主管理，向全体社员负责。在表决时，每个社员无论股份多少，都只有一票的权利。这从根本上保障了合作社内部成员的平等权利，避免了少数人凭借较多的股份控制合作社，这集中体现了合作社的民主管理原则。

3. 现金交易

本社社员无论在何种情况下，不能以任何借口不用现金交易。不准赊购货物，也不准赊销货物，如有违反，不仅处以罚款，并认为不称职。这一原则的制定主要是出于对建社初期的经济实力和当时社会道义两方面的考虑。合作社刚成立时，股本较少，如果允许赊欠，就会造成资金周转困难，直接影响到合作社的成败。同时，当时的社会风尚把赊欠看作一种社会弊病，合作社应带头消除这种弊病。但是后来随着信贷事业的发展，这一条又做了修正。

4. 按市场价格销售

为了保证合作社有一定的盈利，合作社按市场价格销售货物。盈利的分配为先扣除股息和经营费用，同时留一部分用作公积金和教育基金，其余大部分按社员购买额的比例进行分配。这种交易和分配方式不仅给社员带来经济利益，还有利于把合作社的业务面向社会，壮大合作社的经济力量，使其有经济实力发展福利事业，从而进一步提高合作社的威信和社会地位。

5. 如实介绍商品，不缺斤少两

合作社针对当时商人投机取巧行为制定了该原则，要求向社员如实介绍商品情况，保证商品质量，不弄虚作假，不缺斤少两，树立诚实的商业作风。

6. 按业务交易量分配盈利

社员平时凭购货本购买，到一定时期进行结算，对盈余做了必要的扣除后，在年终时按各个成员在一年间同合作社发生的业务交易量的比例返还给社员。社员入社的股金可以获得利息，但不参加分红，而且严格限制股金的利息，一般不超过市面上通行的普通利率。如此就可以把社员的利益和合作社的利益紧密地联系在一起，社员对合作社的经营成果也会更加关心，这就保证了合作社发展的活力。

7. 重视对社员的教育

为提高社员的文化知识和思想修养，在先驱者格林伍德的倡导下，根据合作社的经济力量，逐步创办和发展了文化教育事业。1849 年，合作社成立了教育委员会；1853 年，社员大会修改了社章，规定合作社每年要在盈余中抽取 2.5％作为教育基金，对社员进行文化、合作思想和道德的教育。

8. 政治和宗教严守中立

合作社既不是政治团体，也不是宗教组织，不同政治观点和宗教信仰的人都可以加入合作社。这个时期的合作经济是劳动者为了共同的利益组织起来的共同体，是解决成员在生产和生活上的困难而实行自我服务的经济实体，是劳动者的联合。因此，合作社本身是没有任何政治背景和政治目的的、不参与政治和宗教的经济团体，同时，合作社的大门对各种不同政见和信仰的人都是敞开的。

上述原则的制定使罗虚代尔公平先锋社成为世界上第一个标准的合作社，并流芳百世。在世界合作社运动发展中，罗虚代尔原则被世界各国普遍承认。

二、国际合作社原则及其变革

在现代合作社 170 多年的发展进程中，合作社运动在各国不同的发展背景下，仍遵循着一套国际通行的基本原则。最初经典的国际合作社原则是 1895 年国际合作社联盟成立时确认的罗虚代尔公平先锋社的罗虚代尔原则。随着政治、经济、社会等外部环境的变化，合作社不断探索新的实践形式，国际合作社原则也在不断地进行修订。

（一）国际合作社联盟及对合作社的界定

国际合作社联盟是由各国的全国性或地区性合作社组织联合组成的非官方的国际组织，该组织联合、代表和服务于世界各地的合作组织，是一个不受政治、民族、宗教和文化影响的组织，所有遵循该联盟规定的合作社原则的合作社组织都可以加入。国际合作社联盟起源于 19 世纪 80 年代欧洲合作社运动大发展时期，于 1895 年 8 月 19 日成立，是世界上建立最早的合作社国际组织，也是代表人数最多的非政府组织之一。目前，国际合作社联盟已经发展成为一个规模庞大、组织健全、活动范围广泛、群众基础深厚的国际组织，其成员包括来自 109 个国家的 312 个组织，涉及领域非常广泛，包括农业、银行业、渔业、卫生、住房、保险以及工业和服务业等。

1995 年，国际合作社联盟在英国曼彻斯特召开第 31 届大会，庆祝联盟成立 100 周年。这次会议通过了《关于合作社特征的宣言》，把合作社界定为由自愿联合的人们通过其共同拥有和民主控制的企业来满足他们共同的经济、社会和文化需求及理想的自治联合体。

在所有权上，合作社由成员所有，而不是由股东所有，因此合作社活动的经济和社会利益留在他们所建立的合作社内，产生的利润要么用于合作社发展，要么返还给成员。在控制权上，成员以民主和平等的方式合作，无论合作社的成员是顾客、雇员、使用者或居民，合作社都实行"一员一票"的民主管理，不管成员占有多少股份，都享有同等的投票权。在经营上，合作社由价值驱动，而不仅仅是由利润驱动，合作社把公平、平等和社会正义作为经营核心，以推动合作社的可持续发展，创造长期就业和繁荣。在价值观上，合作社应以自助、自我负责、民主、平等、公平和团结为基础，秉承创始人的传统，信奉诚实、开放、承担社会责任和关心他人的道德价值观。

（二）国际合作社原则的演变

合作社原则是合作社经济本质特征的体现，它提供了制定合作社制度的标准和判断行为、作出决定的基本方针。在现代合作社 170 多年的发展进程中，尽管各国合作社运动产生的背景、发展的环境及其类型各有差异，但作为一种世界性的经济运动，有其内在的共同规律，亦有国际通行的基本原则。当然，随着经济条件的变化及合作社实践的发展，人们对合作社原则一直在进行不断地修改和调整。

1895 年，国际合作社联盟成立，把罗虚代尔原则作为国际合作社联盟办社原则，所有加入该组织的成员，首要条件就是要承认罗虚代尔原则。此后共经历了四次较大的修改，最后一次是在 1995 年，这次修改的背景是：20 世纪 70 年代初以来，世界上垄断资本已形成，市场竞争加剧，合作社在日益激烈的市场竞争中要想获得成功，就必须提高盈利水平。这就使得当代合作社在坚持向社员提供服务的同时，更多地强调合作社经营效率，关注合作社总体盈利水平。在这一前提下，合作社单纯依靠自有资金已经不能满足需要，更多依赖于信贷资本，借入资金的比重不断提高。此外，随着合作社规模和业务的不断扩大，雇工和管理人员开始出现，出现了管理人员控制合作社的现象，社员与合作社的关系也变得越来越不紧密。诸如此类的变化与矛盾使合作社在信心、经营和思想上都产生了危机，对合作社的理论与原则提出了新的挑战。为此，在 1995 年召开的国际合作社联盟第 31 届代表大会上，经过讨论把合作社原则修改为七项原则。

1. "自愿和开放"的原则

合作社是自愿的组织，对所有能够利用合作社服务和愿意承担社员义务的人开放，无性别、种族、政治和宗教信仰的限制。社员是最具活力，也是最容易被人忽视的，它意味着在合作社与其必须服务的人之间有一种特殊的关系，对社员中心地位的认识决定着合作社能否为社员提供特殊的高水平服务。社员原则是合作社能够生存的主要原因。

2. "社员民主控制"的原则

合作社是由社员管理的民主的组织，合作社的方针和重大事项由社员积极参与决定。社员民主管理的权利是通过社员大会体现出来的，合作社的方针政策、重大决定和重要活动都要经过社员大会讨论决定。会议强调，在基层合作社，社员享有平等的投票权（一人一票），其他层次的合作社也要实行民主控制。要求在许多第二级或第三级合作社（即合作社联合社），采取按比例投票的制度，以反映不同的利益、合作社的社员规模和各参与合作社对社员的承诺。

3. "社员的经济参与"原则

这项原则特别强调社员的平等，要求社员要公平地入股并民主管理合作社的资金。但是，入股只是作为社员身份的一个条件，分红要受到限制。合作社的盈利分配的顺序为：提取公积金、按交易量分红、用于社员代表大会通过的其他活动。

4. "自治、自立"的原则

合作社是由社员管理的自主自助组织，合作社与其他组织（包括政府）达成协议或从其他渠道募集资金，必须做到保证社员民主管理，并保持合作社的自主性。

5. "教育、培训和信息服务"原则

合作社向社员、选出的社员代表以及经理和雇员提供教育及培训，以使他们为合作社的发展作出贡献。合作社应当使普通民众，尤其是青年和民意领导人了解合作的本质和优越性。

6. "合作社之间的合作"原则

合作社通过与地方的、区域的、全国的和国际的合作社之间的合作为社员提供有效的服务，并促进合作社的发展。合作社必须意识到，如果要充分发挥自己的优势，必须加强合作社之间的合作，也非常有必要与不同的合作社联合起来。

7. "关心社区"原则

合作社通过采用其成员大会批准的政策促进其所处社会的可持续发展。合作社有责任保证促进所在地区经济、社会和文化的发展，有责任保护所在地区的环境。

在 1995 年修改后的七项合作社原则中，前三项原则是各合作社内部所拥有的典型性原则；后四项原则既影响合作社内部活动，又影响合作社与外部的关系。

三、合作社的核心原则与本质

从罗虚代尔公平先锋社诞生至今已有 170 多年的历史。在这个过程中，罗虚代尔原则经过多次修改，但作为合作社本质特征的三个原则一直未变。

（一）"民主控制" 原则

在合作社治理中，一人一票的表决权体现了每一个社员平等参与合作社治理的权利。作为对一人一票原则的修订，部分异质性的合作社可采取其他民主组织方式，但成员民主控制仍然是合作社的基本原则。

（二）"资本报酬有限" 原则

成员对合作社的投资包括两个部分，一是获取会员资格和投票权的投资，二是额外的自愿投资。获取会员资格和投票权的投资通常只获得有限的分红；额外的自愿投资也仅以"公平的利率（fair rate）"而不是"投机利率（speculative rate）"获得分红。本项合作社基本原则可避免成员为获得资本收益而加入合作社的现象发生。

（三）"按交易量分配盈余" 原则

按股本分配意味着剩余索取权是事先按股份确定的，而按交易量分配意味着剩余索取权是事后按惠顾额确定的。相比按股本分配，按交易量分配真正代表内部交易对象的利益，使交易的合作剩余充分内部化，从而真正保护成员的利益。因此，为控制资本报酬率，鼓励社员与合作社开展交易，以切实促进合作社的发展。合作社一直将"按交易量分配盈余"作为核心原则之一。

合作社之所以可以在不断出现的经济社会危机中发挥作用，并成为许多国家农业领域的主流组织形式，正是因为它对最本质原则的坚守。从农业合作社角度看，由于各个国家的国情农情差异很大，在 170 多年的发展历程中，逐渐产生分歧，形成两大合作社类型，即专业性合作社和综合性合作社。

四、中国的做法及其对国际合作社运动的贡献

中国农民专业合作社的发展是在改革开放以后。20 世纪 90 年代，在农业产业化的大背景下，农民合作社获得了一定程度的发展。21 世纪以来，农业对外开放水平越来越高，国际农产品市场竞争传到国内，并和国内市场竞争相互叠加，使小规模农户的生存环境越来越差。在农业产业化龙头企业构筑的产业链逐渐排斥小规模农户的大背景下，后者只有联合起来才能在与大企业的谈判中具有一定的话语权。于是，2000 年以后，各地的农民合作社迅速发展起来。截至 2006 年上半年，全国比较规范的农民合作社大约有 15 万家。2006 年 10 月 31 日，第十届全国人民代表大会常务委员会第二十四次会议通过了《中华人民共和国农民专业合作社法》（以下简称《农民专业合作社法》），并于 2017 年 12 月 27 日经第十二届全国人民代表大会常务委员会第三十一次会议修订通过。这部法律主要借鉴了欧美国家发展专业性合作社的经验，其基本原则主要是吸收了罗虚代尔原则而形成，因此也是罗虚代尔式的。

在实践中，富有创造性的中国农民在大方向上坚持罗虚代尔原则的前提下形成了多种多样的合作社形式，极大地丰富了合作社的内涵，对国际合作社运动作出了巨大贡献。主要表现在以下三个方面。

一是在合作内容上的创新，形成了丰富多彩的合作社类型。实践中既有经典的"生产在家，服务在社"从而可能按照交易量（额）和投资额比例进行分配的合作社。也出现了大量"非经典"合作社，如从类型看，实践中的"非经典"合作社可以分为土地股份合作社、农机合作社、旅游合作社、农旅结合合作社、手工艺品合作社、资金互助社等；从合作内容看，既有同产业农户（合作社）的合作，也有同一产业链条上不同环节农户（合作社）的合作；从合作主体看，2017 年新修订的《农民专业合作社法》明确规定"三个以上的农民专业合作社在自愿的基础上，可以出资设立农民专业合作社联合社"，现实中出现了大量以合作社为主体，家庭农场、专业大户、农业企业参加的联合社，而且经营效果很好。

二是在分配方式上的创新，形成了兼顾多种贡献的分配制度。合作内容的多样性必然导致分配方式的多样性。现实中既有按照《农民专业合作社法》的要求，以交易量（额）和投资额为基础构建的分配制度；也有的按照保护价格

收购成员产品，年底按照盈余情况进行二次分配；有的在收购成员产品时即按照高于市场价的价格收购，在一定程度上等同于二次分配；有的没有明确交易量的合作社完全按照投资额进行分配；有的甚至突破了《农民专业合作社法》对于交易量的解释，把入股土地按照一定价格等同于交易量；等等。很多分配制度在其他国家的合作社中根本没有出现。

三是合作外延的拓展，传统合作经济与新型合作经济相融合。《中华人民共和国宪法》第八条规定："农村中的生产、供销、信用、消费等各种形式的合作经济，是社会主义劳动群众集体所有制经济。"这里说的"合作经济"指的是 20 世纪 50 年代后期经过农村集体化后形成的组织形式，如农村人民公社、农村供销社、农村信用社等，后两者目前正处于改革过程中，但无论改革的结果如何，其性质依然是合作经济，属于集体经济的一种形式，这是马克思主义合作经济理论在中国的实践。20 世纪 80 年代开始的农村改革形成了以家庭承包经营为基础、统分结合的双层经营体制，其中"统"的部分，据农业农村部提供的数据，截至 2019 年底，全国共有集体土地总面积 65.5 亿亩，账面资产 6.5 万亿元，其中经营性资产 3.1 万亿元，占 47.7%。这些资产是农业农村发展的重要物质基础。2016 年 12 月，中共中央、国务院发布了《关于稳步推进农村集体产权制度改革的意见》，要求对农村集体经营性资产进行改革，其主要精神就是把经营性资产量化到每一个集体成员，构建（股份）经济合作社。在实践中，这种类型的合作社已经和农民专业合作社等新型农业经营主体进行深度融合，形成了"混合经济"形态，其基本方向符合经济发展的一般规律，符合广大农民的需要，符合罗虚代尔原则。因此，可以断言，中国农村集体经济的改革方向一定是越来越符合罗虚代尔原则，其结果可能是一种特殊类型的罗虚代尔式合作经济。两种合作经济形态的融合发展正是中国农民对于国际合作社运动的伟大贡献。

第二节　世界专业性农业合作社的特征与发展趋势

专业性合作社最早产生于英国、法国、德国等欧洲国家。第一次、第二次工业革命在这些国家兴起，迅速推动了农业的市场化进程，导致农业专业化、区域化水平不断提高。在市场化的驱动下，农业的生产结构迅速专业化。为了应对竞争日趋激烈并且变幻莫测的市场形势，同一地区、生产同一类型农产品且比较熟悉的农民率先联合起来组成区域性农业合作社，后逐渐与其他地区的同类合作社进行联合，形成全国性合作社。一般来说，在欧洲国家，一个国家的某一类农产品只有少数几家农业合作社经营，专业化程度极高。如法国，按照法律，同类合作社可以联合组建合作社联盟，其目的是提供单个合作社因规模限制而无法从事的加工、储藏、运输、销售等服务。法国粮食购销和服务合作社联盟就是由 320 个基层合作社组建的，其中 95％为法国的合作社，还有 5％为比利时、卢森堡等国家的合作社。丹麦的皇冠集团是丹麦两家屠宰合作社之一，每年的生猪屠宰量占全丹麦的 90％以上。一些在第三次工业革命以后发展起来的国家，尤其是美国等新大陆国家农业专业化水平更高，必然选择专业性合作社。

一、世界专业性农业合作社的主要特征

尽管世界上各农业合作社在总体上属于专业合作社，但一个国家的人地关系、产业结构、市场化水平等都决定着农业合作社的发展模式，不同国家差异很大。综合各国情况来看，世界专业性合作社普遍具备三大特征。

（一）专业服务水平不断提升

为社员提供专业化服务是世界专业性合作社的重要特征。很多合作社数十年乃至 100 多年只做一项服务，如农业生产资料供给、农产品销售等，长期专注于一个领域的技术进步，服务水平持续提升，这是发达国家农业现代化的重要支撑。

如以美国为例。其劳动生产率、国民生产总值和对外贸易额自 20 世纪中叶开始长期居于世界首位，其农业科技水平和农业经济制度也同样较为完善。美国是世界上名副其实的农业大国。在美国，谷物销售合作社控制了国内粮食市场 60％的份额，并提供了全国出口谷物总量 40％的粮源，由农业合作社加工的农产品占农产品总量的 80％，而且美国全部出口农产品的 70％左右是由农业合作社完成的。由此足见美国的农业合作社地位的重要。美国农业合作社就其规模讲是世界上最大的。由于美国是以家庭农场作为基本的农业生产单位，所以农业合作社也称为农场主合作社。美国的农业部曾经给农场主合作社下过这样一个定义：农场主合作社是由拥有共同所有权的人们在非营利的基础

上为提供他们自己所需要的服务而自愿联合起来的组织。据美国农业部的数据显示，2019 年，美国农业合作社数量为 1 779 家，同比减少 27 家。其中，从结构划分来看，集中型合作社有 1 674 家，同比减少 30 家；联盟型合作社 32 家，稳定在上年水平；混合型合作社 73 家，同比增加了 3 家。从类型划分来看，营销型合作社为 931 家，同比减少 30 家；供应型合作社为 759 家，同比减少 1 家；服务型合作社为 89 家，同比增加 4 家。全年农业合作社总交易量为 2 030.47 亿美元，同比减少 7.67 亿美元；税后净收入为 77.56 亿美元，同比增加 9.65 亿美元。2019 年，农业合作社成员数量为 1 899 625 个，同比增加 10 724 个。

美国的农业合作社一般一社只经营一种产品，对该产品进行深度开发。这种开发不仅包括销售，而且包括运输、储藏以及产品的初加工和深加工，充分体现了大农业产业化、现代化的特点。

美国的专业性农业合作社是怎样运作的？1987 年，美国农业部的一份名为《面向 21 世纪的农民合作社定位》的国会报告确立了美国合作社三原则，即为使用者所有原则、使用者控制原则及使用者受益原则。

1. 使用者所有原则

即拥有所有权的人必须享有合作社的服务。加入美国农业合作社的美国个体农户有权享受合作社提供的各方面服务，包括销售、运输、储藏以及产品的初加工和深加工。作为农业合作社所有权的拥有者之一同样全部享有合作社提供的各方面服务。

2. 使用者控制原则

即合作社实行企业化运作，由全体成员民主管理和控制。在管理活动中，所有成员都只有一票的权利，不管交纳会费的多少，也不管与合作社的交易数量。这样就不存在谁拥有控制权的问题，所有成员人人平等。

3. 使用者受益原则

即合作社盈余要根据会员与合作社的交易额来返还给会员。在美国，政府对合作社主要起保障和协调作用，政府只在法律上和经济上给予一定的优惠，具体体现在一系列的服务型政策上，如给予合作社税收待遇、有限豁免待遇、信贷优惠和技术协调，其他干预则比较少。

再以德国为例。德国的信用合作社是典型的金融领域的专业性合作社。德国的合作社运动开始于第二次工业革命之前，资本主义生产关系的发育处于萌芽状态，农业人口所占比重大（1871年为64%），且3/4以上为5公顷以下的小规模农户（1895年为76.5%）；资本原始积累不足，银行业落后，1883年，全德国113家银行的资本和存款总额仅有19.6亿马克，连工商业和容克地主的贷款需求都满足不了，更何况大量的小规模农户。因此，德国的合作社运动先驱们首先选择了把建立信贷合作社作为核心业务，同时兼营销售、购买和其他服务。

赖夫艾森·弗里德里希·威廉（Raiffeisen Friedrich Wilhelm）是德国农业合作社的创始人，他在担任乡长的过程中深刻感受到缺乏资金对小规模农户生产和生活的影响，因此于1848年创办了一家信用合作社，向农民提供贷款，并创办了以分期付款形式帮助农民购买牲畜的合作社。在初期创办的诸多合作社中最能代表其思想的合作社是1862年建立的安森豪信贷社。赖夫艾森认为这种类型的合作社最符合德国农民的需要，并在全国范围内推广，其特点是既不要求交纳入会费，也不要求入股投资，合作社产生的盈余作为合作社的积累而不做红利分配。后来，这种模式被称为"赖夫艾森体制"，且作为德国主要的合作社模式之一。

为了克服信贷合作社范围小、经济实力薄弱的弊端，赖夫艾森于1872年建立了一家由7家信贷社联合组成的莱茵农业合作银行，实际上是一家信贷联合社。合作银行的作用是平衡各个信贷社的资金余缺，并且是7家信贷社的农用物资购买中心。这种模式很快在全德国范围内拓展。1876年，德国在各地合作银行的基础上成立了农业中央银行，反过来又促进了信贷合作社的发展，成为德国合作社发展史上的里程碑。此外，赖夫艾森还组建了阿尔米纳德国农业保险公司，把农民在一般信贷领域的合作推向保险，包括生产、生活各个方面的保险。1877年，赖夫艾森组建了农村合作社权益保障联合会，致力于维护合作社的利益，并通过定期审计监督合作社的运营。农村保险合作社和权益保障机构的出现从很大程度上促进了农业合作社在德国的发展。

赖夫艾森还通过撰写专著等形式在理论上探讨了信用合作社的作用，提出了合作社的基本框架：①筹资方式。从外部借款，无需社员投资入股。②入社条件。仅限于农民，交纳入社费，由两名社员担保，并接受道德考察，社员权利不得转让。③责任制。实行无限责任和连带责任制。④管理制度。实行民主管理，表决权一人一票。⑤业务范围。以储蓄贷款为主，兼营农业生产资料购买、农产品销售等业务。⑥盈余分配。合作社盈余主要用于偿还贷款、扩大经营，建立公积金，不分红。⑦公积金。公积金归合作社集体所有，不得分割。⑧管理者报酬。实行义务服务，除会计外一律不领取报酬。⑨组织原则。实行集权主义，地区联社是中央联社的分支机构，无经营自主权。⑩政治态度。接受政府的资助与监督。

在德国农业合作社发展史上还有一个重要的代表人物——哈斯·威廉 (Haas Wilhelm)，他吸收了赖夫艾森和另外一位德国合作社开创者（主要是城市合作社）舒尔茨·德里奇·弗兰茨·赫尔曼 (Schciltze Delitzsch Franz Herman) 的合作社思想，开创了哈斯合作社模式。哈斯打破了农村信用合作社兼营农业生产资料购买和农产品销售的传统做法，1872 年，在德国黑森林地区建立了第一批独立的农村消费合作社，主要是购买生产资料和生活资料，并于 1873 年创建地区联合社（黑森农村消费合作社联合社），还发展了许多信贷合作社等专业合作社和地区联社。

1930 年 2 月，赖夫艾森和哈斯两个德国最大的农村合作经济组织和其他一些零星小联盟成功地实施了合并，组成新的联盟组织，即德国农业合作社赖夫艾森国家联盟，这是当时世界上最大的合作社联合机构，包括了储蓄信贷合作社、购买合作社、商品加工合作社、禽蛋销售合作社、水果蔬菜合作社、磨坊及面包合作社、牲畜饲养合作社等在内的 26 339 个农村合作社。

1971 年，赖夫艾森农村合作社实现了与舒尔茨-德立奇手工业、商业合作社（着眼于城市手工业者和小商品者）的联合，成立了德国合作社及赖夫艾森联盟 (DGRV)。该合作社是信贷合作社、农村合作社及手工业合作社的最高机构。它的成立是德国合作社发展中的一个重要里程碑，进一步促进了德国农业合作社的发展。截至 1997 年，德国合作社及赖夫艾森联盟共有信贷、农业和手工业、商业领域的合作社 10 243 个，成员 2 042.8 万个。截至 2006 年底，德国共有各类农业合作社超过 3 000 个，其中农村商品和服务合作社近 2 000 个，商品贸易信贷合作社 200 个，农业合作社 900 个，还有 7 个联邦一级的合作社总部。在农村商品和服务合作社中，有 300 多个购销合作社，约 300 个牛奶合作社，此外还有 100 多个畜牧业和屠宰企业合作社，200 多个葡萄种植合作社，100 多个瓜果蔬菜和园艺合作社，900 多个其他商品和服务型合作社，如渔业合作社、电力合作社和水务合作社等。截至 2016 年，全德国农业合作社数量下降到了 1 027 个。

（二）产业链条不断延伸

早期的农业合作社主要在某一个领域开展合作，让农民获得合作收益。早期的合作社即使是延长产业链条也局限在某个加工领域，如美国和欧洲一些国家的奶酪合作社，就是从单纯卖鲜牛奶到做成奶酪销售，提高了农产品的附加值。1884年，德国的奶酪合作社仅哈斯系统合作社就有25家；1905年增加到1 682家。随着自下而上联合形成的联合社的出现，为农民服务的业务从生产领域延伸到销售、加工、购买（生产资料和生活资料）、信用等诸多领域（德国是从信用领域延伸到其他领域），为农服务水平不断提升，合作社也随着产业链的延长不断增加利益、竞争力不断增强。如截至2014年，德国共有3 000家从农业延伸到食品领域的合作社或合作社性质的企业。这些合作社经营的地域范围从地方延伸到全球，经营的业务范围从向农民提供生产设备、销售农产品延伸到根据市场需求进行加工。在德国，农民将生产的70%的牛奶交给合作社，2/3的牛奶由合作社乳品厂加工成奶制品。这种状况和20世纪后期、21世纪初期的哈斯系统合作社相比发生了根本性变化。

不同国家的农业合作社制度存在着差异，在美国，很多合作社一开始就以公司的名义问世，如新奇士公司（Sunkist Growers Inc.）。有的国家的农民在开始的时候组建合作社，当合作社由区域性联合发展到全国范围内联合，名称也在随之发生改变，一般都演变为公司，即合作社企业，但其运作方式还是合作社。可见，随着规模扩大和产业链的延伸，合作社这种制度设计已经满足不了农民的需求，合作制企业就应运而生，但这类企业的本质仍然是合作社。如美国的合作社多为合作社企业（Cooperative Inc.），但他们也说是合作社（cooperative），尤其是基层合作社的成员（农民）都说自己是某某合作社成员。

例如，美国的Dairylea合作社股份公司（Dairylea Cooperative Inc.）成立于1907年，至今已有100多年的历史。目前，Dairylea拥有2 300个奶农成员，遍布美国东北部纽约州、宾夕法尼亚州、佛蒙特州、马萨诸塞州、新泽西州，是美国东北部最大的牛奶销售合作社（marketing cooperative），每年向市场提供55亿磅[①]原料奶，年销售额超过10亿美元，在美国100个最大合作社

---

① 磅为英美制单位，1磅≈0.453 6千克。——编者注

排行榜中位居前 50 位。与美国奶农（Dairy Farmers of America，简称 DFA）东部地区委员会合作后，Dairylea 可以帮助 9 000 多个奶农进入市场，年销售原料奶超过 160 亿磅。从历史上看，Dairylea 就是为了保护奶农的利益而由奶农自己成立的组织，并由奶农自己控制。

20 世纪初期，由于缺乏统一的力量确保牛奶价格水平的提高，美国的奶农处于极其悲惨的境地。当时，奶农所销售的每夸脱①牛奶的价格只有 2 美分，而平均生产成本就达到了 4 美分。奶农完全没有谈判地位，价格被强大的收购商所垄断，而数量巨大的奶农"要么接受，要么离开"。为了生存下来，1907 年 8 月 25 日，纽约州奥兰治县的 700 个奶农组成了奶农联盟（Dairymen's League Inc.），拥有 14 700 头奶牛，这是美国最早的由农场主主导的奶农合作社。到了 19 世纪 20 年代，合作社成员发展到了 10 万多个农场。1923 年，合作社自己的产品统一使用 Dairylea 品牌，并逐渐成为美国最著名的牛奶品牌。1969 年，合作社改名为 Dairylea 合作社股份公司（Dairylea Cooperative Inc.）。公司不仅为奶农提供牛奶生产的全过程服务（购买饲料、防疫、饲养、挤奶设备和生鲜乳销售等），在基层合作社（一般由几十个处于同一地区并且相互熟悉的奶农组成）还为奶农提供了信用合作业务，在公司层面为奶农提供理财业务。奶农在整个产业链上的联系更加紧密。

1988 年 11 月，合作社终止了对 Dairylea 品牌牛奶的销售，转而投资美国东北部的牛奶加工企业。截至目前，合作社已经在牛奶关联产业投资了 1 000 多万美元。从 20 世纪 90 年代初期起，Dairylea 又重新开始了牛奶市场服务和组织业务，并取得了异乎寻常的增长。10 年间，其销售的牛奶数量翻了三番，达到了年均 55 亿磅；销售额同样翻了三番，达到了年均 10 亿美元。目前，合作社已经成为美国东北部最大的原料奶提供商，并和这一地区所有牛奶加工大企业都签订了牛奶销售合同。

（三）产业集中度不断提高

世界各国专业性合作社的发展轨迹基本一致，即从单个合作社发展到区域性乃至全国性联合社，一般一个国家只有几个同类型合作社，很多欧洲国家由于农民人数少，一个产业只有一个合作社，甚至相邻国家的合作社进行合并，

---

①　夸脱为英美等国常用的计量液体的单位，美制 1 夸脱≈0.946 升。——编者注

目的只有一个，就是提升产业集中度，增强合作社在国内乃至国际市场的竞争力。第二次世界大战之后，几乎所有发达国家的农业合作社都经历了整合的过程，这个过程的主题就是合并和联合，致使合作社数量不断减少、规模不断增大，由此导致产业集中度不断提高、合作社的市场竞争力不断提高。如荷兰，在 20 世纪后半叶，农业合作社的集中趋势加速，1949 年，供应饲料和肥料的合作社有 1 160 个，1998 年合并为 36 个；牛奶加工合作社由 426 个合并为 6 个，但这 6 个合作社的牛奶产量占荷兰牛奶总产量的 85%；蔬菜和水果合作社批发市场由 169 个合并为 8 个。美国农业部公布的 2019 年数据表明，总销售额大于 10 亿美元的农业合作社只有 29 个，占农业合作社总量的 1.63%，但总业务量占 54.3%，自营业务净收入占 53.25%；而销售额小于 2 亿美元的 7 个组别合作社，数量占 87.29%，但总业务量仅占 19.98%，自营业务净收入仅占 11.09%，这些合作社在 2019 年的利润总额只有 51.14 亿美元，相当于销售额大于 10 亿美元的 29 个合作社的 53.16%（表 11 - 1）。可以看出美国农业合作社集中度之高。很多欧美农业企业，其实都是合作社或者合作社企业。

表 11 - 1　2019 年美国按规模划分合作社合并收益表

单位：百万美元

规模	5 以下	5～9	10～14	15～24	25～49	50～99	100～199	200～499	500～999	1 000 及以上
农产品销售收入	280.2	623.4	551.6	1 526.3	3 251.5	5 896.5	7 896.4	19 880.1	16 767.4	68 242.1
农场物资销售收入	525.9	941.3	1 086.7	1 920.6	3 653.5	4 381.1	5 636.3	9 676.8	4 032.5	39 186.9
总销售额	806.1	1 564.6	1 638.3	3 446.9	6 905.0	10 277.6	13 532.7	29 556.9	20 799.9	107 429.0
销售成本	658.7	1 313.1	1 376.2	2 953.6	5 955.4	9 136.8	11 663.5	25 299.3	17 474.3	97 809.5
总利润	147.4	251.5	262.1	493.3	949.6	1 140.8	1 869.2	4 257.6	3 325.6	9 619.5
服务及其他营业收入	155.9	186.3	89.6	250.2	363.4	423.8	436.4	964.4	461.3	1 916.2
收入总额	303.2	437.8	351.7	743.5	1 313.0	1 564.6	2 305.6	5 222.1	3 786.9	11 535.7
工资	121.5	168.2	152.7	304.3	541.7	625.8	920.4	1 870.7	1 343.7	4 956.7
折旧	25.2	40.3	34.9	82.1	143.8	183.9	294.5	569.5	347.5	1 514.5
利息	7.8	10.2	8.8	27.4	43.0	62.9	106.2	239.2	144.7	589.2
其他费用	118.0	174.3	130.3	233.0	501.6	531.7	730.3	1 427.4	714.4	1 482.9
总费用	272.6	393.0	326.4	646.8	1 230.1	1 404.3	2 051.5	4 106.9	2 550.3	8 543.3

（续）

规模	5以下	5~9	10~14	15~24	25~49	50~99	100~199	200~499	500~999	1 000及以上
营业净利润	30.6	44.8	25.3	96.7	82.9	160.3	254.1	1 115.2	1 236.6	2 992.3
赞助其他合作社	11.5	24.8	22.2	30.9	56.6	70.8	116.2	161.1	66.9	103.5
营业外收入	10.3	8.6	6.8	10.2	43.9	36.9	36.9	200.9	25.6	797.8
税前净收入	52.4	78.2	54.3	137.8	183.5	268	407.2	1 477.1	1 329.2	3 893.6
税金	1.8	2.4	2.4	5.5	9.9	16.9	23.1	40.5	9.0	14.4
净收益	50.6	75.8	51.9	132.3	173.6	251	384.2	1 436.6	1 320.3	3 879.3
自营业务净收入	39.1	51	29.7	101.4	117	180.2	267.9	1 275.5	1 253.3	3 775.8
占合作社百分比/%	0.55	0.72	0.42	1.43	1.65	2.54	3.78	17.99	17.67	53.25
总业务量	983.7	1 784.3	1 756.9	3 738.2	7 369	10 809.1	14 122.3	30 883.3	21 353.8	110 246.5
占合作社百分比/%	0.48	0.88	0.87	1.84	3.63	5.32	6.96	15.21	10.52	54.3
合作社数量/个	521	239	142	193	214	145	99	168	29	29
占合作社百分比/%	29.29	13.43	7.98	10.85	12.03	8.15	5.56	9.44	1.63	1.63

资料来源：美国农业部，农业合作社统计资料（2019），www.usda.gov。

新西兰的乳品产业发源于19世纪初期，1871年，第一个合作社性质的奶酪公司成立，此后的乳制品企业大都采取合作社性质。到了20世纪30年代，这些合作社性质的企业超过400家。此后，为了应对市场竞争，新西兰的乳品企业开始整合。到了20世纪60年代，400多家合作社企业整合为168家；1996年整合为12家；截至2000年底，新西兰乳品产业95%的产权属于两个公司，即新西兰乳品集团和Kiwi合作乳品公司。2001年7月，84%的奶农参与投票将新西兰乳品局、新西兰乳品集团和Kiwi合作乳品公司合并，当年10月完成合并，成为恒天然合作集团，并购买了两家小合作社企业和乳品局的资产。自此，新西兰只有一家巨无霸式合作社乳品企业，其资产由全国95%的奶农共同拥有，是世界上第六大乳品生产商。

丹麦的阿拉食品公司是一家拥有120多年历史的乳制品合作社企业，目前的阿拉食品公司是2000年由瑞典阿拉公司和丹麦MD食品公司合并而成的，排名欧洲第二、世界第五，在世界上27个国家销售其产品，并在12个国家（包括中国）拥有生产基地，2009年该公司拥有7 996名社员，其中丹麦社员3 906人，瑞典社员4 090人。这些社员共同拥有阿拉食品公司，并且每天负责给公司提供高质量的牛奶。阿拉食品公司是丹麦最大的乳品集团，占丹麦乳制品市场的 92％ 以上，占瑞典市场的 60％ 以上。产业集中度非常高。

二、世界专业性农业合作社的发展趋势

20 世纪 90 年代开始，世界农业市场开放程度不断提高，农业产业链不断延长，传统农业合作社运行机制难以适应市场要求，北美地区出现了大量开展农产品加工增值、实行封闭社员管理的新一代农业合作社，反映了世界农业合作社发展的新趋势。数十年来，尽管并不是所有合作社都发展成为新一代合作社或者将会发展成为新一代合作社，但更加注重资金的作用则是世界各国合作社相同的倾向，可以称为"新一代"化。

（一）背景分析

谈及新一代合作社的产生背景，就不得不提世界范围内合作社历史上的三次运动。在第一次和第二次运动中，合作社的发展方向分别是提高农民市场竞争力和提供财务、零售、通信等相关服务。进入 20 世纪 90 年代以来，随着世界经济全球化和贸易自由化进程的加快，传统合作社体制日益难以适应现代农业发展需求，其内部也存在诸多弊端，主要体现在：首先，传统合作社践行成员资格开放原则，如此难以控制组织规模，易生产过剩、设备投入过大，并且增加了组织的不稳定性。其次，资金报酬有限，难以吸引资本投入，主要依靠社员出资，融资速度较慢，难以及时更新设备、扩大规模。形成的公共积累财产无明确的所有者，产权结构效率低下，容易出现内部人员控制情况，加上新人入社可以享有公共积累财产，退社社员无权享有，成员投资意愿低下。最后，传统合作社的股份不能在市场公开交易，缺乏外部资本市场竞争压力，导致合作社的管理水平较为低下。

新一代合作社率先产生于 20 世纪 90 年代的北美地区，如美国的北达科他州和明尼苏达州。彼时美国的农业和农村市场发生了巨大变化，相对于传统的农业经营模式，产业化经营迅速崛起，城市消费者对农产品的需求多样性日益增加，尤其是关注农产品的健康与安全等。这对于农业经营主体提出了新的挑战——市场信息瞬息万变，如何准确和快速把握市场信息变得极为重要。经营主体越来越不再依赖传统农产品贸易市场，而是发展企业一体化经营模式，即

产品销售通过公司内部交换完成，由此替代贸易市场交易。随着产业化经营进程加快，经营主体开始主动尝试变更传统合作社运行模式，许多小麦生产者建立封闭式合作社，合作社内部拥有自己的加工工厂，稳定组织规模，业务封闭管理，取得了良好的收益，这种新型合作模式逐渐向北美其他地区蔓延。

（二）制度特征

新一代合作社是相对于传统合作社而言的，制度设计上面存在明显不同，主要体现在社员资格、管理模式、产权制度等方面。

1. 社员资格

新一代合作社主要根据社员加工业务量确定合作社投资规模，由此计算总股本，继而要求每个社员投资1万美元左右的股金，由此再确定社员数量，此为社员的资格股。社员入社以后不能退股金，股权可以转让，出资额一定程度上限制了贫农参与。传统的合作社更多着眼于服务农户，"生产在家、服务在社"的模式居多，新一代合作社着眼于对社员提供的原料农产品进行加工增值，社员主要分享增值收益。

2. 管理模式

相较于传统合作社一人一票制和民主方式组织，新一代合作社实行表决权与投资额结合，不再完全坚持一人一票，理事会成员大部分由社员中产生。考虑到合作社还兴办了加工企业，随着合作社更多的业务向非农领域延伸，决策的复杂化以及各种管理功能的发挥都需要专业的技能，合作社吸纳社员担任理事会成员的同时，也吸纳非社员，实行专家管理并负担外聘费用。合作社一般不保留公共积累，以交易权分红返还为主，若要扩大经营规模，则社员被要求按其交易量比例增加股份。社员必须按照相应的交易权股所确定的交易量向合作社提供农产品，若社员因故不能提供合同规定的数量、质量的农产品时，合作社将从市场上购买产品，并按市场价计入社员账户。

3. 产权制度

传统合作社建立在较为封闭的社员管理基础上，新一代合作社不再实行等额持股，社员除了必须拥有资格股之外，还必须根据自己与合作社的未来交易量购买交易权股，但设定了相应地最高持股份额限制，不允许少数社员占多数股。合作社的股份允许转让，但是要经理事会同意，优先卖给内部社员，再卖给其他人。在合作社外部建立一个股份交易市场，股份价值随合作社经营业绩进行

275

相应地调整。换言之，社员股份的可转让赋予了农民入社与退社的实际权利。

新一代合作社在运行机制上面相较于传统农业合作社进行了大刀阔斧的改革，以适应农业产业化发展的需要，有力地促进了合作社发展，提升合作组织的竞争力。从世界范围内合作社 100 多年的发展历程中看，合作的运行机制最契合农业产业特点。在全球范围内，家庭经营都是最为主要的经营形式，合作社则是在坚持家庭经营优越性的同时克服其规模小、衔接市场难的弊端。农民加入合作社有助于减少市场交易费用、降低农业生产经营成本、增加收入、共享收益。农民合作社迄今仍然是遍布全球范围内市场经济国家中覆盖面最广、生命力最强的农民生产经营组织，欧盟和东亚许多国家、地区的实践充分证明了这一点。展望未来，在现代农业发展进程中，合作社应走规模扩张、多元经营、新型合作（即新一代合作）的道路。

第三节　世界综合性农业合作社的特征与发展趋势

综合性合作社是世界主要的农业合作社发展模式之一，最具代表性的综合性合作社就是日本农业协同组合（简称日本农协）和韩国农业协同组合（简称韩国农协）。从实践中看，综合性合作社对于解决分散农户的小生产与社会化大市场之间的矛盾独具经验，为农民提供了全方位的综合服务，在沟通政府与地方等方面发挥着不可替代的作用。

一、为什么会出现综合性合作社

综合性农业合作社作为世界合作社运动中的一个特殊类型，只在日本、韩国等极少数国家和地区出现，均称之为"农业协同组合"，日本农协英文翻译为"Japan Agricultural Cooperatives"，简称"JA"；韩国农协翻译是"Korea Agricultural Cooperatives"，其实就是农业合作社。黄宗智把这种模式称为"国家领导＋农民自主的联结体"，认为它起到了非常广泛的作用，包括联合众多小农场的农资购买，合作的农产品加工、储藏、运输、销售的纵向一体化（区别于横向一体化的规模化种植）。同时，通过国家机构的积极介入，更具有从基层直至全国中央级的金融组织为小农户以及合作社提供国家补贴的低息贷款。它依赖的是公益化私利的激励，而不是简单的一己私利的追求。它展示的是一个国家领导与农民自治相结合的合作社经验，是历史上人多地少、小农经济现代化的最成功的例子。从日本、韩国情况看，这种模式的出现既有其必然性，也有其偶然性。

（一）历史渊源

日本于 1900 年借鉴德国经验制定了第一部有关合作社的法律——《产业组合法》，其目的在于通过金融和保险支持，把农民和小工商业者从高利贷资本的盘剥中解放出来，因此，通过该法组建的合作社可以得到相应的信贷机构的贷款。到了 1905 年，全国 12％的町、村建立了产业组合，平均社员 82 人，其中农民社员 68 人；到了 1915 年，全国 90％的町、村有了产业组合。1920 年修改后的《产业组合法》规定由各地的产业组合或产业组合联合会组成全国性的产业组合联合会，于是，"町、村—府、县—全国"三级产业组合体系建立起来，对当时日本农业发展和向现代化转变发挥了重要作用。尤其是 20 世纪 30 年代的经济危机时期，产业组合成为政府推动农村经济更新运动的核心机构，用行政和经济力量推动了所有农民都加入产业合作社；利用健全的三级体制，把农业金融、农产品销售、农业生产资料购买以及农业基础设施建设等都纳入组合联合会服务范围；开展农村青年和妇女运动，对农业生产资料价格进行监管等，这些活动得到了政府的支持并予以补贴。第二次世界大战期间，产业组合又承担了政府经济管制的职责，对大米、小麦、蚕茧、肥料等产品进行监管；1943 年，产业组合被纳入政府战时管制机构——农业会。战前日本还有一个名为"农会"的农业团体，是政府强制地主和富裕农户加入的合作机构，主要是进行农产品成本调查、技术及经营指导、组织销售合作社等；二战时期，农会也被并入农业会，从而形成了二战后农协的雏形。

1907 年，韩国政府制定了《政府金融组合规则》，基本借鉴了日本农协的框架，要求会员交纳会费作为组合经费，政府也提供资金支持，一个组合覆盖的范围至少为一个郡，主要业务是金融贷款、农资发放、谷物储藏以及种子、肥料、农具的分配、出租以及农产品销售等。和日本早期一样，也是以注入金融推动农业发展的尝试。1914 年，政府取消了《地方金融组合规则》，颁布了《地方金融组合令》，促进了基层组合的联合，在道层面上成立了联合会；1933 年，颁布了《金融组合联合会令》，促进了道联合会的进一步联合，成立了全国性的金融组合联合会。1922 年，政府颁布了《朝鲜产业组合令》，规定了产业组合的组织形式和运行机制。20 世纪初期，韩国各地还出现了大量的农事组合、畜产组合、蚕业组合和地主会等组合形式；1920 年，政府把这些组合合并在一起，按照日本框架成立农会，并于 1926 年颁布《朝鲜农会令》，规定农会为"府、郡、岛—道—全国"三级，开始主要是进行农事指导，后来逐渐发展为农产品销售、农业生产资料购买以及肥料收购基金管理、大米收购基金管理等金融业务，同样具备了战后成立的农协的雏形。

（二）组成过程及演变

二战以后，日本的农业会作为战争时期的国家管制团体被勒令解散，日本政府开始探索建立可以替代的新的农业合作社形式。1947 年 11 月，制定出台了《农业协同组合法》，其宗旨是"促进发展农民的合作组织，提高农业生产力和农民在社会上的经济地位，同时促进国民经济的发展"，建立起农民自己的民主的合作社。这一理念是在美国农业合作社法的影响下，以欧洲式合作社办社原则为蓝本形成的。1948—1949 年，日本农协沿袭了原农业会的框架，接收了农业会的资产，依托基层行政组织在全国范围内快速发展、建立，形成了"基层农协—都道府县联合会—全国联合会"三级组织系统，分别对应市町村—都道府县—中央行政组织。1961 年，政府又颁布了《农业基本法》和《农协合并助成法》，农协在农村的地位进一步得到巩固。由于战后的土地制度改革形成了农业的自耕农化，驻日盟军总部又认为原町村产业组合下的生产合作具有社会主义性质，坚决反对农业生产领域的合作，因此，至今日本农协仍然主要致力于流通领域的合作化。

1957 年，韩国政府颁布《农业协同组合法》，把原来的金融组合、产业组合和农会（1951 年被解散）以及各种民间农业协同组合联合在一起，比如，原产业组合的业务归于里洞组合，原金融组合和市郡农会的业务、财产归于市郡组合，原金融组合联合会、大韩农会、道农会归于农协中央会。1960 年，韩国全国里洞组合的数量为 18 706 个，市郡组合为 168 个，园艺、畜产组合和特殊组合分别为 80 个、152 个和 27 个。

二、综合农协的改革

从二战后至今，日本、韩国农协都经历了历次改革，虽然两个国家的改革历程不尽相同，但方向都是市场化、经营化。本部分仅以日本为例讨论综合农协的改革过程。从 20 世纪 70 年代以来，日本农协经历了两次较大的改革。

一是 20 世纪 70—90 年代，改革的方向是农协的精简化和市场化改革。在日本从统制加自由经济向市场经济转变的过程中，过于庞大的农协网络难以适应经济体制变革，加之涉及面广、覆盖范围大、工作人员多、机构复杂，因而农协在与企业等经济组织竞争的过程中就缺乏足够的灵活性，进行体制改革势在必行。自 20 世纪 70 年代起，农协在组织机构、商品流通形式、业务范围等方面采取了相应的改革措施，全国不少基层农协合并形成了一些大规模的农协，并普遍增设了保险业务、信用业务、指导业务等，使农协的事业呈现出合并大型化、经营企业化、组织脱农化、服务综合化的发展趋向。到 20 世纪 90 年代，农协将三级架构改革为二级，把都道府县联合会并到中央，并对市町村基层农协进行了整理，以减少中间环节、发挥规模效应，提高农协的服务水平和经营管理能力。农协数量从 1992 年的 3 073 个减少到 2000 年的 1 411 个，2002 年基层农协只剩 1 040 个，2003 年进一步减少到了 535 个。

农协改革的另一个重要方面是实行企业化经营、市场化运作。由于农协是合作经济组织性质，如何将合作经济组织的原则和企业化经营机制结合起来，是日本有关政府官员、农协问题专家最为关注的问题，所形成的比较成熟的方案是实行常务理事会负责制，即聘任企业家担任常务理事，负责农协日常经营业务，同时加强经营管理委员会的监督功能，以保障农协经营不违背农民团体和合作经济组织的基本原则。市场化的做法包括扩展非生产领域的服务、积极充当产加销一体化中的龙头企业、通过吸纳准会员等方式扩张资本，使农协经营效益显著提升。

至此，农协已经形成了完整的组织体制、稳定的运行机制和密实的服务网络，凭借其联结地方上下、覆盖全体农民、服务生活方方面面的特点，在日本农业发展、农民生活改善等方面发挥着不可替代的作用。

二是进入 21 世纪以来，农协的综合化改革。到了 21 世纪，日本国内外形势不断发展变化。2015 年，日本修订了《农业协同组合法》，启动了农协成立以来最大动作的综合改革，目标是解决日本长期存在的农业规模效益不足、农地利用率低下、农业人口老龄化、农业保护政策非理性化、基层农协活力不足等结构化问题，积极推行耕地集约化经营，全面增强农业发展活力和竞争力。中央农协主要通过减少对基层农协的管制从而释放基层农协的活力和竞争力，基层农协的改革目标则是转型为真正独立自主运行的合作经济主体,专注核心职能,更好地为地方农业生产经营和农民提供服务。

三、综合农协的运营机制和主要功能

本部分仍然以日本为例展开讨论。

(一)运营机制

日本农协在成立初期的首要任务是将农户组织起来,并为成员的生产和生活提供服务,后经过发展和改革,在部门设立、治理结构以及经营活动等方面体现出鲜明的企业特征,成为自负盈亏的企业经济体。具体而言,农协实行股份制合作,农户可自愿加入或退出。农协(基层农协)由出资入股的参加者成立董事会,最高权力机构为农业协同组织社员大会,不论出资金额多少,每位农协社员都拥有一票的表决权。再由董事会选择经理人负责具体的经营业务,农协职员由经理招聘并领取工资,农协经理人利用农协的生产加工设备、储藏设施、运输系统、销售系统等为社员提供服务,收取部分代销费或者手续费,根据产品不同在 0.5%~3% 之间浮动。

目前,日本农协主要有综合农协和专业农协两类,前者负责综合提供购销、指导、信用、互助等农协成员生产和生活方面的所有服务,后者则是向存在特别需求的生产者提供专门服务,其成员同时又是综合农协的会员。综合农协和专业农协共同构建起全面的服务平台,将农户稳定在农协的组织网络体系之中。随着近些年金融与保险两项事业创收的不断提高,农协正逐渐转变为以金融为主、营农为辅的经营组织。

就利润分配而言,本着"发展农协事业、兼顾成员利益"的原则,农协将股金分红额限制在一定的范围内。基层农协的股金分红率不超过 7%,县和中央联合会不超过 8%。按规定,基层农协每年的纯利润主要用于五个方面:25% 作为发展农协事业的准备金、10% 作为农协的积累金、7% 作为股金分红金、45% 作为成员利用农协事业的返还金,其余结转下年度分配。

(二)主要功能

日本农协组织体系非常健全,具有完整的社会化服务体系,而且由于依靠政府行政力量推动建立，凭借其在农村的渗透力和影响力又可以被看作是"第二政府"，在经济、生活、文化、政治等方面发挥着强大的功能。

1. 经济事业服务

主要是指购买和销售事业服务，即代农户购买生产资料、生活资料和销售农副产品。为了改变小农户作为市场消费者时的弱势地位，农协将负责统一购买农民所需的生产资料和生活用品，将零星、小批量的采购集中形成大规模买方垄断，提高市场议价能力，减少中间商价格盘剥，极大地节约农户交易成本和生产成本。同时，接受社员委托，对农产品进行集中销售，在流通服务方面极大地体现了农协的经济功能：第一，农户可以将生产出来的产品直接交给农协，农协统一销售并按市场成交情况同农户结算；第二，农户可以事先同农协协商好产品等级、价格、出售时间和手续费等内容，再将产品交由农协销售；第三，农协可以帮助农户寻找销售对象，而不直接参与销售活动；第四，农协通常会代政府收购大米、小麦、大豆等农产品，获得一定的手续费和保管费。截至 2015 年，农户加入农协的比例超过了 99%，通过农协出售农产品的农业经营体达 91.07 万个，在销售性质农业经营体中占比超过了 73%。

2. 指导事业服务

日本农协的指导事业服务主要包括农业生产服务、日常生活服务和经营管理服务。其中，最主要的指导事业服务是对农业的经营管理指导。根据农民生产经营过程中出现的问题，农协制定了整个农村的发展计划，为农民指导农田基本建设，提供农业技术支持，统一农产品种植和动物饲养标准，对农村农业结构进行规划和布局，并向政府提出农业政策和农协组织管理的建议，较好地避免了小农户从事农业生产的短视性和盲目性。农协还购置了许多农民个人资金支撑不起的大型机械设备与生产设施，为农户生产提供生产便利。

3. 信用事业服务

信用事业服务是日本农协重要职责之一，主要向农民提供存款、贷款、融资、投资等金融服务，同时也帮助农民进行票据贴现和外汇兑换。日本农协有自己的金融机构，即农协银行，是社会化金融服务体系的重要组成部分。农协银行的组织架构分为基层农协和农林中央金库两部分：基层农协由农户入股组成，类似于信用合作社，主要职责是发放信贷、指导资金使用、开展产品供销与保险业务等；而农林中央金库则由各地区基层农协、信用联合会与农林水产团体组成，主要职责是清算各地农协的流动资金、指导和发行"农林债券"

等。农协信贷系统存贷款产生的信用收益，主要用来支付工作人员的工资和各项管理费用，剩余部分在年末逐级向下返还至农户账户。日本农协吸收的农民存款始终在 50％ 以上，为日本农业发展提供了强有力的金融支持。

4. 保险和医疗事业服务

日本农协的保险事业服务主要由互助救济、融资服务与日常生活组成，涉及养老保险、生命保险、安全保险等 20 多个险种，为确保日本农业生产的稳定、农民安居乐业提供了强大后盾。各级农协组织还承担了大部分的农民医疗事业服务，为农民提供健康教育、疾病预防、保健讲座、定期体检、医疗养老、殡葬服务等。

5. 政府事业服务

日本农协在整个发展过程中得到了政府的大力扶持，同政府之间形成了密切的联系。一方面，农协承担着推行政府农村项目的任务，如日本政府对大米的限产以及水田旱作计划，还代国家执行补助金政策、贷款政策、农产品收购政策、农产品价格政策等。另一方面，农协会代表农民向政府行政部门反映意见，或在政府制定某些政策时施加一定的影响，以充分保障农民权益和实现自身利益，比如要求政府提高农产品价格、增加农业补助金和贷款等。另外，一旦农业生产经营出现亏损，政府将负责托底给予全部补偿，确保农协系统继续运行。

四、综合农协的发展趋势

日本、韩国的综合农协在当地农业经济与农村发展的进程中地位超然、作用重要。但是随着国际农业市场开放程度不断提升，日本、韩国的小规模家庭经营农业国际竞争力不强的劣势日益凸显，并且由于国内农业劳动力老龄化压力与日俱增，农协的发展面临着严峻的挑战。为了适应新形势下的诸多挑战，发展壮大合作经济组织，日本、韩国的综合农协在规模、运营机制等方面出现了许多发展趋势。

（一）背景分析

日本、韩国的综合农协在促进提升农民收入、繁荣农村经济、壮大涉农产业方面作出了巨大贡献，但是自 20 世纪 90 年代以后，组织的发展环境发生许多变化，农协发展亟待创新。

首先是国内产业发展日益受到国际市场冲击。日本、韩国早期在家庭小规模经营格局中对农业生产给予的价格保护水平较高，存在保护过度的问题，加之农业生产资料的过度投入，生产成本急剧攀升，导致食物自给率屡创新低。到 1997 年，日本、韩国的谷物自给率均低于 30%，至此谷物自给率下降趋势止缓，但是维持低位运行。随着 WTO 体制在 20 世纪 90 年代逐渐确立，国际农业市场开放的趋势日渐增强，日本、韩国的农业发展受到国际市场挤压，2009 年，日本、韩国谷物自给率分别仅为 23.6%、29.6%，饲料作物几乎全部依赖进口，小麦、玉米消费完全依赖国际进口，农业高度依赖国际市场。由于产品成本高昂、国际竞争力低下，国内生产者生产积极性严重受挫。

其次是国内农业劳动力老龄化问题日趋紧迫。日本、韩国以小规模家庭经营为主，随着城市化和工业化的深入推进，大量农业劳动力流入城镇从事非农产业，农村中非农就业人口比例急剧上升。由于农业生产的比较收益较低，且面临着来自自然和市场的双重风险，大量年轻劳动力外流，农业生产兼业化问题较为突出，农村劳动力老龄化问题严峻，老龄化造成一大问题——日本农协的经营活力下降。由于农业从业人员的老龄化、农村空心化，农业产出受到不良影响。根据日本 2010 年农业普查数据，261 万农业就业人口中平均年龄达到 65.8 岁，其中 65 岁以上占比高达 62%，29 岁以下就业人员仅为 3.5%。由此，日本农协的组织能力受到严峻挑战，只能吸收大量非农人口（即在农协经营地区利用农协提供设施、服务的居民和团体）作为准社员。

（二）发展趋势

1. 整合合并加快，经营规模提升

日本综合农协数量不断减少，整合合并进程加快。1995 年，日本综合农协 2 640 家；至 1998 年下降至 1 833 家，三年降幅达到 30% 左右；再到 2013 年，日本综合农协数量仅为 703 家，较 1998 年下降至 38%，较 1995 年下降至 27%。与此同时，农协内正社员（即农业从事者，包括农民和从事农业关联活动的法人团体）数量也在不断减少。1990 年，日本农协总社员数为 861 万人，这一数字到 2000 年增长至 911 万人，尽管总社员数量增加 5.81%，但是正社员数量从 554 万人降低至 525 万人，降幅达 5.2%，增加的均为准社员。至 2008 年，正社员数下降至 483 万人，相较于 2000 年降低 8%，较 1990 年降低

13%。农协数量的减少主要是依靠相应整合合并实现。2000 年，日本综合农协平均社员数量为 6 396 人，2005 年这一数字为 10 370 人，2008 年增长至 12 330 人。

2. 组织结构精简，运行成本降低

在整合合并、扩大规模的同时，农协开始逐步精简组织架构，由三层结构转变为二层为主。长期以来，日本农协系统的结构层级为"中央农协联合会—都道府县农协联合会—区域农协"三层组织体系。20 世纪 90 年代后，随着产业发展环境变化，日本农协开始进行组织调整。1991 年，日本农协开始将业务组织进行二级形式调整，精简为"中央农协联合会—都道府县农协联合会或者区域农协"的两层组织体系，改为国家级农协直接与基层农协对接，并精简人员。日本农协的管理人员数由 1997 年的 44 578 人下降为 2008 年的 20 074 人，降幅达 55%，2011 年进一步下降至 1997 年的 42%。

3. 运营机制调整，决策经营分离

农业经营者老龄化不仅仅影响农业产出，也使得农协的组织活力降低。随着农协内部社员结构变化，兼业农户越来越多，为了提高农协的经营能力，应对相应挑战，日本农协开始出现经营决策权与所有权分离的现象，具有经营能力的高层经理人作为农协组织的实际代理人开始承担农协组织的经营决策。

4. 着力产业融合，竞争活力提升

面对日本农村经济发展与社会结构的变化，日本农协向农村涉农的二、三产业发展，推进产业融合。通过产业融合发展，以全体社员的利益为核心，以消费者日益重视的安全、环保、品质的需求为导向，以高品质农产品出口为突破，向高附加值领域拓展。日本国内已经出现农民生产、委托加工、产地直销等多种融合模式，同时通过中央会和联合会开展人才培训服务、获得相关的生产信息与市场信息、推广外卖零售店铺系统等方式发展销售事业。在此基础上，农协加大基础设施投入力度，与农村地区发展的多项事业有机联系起来，全范围服务农业、农村发展，广泛与农业生产者和当地工商业者进行协调，通过匹配创造高附加值，提高自身竞争力。

第十二章 CHAPTER 12
世界农业支持保护制度的演变与发展 ▶▶▶

　　实施农业支持保护是世界各国的通行做法。伴随着经济发展和工业化推进，农业政策逐步由向农业征税的汲取政策调整转变为实施农业补贴的支持保护政策。因多边农业规则约束、农业政策目标调整等，部分发达国家对其农业政策开始新一轮的改革调整，由价格支持措施转向直接补贴措施，更加注重对农业生产者收入、环境友好型生产方式、农业多功能等进行补贴支持，这成为引领当前世界农业支持保护政策改革调整的重要趋势。

第一节　农业政策目标及其调整

　　农为国本，本固邦宁。世界各国都基于自身的国情农情，积极探索农业支持保护制度、不断完善农业支持保护政策体系，对农业生产、农民收入、农业竞争力、农业可持续发展等施加影响，以期实现预定的农业农村发展目标。

一、农业政策目标

　　农业支持保护政策主要是指在市场经济条件下，政府为确保农业发挥基础功能，使农业的发展与国民经济其他产业的发展相适应，以便实现整个国民经济持续、协调、快速发展而采取的一系列支持农业、保护农业的政策措施总和。主要有两类：一类是边境上的保护性措施，包括农产品进口关税、关税配额管理、动植物检验检疫、技术壁垒、进出口限制、出口补贴、出口信贷担保等。另一类是国内的支持性措施，分为针对整个农业部门的支持、针对农业生产者或农产品的支持，前者包括农田水利建设、耕地整治、动植物良种研发繁育、病虫害防控体系建设、农业技术推广与服务等的投资支持或奖补，后者包括农产品价格支持措施和直接补贴政策，如政府最低保证价格、农业投入品补贴、农民收入补贴等。

从实施农业支持保护的必要性看，维持农业国民经济基础地位、扶持弱质性农业产业发展、保障农业公共产品供给、纠正农业外部性影响、发挥农业社会和政治稳定功能等既是支持和保护农业的主要理由，也是支持和保护农业的重要目标，本质上都是为了支持和保护国内农业健康发展，使其免受国际市场的严重冲击，并促进农业与国民经济其他产业的协调发展。

从世界农业支持保护的政策实践看，具体目标涵盖了增加食物等农产品供给，保障粮食供给与安全；稳定农民收入和生活水准；加强农业资源保育和生态保护；提升农业创新力、适应力和竞争力；推动农业多功能开发和维护；促进农业绿色发展和可持续发展；推进农村全方位现代化发展；等等。例如，美国 1985 年《粮食安全法》把确保消费者以合理价格购得充足的食品及纤维作为法定的政策目标，这一目标成为各项农业支持保护政策的落脚点；1990 年《粮食、农业、保育与贸易法》在此前的基础上，授权成立乡村发展署，通过立法来保障乡村的经济、社会发展。日本 1961 年《农业基本法》将提高农业劳动者收入和生活水准，使其达到与其他产业劳动者基本均衡的水平作为首要农政目标；1999 年《新农业基本法》则将粮食安全纳入农业政策目标范畴。加拿大《未来增长的农业政策框架》和《未来增长的农业政策框架 2》将农业创新、提高竞争力和可持续发展作为总体目标。

二、农业政策目标变化

农业政策目标随着经济增长、农业发展不断调整，由解决低收入阶段的粮食问题逐步向解决中等收入阶段的贫困问题和高收入阶段的农业结构调整问题转变。对低收入国家，粮食问题是主要矛盾，是需要优先解决的问题，此阶段主要目标是激励农业生产，增加粮食等农产品供应，确保食物安全稳定供给。对中等收入国家，由于经济增长和农业发展，粮食问题得到缓解，但城乡居民收入差距有所扩大，这一阶段既要保证农产品稳定供给，又要促进农民收入增长，因此需妥善处理农业政策目标的调整和农业政策的过渡转型，政策目标要兼顾增加农产品供给和稳定农民收入。对高收入国家，技术革新等使农业生产力快速增长，粮食问题已经解决，甚至经常出现农产品的相对过剩，农业结构调整问题变得异常突出，调整农业与非农部门的资源配置、稳定农民收入则成为政策重点。

农业政策内容紧跟时代进步而日益丰富，资源节约型、环境友好型农业生产及农业绿色发展、农业资源保育和可持续发展、多功能农业等在一些国家或地区快速推广，演变为政策目标的重要组成部分。例如，中国以绿色生态为导向的农业补贴，欧盟的环境友好型生产补贴、亲气候和环境的绿色生产补贴，美国保育计划下的环境质量激励项目，日本对农业多功能的开发和补贴等。

第二节　世界农业支持保护政策改革与结构变化

OECD 把农业支持保护政策分为对农业生产者的补贴支持和对整个农业部门的一般服务支持。针对农业生产者的补贴支持分为市场价格支持政策和直接补贴政策，并进一步将直接补贴政策分成与农业生产经营活动或收入挂钩的"挂钩补贴"以及与其不挂钩的"脱钩补贴"。其中，市场价格支持政策涵盖了边境保护措施（如关税措施、非关税措施）和国内价格政策（如最低保证价格、政府收购价格），是导致农产品国内生产者价格与边境价格形成"价差"的制度性、政策性措施。尽管各国农业政策的改革路径与方案、具体实施的政策工具等各具特色，但改革进程中所呈现的共性特征和一般规律仍然具有重要参考价值。

一、高收入国家农业支持保护政策改革

据 OECD 对高收入国家农业支持保护政策改革的监测评估结果，挪威、冰岛、瑞士、韩国、日本是世界农业高保护的典型，其农业支持保护水平位居世界前列；澳大利亚、加拿大是世界农产品主要出口国，将农业禀赋条件转化为国际竞争优势，农业支持保护水平较低，与高保护国家相比表现出迥异的特点。

（一）农业高保护国家（地区）

一是农业高支持高保护的本质没有变化。近年来，欧盟、韩国、瑞士、挪

威、冰岛的农业支持总量水平较 21 世纪初都有不同程度增长，只有日本是小幅下滑。其中，欧盟和挪威已经超过了 20 世纪 80 年代中期的高位水平。考虑各国农业体量大小差异，运用各国农业支持总量水平占其农业总产值的比重来衡量，尽管农业高保护国家这一比重都有下降，但实际的支持保护强度仍然较高，2017—2019 年（3 年平均值，下同）挪威、冰岛、瑞士支持保护强度都在75％以上，日本和韩国也接近 60％。如果以每公顷耕地的农业支持总量强度进行衡量，日本、韩国、瑞士更是在 10 000 美元以上，挪威、冰岛、欧盟在1 000 美元以上。其中，对农业生产者的支持水平，欧盟、挪威、韩国、瑞士、冰岛较 21 世纪初都有一定程度增长；对农业部门的一般服务支持，瑞士、欧盟、韩国增长幅度较大（表 12 - 1）。

二是积极推进从价格支持向直接补贴的政策转型，但价格支持仍然发挥重要作用。特别是日本和韩国，近年持续推行国内农业政策改革，缩小价格支持范围、降低支持价格水平，探索新型直接补贴措施。日本对核心农户给予多种直接补贴（包括产量补贴、面积补贴和收入补贴），实施肉牛和生猪养殖户直接补贴、甘蔗和马铃薯淀粉生产者收入稳定补贴、农作物和乳业环境友好生产补贴以及农业收益保险项目；韩国针对农业不利地区、稻田、环境友好耕作、景观保护等给予直接补贴。但由于边境保护措施（如关税高峰、非关税壁垒）的作用，依旧形成巨额的市场价格支持水平，占农业生产者支持的比重一直保持在 80％以上，对支持和保护农业生产者起到重要作用。

欧盟 2004 年引入"单一农场支付"后，直接补贴成为主要支持方式，占农业生产者支持的比重保持在 70％以上。2015 年以来，欧盟大幅削减"单一农场支付"，调整为基础支付、亲气候和环境的绿色生产支付，加上近年实施的单一地区支付、对小农和青年农场主补贴，这些脱钩补贴占到直接补贴资金的一半以上。同时，欧盟成员不断增加，与农业生产经营或农场主收入挂钩的补贴日益丰富，支持额度较大的有农业保险、病虫害防控、动物福利、有机农业、环境友好型生产补贴以及对不利地区、敏感地区环境保护、自然条件限制地区和其他特殊地区等给予的一系列补贴支持。

冰岛、挪威、瑞士则呈现价格支持与直接补贴并重的格局，挂钩补贴措施成为补贴的主导方式，政策工具日益多样化。例如，这些国家都对肉、乳、羊毛等畜产品实施差价补贴或产量补贴，近年来对谷物或果蔬的景观塑造与文化功能、区域环境保护与环境质量提升等给予直接补贴。

表 12-1 农业高保护国家（地区）支持保护相关指标变化

类别	冰岛 1986—1988年	冰岛 2000—2002年	冰岛 2017—2019年	日本 1986—1988年	日本 2000—2002年	日本 2017—2019年	韩国 1986—1988年	韩国 2000—2002年	韩国 2017—2019年
农业总产值/百万美元	236	150	311	72 767	76 354	82 944	16 985	26 360	43 784
农业生产者支持/百万美元	193	139	244	44 612	43 955	37 403	11 908	16 694	22 124
基于商品的支持	180	113	176	40 996	40 829	31 692	11 789	15 733	19 766
市场价格支持	179	72	127	39 458	38 471	30 101	11 789	15 733	19 766
产量支付	2	40	49	1 539	2 358	1 591	0	0	0
投入品支付	13	4	20	1 434	976	852	91	470	610
当期挂钩支付	−1	−3	12	621	613	2 089	29	490	984
非当期挂钩支付	0	20	35	0	0	0	0	0	0
脱钩支付	1	5	0	1 560	1 538	2 770	0	0	765
非商品标准支付	0	0	0	0	0	0	0	1	0
混合支付	0	0	0	0	0	0	0	0	0
农业补贴率/%	77	64	57	57	54	41	69	61	48
一般服务支持/百万美元	18	11	11	8 769	12 141	9 228	1 066	2 677	3 667
农业知识与创新系统	5	5	1	514	861	987	67	243	649
检验检疫与防控	1	2	5	55	66	93	27	126	321
基础设施建设与维护	2	1	1	7 747	10 620	7 893	467	1 811	2 280
营销与推广	1	1	0	152	248	134	0	26	38
公共储备	9	2	4	301	345	121	505	471	379
混合	0	0	0	0	0	0	0	0	0
一般服务支持占总农业支持总量比重/%	7	7	4	16	22	20	8	14	14
消费者支持/百万美元	−112	−65	−120	−53 525	−49 474	−43 181	−11 656	−17 342	−26 607
农业支持总量/百万美元	257	153	255	53 272	56 130	46 637	13 047	19 464	25 827
农业支持总量占 GDP 比重/%	5	2	1	2	1	1	8	3	2

类　别	挪威 1986—1988年	挪威 2000—2002年	挪威 2017—2019年	瑞士 1986—1988年	瑞士 2000—2002年	瑞士 2017—2019年	欧盟 1986—1988年	欧盟 2000—2002年	欧盟 2017—2019年
农业总产值/百万美元	2 533	2 052	3 680	8 025	5 696	9 088	233 558	225 093	450 446
农业生产者支持/百万美元	2 833	2 337	3 258	6 871	5 054	6 155	95 385	80 915	102 483
基于商品量的支持	2 059	1 346	1 744	5 966	3 361	2 883	86 308	40 997	18 263
市场价格支持	1 386	1 009	1 421	5 939	3 142	2 559	80 672	37 067	17 890
产量支付	673	337	324	27	218	324	5 637	3 930	373
投入品支付	250	117	179	358	126	146	5 056	6 833	13 650
当期挂钩支付	524	871	979	392	564	1 044	3 587	32 331	28 489
非当期挂钩支付	0	0	348	18	51	1 062	0	0	3
脱钩支付	0	0	0	0	774	117	0	10	40 988
非商品标准支付	0	3	9	0	58	710	478	1 078	927
混合支付	0	0	0	137	120	192	−43	−334	162
农业补贴率/%	71	69	59	77	66	49	39	30	19
一般服务支持/百万美元	129	158	165	431	337	741	9 118	8 355	11 826
农业知识与创新系统	74	62	106	110	70	368	1 788	3 492	6 622
检验检疫与防控	5	25	36	9	24	12	194	281	1 008
基础设施建设与维护	29	54	14	80	55	83	1 331	2 222	1 763
营销与推广	21	15	9	29	37	64	1 210	996	2 329
公共储备	0	2	0	66	32	42	4 571	1 294	86
混合	0	0	0	137	120	172	24	70	18
一般服务支持占农业支持总量比重/%	4	6	5	5	6	11	8	9	10
消费者支持/百万美元	−1 374	−1 034	−1 531	−9 012	−5 032	−4 322	−69 408	−33 000	−16 742
农业支持总量/百万美元	3 182	2 566	3 518	8 002	5 538	6 901	109 495	92 807	114 726
农业支持总量占 GDP 比重/%	4	1	1	4	2	1	3	1	1

资料来源：OECD 数据库。

注：(1) 农业总产值以生产者价格计算，包括种植业和畜牧业；(2) 1986—1988、2000—2002 和 2017—2019 均指三年平均值；(3) 农业补贴率采用的指标是农业生产者支持百分比，是农业生产者支持与农业总产值的比率；(4) 当期挂钩支付指与生产挂钩，基于当期播种面积/牲畜头数/经营收益/农业收入的支付，非当期挂钩支付指与生产挂钩，基于非当期播种面积/牲畜头数/经营收益/农业收入的支付，脱钩支付指与生产不挂钩，基于非当期播种面积/牲畜头数/经营收益/农业收入的支付。

三是亚洲国家和欧洲农业高保护国家的农业一般服务支持重点存在明显差异。日本和韩国非常注重对农业基础设施建设和维护的投资，主要投向农地整理、灌溉设施、储存设施、市场设施等，这与它们的农业禀赋条件和农业经营特征等有关，有助于改善不利农业生产条件、提升综合生产能力。欧盟、挪威和瑞士都侧重于支持农业知识和创新系统，投向各类农业科技研发、青年农民教育与培训、农业技术推广服务等，这对提高农业竞争力和可持续发展能力具有重要支撑作用。应当注意，20世纪80—90年代，欧盟、韩国对主要农产品实施价格支持政策，引起公共储备费用的大幅增长，为此带来较为沉重的财政包袱。

（二）农产品出口国

一是农业支持保护水平大幅低于OECD平均水平。除加拿大外，近年澳大利亚、智利、新西兰的农业支持总量水平较21世纪初都有不同程度增加。2017—2019年农业支持总量水平占其农业总产值的比重，加拿大为12%，智利、澳大利亚和新西兰均不到8%，远低于农业高保护国家。加拿大农业补贴率由1986—1988年的35%下降到2017—2019年的8%，澳大利亚和新西兰由10%分别下降到2%和1%，是现阶段世界农业支持保护水平较低的一些国家。

二是逐步放弃价格支持政策，转向采用挂钩直接补贴措施。2000年，澳大利亚基本取消对所有农产品的价格支持，加拿大、美国也在不断改革，将价格支持政策只局限在少数品种。目前加拿大主要对乳品、禽肉、蛋实施价格支持政策，其中乳品占70%以上；美国集中对乳品和糖实施，两者占80%以上，此外还有牛肉、羊肉和羊毛。出现这种现象原因在于，农业资源丰富的国家，价格支持政策能够显著激励农业生产，容易加剧农产品的过剩，进一步打压国内价格，增加出口压力；价格偏高又会导致出口竞争力下滑，加大出口难度。因此，减少直至取消价格支持政策就成为农产品出口大国的现实选择。

现阶段，澳大利亚、加拿大和美国都是以与农业生产经营活动挂钩的补贴政策为主。对农业投入品进行补贴是重要的方式，加拿大实行农用燃油税退税、家庭资产税免除、农业贷款利息补贴；澳大利亚对推广与咨询服务予以补贴，对一系列特定贷款给予优惠；美国支持方式更加丰富广泛，包括能源补贴、保育管理计划、环境质量激励、农业保护地役权计划、动植物健康检验服务、技术和保护性技术援助等。此外，加拿大通过持续完善农业风险管理体系对农业生产者进行系统的支持和保护，包括针对具体品种的农作物产量保险补贴、农业收入稳定保险、农业投资和农业稳定项目以及对安大略、魁北克等特定区域的风险管理支持。美国也通过农作物产量保险补贴、价格损失补偿等一系列政策举措共同管理农业风险。

三是注重支持农业创新、营销和推广。高度重视并持续加强对农业知识与创新系统的支持是农产品出口国一般服务支持的共性特征，其中农业研发投入居于首位，并占据极度重要地位，这对提升农业出口竞争力起到重要支撑作用。美国还十分注重农业调查和市场信息搜集，每年有数亿美元用于农业统计服务，美国农业部所公布的相关数据和报告已成为影响国际农产品市场预期的重要力量。与此同时，扩大农产品出口是农业资源丰裕国的重要目标，美国和加拿大较为重视对农产品营销和推广的支持，这为其开拓国际市场起到支撑作用。

二、中等收入国家农业支持保护政策发展

（一）部分中等收入国家初步实现由农业汲取政策向支持保护政策的重大转变

从实践看，农业政策的这种调整转型是世界普遍现象。根据 OECD 监测数据，现阶段越南、阿根廷等国家仍处于汲取农业的"负保护"阶段；巴西、印度尼西亚等国家在 20 世纪 90 年代先后完成了向农业"正保护"的政策转型。最近十多年，菲律宾、印度尼西亚、土耳其已成为农业支持保护较高的中等收入国家，2017—2019 年，3 个国家农业支持总量水平占农业总产值的比重分别为 33％、28％和 22％，虽然低于农业高保护国家，但已经与美国、欧盟大体相当，高于加拿大、澳大利亚、智利。俄罗斯、墨西哥、哥伦比亚等国家这一比重为 10％～20％。

与高收入国家相比，中等收入国家农业支持总量水平、农业生产者支持水平的波动更加明显。这主要在于大部分中等收入国家倚重于关税、进口限制等边境保护措施和政府收购价格、管理价格等国内价格干预政策。由于国内国际农产品价格波动频繁，但价格支持政策致使国内国际市场被人为割裂、价格传导不畅，因此价格支持水平年际间波动较大。例如，2008 年世界粮食危机期间，国际粮食价格大幅上涨，部分中等收入国家通过限制出口、加强干预等方式稳定国内粮价，避免粮价大幅上涨可能冲击国内经济发展和社会稳定，但这

让其国内粮价大幅低于国际粮价，价格支持水平出现较大负值；到 2009 年，受国际金融危机等影响，国际粮价大幅下跌，中等收入国家往往需要通过稳定国内粮价来稳住粮食生产，其价格支持水平可能迅速逆转为正值且有大幅增长。反观高收入国家，近年都在缩小价格支持范围，努力将价格支持降到较低水平，转向实施直接补贴政策，由于法定政策的延续性和财政预算安排的计划性，其农业支持保护程度的波动频率和幅度较小。

（二）受财政实力和政策实施条件等限制，主要采取价格支持方式

尽管高收入国家认为农产品价格支持政策存在诸多弊端，如扭曲资源配置、扭曲农业生产和贸易，引起农产品过剩和结构失衡，但现实中价格支持政策却备受中等收入国家欢迎，并作为支持保护农业的主要手段，尤其是作为支持重点敏感农产品、短缺农产品的优先选项。

除阿根廷、越南、印度等价格支持水平为负值的国家外，现阶段中等收入国家的价格支持额度占据农业生产者支持的绝大部分。究其原因，在经济发展初级阶段，在财政实力有限、相关制度不完善的情况下，价格支持政策仍然是一种契合中等收入国家国情农情的可选政策工具。

（三）投入品补贴是挂钩补贴的重要选项之一，与农业种植面积、养殖规模、农业收入等挂钩的补贴措施逐步增多

中等收入国家农业补贴结构较为简单，但政策目标明确、指向清晰，对农业投入品进行补贴是最重要的方式。对农民贷款利息、农业灌溉费、保险费等进行补贴、减让或免除；对肥料、良种、机械等投入品的生产商、经销商等产销环节或者农民购置使用进行补贴或给予优惠；对农民投资建设农业基础设施、实施土地保护或复垦等给予补贴，都是较为普遍的方式。中等收入国家正在积极探索灵活适用的新型补贴工具，例如 2011 年，越南针对保有 400 万公顷以上稻田的地区，按照稻田面积对农民进行直接补贴；2018 年，印度对种植面积2 公顷以下的小农实施收入支持计划，2019 年进一步扩展覆盖所有农民。

（四）政府对农业部门的一般服务支持普遍增长，亚洲国家尤其注重基础设施建设

作为世界农业大国，印度是一般服务支持增长最为显著的国家，由

2000—2002 年的 35 亿美元增长到 2017—2019 年的 172 亿美元。由于日本和韩国形成的"东亚经验"以及亚洲稻作生产特性，印度、印度尼西亚、菲律宾、越南格外重视对农业基础设施建设和维护的投资。2017—2019 年，印度、菲律宾和越南对农业基础设施建设和维护的支持占其农业一般服务支持的 60% 以上，印度尼西亚也接近 50%；特别是农业灌溉系统，印度仅这一项占农业一般服务支持的比重即超过 70%，菲律宾达到 53%，越南和印度尼西亚分别为 44% 和 42%。

比较而言，巴西、阿根廷、墨西哥、俄罗斯、南非这些中等收入国家农业资源丰富，是重要的农产品出口国，因而更加关注一般服务支持中的农业知识与创新体系。农业科技研发、农业职业教育等是其支持的重点，此外病虫害防控也是重要支持领域。

推动农业发展，农田水利是基础，农业科技是核心，这是中等收入国家和低收入国家农业农村发展最薄弱的环节，也是当前中等收入国家普遍予以支持的重点领域。包括对农田整治、灌溉设施的投资，对农业职业教育、农民技能培训的支持，对农业科技研发、应用与推广体系的投入，这对提高农业综合生产能力、增强农业部门竞争力和可持续发展能力起到重要支撑作用。

三、低收入国家农业支持保护政策的现实

根据世界银行数据，2019 年低收入国家人均国民收入仅有 820 美元，是中低收入国家平均水平的 38%、中等收入国家平均水平的 15%，只相当于世界平均水平 11 566 美元的 7%。低收入国家普遍面临严重的贫困、饥饿与营养不良问题，如何有效增加食物供给成为摆在政府面前的基本民生问题。

相比中等收入国家已经着手探索和试行农业支持保护政策，低收入国家还尚未到达这一发展阶段，处于维持基本生计的阶段，备受中等收入国家欢迎的价格支持措施也难以实施，直接补贴更因财力不足而无力承受。

过往的事实则表明，部分低收入国家通过持续加强农业基础设施建设、培训农民种养技能、接受农业技术援助等方式增强了农业综合生产能力，在农业领域取得显著进步，并进入中低收入国家行列。

第三节　世界贸易组织多边规则与农业支持保护政策改革

农业长期游离在多边贸易体制之外，世界贸易组织乌拉圭回合谈判首次将农业纳入谈判议题，各成员最终签署《乌拉圭回合农业协定》（以下简称《农业协定》）。《农业协定》围绕"持续对农业支持和保护逐步进行实质性削减，纠正和防止世界农产品市场的限制和扭曲"，在市场准入、国内支持、出口竞争等领域对农业支持和保护进行约束。

一、多边贸易体制下农业支持保护规则

根据《农业协定》，对农业的支持和保护被分为国内措施和边境措施两大类。其中，国内措施包含所有有利于农业生产者的国内支持措施，亦称作国内支持措施；边境措施包括市场准入和出口竞争，市场准入包含进口数量限制、进口差价税、最低进口价格、进口许可证等，可归结为关税措施和非关税措施，出口竞争包括出口补贴、国际粮食援助以及出口信贷、出口信贷担保或保险等出口融资措施。

《农业协定》将所有农业国内支持措施分成"绿箱""黄箱"和"蓝箱"。第一，《农业协定》附件 2 界定了"绿箱"政策，即对贸易和生产没有扭曲作用，或者扭曲作用非常小，因此免于减让承诺，其支持水平取决于政府的财政实力，包括农业一般服务支持、粮食安全储备费用、国内粮食援助以及与生产不挂钩的直接收入支持、自然灾害救济和与环境相关支付等直接支付。第二，"黄箱"政策因贸易扭曲影响较大，需要受 WTO 规则约束，采用综合支持量（AMS）测算其支持水平，并要求各成员不得超过其作出的承诺水平，它包括对农产品价格干预，种子、肥料、灌溉等投入品补贴，营销贷款补贴等。其中，发展中成员农业可普遍获得的投资补贴、低收入或资源贫乏生产者可普遍获得的农业投资补贴等不计入综合支持量。此外，发展中成员对特定产品的"黄箱"支持未超过该产品产值的 10%，对非特定产品的"黄箱"支持未超过农业总产值的 10%，称为"微量允许"，也不计入综合支持量。发达成员的"微量允许"水平为该产品产值或农业总产值的 5%。第三，《农业协定》第 6

条第5款界定了"蓝箱"政策，即限产计划下，按固定的面积、产量或牲畜头数，或基期生产水平的85％或85％以下给予的直接补贴，不计入综合支持量，也免于减让承诺。

《农业协定》市场准入的重心在于农产品关税约束和削减，即在过渡期内将农产品总体关税、具体产品项关税削减至承诺的约束水平。除另有规定外，WTO要求各成员不得维持、采用或重新使用已被要求转换为关税的措施，如进口数量限制、进口许可证、进口差额税等，即意味着要求将非关税措施关税化。WTO就特殊保障条款触发机制、加征附加关税等也作出约束。出口竞争的重心在于对农产品出口补贴的约束和削减，同时对出口信贷、出口信贷担保或保险等制定相关纪律，为防止以此类方式规避出口补贴承诺。

二、主要成员农业支持保护

（一）国内支持

《农业协定》有效约束了严重扭曲生产和贸易的农业国内支持措施，一方面各成员履行"黄箱"综合支持量约束水平的削减承诺，约束水平是"黄箱"支持的"天花板"，要求不得突破；另一方面积极推进农业政策改革，由"黄箱"政策调整为不受约束的"蓝箱"和"绿箱"措施。

2010年以来，欧盟、美国、加拿大、澳大利亚的"绿箱"和"蓝箱"（美国、加拿大、澳大利亚未实施"蓝箱"政策）支持总水平尽管有小幅波动，但总体较为平稳。日本、挪威、印度的"黄箱"和"绿箱"支持水平都有增长，支撑了国内支持总水平的不同程度增加，其中日本"蓝箱"支持大幅下降，微量允许支持增加。巴西的"黄箱""绿箱"及其国内支持总水平都有明显下降（表12-2）。如果将时间前溯至21世纪初期或20世纪90年代中期，欧盟、美国、日本、巴西等大部分成员的共性趋势就是"黄箱"支持持续下降，"绿箱"支持稳步上涨——为履行乌拉圭回合"黄箱"综合支持量削减承诺，各成员对国内农业支持保护政策进行调整"转箱"。

如果使用国内支持总水平占农业总产值比重这一指标，近年美国在35％左右，日本接近30％，欧盟在20％左右，挪威达到70％以上，巴西、加拿大、澳大利亚均在10％以下。

表 12 - 2　主要成员农业国内支持水平

类　　别	美国/亿美元			欧盟/亿欧元			日本/亿日元		
	2010 年	2015 年	2017 年	2010 年	2015 年	2017 年	2010 年	2015 年	2017 年
农业总产值	3 349	3 727	3 693	3 268	3 759	3 952	83 403	90 089	94 950
综合支持量约束水平	191	191	191	722	724	724	39 729	39 729	39 729
综合支持量	41	38	42	65	71	69	5 769	6 221	6 449
微量允许支持	59	133	87	14	24	21	934	2 830	2 398
特定产品	3	52	52	7	17	10	259	180	129
非特定产品	56	82	34	7	7	11	675	2 650	2 269
蓝箱	0	0	0	31	43	48	3 068	987	705
绿箱	1 190	1 215	1 182	681	608	658	14 976	17 488	18 077
扭曲贸易的国内支持	100	172	129	110	139	138	9 771	7 491	9 552
支持总水平	1 290	1 387	1 311	791	747	796	24 747	24 979	27 629

类　　别	加拿大/亿加元			澳大利亚/亿澳元			挪威/亿克朗		
	2010 年	2015 年	2016 年	2010 年	2015 年	2017 年	2010 年	2015 年	2019 年
农业总产值	456	613	617	487	566	605	270	346	361
综合支持量约束水平	43	43	43	5	5	5	114	114	114
综合支持量	5	6	6	0	0	0	96	107	108
微量允许支持	26	20	23	1	3	1	3	4	4
特定产品	4	2	2	0	0	0	1	2	3
非特定产品	22	18	21	1	3	1	1	2	1
蓝箱	0	0	0	0	0	0	44	52	60
绿箱	29	22	22	19	15	21	72	76	89
扭曲贸易的国内支持	31	26	29	1	3	1	143	164	172
支持总水平	60	48	51	19	17	22	215	240	261

类　　别	巴西/亿美元			印度/亿美元		
	2010 年	2015 年	2018 年	2010 年	2015 年	2018 年
农业总产值	1 023	1 458	1 478			
综合支持量约束水平	9	9	9	0	0	0
综合支持量	3	0	0	0	0	50
微量允许支持	35	21	11	30	24	48
特定产品	10	1	1	27	20	14
非特定产品	25	21	10	4	3	33
特殊与差别待遇	17	7	1	248	236	242
蓝箱	0	0	0	0	0	0

（续）

类别	巴西/亿美元			印度/亿美元		
	2010 年	2015 年	2018 年	2010 年	2015 年	2018 年
绿箱	49	20	16	208	184	225
扭曲贸易的国内支持	54	29	13	279	259	339
支持总水平	71	36	14	527	495	581

资料来源：根据 WTO 通报数据处理。

注：（1）综合支持量约束水平系各成员在乌拉圭回合农业谈判或加入 WTO 谈判所作出的承诺；（2）微量允许包括特定产品的微量允许和非特定产品的微量允许；（3）扭曲贸易的国内支持系综合支持量、微量允许、蓝箱三者之和，发展中国家成员特殊与差别待遇未计入综合支持量，但属于黄箱，故计入扭曲贸易的国内支持；（4）支持总水平是黄箱、蓝箱和绿箱三者之和，等于扭曲贸易的国内支持与绿箱之和；（5）空格指无数据；（6）欧盟 2010 年为 25 个国家数据，2015 年和 2017 年为 28 个国家数据。

（二）市场准入

《农业协定》推动了农产品市场准入领域的非关税措施关税化，并使得关税水平有一定程度下降，但 WTO 所有成员在乌拉圭回合谈判后农产品的关税约束水平仍然高达 62％，OECD 国家农产品关税的平均约束水平为 45.2％。其中，冰岛、挪威以及一部分发展中国家成员（如孟加拉国、巴巴多斯、多米尼加、印度、缅甸）农产品关税约束水平仍在 100％以上。

尽管发达国家成员履行了《农业协定》的削减承诺，将关税税率降至约束水平以下，但关税高峰、关税升级、非关税措施（包括动植物卫生措施、技术性贸易壁垒）等准入壁垒依旧突出，对重点的战略性、敏感性农产品形成了较高的保护。WTO 关税数据显示，挪威和瑞士 2019 年农产品税目最高关税税率达 1 000％，韩国为 887％，日本为 716％，加拿大为 511％，冰岛为 470％，美国也达 350％。关税高峰税目数（即简单关税大于 15％）占所有农产品税目的比重，挪威（37％）、冰岛（28.8％）、瑞士（27.4％）和日本（21.3％）都超过了 20％；其中，挪威 12％的农产品税目关税税率超过 100％，韩国为 10％，瑞士为 9.5％。

近年来，发达国家的动植物卫生措施、技术性贸易壁垒愈演愈烈，已成为国际农产品贸易壁垒和农业保护的新特征，突出表现在日益严格的食品安全、动植物卫生检验检疫法规，质量标准、食品标签和包装要求，环境保护和动物福利要求等，这对发展中国家农产品出口构成了实质性的高壁垒。形成对比的是，发展中国家对国内农业实施保护更多依赖于单一的关税措施。

（三）出口竞争

出口补贴只有美国、瑞士及欧盟中少数发达国家使用，主要用于解决国内农产品过剩、争夺国际市场。《农业协定》签订以来，主要成员履行相关削减承诺、约束出口补贴等，过去十多年有关出口补贴的国际争端大幅减少。2015年WTO第十届部长级会议通过了《内罗毕部长宣言》，针对取消出口补贴作出重大决策，发达国家成员立即取消所有出口补贴，发展中国家成员被赋予一定的过渡期。

三、多边规则下农业支持保护政策改革态势

乌拉圭回合《农业协定》是多边贸易体制下实施农业支持和保护的重要准则，历史上首次对WTO成员的农业市场准入、国内支持、出口竞争等政策措施进行约束。新一轮多哈回合农业谈判虽然没有达成"一揽子"协议，但各项议题的关注和交锋反映了当前世界对农业支持保护的态度、取向以及各方诉求，各成员也据此对农业政策进行新一轮的改革调整。

第一，边境保护措施与国内支持措施实施的一体化。特别是农业高保护国家，一方面通过关税高峰、非关税壁垒对国内敏感农产品施以保护，另一方面通过价格干预、直接补贴等方式予以支持，二者相互配合，彼此支撑。反之，如果没有关税、非关税措施等边境保护措施的配合，无论哪一个国家都很难将农产品国内价格长期稳定在国际水平之上。但是，相比边境保护措施更加公开，更容易为贸易对象国所感知，加强国内支持措施对农业部门的支持和保护正成为各国农业政策改革调整的重点。

第二，就边境保护措施而言，发展中国家倾向于高关税措施，因为其操作简便、效果直接，还能给政府带来实在的收益。动植物卫生措施、技术性贸易壁垒则面临操作困难、执行成本偏高，对国内生产者、企业等还可能造成负面冲击等挑战。根据本国的实际，优化关税结构、调整关税水平是发展中国家完善边境保护措施的主要方向。反之，发达国家若采取高关税，则会备受发展中国家、农产品出口国等诟病，因此在降低关税的同时，制定更加严格的食品安全、动植物卫生检验检疫法规，提升农产品质量标准、食品标签和包装要求，强化环境保护和动物福利要求，这种转变既实现了保护之实，也规避了多边贸

易规则约束，这一趋势需引起重视。

第三，就国内支持措施而言，发展中国家倾向于"黄箱"政策，特别是农业投资补贴和农产品价格干预，这类政策措施对于激励农业生产、增加农产品供给更加直接有效，而且特殊与差别待遇使低收入或资源贫乏生产者可普遍获得的投资补贴等不受约束。随着经济增长和农业发展，一部分发展中国家开始探索直接补贴措施，与农业生产挂钩的"黄箱"补贴因针对性更强和有效性更好而成为优先考虑的选项。反观发达国家，近年来由"黄箱"转向"蓝箱"和"绿箱"成为主要方式，"黄箱"中价格支持范围越来越小，不可免除直接补贴不断增加以及由"黄箱"不可免除直接补贴转向"绿箱"中脱钩的收入补贴，这些趋势正引领国内支持政策改革方向。

第十三章 CHAPTER 13
世界农业贸易和投资规则与发展 ▶▶▶

农业是世界经济的基础,农业贸易和投资是世界经济增长的重要引擎。就国家而言,世界农业贸易和投资可以充分利用国内和国际两个市场、两种资源,有效调节农业生产要素分布不均、促进各国农业结构优化升级、推动世界农业发展。农业贸易和投资规则按适用范围可分为多边、区域和双边规则,本章重点分析多边农业贸易和投资规则。

第一节 世界农业贸易和投资规则

农业贸易和投资是两种不同的世界农业资源和市场调节手段,它们之间也存在复杂的互补效应和替代效应。

一、世界农业贸易规则演变

世界贸易组织是多边贸易体制的核心,其规则的演变大致可以分成三个阶段。第一阶段为乌拉圭回合前,主要是农业贸易的高壁垒时期。第二阶段为乌拉圭回合至多哈回合,基本形成较为全面的农业国际贸易体系。第三阶段为多哈回合,双边和多边农业贸易不断增加。

(一)乌拉圭回合前

在乌拉圭回合前,虽然有些国家签订了双边的农业贸易协议,但世界上并不存在一个全球性的农产品贸易市场,也未建立多边农业贸易规则体系。

农业贸易是国际贸易中保护程度最高的一个领域。一方面,农业是安天下、稳民心的重要产业，对维持社会稳定和促进经济持续发展具有重要意义，同时农业为工业和服务业提供生产和生活原料，没有农业的支持，工业和服务业也将无法存续，因此各国对农业安全均非常重视。另一方面，农业生产资源有限且各国的农业生产要素禀赋不同，各国农产品生产的比较优势也各不相同。在农业国际贸易中，各国既希望提升农业国际贸易自由度，进而满足人民日益增长的生活需求，又担心外国优势农产品对本国农业生产造成冲击，不利于国家的稳定和发展。因此，这一阶段世界农业贸易壁垒高筑，各国农产品贸易摩擦较多，这些因素也是近30年来多边农业贸易体制谈判不断拉锯的重要原因。

（二）乌拉圭回合至多哈回合

伴随着冷战的结束，经济全球化进程不断加快，各国依存度也不断上升，迫切需要一个能够对所有世界贸易组织成员都有所约束的全球性多边农业贸易体制。在1993年的乌拉圭回合谈判中，各成员最终签署《农业协定》，由此诞生了第一个全球性质的多边农业贸易协议。1995年1月1日，世界贸易组织取代关税及贸易总协定正式运转，《农业协定》作为国际农业贸易公约正式生效。

乌拉圭回合的农业贸易相关谈判的主要目标是消减进口壁垒、改善竞争环境、减少卫生及植物条例等。由此实现农业贸易更大的自由化，把一切影响进入市场和出口竞争的措施置于关贸总协定规则及纪律约束之下。一是将不同的国内支持政策进行分类，鼓励使用对市场供求关系扭曲程度较小的产业支持政策。二是针对发展中国家和发达国家设立不同的支持水平上限。三是减少直至禁止出口补贴，使其对国际市场的扭曲能力减弱。四是削减关税，减少关税壁垒。五是提供一定的关税配额，进行一定程度上的保护。六是设立特别保障条款，促进使用非关税壁垒的国家将其非关税措施转变为统一的关税措施。这一系列的条款规定，无论是对发达国家还是发展中国家的农业发展，都意味着机遇和挑战并存。

（三）多哈回合

《农业协定》是人类历史上范围最大的多边农业贸易协定，奠定了当今世界农业贸易的三大规则：市场准入规则、国内支持政策以及出口竞争规则，但是其不足之处亦较为突出。

一是《农业协定》中的关税化和平均关税减让方式并未有效地削减发达国家的高关税，还造成了关税高峰和关税升级。同时在关税配额管理的问题上，实施期内关税配额量并未增加，发达国家一般将配额分配给传统的贸易伙伴，这使得关税配额沦为一种进口壁垒。

二是特殊保障措施（SSG）作为例外条款，允许相关成员国在遭遇农产品（关税化后的）进口量激增而超过特定限度以及进口价格低于参考值或触发价格时，征收额外的关税，但是很多国家为了在一些产品上保持100％的关税上限放弃了关税化，即放弃了使用SSG的权利。

三是各个国家的农业支持水平不同，且基期数量相差较大，反而约束了部分国家农业支持政策。

四是《农业协定》中部分"绿箱"条款的设计不适合部分成员国国情农情，严重限制了其农业投资和农业生产能力，这使得部分国家的农业发展受到限制且农产品国际贸易竞争力相对较弱。

总体来看，《农业协定》没有均衡各个国家的利益，因而在此背景下，国际农产品贸易谈判从乌拉圭回合进入多哈回合，谈判的重点也就从上述所归纳的四点展开。

总体而言，在经济全球化的大时代背景下，世界农业贸易规则在不断改进和优化，整体上朝着更加公平、稳定、合理的方向发展。

二、世界农业投资规则演变

（一）21世纪前世界农业投资规则

美国、日本、英国、法国、德国等发达国家（地区），自19世纪初就开始了农业国际投资，其目的主要是为了更大限度地获取粮食和农资原料，借用资源获得更大的利益和供给本国市场。据联合国粮食及农业组织数据，1950—1990年，世界人口净增加28亿人，年均增长7 000万人。巨大的人口基数和快速的人口增长给各国的农业发展和农业国际投资提出更高要求。20世纪80年代起，随着世界工业化和城市化的不断推进，世界耕地和粮食种植面积锐减，水资源匮乏加剧，农业国际投资加快向农业技术研发、加工、流通等领域转移。

20世纪90年代，跨国企业地位不断上升，国际投资与国际贸易处在一个快速发展的阶段。双边投资金额和数量均迅速增长，跨国企业海外扩张对投资保护与投资自由化的诉求增强，经历了乌拉圭回合（1986 年 9 月至 1994 年 4 月）谈判，各发达国家在农业投资诉求上达成一定共识，迫切需要为自身利益进一步削减投资壁垒，因此，发达国家呼吁在多边层面制定统一投资规则。在这一背景下，经济合作与发展组织就缔结综合性多边投资条约进行谈判（1995—1998 年），《多边投资协定》（MAI）应运而生，旨在达成一个全面、系统和开放的多边投资框架，其议题包括促进投资自由化以及建立有效的争端解决程序。但是由于 MAI 过于侧重考虑投资者的利益，而较少考虑东道国（海外建立的子公司和分公司所在的国家）及其合作伙伴的利益，很难代表发展中国家的呼声，同时规定了过高的发展目标，MAI 最终被废除。

（二）21 世纪的世界农业投资规则

进入 21 世纪以后，各国农业发展不平衡问题凸显，尤其是发展中国家农业发展面临投入短缺、产量不足、品质缺失、农业劳动生产率低、人均资源匮乏等问题。为了加快促进农业生产，各个国家均鼓励农业国际投资"引进来"战略。

农业国际投资主要在中低收入国家呈现明显的地域特征。与此同时，大量且快速的农业投资也会带来严重的社会和环境问题。例如，他国在当地农业投资的过程中会把经济收益作为首要目标，而忽略了环境生态的问题，同时农业和经济发展处于初级阶段的国家往往在对环境资源的保护力度、相关法律规范存在较多漏洞和空白，因此，大规模投资可能对土地、渔业和森林等资源造成不可逆的破坏。

为了加快农业投资的治理，保障世界粮食安全与可持续发展，2014 年，世界粮食安全委员会（CFS）审议通过了《农业与粮食系统负责任投资原则》（RAI），至此世界农业投资规则基本形成（表 13 - 1）。

表 13 - 1　涉及世界农业投资的国际法律文书

时间	机构	法律文件
1948 年	联合国大会	《世界人权宣言》
1992 年	联合国环境大会	《里约环境与发展宣言》
2000 年	联合国人权理事会	联合国全球契约 10 项原则
2004 年	联合国粮食及农业组织	《支持在国家粮食安全范围内逐步实现充足食物权的自愿准则》
2007 年	联合国大会	《联合国土著人民权利宣言》
2011 年	联合国人权理事会	《联合国商业与人权指导原则》

（续）

时间	机构	法律文件
2012 年	世界粮食安全委员会	《国家粮食安全范围内土地、渔业及森林权属负责任治理自愿准则》
2012 年	世界粮食安全委员会	《全球粮食安全和营养战略框架》
2014 年	联合国粮食及农业组织渔业委员会	《粮食安全和扶贫背景下保障可持续小规模渔业自愿准则》
2014 年	世界粮食安全委员会	《农业与粮食系统负责任投资原则》

资料来源：根据公开资料整理。

　　RAI综合了《粮食和农业植物遗传资源国际条约》《联合国气候变化框架公约》《联合国反腐败公约》以及WTO相关协定的内容，主要包括10项基本原则：促进粮食安全和营养目标达成；促进经济多元化发展，保障农民基本权利；促进性别平等；青年人参与赋权；尊重自然资源权属；保护自然资源，降低灾害风险；尊重双方传统文化，支持多样性发展；推动安全的农业和粮食系统建立；透明化治理框架，标准化起诉流程；建立相关问责机制。

第二节　世界农业贸易和投资发展特点

　　当代世界农业贸易和投资快速增长，既是世界经济全球化的结果，又是世界经济进一步走向全球化的重要动力，呈现出一系列新的特点。

一、世界农业贸易发展特点

　　21世纪以来，世界农产品贸易规模不断扩大，农产品贸易的区域结构和品种结构也逐渐向多元化、高值化方向发展。

（一）世界农产品贸易规模稳中有增

　　2001—2019 年，世界农产品贸易年均增速达 6.6%。根据 WTO 统计，2019 年世界农产品出口总额为 17 836.5 亿美元，较 2001 年的 5 513.3 亿美元增加了 2.2 倍，在世界货物总出口额中占 9.4%，较 2001 年的 8.9%提高了 0.5 个百分点。2019 年世界农产品进口总额为 18 231.1 亿美元，较 2001 年的 5 927.8 亿美元增加了 2.1 倍，在世界货物总进口额中占 9.5%，较 2001 年的

9.3%提高了 0.2 个百分点（图 13-1）。

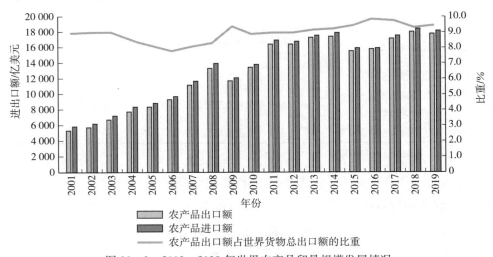

图 13-1 2001—2019 年世界农产品贸易规模发展情况

资料来源：WTO 数据库。

（二）世界农产品贸易区域结构多元化发展

从进口市场来看，世界新兴经济体在世界农产品贸易市场的发展过程中扮演的角色越来越重要。其中，中国农产品进口额在世界占比从 2001 年的 3.4%增长到 2019 年的 10.9%，超过美国位居世界第一。除中国外，印度和俄罗斯的农产品进口额占比分别从 2001 年的 0.8%和 1.6%上升到了 2019 年的 1.5%和1.7%。欧盟成员、美国和日本等发达国家仍然是主要的进口国，2001 年世界农产品进口额前 15 位的国家中发达国家占 12 个，2019 年这一数字下降为 11 个，由表 13-2 可知，虽然发达国家在世界农产品进口额中的主导地位没有变化，但是伴随着新兴发展中国家的不断崛起，发达国家的进口额占比持续下降。最不发达国家农产品进口额在 2001—2019 年出现了大幅的增长，由 2001 年的 85 亿美元增至 2019 年的 474 亿美元，年均增长率达 10%。

表 13-2 **2001 年和 2019 年世界农产品进口额前 15 位国家情况**

排名	2001 年			2019 年		
	国家	农产品进口额/亿美元	占比/%	国家	农产品进口额/亿美元	占比/%
1	美国	684.00	11.5	中国	1 993.97	10.9
2	日本	570.51	9.6	美国	1 810.83	9.9
3	德国	447.31	7.5	德国	1 161.55	6.4

（续）

排名	2001 年			2019 年		
	国家	农产品进口额/亿美元	占比/%	国家	农产品进口额/亿美元	占比/%
4	英国	342.30	5.8	日本	826.15	4.5
5	法国	296.39	5.0	荷兰	765.76	4.2
6	意大利	292.92	4.9	英国	708.42	3.9
7	荷兰	272.94	4.6	法国	685.14	3.8
8	中国	201.25	3.4	意大利	572.06	3.1
9	比利时	184.02	3.1	西班牙	466.26	2.6
10	西班牙	182.27	3.1	比利时	430.27	2.4
11	加拿大	155.74	2.6	加拿大	406.78	2.2
12	韩国	125.04	2.1	韩国	373.81	2.1
13	墨西哥	121.67	2.1	墨西哥	312.72	1.7
14	俄罗斯	92.43	1.6	俄罗斯	312.26	1.7
15	丹麦	68.11	1.1	印度	279.31	1.5

资料来源：WTO 数据库。

从出口市场来看，欧盟成员和美国作为传统的农产品出口大国，在世界农产品出口市场中占据着较大的份额，但是近年来新型经济体国家农产品出口额不断增加。如表 13－3 所示，2019 年巴西、中国、泰国的农产品出口额占比从 2001 年的 3.3%、3.0%、2.2% 上升到 5.0%、4.6%、2.4%。美国、荷兰、法国、加拿大和德国 5 个发达经济体的农产品出口额占比之和从 2001 年的 38.3% 下降到 2019 年的 28.4%。最不发达国家的农产品出口额增长缓慢，在世界农产品出口额中的占比从 2001 年的 0.75% 增长到 2019 年的 1.3%。

表 13－3　2001 年和 2019 年世界农产品出口额前 15 位国家情况

排名	2001 年			2019 年		
	国家	农产品出口额/亿美元	占比/%	国家	农产品出口额/亿美元	占比/%
1	美国	700.17	12.7	美国	1 648.03	9.2
2	荷兰	426.18	7.7	荷兰	1 100.28	6.2
3	法国	348.61	6.3	德国	934.04	5.2
4	加拿大	337.21	6.1	巴西	890.98	5.0
5	德国	302.23	5.5	中国	816.76	4.6
6	比利时	200.87	3.6	法国	752.36	4.2
7	西班牙	186.78	3.4	加拿大	650.45	3.6

（续）

排名	2001 年			2019 年		
	国家	农产品出口额/亿美元	占比/%	国家	农产品出口额/亿美元	占比/%
8	巴西	184.40	3.3	西班牙	615.87	3.5
9	意大利	170.19	3.1	意大利	516.62	2.9
10	澳大利亚	167.01	3.0	比利时	501.03	2.8
11	中国	166.26	3.0	泰国	429.82	2.4
12	英国	154.93	2.8	印度尼西亚	429.53	2.4
13	丹麦	122.21	2.2	墨西哥	397.46	2.2
14	阿根廷	121.99	2.2	阿根廷	389.99	2.2
15	泰国	120.55	2.2	波兰	375.47	2.1

资料来源：WTO 数据库。

（三）世界农产品贸易品种结构优化

粮棉油糖等大宗农产品的贸易规模不断扩大。2001 年世界谷物出口额为 361 亿美元，2019 年增长到 1 139 亿美元，年均增长率达 6.6%。多年来，世界植物油籽贸易快速发展，占比最大的产品是大豆，2019 年世界大豆出口额达到了 550 亿美元，较 2001 年增加了 4.3 倍。纺织纤维（棉、麻等）和食糖及蜂蜜作为主要的经济作物，出口额也大幅增长，2001—2019 年纺织纤维和食糖及蜂蜜的出口额分别年均增长 4.1% 和 5.2%（表 13-4）。谷物分品种来看，2019 年小麦出口额为 396 亿美元，较 2001 年增加 1.8 倍；玉米出口额为 353 亿美元，较 2001 年增加 3.0 倍；大麦和稻谷的出口额较小，但是也保持着高速的增长态势，2019 年的出口额较 2001 年分别增加 1.7 倍和 3.5 倍（表 13-5）。

表 13-4　2001—2019 年部分年份世界主要农产品出口额

单位：亿美元

类别	2001 年	2003 年	2005 年	2007 年	2009 年	2011 年	2013 年	2015 年	2017 年	2019 年
谷物	361	408	461	768	819	1 211	1 267	1 090	1 091	1 139
大豆	104	156	158	229	331	487	573	509	581	550
牛肉	136	180	233	290	318	413	460	503	522	597
禽肉	114	128	165	220	251	337	357	321	346	362
猪肉	150	175	247	303	330	411	430	390	470	483
食糖及蜂蜜	170	189	240	304	352	542	525	429	516	420
水果	340	449	543	733	776	970	1 056	1 036	1 193	1 265

（续）

类别	2001年	2003年	2005年	2007年	2009年	2011年	2013年	2015年	2017年	2019年
蔬菜	236	316	382	500	535	657	712	702	801	849
坚果	57	71	117	129	143	223	251	319	347	345
乳制品	268	320	409	568	522	727	836	664	774	799
饮料	347	467	597	754	725	919	1 022	958	1 062	1 142
植物油籽	152	215	229	340	479	705	838	700	791	756
天然橡胶	33	64	91	140	107	380	224	131	163	126
纺织纤维	111	136	156	183	139	293	270	189	225	229
烟草制品	208	217	261	293	335	381	406	390	419	458

资料来源：FAO 数据库。

表 13-5　2001—2019 年部分年份世界主要粮食产品出口额

单位：亿美元

类别	2001年	2003年	2005年	2007年	2009年	2011年	2013年	2015年	2017年	2019年
大麦	23	29	36	55	45	71	87	78	70	65
玉米	89	111	112	208	199	338	349	287	300	353
稻谷	2	4	4	5	8	8	10	8	7	9
高粱	8	7	6	14	11	17	16	31	15	9
小麦	146	160	176	304	315	469	494	387	390	396

资料来源：FAO 数据库。

高蛋白农产品的贸易规模大幅上升。在社会经济发展和人均收入水平不断提高的背景下，近年来世界各国人民的饮食消费习惯越来越健康营养，带动了世界高蛋白农产品需求上升。肉类和乳制品的出口额增长迅速，2019 年牛肉、禽肉、猪肉和乳制品的世界出口额为 597 亿美元、362 亿美元、483 亿美元和799 亿美元，分别较 2001 年的出口额增加了 3.4 倍、2.2 倍、2.2 倍和 2.0 倍。

高附加值农产品的贸易份额逐渐增加。纵观世界农产品贸易的发展历程，可以看出世界农产品贸易由初级产品贸易为主向高附加值农产品贸易转变，进入 21 世纪以来，这一品种结构的变化特征更加明显。根据表 13-6 数据，2001—2019 年，以谷物为代表的传统农产品在世界农产品出口额中所占份额仍保持高位但略有下降，蔬菜、水果、坚果、油籽及牛肉等高附加值农产品的出口额所占份额增加，其中油籽和坚果的份额占比变化较大，分别提升了 1.5个和 1.0 个百分点。这主要是由于发达国家和一些新兴发展中国家的居民收入提高，对高附加值农产品的需求增加，此外，食品加工、包装、保鲜技术的发展也在一定程度上拉动了高附加值产品的贸易规模。

表 13-6 2001—2019 年部分年份世界主要农产品出口额占比情况

单位：%

类别	2001 年	2003 年	2005 年	2007 年	2009 年	2011 年	2013 年	2015 年	2017 年	2019 年
谷物	8.7	7.8	7.0	8.8	8.6	9.2	9.1	8.5	7.7	7.9
大豆	2.5	3.0	2.4	2.6	3.5	3.7	4.1	4.0	4.1	3.8
牛肉	3.3	3.4	3.6	3.3	3.3	3.1	3.3	3.9	3.7	4.1
禽肉	2.8	2.4	2.5	2.5	2.6	2.6	2.6	2.5	2.5	2.5
猪肉	3.6	3.3	3.8	3.5	3.5	3.1	3.1	3.1	3.3	3.3
食糖及蜂蜜	4.1	3.6	3.7	3.5	3.7	4.1	3.8	3.4	3.7	2.9
水果	8.2	8.5	8.3	8.4	8.2	7.3	7.6	8.1	8.5	8.8
蔬菜	5.7	6.0	5.8	5.7	5.6	5.0	5.1	5.5	5.7	5.9
坚果	1.4	1.4	1.8	1.5	1.5	1.7	1.8	2.5	2.5	2.4
乳制品	6.5	6.1	6.3	6.5	5.5	5.5	6.0	5.2	5.5	5.5
饮料	8.4	8.9	9.1	8.6	7.6	7.0	7.3	7.5	7.5	7.9
油籽	3.7	4.1	3.5	3.9	5.0	5.3	6.0	5.5	5.6	5.2
天然橡胶	0.8	1.2	1.4	1.6	1.1	2.9	1.6	1.0	1.2	0.9
纺织纤维	2.7	2.6	2.4	2.1	1.5	2.2	1.9	1.5	1.6	1.6
烟草制品	5.0	4.1	4.0	3.4	3.5	2.9	2.9	3.1	3.0	3.2

资料来源：FAO 数据库。

二、世界农业投资发展特点

农业是安天下、稳民心的基础产业，世界各国都高度关注农业发展。通过对农业对外投资主体的资料梳理，发现农业对外投资经历了以美国和英国为代表的传统农业投资国到以日本为代表的新兴农业投资国，再到以沙特阿拉伯为代表的海湾石油输出国的发展阶段。

（一）美国

美国农业对外投资总体上呈现上涨趋势。如表 13-7 所示，从食品加工业对外投资规模看，2000 年为 234.97 亿美元，2019 年增加到 875.76 亿美元，年均增长 7.2%。从农林牧渔业对外投资规模看，由 2000 年的 17.52 亿美元上升到 2019 年的 58.23 亿美元，年均增长 6.5%。美国农业拥有较高的国际竞争力，为加快农业对外投资、实现全球农业布局和开拓更加广阔的市场空间奠定了基础。美国食品加工业对外投资包括动物食品加工业、谷物和油籽加工业、糖类食品加工业、果蔬类食品加工业、乳制品、屠宰类加工业、海鲜类食品加工业、烘焙制品等种类齐全的加工产业链，其中谷物和油籽加工、果蔬类食品加工业占比较大，2019 年分别为 12.26%、13.64%；美国农林牧渔业对外投资包括作物种植业、畜禽养殖业、林业和渔业等多种对外投资类型，其中以作物种植业为主，2019 年占比达 62.36%。

表 13 - 7　2000—2019 年部分年份美国涉农产业对外投资情况表

单位：亿美元

类别	2000 年	2005 年	2010 年	2015 年	2016 年	2017 年	2018 年	2019 年
食品加工业	234.97	276.38	477.04	819.14	655.60	939.03	853.35	875.76
动物食品加工业	14.10	12.57	12.39	/	/	/	/	/
谷物和油籽加工业	46.21	54.03	79.61	97.72	74.36	118.08	103.75	107.36
糖类食品加工业	23.19	19.06	157.24	/	/	/	/	/
果蔬类食品加工业	35.20	22.00	45.79	115.64	117.73	129.15	111.64	119.46
乳制品	4.52	8.91	24.45	58.43	26.87	31.94	30.25	28.50
屠宰类加工	15.95	/	19.61	11.64	13.53	16.99	18.99	19.98
海鲜类食品加工业	0.38	/	0.21	1.42	1.42	1.58	1.82	1.88
烘焙制品	13.00	13.87	13.86	111.19	57.03	66.89	65.33	67.21
其他食品	82.43	138.20	123.88	233.75	201.82	400.04	236.77	238.10
农林牧渔业	17.52	13.37	21.75	68.00	61.61	52.89	59.38	58.23
作物种植业	8.69	7.78	6.74	37.34	31.39	31.05	36.99	36.31
畜禽养殖业	2.19	4.52	10.23	13.49	15.15	13.26	13.28	12.98
林业与伐木业	2.95	0.61	2.49	14.04	13.13	7.14	7.69	7.43
渔业与狩猎	/	0.21	/	0.19	0.19	0.19	0.19	0.19
支持农业和林业的活动	/	0.25	2.30	2.94	1.75	1.25	1.23	1.32

资料来源：美国经济分析局。

（二）英国

英国农业对外投资分为两个阶段。一是 20 世纪以前，英国殖民地面积比本土面积大 100 倍以上，农业对外投资主要是贵族、乡绅、富裕的工商业者和中产阶级等通过土地买卖和圈地进行农业投资。二是 20 世纪以后，英国人多地少，本土农业生产无法满足市场需求，通过大力投资农业科技提高农业生产

效率，这一时期英国对外的农业投资主要是加强农业科技合作和交流，比如
2013 年英国发起《农业技术战略》，旨在探索如何开发和使用新技术及现有技
术来提高产品和服务，实现粮食安全。

（三）日本

日本是一个人多地少、资源匮乏的国家，日本的粮食自给率从 1960 年的
79％下降到 2018 年的 37％，但日本的粮食安全排名却位居前列，可见农业对
外投资对日本的粮食安全起到显著作用。第二次世界大战之后，日本农业对外
投资全面铺开，如表 13－8 所示，日本对外农业投资涉及粮食作物、经济作
物、畜牧业、奶业、养蚕业和农产品加工业等多个行业，投资区域遍布世界，
主要包括劳动力密集地区和资源禀赋优势区，如东南亚、南美洲、韩国等。日
本农业对外投资不仅覆盖多行业多区域，而且通过官民一体的海外农业投资模
式实现农业全链条投资。日本鼓励支持国内粮食企业在世界各地建立农业分公
司或合资公司，直接或间接进行粮食生产；政府为农业"走出去"提供良好的
投资环境和宽松的投资政策。同时，日本农业"走出去"还提供农业技术支
持、仓储保鲜、冷链物流等一体化的供应链服务，既保障日本的粮食安全，又
能加快当地农业产业发展。

表 13－8　日本农业对外投资行业和区域情况表

投资行业	投资区域
粮食作物：水稻、小麦、玉米等	泰国、印度尼西亚
经济作物：咖啡豆、茶叶、甜菜等	印度尼西亚和巴西
畜牧业：育种、繁殖、饲养、屠宰、加工等	澳大利亚、新西兰；阿根廷、哥伦比亚、巴西；韩国、越南、印度尼西亚；乌干达；伊朗
奶业：奶牛育种和饲养、乳品加工等	韩国；乌拉圭、巴西；澳大利亚
养蚕业：蚕种培育、桑园经营、蚕丝制造等	印度尼西亚；哥伦比亚、秘鲁、巴西
农产品加工业：果蔬冷冻加工、咖啡烘焙加工等	东亚、东南亚、南美洲、东非

（四）沙特阿拉伯

沙特阿拉伯依靠科技支撑起来的农业生产体系无法满足消费升级影响下的
农产品多样化需求，农业对外投资不断扩大。沙特阿拉伯不仅积极对外投资农

业生产，还不断健全国内农业对外投资体制机制建设。2009 年，沙特阿拉伯
政府批准成立沙特农业投资公司，致力于沙特阿拉伯农业对外投资事宜，沙特
发展基金及其金融机构负责管理海外农业投资资金。

除上述国家外，一些新兴经济体也加快了农业对外投资步伐。世界农业投
资具有三个特点：一是坚持因地制宜，投资国充分发挥本国资本、技术和人才
等优势，积极挖掘东道国农业资源并有效配置东道国农业生产要素；二是投资
国由投资单个农业生产环节向投资农业全产业链转变，尤其重视对农业基础设
施的投资；三是投资主要集中在农业资源丰富但发展缓慢的国家和地区。

第三节　世界农业贸易和投资环境的新变化

农业产业活动具有自然与经济双过程的特点，受各种环境因素影响明显。
研究当代世界农业发展必须重视研究环境因素变化对世界农业贸易和投资产生
的影响。

一、自然环境新变化

世界自然环境不断恶化、自然资源日益匮乏，对农业生产造成了下行压
力，改变着世界农产品贸易和投资的格局与形势。当前世界耕地和水资源越来
越紧张，根据世界银行统计，过去 50 年世界人均可耕地面积逐步下降，20 世
纪 60 年代，世界人均耕地面积约 0.4 公顷，2016 年下降到了 0.2 公顷。据世
界水资源研究所发布的水资源评估报告，当前全球 25% 的人口面临着极度缺
水危机，预计到 2025 年将会有 35 亿人面临缺水，农业生产对全球水资源的利
用率为 70%，淡水资源的严重缺乏会对农产品的供给造成一定的影响。自然
灾害影响加剧，据联合国灾害流行病学研究中心统计，2005—2014 年，全球
共发生 335 起与气候相关的灾难，比 1995—2004 年增长了 14%，比 1985—
1994 年更是增加了将近 1 倍。2016 年全球二氧化碳排放量较 1960 年增加了
2.8 倍，2015—2016 年，全球二氧化碳排放增长率达到了过去 30 年最高水平，
二氧化碳浓度的增加导致了全球变暖加剧，1901—2012 年，全球平均地表温
度升高 0.89℃，部分地区升温超过 2℃。

全球自然资源的日益匮乏与气候条件的不断恶化对农业生产产生深刻影

响。目前，地面臭氧水平会使小麦、大豆、玉米和水稻等主要粮食作物的产量下降2％～15％。此外，通过改变饲料作物和水的可用性，较高的温度可能对牲畜生产力产生不利影响，最终会对全球农产品供应端造成冲击，进而影响世界农产品贸易和投资的格局与形势。

二、经济环境新变化

2020年，全球爆发了严重的新冠肺炎疫情，对世界经济产生了较大的冲击，各国内需和供应、贸易及金融都受到了严重影响，经济活动急剧下降对全球劳动力市场造成了巨大打击，依赖于全球贸易、旅游、大宗商品出口和外部融资的国家受冲击更加明显。根据世界银行2021年1月5日发布的《全球经济展望》报告数据，2020年全球经济增长速度比上年下降4.3％，主要经济体中除中国增长2.0％以外，美国下降3.6％、欧元区下降7.4％、日本下降5.3％、俄罗斯下降4.0％、巴西下降4.5％、南非下降7.8％、印度下降9.6％。

伴随着新冠肺炎疫情防控走向常态化，全球经济发展将面临巨大挑战，尤其是国外部分国家疫情仍然处于失控状态，如何平衡疫情防控和复工复产，满足国内市场农产品供需平衡是一个难题。同时，新冠肺炎疫情在全球传播开来，部分国家陆续出台粮食出口限制性措施和贸易便利化措施，为农产品出口亮起"红灯"，为农产品进口大开"绿灯"。从全球农业市场基本面看，预计未来全球农业供需矛盾将长期存在，农业贸易竞争将更加激烈。

三、政治环境新变化

当前世界正面临百年未有之大变局。21世纪以来，广大发展中国家在世界政治舞台上的地位日益上升，地缘重心东升西降、国际格局南升北降是当前全球政治环境变化的主要特点。但是近年来大国竞争复杂激烈，全球政治不确定性越来越强。突如其来的新冠肺炎疫情使西方发达国家正在经历疫情防控逐渐滑向失控、经济衰退的局面，加剧了全球政治格局的不确定性，全球农产品贸易在各国政治外交中的地位和作用受到了较大的冲击。未来全球农产品贸易面临的环境将越来越复杂，政治的不稳定性将加剧贸易摩擦和投资变局的发生，如何在国际格局悄然变动的背景下稳定农业贸易和投资发展方向，是每个国家需要共同面对和解决的难题。

四、社会环境新变化

WTO 自成立以来成员数量不断增加，世界各国的贸易和投资联系越来越紧密，全球性的多边农业贸易安排进展不断加速。伴随着社会经济的发展，区域性的农业贸易大幅推进，这体现在全球区域化自由贸易协定进程的不断加快。如全面与进步跨太平洋伙伴关系协定（CPTPP）和区域全面经济伙伴关系协定（RCEP）中，农业贸易安排的共同特点是：降低农产品关税保护力度，促进农产品贸易自由化和农业投资便利化。从中可以看出区域性贸易协议在农业贸易的相关安排上要比世界贸易组织框架下的农业贸易安排更向前迈了一步。

此外，在新冠肺炎疫情防控常态化背景下，国际农产品运输受到严重影响，劳动力流动性大大降低。农产品价值低、体积大，国际贸易主要通过集装箱运输实现，疫情对海运集装箱装卸以及船员作业造成了一定的冲击，各国的航运管制以及新增检疫程序也将降低国际农产品贸易需求和流通效率；此外，农产品保质期和保鲜期较短，农产品贸易企业违约风险增加和流动性下降。在此背景下各国可能会更加倾向于农业投资和贸易地缘化，尤其是肉类、蔬菜、水果等生鲜农产品。农业全球供应链、农业全球价值链正在逐渐进入新一轮的重构期。

第四节　世界农业贸易和投资规则改革面临的困难

多年来，经济全球化、贸易自由化一直是推动国际农业贸易和投资的核心力量。虽然在这一过程中受到包括逆全球化和种种贸易保护主义等的影响，但全球化的大趋势不可改变，并要各国人民共同捍卫。

一、世界农业贸易规则体制改革的困难

（一）WTO 农业框架难以推进

当前《农业协定》试图解决的痼疾仍未得到根本性缓解，从本质上看，造成多边农产品贸易体制难以向前推进的根本原因在于全球性的农业生产水平发

展不均衡。发达国家在农业生产技术、农业生产条件、农业管控水平上都占据主导优势。但是对于部分发展中国家来说，落后的农业生产仍承担着提高国内就业、稳定经济发展的重要作用。因此，推动世界农业贸易可持续发展，既要破除发达国家农业贸易壁垒和不合理的农业补贴，也要提高发展中国家农业贸易话语权。

（二）农业贸易规则竞争加剧

国际农业贸易的相关竞争主要表现为贸易规则制定上的竞争以及贸易中不同性质的贸易壁垒之争。从贸易规则的竞争上看，各国在农产品贸易规则的相关谈判中都力主使自身在农产品贸易中的利益能够最大化，随着社会经济发展，各国之间利益冲突加深，谈判中形成协定的难度加大。从贸易壁垒的竞争上看，各国正加大力度采用新形式的非关税壁垒，如技术壁垒、绿色壁垒、道德壁垒等。

二、世界农业投资规则体制改革的困难

2008 年国际金融危机和 2009 年欧债危机后，全球化开始放缓，尤其是近年来世界经济政治格局快速演变，逆全球化不断升温，对全球农业投资体系造成严重冲击。不同国家基于本国投资利益的考量，试图推翻 WTO 农业投资框架下的多边投资协定，企图利用更加适用于本国企业的投资规则"修缮"全球农业投资体系，使 WTO 对于农业投资板块的约束和管理效力陷入危机状态。

（一）秘密性对国际农业投资体制的挑战

投资体制需要平衡投资方与被投资方两者间的利益，这一挑战是投资体系改革中所需要解决的根本性难题。针对农业投资板块，此类案件或者争端往往涉及的投资额较大，占用公共资源较多，波及范围极广，对社会公众的利益影响甚大。一旦投资国与东道国发生争端，根据投资体制的相关原则停止对东道国的投资或者服务，那么在争端发生之后的一段时间内都会给当地社会公众的利益造成较大的损害。同时由于贸易体制中的秘密性原则，无法从官方的投资规则角度向社会公众披露争端，不允许社会公众参与案件的审理，导致国际农业投资规则对公众的约束性大大降低。

（二）案件独立性给投资体制带来的挑战

在国际农业投资规则体系中，相关案件都是独立的，前案对于后案的审理和裁决没有影响和约束力，彼此之间不会发生效力。这样的规定和原则使得案件的审理和仲裁缺乏可预见性，导致相似的案件和同类争议事实可能得出不同的仲裁结果，各方争议较大，使国际投资体系的原则和仲裁结果约束力下降。

（三）一裁终局对国际农业投资体制的挑战

农业投资案件数量大，农业制品的寿命周期短。在国际农业投资体制下，所有的投资案件审理和仲裁方式都是实行一裁终局，秉承效率优先的原则，没有上诉的机制和相关的监管，加大了审查不全面、分析不周全的可能性，导致不公平现象的发生，给农业投资体制带来阻力，相关救济程序缺乏，绝大部分损失由在案件中受到仲裁不利影响的代表公共利益的东道国承担，这也是近年来农业投资机制和框架受到诟病的主要原因之一。

可见，当前全球农业投资体制发展和改革面临多方困阻，投资氛围和框架变动弥漫着诸多不确定性因素。投资体制的失灵和变革困难会导致国际农业投资市场形势趋紧，加剧不同农业发展程度国家的食物安全与营养危机，如投资禁令等政策损害了非洲等农业发展弱势国家的农业科技发展速度和生产质量，降低了投资东道国农业市场的效率。因此，要加快创建开放、透明和公平的投资框架，共建和谐健康的体制，保障投资国和东道国信息畅通，有效增强国际农业投资框架在受到"黑天鹅""灰犀牛"等事件冲击时的抵御能力和管理韧性。在当前亟须消除对国家投资框架进行扭曲、有害贸易的政策和国家行为，倡导合理开展投资，保障国家间贸易畅通。同时，基于新时期出现的投资争端和投资形式开展针对性的框架整合创新，这对于农业欠发达国家来说尤为重要。

第十四章 CHAPTER 14
世界农业跨国公司与农业供应链 ▶▶▶

随着世界农业的不断发展，农业全球化格局逐渐成形并持续演化，越来越多的国家参与农业全球价值链分工，国家间的竞争与合作也达到前所未有的水平。作为国家间农业竞争与合作的主要载体，农业跨国公司既内生于世界农业发展进程，又塑造了当代世界农业供应链；既在农业国际贸易与跨国投资领域充当主力军，又在诸多农业科技研发创新领域发挥引领作用。做大做强农业跨国公司是发达农业国家赢得农业国际竞争力的主要手段，也是有条件的发展中国家在推进农业现代化中需要加强的措施。

第一节　世界农业跨国公司的历史演变

市场经济内生市场扩张性，由此带来包括农业产出品在内的商品全球化流通和世界贸易体系发展。从历史视角来看，农产品的跨国贸易经历了初级交换、种植园产品贸易、大规模商品化贸易和农产品加工贸易四个阶段。而在新航道开辟、工业革命及石油经济发展和转型的驱动下，农业跨国公司作为国际农业贸易的主角，也经历了奴隶制殖民贸易、纵向一体化发展和多元化经营的发展历程。

一、农业跨国公司起源

15 世纪中后叶以来，随着新航道的开辟和美洲大陆的发现，西方资本主义国家先后开启和拓展殖民贸易之路，并在欧洲之外的土地上通过劫掠、奴役当地原住民以得到黄金、香料和奴隶，并源源不断地将商品和财富运回宗主国，形成资本的原始积累。

在此过程中，西方殖民者一方面掠夺、屠戮当地原住民，侵占大量肥沃土地；另一方面，通过奴隶制"三角贸易"，将大量的非洲黑人奴役贩卖到美洲大陆，充当种植园高强度耕作的廉价劳动力，从而建立起最初的殖民地种植园经济，并以此为基础构建起跨国和跨地区的农业生产贸易联系。

随着农产品贸易链的发展壮大，一些原本主营海上贸易的"贸易大亨"逐步建立起连接种植园经济和欧洲资本主义工业化的农业跨国贸易公司。例如，作为如今四大粮商之一的美国邦吉公司，1818 年创立于荷兰的阿姆斯特丹，公司初期主要从事海外殖民地香料与橡胶贸易；而同样是四大粮商之一的美国嘉吉公司，由移民自苏格兰的海运商威廉·卡基尔联合兄弟于 1865 年在艾奥瓦创立，该公司从粮食储运业务起家，逐步成长为世界第一大农业跨国公司。

二、农业跨国公司扩张

自 19 世纪末开始，美国、加拿大、澳大利亚、新西兰、阿根廷等国家因其本身移民属性，发展资本主义更加开放和包容，更容易形成产业融合和创新。在农业领域，则表现为化学品和机械等工业品的引入，这极大地提升了这些国家的农业竞争力。全球农产品贸易也因此逐渐由过去宗主国控制的殖民贸易向殖民地新国家日益占据上风的竞争贸易转变。这一时期，农业发展进入工业和商业化农业综合体时代。工业投入、杂交种子和灌溉等组合使用，极大地促进了农产品产量和质量提高；同时，农业跨国公司在农业生产环节与最终消费环节中间嵌入了大型加工链，大幅提升了农产品加工效率和企业效益。

第一次世界大战之后的半个世纪，农业跨国公司着重经营农产品加工和贸易，土地开发不再是主要的经营内容，开始以"合同收购"的方式牢牢控制货源，形成强有力的生产、加工、供销一体化的公司体制。在生产方面，农业跨国公司把控量大质优的农产品原料的生产、储存环节，并通过为种植户提供专项政策性农业贷款和技术帮扶从而构建起与种植户的紧密联系；在加工方面，农业跨国公司加大投资力度，积极扩建加工厂，更新加工设备，控制农产品生产地和贸易地之间的加工链，扩大了经营利润；而在贸易销售方面，农业跨国公司利用其行业垄断优势，兴建或租用仓库、码头和相关设施设备，建立自己的船队、车队，逐步加强对物流贸易基础设施的掌控，形成在某一领域实力雄厚的跨国贸易公司，进而垄断这一行业的贸易。正是通过这种方式，农业跨国企业不仅降低了其运营风险，还加强了其在国际市场上的议价能力。

同时，农业跨国企业采取纵向一体化发展模式，从投资开发、生产、加工直到销售、服务等上下游各环节加强系统建设，不仅降低了企业交易费用、发挥产业协同效应，还发挥了促进知识溢出、技术转移以及优化资源配置的积极作用，为其在国外业务拓展、商品和技术倾销奠定基础。他们凭借在资本和加工技术方面的优势及其对世界农情、商情的掌握和判断能力，利用各国经济法规和农业政策的差异和漏洞，不断在世界各地扩展自己的经营范围，吞噬当地市场份额。这一时期以经营农业和农业服务业为主的跨国公司，绝大部分为美国、英国、日本、德国、法国、荷兰、加拿大等发达国家私人所有，其75%左右的投资投放在资源、销售条件优越的发达国家，其余投放在巴西、墨西哥、阿根廷、印度等主要农产品生产的发展中国家，并且后者占比有逐年增加之势。

三、农业跨国公司转型

1970年前后，随着石油输出国组织的发展壮大及民族独立运动的蓬勃兴起，国际能源格局发生重大转变，国际贸易和能源驱动型工业体系受到巨大冲击。为保持其既得利益，农业跨国企业采取更加灵活的投资战略，逐渐开展多元化经营模式，将投资伸向经济形势好、地缘政治稳定的地区以及利润率较高的行业。许多农业跨国公司一方面大力投资种质资源培育、大宗农产品生产和大型农场建设等农业业务，另一方面也扩展企业经营范围，将部分资本投入经营制造业、房地产、金融、旅游和国际运输等第二、第三产业业务之中，逐步形成"一业为主、多种经营"的发展局面。例如，一些农业跨国公司是以农产品加工或农业机械（如嘉吉、约翰迪尔等）、化肥工业（如邦吉、丰益国际等）为核心，扩充建立起多元化业务，并占据了国际市场重要份额。

20世纪70年代中期以后，农业跨国公司扩大了向发展中国家的投资，其业务范围向东南亚、南美洲的国家延伸，并购当地农业加工企业，做大油料、物流和食品等业务。同时，一些拥有石油收入的发展中国家（如沙特阿拉伯、科威特、阿联酋等国），也以跨国公司形式积极投资国外农业。

这一时期，农业跨国公司为了应对激烈的国际竞争，十分重视新技术的开发应用和社会化转型。他们凭借多元化经营下强大的综合实力和品牌影响力，一方面在高科技附加值行业加大投资，并逐渐垄断该行业；另一方面，积极拓展社会化业务，加强与政府、社会组织的联系，致力于提高农业产量和解除饥饿。一些农业跨国公司还通过其附属企业或合资企业直接同当地农民签订预售合同，给予优惠的金融支持，供应农机、种子等生产资料，帮助他们发展牛奶、肉类、甘蔗等商品生产（如 ADM、路易达孚等）。

第二节　当代世界农业跨国公司类型

根据主营业务的不同，可以将农业跨国公司分为四类：一是以动植物育种为主的种子科技研发型农业跨国公司，如孟山都、杜邦先锋、先正达等；二是以种植养殖、农畜产品加工和农资生产为主营业务的生产经营型农业跨国公司，如丰益国际、陶氏、约翰迪尔等；三是以农产品贸易物流经营为主的贸易物流型农业跨国公司，如佳沛公司、都乐公司等；四是农业、工业、金融等多元化发展的综合型农业跨国公司，如 ADM、邦吉、嘉吉、路易达孚、中粮集团等。

一、种子科技研发型农业跨国公司

种子科技研发是整个农业产业链的起点，对农作物的品质和产量起着决定性的作用。19 世纪以来，随着经济全球化的发展，国际种业已经被少数几家跨国公司垄断，孟山都、杜邦先锋、先正达等几家跨国公司关于农作物种子研发的专利已经占到了半数以上。

对于种子科技研发型公司来说，加强科技投入，推动新品种的研发，将创新成果转化为知识产权是该类公司发展的重要途径。因此，大型种子科技研发型跨国公司在全球设立科技中心，研制不同品种的新产品。这类公司不仅拥有完善的科研团队，还与全球各地的科技院校进行合作，利用全球的专业人才进行种子研发创新。同时，该类公司往往坚持"育繁推一体化"的发展模式，拥有一套完整的产业链，涵盖了从种子培育研发到繁殖再到种子推广的阶段，实现运行的高效率和利益的最大化。

二、生产经营型农业跨国公司

生产经营型农业跨国公司类型较多，涉及农作物、牲畜、油脂加工、农药、化肥、食品等领域，主要业务是进行产品的生产、加工和销售。生产经营型农业跨国公司大多建立了完整的产业链，充分利用世界各地的农业资源和采购渠道。通过贸易物流，进口原料在本国工厂进行加工，或者在原材料产地建设工厂，利用当地的原材料和劳动力资源进行加工生产，并且运用先进的管理模式和成本领先战略，构建从原料生产、采购到加工、销售的完整产业链，形成行业优势。

这样完整的业务模式不仅给公司带来了巨大的利润，还提高了生产效率，缩小了生产和管理的成本。该类公司可能还会继续对农产品进行深加工，提高其附加值，并且利用其遍布各国的销售渠道以最高的效率销售产品，以最快的时间推行上市。这是生产经营型农业跨国公司在国际竞争中取得优势的关键原因。

三、贸易物流型农业跨国公司

农产品的贸易物流是农业产业化过程中一个非常重要的环节，不仅能够促进农业经济产业化整个过程的完整，还可以帮助农业企业发展和完善产供销一体化的供应链。对于农产品来说，尤其是一些生鲜农产品，良好的贸易物流可保护其品质，从而保证消费者健康和安全。

贸易物流型农业跨国公司利用先进的储存和运输技术，以科学的物流方式将种植、储存、运输、出售各个环节中容易腐烂的农产品尽量保持在适合的温度，以此来保持农产品的原有质量，这样可以减少农产品的损失，最终保护其有效价值。

四、综合型农业跨国公司

ADM、邦吉、嘉吉、路易达孚、中粮集团等都属于综合型农业跨国公司。综合型农业跨国公司通常成立时间较早，除了 ADM 和中粮集团成立于 20 世纪中前叶外，另外三家公司均成立于 19 世纪。经过多年的兼并和重组，目前综合型农业跨国公司已经成长为全球性的农业跨国公司。综合型农业跨国公司都实行"全产业链"的发展模式，建立了一套从农场生产、收购、储存到运输、加工、分销的产业链，而且该类公司的最终产品也不只有农产品，还涉及食品、农药、化肥、工业产品等领域。

随着经济全球化的发展，综合型农业跨国公司已经在世界各地布局了生产和加工工厂，通过模式化的输出来拓展业务和获取丰厚的利润。同时，该类公司非常注重科学技术的研发，均拥有实力非常雄厚的科技创新团队，以此来占领科技的制高点，获取竞争优势。综合型农业跨国公司还非常注重公司软实力的培养，积极塑造良好的公司形象，承担社会责任，形成了良好的社会效益。经过上百年的发展，综合型跨国公司的业务范围已经从农业领域逐步拓展到了金融业、工业、房地产业、能源业等其他领域，并且都取得了良好业绩。

第三节　跨国公司对世界农业供应链的影响

随着全球化和现代化经济时代的到来，农业全球化供应链得到快速发展。这既构成了世界农业跨国公司发展的有利条件，反过来世界农业跨国公司在此过程中又对全球农业供应链起到了塑形作用。当代世界上越来越多的国家和地区参与到全球农业供应链中，世界农业跨国公司作为全球农业供应链的实际控制者深刻影响了各国政治、文化、经济、环境等各领域发展。

一、农业全球化供应链基本格局

自农业生产和食品消费模式从自给为主转变为以市场为中心的农业供应链模式后，全球经济一体化的不断发展带来了全球农业供应链体系结构性转变。从历史上看，随着资本积累模式的变化以及食品供应体系全球化的发展，全球农业供应链体系逐渐形成以世界农业跨国公司为主的非国家行为体系。

（一）19 世纪 70 年代至 20 世纪 30 年代的农业供应链体系

这一时期的全球农业供应链体系主要表现为美国、加拿大、澳大利亚等国家生产和出口廉价的小麦、肉类，英国等欧洲国家进口这些基本农产品，并以此支撑本国农产品加工业和食品工业等产业进行资本主义发展。这一时期，英国以其"世界工厂"的地位和"日不落帝国"的控制力掌握着全球农业供应链主导权。

（二）20 世纪 50—70 年代的农业供应链体系

第二次世界大战后，美国通过向全世界推广农业发展模式而对全球农业供应链体系重构产生了深刻影响。一方面，美国通过海外援助过剩农产品使许多国家走上粮食等重要农产品对外依赖的发展道路；另一方面，美国通过向海外推广能源和资本密集的绿色革命型农业生产方式，使大量发展中国家传统小农合作生产方式瓦解，并因能源、资本短缺而不得不依附于全球化的农业供应链体系。此外，美国式饮食文化的传播也进一步强化了美国在全球农业供应体系的主导地位；依靠对面包、肉类和乳制品等消费的宣传引导，使新兴工业国家增加了对小麦、玉米和大豆（家畜饲料）等美国优势农产品的进口依赖度。

（三）1980 年以后的农业供应链体系

1980 年以后，食品和农业领域迅速实现了全球规模的自由化。在此期间，新自由主义在世界范围内大行其道，世界农业跨国公司规模得到迅速扩张，形成了左右全球农业供应链体系的农业跨国供应综合体。世界农业跨国公司通过纵向一体化管理模式，不仅掌握生产领域，还延伸到种子、肥料、农药等农资生产的上游领域和加工、流通、食品制造的下游领域，实现对全产业链的掌控。

世界农业跨国公司通过新自由主义的全球化和世界市场的规范化加速了农业供应体系在全球范围内整合。世界农业跨国公司的崛起和对全球农业供应链体系支配力的强化意味着已形成全新的世界农业供应链体系。换句话说，全球农业供应链的权力支配主体已经从"国家"转向"企业"。

（四）2008 年全球粮食危机以后的农业供应链体系

2008 年，面对粮食价格飞涨以及粮食供应链受阻的情况，世界各国纷纷采取了出口税、出口配额等出口限制紧急措施来维护本国的粮食安全。为防止今后再次发生粮食危机，各国高度重视本国粮食生产，将中长期政策重点放在提高粮食自给水平上。

2020 年突发的新冠肺炎疫情在全球蔓延，这又给世界的粮食供应链和产业链造成了重大冲击。又一轮世界粮食危机的风险引发了对过度依赖新自由主义贸易和国际大循环以保障国内粮食及重要农产品供应安全的新思考。在疫情防控常态化的背景下，全球农业供应链有所收缩，各国立足国内需求积极建设完善国内和区域化农业供应链体系。

可见，在全球化趋势的大背景下，世界农业供应链区域化和本土化也逐渐成为新的发展动向。例如，世界农业供应链在欧洲、北美洲、亚洲都出现区域化分布迹象，在亚洲内部可能形成"中日韩＋东盟"等次区域化的合作深化。

二、世界农业跨国公司对全球农业供应链的塑形作用

在农业供应链体系全球化的今天，世界市场融合的速度愈加迅猛。世界农业跨国公司作为经济全球化的"排头兵"，正利用自身全球化布局的优势逐渐成为全球农业供应链体系中的重要引领者。它们在农业全领域进行跨国经营，采用合同生产、收购、合并及海外直接投资等各种模式强化对"从种子生产到超市"整个农业供应链的支配力。主导这一过程的跨国资本涉及谷物加工、动物饲料加工、家禽养殖、乳制品加工、水果罐头加工、饮料浓缩液生产等领域，还进军种子、化肥、农药等农资产业，全面渗透进与农业生产相关的各个领域。

（一）种子研发

20 世纪 90 年代以来，以孟山都、先正达、杜邦、拜耳、陶氏这些具有强大化工背景和转基因技术的世界跨国公司瞄准了农作物种子这一关键产业，先后投资农作物种子培育领域，力图通过人工控制培育出抗病虫害、高产、速成的新型农作物种子，逐渐占据了全球农作物种子的供应市场。据统计，在 2003 年，全球玉米种子市场的 77％、大豆种子市场的 49％ 由孟山都、杜邦、先正达、陶氏等四大农业跨国公司所占有，市场集中度非常高；此外，孟山都还控制了全球转基因种子市场的 91％。

（二）作物种植

农业跨国公司从事作物种植大致可以分成两种模式：一种是以农业机械化

和规模化经营的作物种植；另一种是以小规模种植占据主导地位，农业跨国公司与当地农户签署种植合约的合作模式，此类模式普遍存在于广大发展中国家。大型农业跨国公司利用自身积累的庞大资金，向投资东道国的种植农户发放种子、肥料和机械贷款。除了资本支持外，这些农业跨国公司还为当地农户提供各类技能培训，所需要的回报便是当地所产农产品的收购权。

（三）物流贸易

目前，国际上的大型农业跨国公司已经逐渐占据全球农产品贸易市场，尤其是美国 ADM、美国邦吉、美国嘉吉、法国路易达孚，它们控制着全球大约八成的粮食贸易，被认为是农产品贸易领域的领导者。农业跨国公司不仅在母国（公司所在的国家）进行贸易扩张，还在具有较好资源优势的东道国（海外建立的子公司和分公司所在的国家）潜心布局，力图进一步扩大全球农产品贸易份额。

（四）加工领域

通常来说，农业跨国公司进入世界农业加工市场主要有以下两种方式：一种是通过合资并购等投资当地现有的产能，逐步取得经营主导权；另一种是通过直接开展农产品加工业投资，迅速增加在当地的产能。农业跨国公司投资东道国农产品加工业能够迅速对接东道国上游资源，方便掌握整条生产链。

（五）全产业链

世界农业跨国公司一般是一体化的集团化运作，通过投资农业、加工、仓储、运输和贸易等领域渗透到农业全产业链的各个环节。目前，世界几家大型农业跨国公司已经掌握了农业产业链的全流程，完全能够根据自身发展和盈利需求选择适宜的供销对象、方式、渠道等，从而在客观上对全球农业供应链起到塑形调整的作用。

三、世界农业跨国公司对全球农业供应链发展的影响

（一）积极作用

世界农业跨国公司依靠雄厚的资金投入、先进的种子研发技术和现代化农

业生产方式促进了世界农业的稳定增长，对东道国农业现代化发展以及保障世界农产品供应起到了积极作用：第一，引进跨国公司的资本、技术和管理经验有利于东道国改造传统农业，提高农业产量，促进农业的现代化，缓解东道国的食物安全问题；第二，跨国公司的不断投入将扩大东道国农业生产规模，拉动就业率上涨，增加当地居民收入；第三，跨国公司熟悉国际市场需求，引入跨国公司农业生产标准与供应链管理有助于东道国打开农产品出口市场；第四，农业跨国公司高效稳定的供应链不仅带来了全球农产品贸易的蓬勃发展，更有效促进了农业资源在全球的合理流动和优化配置。对农产品进口国而言，农产品贸易既可以弥补国内食物供需缺口，解决供应总量不足的问题，又可以更好地实现食物多样化，优化营养结构，提升国民生活品质；对农产品出口国来说，既可以将自然禀赋转化为现实价值，形成稳定外贸收入，增强国家经济实力和发展动力，又可以有效冲抵本国农产品的生产过剩风险，带动农业生产者持续增收，实现农业产业稳定发展。

（二）消极作用

跨国公司的大量投资也会导致国际社会以及全球农业供应链承担巨大的风险。首先，在经济全球化迅速发展的背景下，跨国公司掌握了生产全球化过程中的全产业链，他们有权力安排自身的生产计划，在农产品市场供给方面具有巨大的话语权，从而对全球农业供应链、产业链的安全和稳定形成一定程度的制约。其次，跨国公司以营利为目的，对东道国的传统农业生产以及生态环境保护重视程度不够，在世界范围内的盲目扩张和过度开发容易导致东道国资源退化和环境污染问题。

第四节　世界农业跨国公司的发展趋势

当今世界处于百年未有之大变局，全球政治经济格局加速演变，促使全球农业产业链、供应链、价值链深刻调整，使得国际农业的竞争与合作达到前所未有的水平。作为国际农业竞合主体的农业跨国公司势必在世界舞台上上演一幕幕合纵连横，既不乏跨国公司利用各自比较优势取长补短达成合资合作，又难免发生西方老牌跨国公司与新兴国家跨国公司的角力碰撞。在此过程中，统筹利用国际资源市场、加快科技创新、重视资本运作以及本地化转型将成为这些农业跨国公司的发展潮流和趋势。

一、跨国公司对资源和市场的渗透力进一步增强

20世纪末以来，伴随着农业全球化的快速推进，世界各国都不同程度地参与和融入全球化的农业供应链中。在此过程中，农业跨国公司凭借其强大的资本和技术优势，在世界范围内构建广阔严密的供销网络。未来，随着农业跨国公司将其"触角"延伸到更多的国家及更多的领域，凭借既有优势和地位，跨国公司所掌控的农业资源体量和销售市场体量都将与日俱增。这种对农业资源和市场的渗透，不仅表现在直接占有更多的耕地面积和布局更多的销售网点等硬实力方面，还表现在诸如通过资本和技术优势、制定标准等占有更大的市场份额等软实力方面。

在全球经济陷入危机和衰退周期的背景下，农业跨国公司更有条件在发展中国家实施扩张战略，提高自身对东道国农业的渗透力与话语权。一方面，经济下行导致本就资本相对稀缺的发展中国家遭遇更为严重的资本短缺困境，迫使发展中国家政府出台更加"亲资本"的政策，跨国公司从而得以凭借雄厚的资本实力以低成本进入发展中国家，并要求东道国放开农业生产、加工、流通、销售等领域，实现对发展中国家农业的进一步渗透。另一方面，2019年以来，欧美国家、日本等央行均陆续采取了多轮降息和量化宽松的货币政策，目前这些经济体已进入零利率甚至负利率时代，这意味着与一般发展中国家遭遇危机时的困窘截然不同，发达经济体流动性相对过剩，使得跨国公司能够以极低的成本获得充裕的资金，从而更方便地在世界范围内扩大投资。

二、科技创新成为核心竞争力

当代世界农业的竞争表现为农业跨国公司之间的竞争，归根结底是农业跨国公司科技创新能力的竞争。从后殖民时期农业跨国公司的发展历程来看，跨国公司在全球范围的扩张与其科技创新能力相辅相成：强大的科技创新能力使得跨国公司掌握竞争优势，助推跨国公司对外快速扩张，实现超额利润，从而更有条件增加科技创新投入，进一步夯实自身科技优势。这种相互促进的往复循环会不断强化跨国公司对科技创新的倚重，并在长期历史演化中形成路径依

赖，造就了跨国公司深厚的技术储备和核心的竞争优势。

如果从农业科技创新角度看世界农业跨国公司发展潜力和趋势，一方面，对传统农业跨国公司而言，这些跨国公司已成为目前世界上广泛采用的农业技术的先驱，如何长期维持这些技术优势成为其发展的最重要问题之一。从现实角度而言，持续拓展这些长期投入的优势领域的科技成果，加上知识产权保护等制度性保障，构成传统农业跨国公司最低成本的选择。另一方面，对新兴农业跨国公司而言，需要解决的是如何在已被传统跨国公司分割占领的涉农技术领域寻找新的突破口，取得新的技术优势。目前，以生物、信息、新材料等高新技术应用为代表的世界农业科技革命方兴未艾，对新兴跨国公司而言蕴藏着无限的投资机会。如果新兴跨国公司能抓住历史机遇，依靠这些新兴科技的"蓝海"能量，完全有条件与传统跨国公司竞争，在世界农业的舞台上赢得一席之地。

三、并购成为跨国公司发展的主要形式

跨国并购相比于新建投资拥有投资见效快、风险低的优势，已成为跨国公司开展国际直接投资的主要形式，农业领域也是如此。随着世界农业竞争不断加剧，对于坐拥雄厚资本的农业跨国公司而言，跨国并购对企业后续发展的重要性都将越来越突出。

具体而言，当跨国公司进入东道国开展投资时，进行并购投资能够省去项目可行性研究、评估决策、开工建设等环节，而只需聚焦目标企业的调查和评估，有利于快速打开东道国市场，并且能将"吃掉"的竞争对手直接转化为自身力量，获得东道国生产资源、销售渠道、售后服务等前后价值链，节约人才培养、市场开拓、技术开发、品牌塑造等费用。这种"以强吃弱"的并购已屡见不鲜，成为跨国公司快速扩张的常态化手段。与此同时，农业领域强强联合式的并购案例也不断涌现，如美国陶氏化学和杜邦合并、德国拜耳收购孟山都、中国化工并购先正达等，这一系列重量级的跨国并购正在成为跨国公司应对全球经济衰退、在更高层次上实现垄断控制的新途径。这些农业巨头通过并购整合进行资源重组和优势互补，一方面，能够促进技术和知识资源在更大范围内自由流动，降低成本，加快产品更新换代速度，拉大与技术追随者之间的差距，应对经济下行所带来的市场低迷；另一方面，能够整合各自掌控的市场

营销网络，进一步巩固和提升产业影响力和市场定价权，从而继续保持绝对领跑的地位。

四、新兴国家跨国公司发展迅速

在传统跨国公司的寡头垄断格局下，新兴国家跨国公司并非没有成长空间。事实上，从近年来全球农业供应链的发展态势来看，农业生产、加工、批发等领域的企业集中度正在降低，意味着在这些领域有越来越多的有竞争力的新兴跨国公司参与其中。

未来，随着经济的不断发展和资本的不断积累，新兴国家将孕育和涌现出越来越多的农业跨国公司，这些新兴国家跨国公司的发展具备时代赋予的独特优势。一是在新冠肺炎疫情冲击下，各国为防控疫情纷纷出台了不同程度的隔离、封锁、限制政策，导致传统跨国公司掌控的全球农业供应链受阻，部分跨国公司虽然掌握供应渠道但囤积居奇、待价而沽。新兴国家为保障本国粮食等农产品供应安全，势必加大对本国农业跨国公司扶持力度，客观上构成了新兴国家跨国公司发展的制度红利。二是新兴国家或农业资源优越，或人口众多、市场广阔，或食品加工制造能力突出。立足于这些优势，新兴国家跨国公司进可参与全球竞争，退可深耕国内市场，在游刃有余的进退之间能够保证发展的可持续性。三是面对新一轮农业科技革命，新兴国家跨国公司与传统跨国公司都处于探索阶段，几乎站在同一起跑线，而且新兴国家跨国公司没有传统跨国公司已投入的沉没成本的包袱，轻装上阵，更容易在对高新技术融合应用中实现对传统农业供应链的颠覆和新业态、新模式的创造。

五、跨国公司本地化趋势明显

近年来，在经济下行压力下，一些国家掀起一股逆全球化和贸易保护主义的浪潮，加上新冠肺炎疫情造成全球农业供应链受阻，两方面因素导致农业全球化陷入困境。在此背景下，农业跨国公司本地化趋势愈加明显。

农业跨国公司本地化体现在三个层面。一是农业完整供应链的本地化。在过去全球化快速发展时期，农业跨国公司能够在世界范围内配置资源，往往按照各国资源禀赋和市场条件，将不同东道国定位于研发中心、生产基地、销售市场等不同功能区。而在遭遇全球化逆境后，跨国公司需要在各个国家建立相对完整的供应链，即在当地开展适用农业技术的研发以及农产品的生产、加工和销售，以此来规避风险。二是人员的本地化。农业跨国公司以往主要是在农产品生产、加工、营销等领域聘用东道国劳动力，而技术人员和管理人员很多都是从跨国公司母国引进，未来随着对东道国人力资本的培育，跨国公司技术人员和管理人员中从东道国聘用的比例会逐渐上升。三是更积极地融入当地文化。跨国公司在东道国经营势必要面对不同的语言环境、社会文化、饮食习惯，融入当地文化、尊重当地习俗能够帮助跨国公司更好地适应环境差异，避免激烈的文化冲突，实现更高效的运营管理。

第十五章 CHAPTER 15
世界粮食安全形势与粮食安全治理 ▶▶▶

　　20世纪60年代以来，人口增长、全球变暖、极端气候和病虫害频发、不断爆发的地区冲突以及生物能源技术发展对世界粮食安全产生了巨大影响。据联合国粮食及农业组织（FAO）统计，当前世界仍有逾20亿人口无法正常获得充足、安全、营养的食物，新冠肺炎疫情全球大流行更加恶化了这一局面。严峻的粮食安全形势对世界粮食安全治理体系提出了挑战。

第一节　世界粮食安全现状

　　多年来，世界粮食市场供给总体稳中有升、间有波动，为世界经济平稳发展提供了支撑。

一、世界粮食市场与安全变化趋势

　　从世界谷物的供需及贸易形势来看，根据FAO数据，1961—2018年，全球供需均呈现稳步增长趋势，贸易规模也随之扩大。世界谷物产量从1961年的8.03亿吨增长到2018年的29.18亿吨，增加了2.63倍；谷物需求量从8.03亿吨增长到28.39亿吨，增加了2.54倍，供需基本保持平衡；随着产量和需求的增长，世界谷物贸易量也从0.81亿吨增长到5.45亿吨，增加了5.73倍。

　　从世界谷物的需求结构变化来看，1961—2018年，食用和饲用需求是谷物需求的主要来源，占到总需求的80%～85%，其他用途需求（非食用）占比逐渐提升到10%。从不同发展阶段来看，1961—1980年，食用需求占比趋于下降，从 49％降到 44％，而饲用需求占比则快速上升，从 36％上升到 42％，种用需求呈现下降趋势；1981—2000 年，食用需求占比恢复上升到 48％，饲用需求占比下降到 37％，其他需求（非食用）和加工需求占比稳步上升；2001—2010 年，食用需求占比和饲用需求占比均呈现下降趋势，分别降到 45％和 34％，其他需求（非食用）占比上升到 10％；2011—2013 年，食用需求占比继续下降到 43％，而饲用需求占比则恢复上升到 36％，其他用途（非食用）需求稳定在 10％左右；2014—2018 年，食用需求占比恢复上升到 46％，饲用需求占比下降到 33％，其他需求（非食用）占比则继续保持在 10％左右。

从世界人均食物供给来看，1961—2018 年，世界人均食物占有量呈现上涨趋势。从人均食物供给量来看，从 1961 年的 128.89 千克增加到 2018 年 174.35 千克，增长了 35.3％；从人均热量供给来看，从 1961 年的 4 539 千焦/天增加到 2000 年的 5 505 千焦/天，之后下降到 2018 年的 5 463 千焦/天；从人均脂肪供给量和人均蛋白质供给量来看，分别从 1961 年的 5.10 克/天和 27.83 克/天增加到 2018 年的 6.07 克/天和 32.35 克/天，分别增长了 19.0％和 16.2％。

从粮食安全角度来看，1997—2017 年，虽然世界粮食安全状况整体有所改善，但整体粮食安全问题还是比较严重，尤其是非洲和亚洲。1997—2017 年，世界营养不良的人数比例从 14.8％下降到 10.8％，其中，比较严重的地区，如非洲和亚洲分别从 24.5％和 16.9％下降到 19.9％和 11.3％。2017 年，世界严重粮食不安全人数比例约为 9.2％，其中非洲、美洲和亚洲分别为 21.5％、6.2％和 7.8％；世界中度或重度粮食不安全人数比例为 26.4％，其中非洲、美洲、亚洲、欧洲分别为 52.5％、22.9％、22.8％和 7.8％。从谷物进口依存度来看，2017 年非洲和亚洲分别为 28.9％和 8.2％，表明亚洲和非洲是主要的粮食进口地区，欧洲、美洲、大洋洲则是粮食出口地区。从 5 岁以下儿童营养不良比例来看，1997—2017 年，世界平均水平从 32.5％下降为 22.4％，其中非洲、美洲和亚洲分别从 38.0％、11.1％和 38.2％下降到 30.3％、6.7％和 23.3％。由此可见，尽管世界粮食安全问题从相对比例上有所改善，但由于全球人口规模增长较快，从绝对数量上看，世界粮食安全形势仍然比较严峻，尤其在非洲和亚洲。

从世界食品价格指数来看，FAO 食品价格指数、谷物价格指数和食用油价格指数整体变化趋势一致，均呈现波动中上涨的趋势。以 FAO 谷物价格指数（以 2014—2016 年三年平均值为 100）为例，从不同阶段来看，1990—1996 年呈现上涨趋势，从 50 点左右上涨到 80 点上下；1997—2000 年呈下降趋势，回落到 50 点左右；2001—2006 年上涨到 70 点左右，呈平稳上涨趋势；2007—2014 年呈现 M 形变化，从 2007 年的 100 多点暴涨到 2008 年的 140 多点，2009 年转而迅速回落到 90 多点，之后又迅速攀升到 2011—2012 年的 140 点左右，此后又回落到 110 多点，该期间的剧烈波动主要是因为发生了全球粮食危机；2015—2019 年保持相对稳定，为 90～100 点；2020 年以来，由于供给偏紧，再加上新冠肺炎疫情的影响，呈现连续上涨趋势。

二、世界粮食市场形势

重点分析谷物和大豆的世界粮食市场形势。

（一）谷物

1. 利用

根据 FAO 数据，预计 2020—2021 年度世界谷物（包括粗粮、小麦和稻米）利用量为 27.44 亿吨，比 2019—2020 年度增长 1.9％。预计 2020—2021 年度世界粗粮（包括玉米、大麦、高粱、小米、黑麦和燕麦等）利用量为 14.77 亿吨，比 2019—2020 年度增长 2.6％，主要原因是饲料需求量增加。预计 2020—2021 年度世界小麦利用量将达到 7.58 亿吨，比 2019—2020 年度增长 1.1％，主要是由于食用量预期增加。预计 2020—2021 年度世界稻米利用量将达到 5.10 亿吨，比 2019—2020 年度增长 1.5％。

2. 贸易

根据 FAO 数据，2020—2021 年度（上年 7 月至下年 6 月，下同）世界谷物贸易量预计为 4.55 亿吨，比 2019—2020 年度增长 3.4％。2020—2021 年度世界粗粮贸易量预计为 2.23 亿吨，比 2019—2020 年度增长 5.7％。2020—2021 年度世界小麦贸易量预计为 1.845 亿吨，与 2019—2020 年度基本持平。2021 年（1—12 月）世界稻米贸易量预计为 4 760 万吨，比 2020 年增长 6.9％。

3. 库存

根据 FAO 数据，2020—2021 年度期末，全球谷物库存量预计为 8.66 亿吨，比期初低 0.7％；全球谷物库存利用比将从 2019—2020 年度的 31.8％下降到 2020—2021 年度的 30.7％，达到五年来最低水平，但仍相对宽松。世界粗粮库存量预计为 4.03 亿吨，将比期初下降 2.8％。世界小麦库存量预计为 2.83 亿吨，较期初提高 2.3％。世界稻米库存量预计为 1.81 亿吨，比期初下降 0.4％。

（二）大豆

根据 FAO 数据，从生产看，2020—2021 年度世界大豆产量预计为 3.66 亿吨，将达到一个创纪录的水平，比上年度增长 7.96％。从利用看，2020—2021 年度世界大豆利用量预计为 3.73 亿吨，比上年度增长 3.52％。从贸易看，2020—2021 年度（上年 10 月至下年 9 月，下同）世界大豆贸易量预计为 1.68 亿吨，比上年度下降 0.53％。从库存看，2020—2021 年度世界大豆期末库存量预计为 0.49 亿吨，比上年度下降 13.18％，库存利用比随之降为 29.37％。

三、世界粮食安全评价

虽然重度粮食不安全与饥饿概念有关联，但经历中度粮食不安全的人们面临的问题是无法确定有能力获得食物，被迫在自身所消费的食物质量或数量上作出牺牲。

（一）饥饿状况

从食物不足人数和食物不足发生率看[①]，在全球层面，2019 年，估计有近 6.9 亿人（占世界总人口的 8.9％）面临食物不足。2014 年以来，世界食物不足人数在持续缓慢增加，一直延续至 2019 年，2019 年比 2014 年增加了近 6 000 万人，2014 年的食物不足发生率为 8.6％，仅 2018—2019 年，世界食物不足人数新增了 1 000 万人。世界食物不足人数之所以在过去几年出现增加，其背后有着多重原因，其中主要原因之一是地区冲突不断增加，且往往又因为叠加气候相关灾害而进一步加剧；即使在一些和平的环境中，由于经济增速放

---

① 根据 FAO 2020 年发布的 *The State of Food Security and Nutrition in the World*，食物不足人数是指惯常食物消费量不足以提供维持正常活动和健康生活所需的饮食能量水平的人口数，食物不足发生率是指惯常食物消费量不足以提供维持正常活动和健康生活所需的饮食能量水平的人口比例。

缓，贫困人口难以获取食物，粮食安全状况也出现了恶化。2020 年以来，新冠肺炎疫情全球大流行，这将可能导致全球食物不足人数在 2020 年新增 0.83 亿～1.32 亿人。

从世界各区域看，非洲 2019 年食物不足发生率为 19.1%，相当于超过 2.5 亿人面临食物不足，高于 2014 年的 17.6%，是 2019 年世界平均水平（8.9%）的两倍多，为所有区域中最高。亚洲的食物不足人数占世界一半以上，2019 年估计为 3.81 亿人，近年来在消除饥饿方面已取得进展，其食物不足人数自 2015 年以来减少了 800 万人；该区域 2019 年食物不足发生率为 8.3%，低于世界平均水平，不到非洲的一半。拉丁美洲及加勒比地区 2019 年食物不足发生率为 7.4%，低于世界平均水平，但仍然意味着有近 4 800 万人面临食物不足；该区域食物不足人数在 2015—2019 年增加了 900 万人。

（二）粮食不安全状况

从中度或重度粮食不安全看[①]，2019 年世界人口中有 9.7%（7.46 亿人）面临重度粮食不安全。各区域的重度粮食不安全发生率在 2014—2019 年呈上升趋势，北美洲和欧洲除外。这与世界和各区域食物不足发生率的最新趋势基本一致，亚洲除外。此外，还有 16% 的世界人口（相当于 12.5 亿人）面临中度粮食不安全。面临中度粮食不安全的人口虽然不一定遭受饥饿，但却无法正常获取营养、充足的食物。2019 年全球中度和重度粮食不安全发生率为 26.6%，相当于 20 亿人。全球粮食不安全（中度或重度）总人数自 2014 年起持续增加，主要是中度粮食不安全人数在增加。近些年来，全球粮食不安全程度最严重的区域是非洲，恶化最快的区域是拉丁美洲及加勒比地区，该区域粮食不安全发生率由 2014 年的 22.9% 上升至 2019 年的 31.7%。

第二节　国际粮食价格主要影响因素

长期以来，全球粮食价格形势总体呈下降趋势，年度间的波动从未停止，

---

①　中度或重度粮食不安全提供了可用于国际比较的食物获取面临中度或重度困难的人口比例，2019 年 *The State of Food Security and Nutrition in the World* 报告中首次采用该指标。该指标根据 Global SDG monitoring Framework 中的 Food Insecurity Experience Scale 估算得到，反映了世界粮食不安全状况，涉及各国，超越了饥饿的范畴，提出保证所有人都能获得营养丰富和足量的食物这一更大目标。将面临中度粮食不安全的人数与饥饿人数相加，可得全球无法获得安全、营养、充足的食物的人口数。

其原因是多方面的。

一、国际粮食价格现状

根据 FAO 在 2021 年 1 月发布的数据，FAO 食品价格指数在 2020 年 12 月平均为 107.5 点，环比增加 2.3 点，连续第七个月上涨。各子类价格指数中，除食糖以外的所有类别在 2020 年 12 月均略有上涨；其中，植物油依然领涨，乳制品、肉类和谷物次之。从 2020 年全年看，FAO 食品价格指数平均为 97.9 点，创近三年新高，较 2019 年增加 2.9 点，但仍旧远低于 2011 年 131.9 点的峰值。

FAO 谷物价格指数 2020 年 12 月平均为 115.7 点，环比增加 1.3 点，连续第六个月上涨。2020 年 12 月，国际小麦出口价格继续走高，主要因为出口国供给收紧，小麦出口量预计将减少。粗粮中，高粱价格在 2020 年 12 月大幅上涨。国际玉米出口价格继续攀升，一方面是由于对南美洲作物收获前景的担忧，另一方面是由于大豆价格大涨的溢出效应。国际大米价格在 2020 年 12 月也有所上涨。从 2020 年全年看，FAO 谷物价格指数平均为 102.7 点，较 2019 年增加 6.4 点，创 2014 年以来的年均指数新高。2020 年，紧缩的供应和强劲的需求推高了国际小麦和玉米价格，分别比 2019 年上涨 5.6% 和 7.6%。全球大米进口需求在 2020 年疲软，但出口价格仍比 2019 年高 8.6%，创近六年新高；主要因为部分出口国产量受限，且 2020 年第二季度，部分供给国实施临时出口限制加剧了供应紧张；此外，新冠肺炎疫情引发的全球物流瓶颈也有影响。

二、国际粮食价格主要影响因素

（一）世界粮食供需关系

以谷物为例，2011—2012 年度至 2020—2021 年度，世界谷物供给量从 29.20 亿吨增加到 36.14 亿吨，整体增幅为 23.77%；同期，世界谷物利用量从 23.21 亿吨平稳增加到 27.44 亿吨，整体增幅为 18.22%。比较来看，不仅世界谷物供给量一直明显高于谷物利用量，前者与后者之差从 2011—2012 年度的 5.99 亿吨增加至 2020—2021 年度的 8.70 亿吨，而且谷物供给量的增幅也大于谷物利用量的增幅。可见，国际市场谷物的供需关系一直较为宽松，这也使得同期的国际市场谷物价格整体上趋于下行。FAO 谷物价格指数（以2014—2016 年三年平均值为 100）先从 2011—2012 年度的 142.16 点持续下降至 2016—2017 年度的 88.31 点，此后基本稳定在 100.00 点左右。

（二）经济政策调整

近年来，伴随着全球经济政策的不断调整，特别是逆全球化思潮涌现和单边主义盛行，导致贸易保护主义蔓延，进而使得国际粮食价格波动也呈现出愈发明显的时代特征。当全球经济处于繁荣时期，世界各国不倾向于频繁调整经济政策，因此贸易政策也不会发生剧烈变化。此时，主要粮食出口国在出口粮食时所面临的政策风险将大大降低，粮食出口量的多少主要取决于出口成本和进口国粮食需求的变化。就粮食进口国而言，由于政策环境相对稳定，粮食进口量的多少主要取决于粮食进口价格和本国粮食需求的增长。因此，国际粮食市场上供求双方会处于一个相对均衡的稳定状态，此时国际粮食价格相对平稳。基于这种稳定的格局，粮食进口国可以在考虑价格、粮食产品质量及自身需求的基础上对国际粮食市场上粮食进口主要来源国进行理性选择。当一国不能满足上述条件时，粮食进口国可以较为迅速地寻找到其他进口来源并达成粮食进口协议。稳定的经济政策环境意味着粮食进口国可以通过贸易获得稳定的外部粮食来源，因而也不会选择增加库存。同样的，鉴于这种自由选择的双向性，粮食出口国也可以通过多种渠道出口粮食，不会选择冒着粮食变质或损失的风险增加库存而待价而沽。此时，国际粮食市场供求双方粮食库存均保持在一个相对稳定的状态，国际粮食价格也不会出现较大波动。

（三）国际能源价格

以石化燃料为核心内容的国际能源消费结构，由于其可耗竭和不可再生性等特点，使得国际能源价格总体上呈现不断上涨趋势，进而给世界的长期经济增长带来持续的严峻挑战。生物燃料缘于其规模的可扩张性和生产的连续性、便捷性，逐渐成为能够满足迅速增长能源需求的主要供给来源。因此，以美国、欧盟、巴西等为代表的生物燃料倡导方，近年来迅速扩大了技术成熟的乙醇和生物柴油的生产规模，并随之带来了对生物燃料生产的主要原料——玉米、油料农产品等的扩张性需求。在这一进程影响下，伴随国际油价的攀升，国际玉米和其他粮食的价格在 2000 年以后迅速增长，2006 年后波动趋势进一步加剧。大豆、玉米等主要粮食的国际市场价格与国际能源价格的变化趋势非常相近。

国际能源价格主要通过以下三个途径影响粮食价格。一是通过抬高农产品供给成本直接推动粮食价格上升。能源价格上升提高了化肥等农业生产资料的价格，同时增加农产品和食品的运输成本；肥料及化肥价格的上升会增加农产品生产成本，加上上升的运输成本最终反映在粮食价格。二是通过生物燃料替代性生产增加了粮食消费需求。能源价格上涨是乙醇等生物燃料生产规模扩大的主要推动因素，通过扩张生物燃料需求直接提高了玉米和油料作物的价格；此外，生物燃料需求还影响农作物种植面积比例，作为生物燃料主要原料的玉米和油料作物的生产规模扩大，导致土地用途的改变，使其他作物产量减少，间接减少了其他作物的供给，从而抬高其市场价格。三是主要粮食出口国鼓励生物燃料生产的政策进一步刺激粮食需求。为了扩大乙醇等生物燃料的消费和生产规模，美国和欧盟均实施了相关能源法案、税收减免和进口壁垒等政策；其中，能源法案及其确立的可再生燃料标准（RFS）改变了未来的玉米需求预期，使得生物燃料所带来的不断增加的玉米需求更加确定；税收减免提高了生物燃料价格，并使生物燃料生产商能为玉米提供更高的价格；进口壁垒限制了生物燃料的海外竞争，支撑了国内生物燃料价格。这些政策的共同实施减少了生物燃料生产商所面临的市场风险，推动了生物燃料投资规模的迅速扩大。

（四）主要国际货币汇率

当前，国际市场粮食价格多以美元计价，美元汇率变化必然会对市场参与者的交易行为产生影响。当美元贬值时，美元计价的粮食价格相应地会上涨，反之亦然。2002 年以后的美元贬值导致了国际粮价直线上升，2008 年国际金融危机后美元走强又促使粮价短期下滑，2009 年之后由于美国采取量化宽松货币政策以及其他经济体的经济刺激计划，导致国际流动性充裕但缺少新的经济增长点，其结果必然是国际粮价重新步入上升通道。进入 21 世纪以来，美元作为最主要世界货币，其供给能否平稳或被实体经济所吸纳是决定粮价的核心要素。1961—1970 年，在布雷顿森林体系时期，美元发行由于与黄金挂钩而具有内在稳定性，这为此阶段国际粮价的相对平稳提供了货币基础；1973年，布雷顿森林体系解体，美元发行由于"脱锚"而存在着"美元潮"或"美元荒"风险，2000年之前国际流动性对粮食产品属性的"改造"尚不显著。2000年互联网泡沫和2001年"9·11"事件之后，世界范围内尚未出现对美元构成竞争的世界货币，美国据此倾向于通过货币政策（尤其是量化宽松政策）实现经济发展，这种政策选择导致国际流动性被急速扩大或突然紧缩，其结果必然是粮食等大宗商品属性日益从消费品转向投资品和能源品。

通常来说，不同种类粮食对于一国汇率产生的影响程度取决于其进口量占总供给的比重。如果该品种粮食进口份额较大，则当粮食金融化导致粮食价格上涨时，实际上会引起美元贬值和本币升值，这样会引发进口价格的上涨并带动国内粮食价格的上涨。汇率对国内粮食价格的影响程度会因各经济体经济规模的不同而有所不同。规模较小的经济体由于抵抗外界冲击的能力相对较弱，所以汇率对国内粮食价格的传导性就相对较强；规模较大的经济体国内的粮食价格会受到国际市场的影响，同时国内的粮食价格变动、汇率变动对国际市场的粮食价格也会产生很强的反作用。

（五）金融投机因素

近年来，粮食的商品属性正在发生改变，特别是粮食的金融化属性越来越明显，粮食逐渐完成了从单一的商品属性向商品和金融双重属性的转变。由于稳定、安全的大宗农产品期货市场是经济波动下投资者的避风港，因此，粮食市场与期货市场和金融衍生品市场的联结程度越来越紧密，粮食金融化的趋势凸显。在此背景下，投机资本逐渐成为影响国际市场粮食价格的一股重要力量，特别是2008年国际金融危机爆发以后，每当全球股市陷入持续低迷时，粮食就会成为国际投机者进行炒作的主要商品。当然，投机者不只是投机资本，还包括主要粮食出口国、粮食贸易商甚至种粮农民。国际粮价的高企增强了他们囤积粮食的动机，导致粮食贸易量减少，从而推动粮食价格在短期内非正常上涨。然而，投机因素并不是粮价上涨的根本原因，它们发挥作用依赖于市场供需矛盾。随着粮食丰收，库存增加，国际粮价上升潜力挖尽，投机资本抽离，价格就会快速回到正常水平。此外，随着全球期货市场的发展，资本流动性增强，各国期货市场间的联动效应进一步强化，期货市场成为各国粮价相互传导的桥梁，例如，美国芝加哥期货交易所的期货价格不可避免地对其他国家粮食期货市场产生重要的影响。

2008年全球粮食危机期间，大量投机资本的进入使得国际粮食期货市场交易量大增。据芝加哥期货交易所统计，该所 2008 年上半年交易的小麦期货、稻谷期货和玉米期权累计交易总量比 2007 年下半年增长了 35％左右；2008 年小麦和稻谷的月平均交易量的最高值分别出现在 2 月和 4 月，而这两个月恰恰分别是这两种谷物 2008 年国际市场价格单月增幅最大的月份。根据美国联邦储备系统数据，2009 年每月投入粮食等大宗农产品期货市场的资金超过 9.7 亿美元，指数基金也大量涌入，常年控制着超过一半的粮食等大宗农产品期货合约。2008 年中期至 2009 年初，受国际金融危机影响，投机资本大量撤离大宗农产品市场，导致粮食等农产品国际市场价格出现了暴跌。比较来看，2009 年国际市场小麦、玉米、大米、大豆等大宗农产品的价格均较 2008 年出现大幅下跌。

第三节　世界粮食安全治理体系

在世界各国和国际组织的共同努力下，世界粮食安全治理机制不断完善，为国际粮食安全形势总体稳定、保障人类食物消费需求发挥了积极有效作用。

一、联合国机构

在全球粮食安全治理体系中，联合国一直发挥着重要的领导作用，在不同时期提出了促进全球粮食安全的发展议程或倡议行动。2015 年 9 月，联合国通过了《2030 年可持续发展议程》，设置的 17 个可持续发展目标（SDGs）中，"消除饥饿、实现粮食安全、改善营养状况和促进可持续农业"（零饥饿目标）被放在了重要位置。联合国粮食及农业组织（FAO）、国际农业发展基金会（IFAD）和世界粮食计划署（WFP）作为联合国在粮农领域的专门机构，共同致力于保障世界粮食安全，促进实现《2030 年可持续发展议程》。新冠肺炎疫情发生以来，联合国粮农三机构还与世界贸易组织（WTO）和世界卫生组织（WHO）密切合作，利用其广泛网络推动病毒起源及传播研究，并共同呼吁确保粮食贸易自由流通，维护粮食贸易自由化，取消保护主义措施，维护全球粮食安全。

世界粮食安全委员会（CFS）是秘书处设在 FAO 的一个包容性平台。CFS 的组织结构包括全体会议、主席团和咨询小组、高级别专家组以及秘书处。自成立以来，CFS 始终是各国政府官员、专家、民间社会与业界讨论解决全球饥饿问题和寻求改善营养方法的重要平台。

（一）联合国粮食及农业组织

联合国粮食及农业组织（FAO）成立于 1945 年，是联合国系统中历史最长和最具普遍性、代表性、权威性的政府间国际领域粮农组织。FAO 的工作核心是"实现人人粮食安全"，其宗旨为"提高各国人民的营养水平和生活水准，提高所有粮农产品的生产和分配效率，改善农村人口的生活状况，促进世界经济的发展，并最终消除饥饿和贫困"。FAO 多次召开世界粮食安全首脑会议，讨论国际粮农领域重大问题，实施各类粮食安全行动计划；负责制定规范和标准，收集和共享信息数据，提供农业政策咨询，开展各领域、各层次的技术培训，帮助欠发达成员国加强能力建设；在推进《2030 年可持续发展议程》和监测 SDGs 达成上，是一系列 SDGs 指标的监管机构和促进机构。《全球粮食安全和营养战略框架》是 FAO 的一项重要计划，该计划为各国制定粮食安全和营养战略及行动提供指导，协调并指导利益相关者采取一致行动。FAO 每年定期发布《世界粮食安全和营养状况报告》，对全球粮食安全治理产生了重要影响。

FAO 通过领导驱动、基于市场的行动和协作、见解和创新，并与 SDGs 相一致，支持各国政府建立包容、高效和可持续的粮食体系；FAO 还与政府和主要参与者密切合作，如私营部门、民间社会组织、区域经济共同体组织和将可持续性纳入全球、区域和本土粮食体系的三个维度（社会、经济、环境）的平台。为了使粮食体系更高效、更包容及加强投入，并确保与粮食体系发展相关的 SDGs 有更清晰的视线，FAO 依据《全球粮食安全和营养战略框架》制定了指导 2020—2021 年度工作计划的 6 个优先领域：贸易与农商—投资可持续价值链、包容高效粮食系统的城市粮食议程、同一健康——粮食安全与动植物健康、小岛发展中经济体的可持续粮食系统、粮食损失与浪费全球倡议、全球可持续粮食系统对话与伙伴关系。

（二）国际农业发展基金会

国际农业发展基金会（IFAD）成立于 1977 年，是联合国系统专门向发展中成员国提供粮食和农业发展贷款的金融机构，其宗旨为"通过筹集资金，以优惠条件提供给发展中的成员国，用于发展粮食生产，改善人民营养水平，逐步消除农村贫困”，专注于通过农业和农村发展减轻农村贫困和粮食不安全，促进农业范围内南北合作与南南合作。自 1977 年成立以来，IFAD 已向 120 多个发展中成员国提供了 1 000 多个农业发展和农村减贫项目，惠及超过 4.3 亿名农村贫困人口。

在增加粮食生产方面，IFAD 的贷款项目包括：短期项目、长期项目和政策支持项目。其中，短期项目主要是通过改良土地、改进排灌、改良品种、改进农作制度和管理水平来提高作物产量；长期项目主要是通过兴修水利、垦荒、移民等手段改善和提高农民的生产与生活条件；政策支持项目主要是协助政府解决在土地、物价、信贷、市场、补贴等政策投资方面的资金需求。在消除贫困方面，IFAD 强调贷款项目资金要直接用于经济条件差的个体农户和乡村妇女，而不能用于国营企业或为私人资本赢利。

（三）世界粮食计划署

世界粮食计划署（WFP）成立于 1961 年，是负责多边粮食援助的联合国机构和全世界最大的人道主义救援组织，其宗旨为“以粮食为主要手段帮助受援国改善粮食自给制度，消灭饥饿和贫困”，在其核心文件《战略规划》《管理计划》等中，均对粮食安全、营养改善及受援国家（地区）的可持续发展、能力建设有不同程度的关注。WFP 以粮食援助为手段，通过紧急救济、快速开发项目和正常开发项目三种方式帮助受援国实现生产自救和粮食自给，改善人民营养水平，逐步消除农村贫困。自 1961 年成立以来，WFP 每年平均向 80 多个国家的逾 8 000 万人提供粮食援助。

近年来，WFP 一直致力于应对复杂突发事件、自然灾害以及传染病与流行病，大力推进由“粮食援助”向“粮食协助”的战略转型，积极参与全球粮食安全议题，推动不发达地区营养、卫生状况改善和可持续发展能力建设，有效改善了全球弱势人群生存状况，增强了他们摆脱饥饿与营养不良的能力。WFP 还致力于在 CFS、扩大营养运动（SUN）、联合国营养行动十年等组织和平台、政府领导的联合国合作伙伴、非政府组织、民间社团、企业、学术界以及当地农户、生产者、零售商、社区中发挥不可或缺的作用；作为 SUN 商业网络的联合召集主体，WFP 在引导私营部门合作伙伴参与营养不良斗争方面也发挥着主导作用。

二、其他多边及区域机制

近年来，二十国集团（G20）、亚太经济合作组织（APEC）、上海合作组织（SCO）等多边及区域机制在全球粮食安全治理中的作用正在不断增强。

（一）二十国集团

二十国集团（G20）成立于 1999 年，作为全球经济合作的主要平台之一，在主要全球性议题上，通过统筹运用金融、贸易、援助、环境保护等措施，在解决全球粮食安全问题和推动全球经济可持续发展方面发挥了重要作用。2011年 6 月，首届 G20 农业部长会议在巴黎举行，与会各国部长签署了《关于粮食价格波动与农业的行动计划》，提出要重视和促进农业生产、加强促进国际粮农政策协调、减少食品价格波动对最困难国家的影响等。2015 年，G20 安塔利亚峰会各国达成《G20 粮食安全和可持续粮食系统行动计划》，强调 G20将致力于提高全球粮食安全和营养，确保生产、消费和销售粮食的方式在经济、社会、环境等各方面的可持续性。2016 年，G20 农业部长西安会议公报提出，G20 成员应继续发挥引领作用，重点关注发展中国家的粮食安全，为提高全球、区域、国家和地方粮食安全与营养水平作出新贡献。2020 年 4 月，G20 农业部长应对新冠肺炎疫情特别视频会议发表声明提出，各国在疫情背景下采取的紧急措施必须有针对性、适当性、透明性和临时性，不会造成不必要的贸易壁垒或破坏全球粮食供应链。2020 年 9 月，G20 农业和水利部长会议倡议取消粮食和重要农产品出口限制。

（二）亚太经济合作组织

亚太经济合作组织（APEC）成立于 1989 年，是亚太地区重要的经济合作论坛，也是亚太地区最高级别的政府间经济合作机制，在推动区域贸易投资自由化、加强成员间经济技术合作等方面发挥了不可替代的作用，粮食安全也逐渐成为 APEC 关注的重要议题。为了加强区域内应对粮食安全问题的合作，根据 2010 年日本新潟 APEC 部长级会议发布的《新潟宣言》，亚太经济合作组织粮食安全政策伙伴关系机制（PPFS）从 2011 年起正式启动；此后，俄罗斯喀山（2012 年）、中国北京（2014 年）和秘鲁利马（2016 年）的 APEC 部长级会议相继发布的《喀山宣言》《北京宣言》《利马宣言》也都关注了粮食安全议题。2019 年 8 月召开的 PPFS 会议进一步明确了亚太地区在粮农领域的合作重点，包括可持续粮食系统、粮食安全的数字机遇、地区粮食贸易和农村发展。2020 年 10 月召开的第六届 APEC 粮食安全部长级会议发表了《亚太经合组织应对新冠肺炎疫情粮食安全部长宣言》，强调各成员应合作加强粮食安全，推动构建开放和可预见的贸易体系，以维护创新、可靠、有韧性和可持续的全球粮食体系。同时，敦促 APEC 成员避免对食品类产品采取不必要的出口禁令和限制，降低进口关税和减少其他进口限制，出台措施维护互联互通并避免供应链受扰中断。

近年来，还通过了《APEC 面向 2020 年粮食安全路线图》《增强 APEC 粮食质量安全与标准互通行动计划》《APEC 减少粮食损失和浪费行动计划》等一系列粮食安全宣言、指导文件和行动计划，为维护本区域粮食安全提供了纲领性指南。

第四节　世界粮食安全治理面临的挑战

当前，世界粮食安全治理在发挥积极作用的同时，还需要跟进世界经济社会新的变化，尤其是站在人类命运共同体的高度，强化共同利益理念，加强协同配合。

一、不同粮食安全治理机制之间缺乏协调

一是虽然世界粮食安全治理体系的各种参与主体和治理机制都关注特定的粮食安全议题——可供给、可获取、利用和稳定性，但当粮食安全问题跨越这些议题时，它们之间缺乏高效的协调，进而导致对粮食安全问题的应对也较为滞后和低效。如何加强各种参与主体和治理机制之间的协调，是当前世界粮食安全治理面临的主要挑战之一。二是国际经贸格局的发展与变化在很大程度上影响和决定了粮食安全的可获取和稳定性，然而直接引发粮食安全脆弱性和波动性的重要力量（如限制性贸易措施、农业投资下降、农产品金融投资增加、更多粮食作物转向生物燃料生产用途等）的治理权限都分散在其他治理机制中，这是现有世界粮食安全治理体系的参与主体和治理机制难以解决的问题。三是从世界粮食安全治理的参与主体来看，各类国际机构及其合作机制大多由

不同治理主体资助或参与设立，各国政府、非政府组织、私营部门、民间社团等参与其中，这些行动者在不同的政治、经济、文化和环境背景下往往有不同的利益诉求，发达国家更多关注气候变化与应对、可持续生态农业、移民与跨境移徙等，这些前瞻性很强的议题与发展中国家当前迫切需要改善粮食安全状况的需求并不完全契合，而由于缺乏具有很强全球普遍约束力的全球治理机构和机制，导致国际社会难以就此达成一致行动意见。

二、国际粮食援助制度与世界粮食安全目标不匹配

一是当前的粮食援助政策的效果存在不确定性。粮食援助增加了受援国家对援助国和国际粮食市场的依赖，降低了他们依靠自身保障粮食安全的能力，并且往往会成为援助国实现国家利益和政策目标的政治工具；同时，即便国际粮食援助在某些情况下对受援国家非常有用，但援助国往往缺乏履行国际协议的政治意愿和道义责任，而且现行国际粮食援助制度也缺乏足够的灵活性来及时高效地应对近年来越来越频繁出现的地区性突发粮食危机。二是粮食安全评价是全球粮食安全治理的重要内容之一，粮食安全评价体系的使用涉及评价指标设置、评价标准制定、信息搜集与处理、专家系统和话语体系等一系列发展能力，其中最为关键的要素是根据评价指标及评价标准对不同国家进行"贴标签"式的分级和分类，很多国际发展援助机构也将此作为是否提供发展援助的重要依据。从当前国际社会广为采用的各种粮食安全评价体系来看，评价标准的制定过程基本是由欧美发达国家主导的，由来自这些国家的专家研究制定，在评价指标设置和评价标准制定上更多从发达国家情况出发，更加关注饥饿消除后的营养改善、健康提升等问题，而忽视了发展中国家的实际情况及其对粮食安全和营养的诉求。

三、逆全球化趋势与单边主义加剧

近年来，全球范围内的逆全球化挑战日益凸显，单边主义、民粹主义和保护主义盛行，区域合作和全球治理进展减缓，增加了全球粮食安全与营养的不确定性。一是贸易保护主义不利于粮食自由流动。贸易壁垒不仅提高了土地资源稀缺国家的粮食价格，还压低了土地资源丰富国家的粮食价格，降低两者实

际收入；近期抬头的逆全球化思潮，尤其是贸易保护主义的潜在复苏，可能会阻碍联合国可持续发展目标（SDGs）、经济增长和改善粮食安全与营养的进程。二是国际投资下降，不利于改善当地居民粮食安全状况。政府和农户需要进行大量投资以满足人们对增加粮食供应量和增强粮食品种多样化的需求；目前，国际投资限制措施增加，投资下降明显，不利于改善人们的粮食与营养安全。三是知识和信息流动受限，不利于实现粮食与营养安全目标。数据和知识以及相关技术能够在实现粮食与营养安全方面发挥更广泛的作用，然而获取知识的不平等程度正日益加剧，不利于实现粮食与营养安全目标。四是全球治理弱化，不利于发挥全球农业和粮食系统功能。目前，全球粮食安全和营养政策的全球治理变得日益复杂，例如冲突引起的饥饿、营养不良、环境风险、市场风险和国际价格波动等，全球治理失败和承诺弱化将对粮食系统产生负面影响。

四、世界粮食安全治理体系缺乏改革动力

目前，世界粮食安全治理规则的制定仍由欧美发达国家掌握话语权。世界粮食安全治理体系中新兴经济体发挥的作用近年来在不断增强，但作为既得利益者的主要发达国家不会轻易让出手中的主导权，他们极力维护二战以来形成的对其有利的全球治理体系与制度，特别是以美国主导的、少数欧美发达国家及组织支撑和配合的传统国际粮食安全治理体系，而且近年来美国等欧美发达国家还就全球粮食安全治理积极提出新倡议、新主张，试图建立新规则、新秩序，通过主导规则制定来继续巩固和加强其话语权，维持现行世界粮食安全治理体系及其运行机制并阻碍对其进行根本性改革。总体而言，世界粮食安全治理体系及其运行机制的作用发挥，目前仍主要表现为提供有关粮食生产、营养改善、粮食援助以及政策咨询的科学解决方案。为使全球粮食安全治理真正走上各方平等参与的可持续发展轨道，国际社会亟须共同努力，推动世界粮食安全治理体系尽快进行深层次的实质性改革。

五、世界粮食安全治理体系缺乏监督

现行世界粮食安全治理体系是欧美发达经济体在二战后主导建立起来的，总体上反映了其农业发展的特定轨迹与利益诉求，即积极推进新自由主义之下

的全球粮食市场一体化，以为其国内过剩农产品寻求外部市场，确保其国内农民收入稳定，解决全球饥饿问题是这种核心利益诉求的"副产品"。因此，目前的世界粮食安全治理体系呈现"中心—外围"结构，欧美发达经济体处于治理的"中心"，是"治理者"，新兴市场国家与发展中经济体则位于"外围"，是"被治理者"，主要反映了欧美发达经济体缺少监管的利益诉求，其政府、企业、金融部门等主体可以不受约束地从自己制定的规则中持续获取巨大利益，而作为受影响最大和最脆弱群体的广大新兴市场国家与发展中经济体则鲜有表达利益诉求的机会。同时，在联合国系统内部，联合国总部与设在意大利罗马的联合国粮农三机构之间的关系在各自对全球粮食安全治理责任划分方面也未真正做到公开透明。因此，世界粮食安全治理还缺乏有力的监督，仍主要表现为"利益治理"和"低效治理"。

第五节　中长期世界粮食市场与安全形势展望

从世界供需来看，未来十年世界谷物和大豆产量、消费量均将在当前基础上增长 10%～20%，生产能够满足需求。根据《OECD-FAO 农业展望报告 2020—2029》的预测数据推算，2020—2029 年，世界谷物产量、消费量和贸易量将分别从 26.79 亿吨、26.83 亿吨、4.21 亿吨增加到 30.54 亿吨、30.40 亿吨、5.17 亿吨，分别增长 14.0%、13.3%、22.8%；期末库存量将从 8.57 亿吨减少到 7.79 亿吨，下降 9.1%，主要原因是玉米期末库存量预计下降 37%；世界主要谷物名义价格将比基期增长 10%～20%。从大豆来看，世界大豆产量、消费量、压榨量和期末库存量预计分别从 2020 年的 3.47 亿吨、3.48 亿吨、3.13 亿吨和 0.43 亿吨增加到 2029 年的 4.06 亿吨、4.06 亿吨、3.67 亿吨和 0.46 亿吨，分别增长 17.0%、16.7%、17.3% 和 7.0%；世界大豆名义价格预计增长 23.4%。

从世界粮食安全形势来看，未来十年世界粮食安全总体形势将呈现恶化趋势，尤其是在非洲和拉丁美洲及加勒比地区，联合国 2030 年零饥饿目标将难以实现。从食物不足人数和食物不足发生率看，在世界层面，2030 年世界估计有近 8.4 亿人（占世界总人口的 9.8%）面临食物不足的状况。2019—2030 年，世界食物不足人数增加，2030 年将比 2019 年增加近 1.54 亿人，食物不足发生率将提高 0.9 个百分点。展望 2030 年，如果近期的人口增长趋势持续下去，非洲实现 2030 年零饥饿目标的希望将十分渺茫，食物不足发生率将从 2019 年的 19.1％升至 2030 年的 25.7％。由于最近几年的情况持续恶化，拉丁美洲及加勒比地区也难以实现 2030 年零饥饿目标，食物不足发生率预计从 7.4％升至 9.5％。亚洲虽然已取得进展，但从近期趋势看，同样将难以实现 2030 年零饥饿目标。

尽管世界粮食生产能够满足需求，但世界粮食安全形势依然严峻。主要原因在于世界不同区域人口增长和经济发展的不平衡，再叠加全球变暖、极端气候、不断爆发的地区冲突和病虫害频发以及生物能源技术发展的影响，同时也与国际粮食安全治理体系缺乏监督、缺乏约束力、缺乏资源有着显著关联。

为改善世界粮食安全，争取联合国 2030 年零饥饿目标如期实现，关键是在全球层面切实依托 CFS 等既有平台，加强对现有国际粮食安全规则的监督与执行，切实推动世界粮食安全与营养的治理和协同。在国家层面，强化粮食安全治理，调动利益相关方，集中资源，切实促进农业发展、消除饥饿与贫困问题。在社会公众层面，呼吁基金会等利益相关者采取自觉行动，采取相向而行的行动计划，群策群力，推动实现联合国可持续发展目标。

参考文献

References

艾云航，2000. 日本农协的发展历程和运作方式 ［J］. 世界农业（10）：45－48.

坂下明彦，2000. 日本农协的组织、机能及其运营 ［J］. 农业经济问题（9）：57－61.

包平，2006. 二十世纪中国农业教育的分期研究 ［J］. 中国农史（4）：31－37.

本刊编辑部，2020. 中国农业品牌政策研讨论会发言摘编 ［J］. 中国农垦（10）：12－15.

曹建如，2008. 印度的农业合作社 ［J］. 世界农业（3）：32，66－68.

陈东旭，2017. "标准化＋品牌化"驱动下的特色农业发展模式 ［J］. 贵州农业科学，45（8）：142－145.

陈慧，冯利华，董建博，2010. 非洲水资源承载力及其可持续利用 ［J］. 水资源与水工程学报，21（2）：49－52.

陈纪英，2014. 百年农企嘉吉的秘密 ［J］. 南方农业（26）：43－45.

陈连新，2020. 经济全球化背景下农业跨国公司的结构性权利 ［D］. 北京：北京外国语大学.

陈锡文，2018. 实施乡村振兴战略，推进农业农村现代化 ［J］. 中国农业大学学报（社会科学版），35（1）：5－12.

陈效卫，万宇，2021. 中国专家在多国建立培训示范中心，开辟脱贫致富和环境保护新路径：传授菌草技术 扎下友谊之根 ［N］. 人民日报，03－28（3）.

陈秧分，姜小鱼，李先德，2019. OECD乡村政策及对中国乡村振兴战略的启迪 ［J］. 新疆师范大学学报（哲学社会科学版），40（3）：64－70.

陈怡，周应恒，吴群，2003. 国外涉农企业与农户处理利益关系的经验及启示 ［J］. 南京农业大学学报（社会科学版），3（1）：17－24.

陈印军，卢布，杨瑞珍，等，2007. 农业资源管理研究发展趋势与未来展望 ［J］. 中国农业资源与区划（6）：21－25.

陈永民，刘代丽，2015. 市场经济成熟国家农业品牌化战略及启示 ［J］. 农村工作通讯（9）：60－62.

陈章全，陈世雄，尤飞，等，2017. 德国农业水土资源保护与可持续利用 ［J］. 农村工作通讯

（8）：59－61.

程国强，2005. 中国农业面对的国际环境及其趋势［J］. 中国农村经济（1）：4－10，25.

程国强，2011. 中国农业补贴制度设计与政策选择［M］. 北京：中国发展出版社.

程国强，2016. 中国粮价政策改革的逻辑与思路［J］. 农业经济问题，37（2）：4－9.

程国强，胡冰川，徐雪高，2008. 新一轮农产品价格上涨的影响分析［J］. 管理世界（1）：57－81.

程天赐，刘艳涛，2014. 品牌化打造现代农业核心竞争力［N］. 农民日报，01－11（5）.

程小天，胡冰川，2018. 世界农业的发展与变迁：1961年来的洲际比较［J］. 世界农业（3）：22－30.

崔海霞，向华，宗义湘，2019. 潜在环境影响视角的美国、欧盟农业支持政策演进分析：基于OECD农业政策评估系统［J］. 农业经济问题（12）：129－142.

崔宁波，庞博，2014. 俄罗斯农业经营主体变迁及启示［J］. 学术交流（12）：134－139.

崔艳慧，尹芳，杨映礼，等，2016. 美国与荷兰农业合作组织发展综述及经验借鉴［J］. 现代农业科技（22）：263－265.

戴孝悌，2013. 多产业融合视域中的美国农业发展经验及启示［J］. 北京农业（11）：26－31.

杜鹰，2020. 中国的粮食安全战略（上）［J］. 农村工作通讯（21）：35－38.

杜志雄，2015. 世界农业：格局与趋势［M］. 北京：中国社会科学出版社.

对外贸易经济合作部国际经贸关系司，2000. 乌拉圭回合多边贸易谈判结果法律文本：汉英对照［M］. 北京：法律出版社.

樊梦瑶，2019. 新中国成立70周年中国农民培育的变迁与展望［J］. 中国职业技术教育（24）：21－27.

樊胜根，张玉梅，陈志钢，2019. 逆全球化和全球粮食安全思考［J］. 农业经济问题（3）：4－10.

方琳娜，李建民，陈子雄，等，2020. 日韩农田建设做法及对我国高标准农田建设启示［J］. 中国农业资源与区划，41（6）：1－6.

冯开文，2005. 国外合作社经验纵横论：几个代表性合作社的最新举措及其对中国的启示［J］. 中国合作经济（8）：45－48.

傅晨，2003. "新一代合作社"：合作社制度创新的源泉［J］. 中国农村经济（6）：73－80.

高道明，田志宏，黄德海，2020. 中国企业海外农业投资的区位决定因素分析［J］. 中国农村经济（11）：113－130.

高连兴，李德洙，2000. 韩国农业机械化［M］. 延边：延边人民出版社.

高旺盛，陈源泉，曾昭海，等，2010. 中国农业与世界农业概论［M］. 北京：高等教育出版社.

耿宁，张雯雯，2016. 我国农业标准化发展历程、路径演变与经验借鉴［J］. 山西农业大学学报（社会科学版），15（12）：845-851.

郭红东，钱崔红，2004. 北美新一代合作社的发展与启示［J］. 农村经营管理（5）：15-18.

国鲁来，2001. 合作社制度及专业协会实践的制度经济学分析［J］. 中国农村观察（4）：
36-48.

韩鲁佳，杨敏丽，2018a. 日本农业机械化考察报告［D］. 北京：中国农业大学.

韩鲁佳，杨敏丽，2018b. 意大利德国农业机械化考察报告［D］. 北京：中国农业大学.

何昌垂，2013. 粮食安全：世纪挑战与应对［M］. 北京：社会科学文献出版社.

何传启，2013. 世界农业现代化的发展趋势和基本经验［J］. 学习论坛，29（5）：33-37.

何榕，唐继微，王全永，等，2020. 推动我国与缅甸农业标准化合作的思考［J］. 标准科学
（3）：105-108.

何顺果，1996. 关于美洲奴隶种植园经济的性质问题：释马克思的"接种"论［J］. 世界历史
（1）：3-11，127.

何秀荣，2009. 公司农场：中国农业微观组织的未来选择［J］. 中国农村经济（11）：4-16.

贺光辉，2000. 依法治社·民主办社·专家管理：马来西亚、埃及合作社考察报告［J］. 中国
供销合作经济（6）：34-36.

贺蕾，2008. 我国农业标准体系建设研究［D］. 咸阳：西北农林科技大学.

贺丽娟，2019. 论16—18世纪法国农业经济的发展［J］. 衡阳师范学院学报，40（5）：
120-125.

侯敏杰，陈丽萍，乌云塔娜，等，2013. 农机与农艺有机融合的探讨［J］. 农村牧区机械化
（5）：37-38.

胡明，2010. 德国农业服务公司对我国农机社会化服务的启示［J］. 农机质量与监督（5）：
10，48.

胡志权，2020. 借鉴国际经验探究我国猪肉品牌建设［J］. 商场现代化（12）：22-24.

黄国勤，周红燕，2007. 世界农业发展研究：Ⅲ. 世界农业发展的主要趋势［J］. 江西农业大学
学报（社会科学版）（1）：32-36.

黄季焜，2020. 现代农业发展战略与政策研究［M］. 北京：科学出版社.

黄季焜，邓衡山，徐志刚，2010. 中国农民专业合作经济组织的服务功能及其影响因素［J］.
管理世界（5）：75-81.

黄季焜，杨军，仇焕广，等，2009. 本轮粮食价格的大起大落：主要原因及未来走势［J］. 管
理世界（1）：72-78.

黄小柱，彭丽芬，李琳，2015. 国外特色农业发展模式、经验与启示［J］. 世界农业（7）：
149-153.

黄正多，李燕，2007. 印度农业合作经济组织发展中的政府作用［J］. 南亚研究季刊（4）：

72 - 74.

黄宗智，2015. 农业合作化路径选择的两大盲点：东亚农业合作化历史经验的启示 [J]. 开发时代 （5）：18 - 35.

黄祖辉，2000. 农民合作：必然性、变革态势与启示 [J]. 中国农村经济 （8）：4 - 8.

黄祖辉，2008. 中国农民合作组织发展的若干理论与实践问题 [J]. 中国农村经济 （11）：4 - 7，26.

季莉娅，王厚俊，2014. 美国、法国、日本 3 国政府对农业投资状况分析及经验借鉴 [J]. 世界农业 （1）：60 - 63.

贾铖，夏春萍，陈鹏宇，2020. 农业信息资源配置对农产品电商绩效影响机制研究：以东部地区为例 [J]. 农业现代化研究，41 （6）：1020 - 1030.

姜长云，李显戈，董欢，2014. 日韩两国谷物自给率下降的过程、原因及启示 [J]. 农业经济问题 （1）：93 - 100，112.

蒋和平，等，2002. 当代农业新技术革命与中国农业科技发展 [M]. 南昌：江西人民出版社.

蒋和平，崔奇峰，苗润莲，2014. 南非农业 [M]. 北京：中国农业出版社.

蒋璐闻，梅燕，2018. 典型发达国家智慧农业发展模式对我国的启示 [J]. 经济体制改革 （5）：158 - 164.

金三林，孙小龙，2019. 加快角色转变，积极参与全球粮食安全治理 [J]. 世界农业 （3）：12 - 17.

金哲奎，2008. 新自由主义世界化与饮食政治 [J]. 韩国社会 （9）：123 - 146.

孔祥智，金洪云，史冰清，等，2012. 国外农业合作社研究：产生条件、运行规则及经验借鉴 [M]. 北京：中国农业出版社.

孔祥智，岳振飞，张琛，2018. 合作社联合的本质：一个交易成本解释框架及其应用 [J]. 新疆师范大学学报（哲学社会科学版）（1）：100 - 106.

李道亮，2018. 农业 4.0：即将到来的智能农业时代 [J]. 农学学报，8 （1）：207 - 214.

李建军，2020. 智慧农业是颠覆性的现代农业创新 [EB/OL]. （06 - 05）［2021 - 11 - 19］http://www.rmlt.com.cn/2020/0605/582633.shtml.

李瑾，冯献，郭美荣，等，2018. "互联网＋" 现代农业发展模式的国际比较与借鉴 [J]. 农业现代化研究，39 （2）：194 - 202.

李敏，2009. 美欧日实施农产品品牌战略的经验研究 [J]. 农业质量标准 （4）：54 - 56.

李思宇，吴镓楠，林听，等，2018. 非洲农业发展存在的问题与对策 [J]. 热带农业科学 （8）：96 - 99.

李铜山，盛阳阳，董立星，等，2020. 国内外质量兴农研究综述 [J]. 创新科技，20 （8）：71 - 83.

李文杰，2016. 农村水环境管理体制机制创新：基于澳大利亚经验与本土视角［J］. 世界农业
（10）：181-185.

李先德，孙致陆，贾伟，等，2020. 新冠肺炎疫情对全球农产品市场与贸易的影响及对策建议
［J］. 农业经济问题（8）：4-11.

李先德，宗义湘，2012. 农业补贴政策的国际比较［M］. 北京：中国农业科学技术出版社.

李显刚，石敏俊，2001. 日本农协的历史贡献、存在问题及发展趋势［J］. 中国农村经济（3）：
72-76.

李玉磊，李华，肖红波，2016. 国外农村一二三产业融合发展研究［J］. 世界农业（6）：
20-24.

李滋睿，屈冬玉，2007. 现代农业发展模式与政策需求分析［J］. 农业经济问题（9）：25-29.

梁书民，于智媛，2018. 用经验径流系数推算全球径流深度分布场［J］. 干旱区研究，35（1）：
1-11.

梁艳萍，2010. 发达国家农民教育培训的经验与启示［J］. 高等函授学报（哲学社会科学版）
（7）：10-13.

林地，张俊辉，2019. 美国跨国农业投资公司的发展及思考［J］. 黑龙江粮食（1）：39-45.

刘斌，宫方茗，李川川，2020. 美日欧 WTO 补贴规则改革方案及其对中国的挑战［J］. 国际
贸易（2）：57-63.

刘超，刘蓉，朱满德，2020. 高保护经济体农业支持政策调整动态及其涵义：基于欧盟、日本、
韩国、瑞士、挪威、冰岛的考察［J］. 世界农业（4）：13-22.

刘传江，1997. 世界农业经营规模：变迁、现实、政策与启示［J］. 经济评论（5）：43-50.

刘娟，张峻峰，2015. 发达国家"三位一体"耕地保护管理实践［J］. 世界农业（1）：28-31.

刘乃郗，韩一军，刘邦凡，2018. 逆全球化背景下中国农业海外投资风险与对策［J］. 哈尔滨
工业大学学报（社会科学版），20（1）：127-132.

刘强强，2015. 发展中国家现代特色农业发展模式研究及启示［J］. 福建农业（7）：66-67.

刘涛，2020. 基于农业经济管理视角的寿光蔬菜品牌建设与发展研究［J］. 商展经济（10）：
21-23.

刘铁柱，苑鹏，2021. 以色列集体村社制度基布兹的"私有化"改革及其启示［J］. 农业现代
化研究，42（1）：30-38.

刘雪飞，胡胜德，2014. 国外农产品品牌建设的基本经验及启示［J］. 世界农业（6）：1-
5，237.

刘巽浩，牟正国，等，1993. 中国耕作制度［M］. 北京：农业出版社.

刘燕群，宋启道，谢龙莲，2017. 德国农业社会化服务体系研究［J］. 热带农业科学，37
（12）：119-122.

刘英杰，李雪，2014. 德国农业科技创新政策特点及其启示［J］. 世界农业（12）：1-3，6.

龙江，靳永辉，2018. 我国智慧农业发展态势、问题与战略对策［J］. 经济体制改革（3）：74-78.

卢昱嘉，陈秧分，2020. 美国对外农业投资格局演变及其影响因素：兼论"一带一路"农业合作［J］. 自然资源学报，35（3）：654-667.

芦千文，姜长云，2018a. 欧盟农业农村政策的演变及其对中国实施乡村振兴战略的启示［J］. 中国农村经济（10）：119-135.

芦千文，姜长云，2018b. 乡村振兴的他山之石：美国农业农村政策的演变历程和趋势［J］. 农村经济（9）：1-8.

芦千文，姜长云，2019. 日本发展农业生产托管服务的历程、特点与启示［J］. 江淮论坛（1）：59-66，88.

吕婷婷，2012. 平度市推广农业标准化的制约因素和对策研究［D］. 青岛：中国海洋大学.

马光明，2019. 做农业服务，我们该向美国学什么［J］. 营销界（14）：66-67.

马红坤，毛世平，陈雪，2020. 小农生产条件下智慧农业发展的路径选择：基于中日两国的比较分析［J］. 农业经济问题（12）：87-98.

马晓河，2019. 大国小农条件下的农业现代化［EB/OL］.（2019-02-02）. http：//theory. people. com. cn/GB/n1/2019/0202/c40531-30608093. html？ivk _ sa=1024320u.

马晓河，余涛，2020. 农村产业融合发展阶段分析及其启示［J］. 中国物价（9）：3-6.

马欣，田志宏，2015a. 巴西农业支持政策分析与借鉴［J］. 经济问题探索（3）：14-18.

马欣，田志宏，2015b. 中国与巴西农业贸易和投资现状及启示［J］. 亚太经济（1）：60-64.

毛世平，曹志伟，刘瀛弢，等，2013. 中国农业科研机构科技投入问题研究：兼论国家级农业科研机构科技投入［J］. 农业经济问题，34（1）：49-56，111.

梅建明，2003. 从国内外比较看我国农户兼业化道路的选择［J］. 经济学动态（6）：32-34.

孟莉娟，2016. 美国、法国、日本农业科技推广模式及其经验借鉴［J］. 世界农业（2）：138-141，161.

苗晓丹，2015. 德国农业教育体系概况［J］. 中国职业技术教育（10）：53-56.

倪洪兴，于孔燕，徐宏源，2016. 国际农产品市场和供需现状分析［J］. 农产品市场周刊（41）：64-65.

农业部课题组，2000. 21世纪初中国农业教育结构体系研究［J］. 中国农业教育（5）：10-15.

潘子健，2020. 逆全球化挑战下国际投资风险因素对中国在"一带一路"国家对外直接投资影响研究［J］. 福建茶叶，42（3）：73-75.

彭超，2021. 高素质农民培育政策的演变、效果与完善思路［J］. 理论探索（1）：22-30.

平力群，2013. 日本国家品牌战略的演化：从"日本的品牌"到"日本品牌化"［J］. 南开日本

研究 （2）：325 - 338.

钱小平，尹昌斌，方琳娜，2016. 日本与欧美农业环境支持政策对中国的启示 ［J］. 中国农业 资源与区划，37 （7）：35 - 44.

乔丽萍，2004. 论美国南部种植园经济的性质及特点 ［J］. 雁北师范学院学报 （1）：19 - 22.

乔雯，杨平，易法海，2008. 日本对华农业直接投资与中日农产品贸易的关系研究 ［J］. 世界 经济研究 （2）：74 - 79，88.

仇焕广，杨军，黄季焜，2009. 生物燃料乙醇发展及其对近期粮食价格上涨的影响分析 ［J］. 农业经济问题 （1）：80 - 85.

全国人大农业与农村委员会代表团，2005. 法国农业合作社及对我国的启示 ［J］. 农村经营管 理 （4）：43 - 46.

任大鹏，郭海霞，2008. 合作社制度的理想主义与现实主义：基于集体行动理论视角的思考 ［J］. 农业经济问题 （3）：90 - 94，112.

申龙均，1995. 韩国农业社会化服务组织：农业协同组合 ［J］. 东北亚论坛 （1）：42 - 44.

沈志勇，2013. 农业产业纵向一体化：整合产业链 ［J］. 中国畜牧业 （9）：93 - 94.

石教群，黄熊华，郎鹏飞，2018. 巴西农业发展经验对我国的借鉴 ［J］. 中国财政 （7）： 73 - 75.

舒畅，乔娟，2014. 欧美低碳农业政策体系的发展以及对中国的启示 ［J］. 农村经济 （3）： 125 - 129.

舒运国，1985. 西方殖民主义者与东非奴隶贸易 ［J］. 郑州大学学报 （哲学社会科学版） （1）： 56 - 64.

宋树友，孙学权，1991. 世界农业机械化发展要览 ［M］. 北京：北京农业大学出版社 .

速水佑次郎，弗农·拉坦，2014. 农业发展：国际前景 ［M］. 北京：商务印书馆.

孙辉，李华，郭红，2020. 推进农业标准化和提高农产品质量安全探讨 ［J］. 食品科学 （20）： 210 - 212.

孙丽丽，李富忠，2021. 大数据背景下现代农业连锁品牌演化逻辑：基于物流供应链的分析 ［J］. 商业经济研究 （3）：127 - 130.

孙士海，1988. 印度农业合作社的发展、作用与问题 ［J］. 南亚研究 （1）：13.

孙中华，王维友，张保强，等，2012. 关于德国、荷兰、丹麦农业合作社的考察报告 ［J］. 中 国农民合作社 （11）：59 - 64.

唐华俊，2020. 智慧农业赋能农业现代化高质量发展 ［J］. 农机科技推广 （6）：4 - 5，9.

唐丽霞，赵文杰，李小云，2020. 全球粮食安全评价体系的深层逻辑分析 ［J］. 华中农业大学 学报 （社会科学版） （5）：151 - 159.

田子方，2013. 发达国家信息技术在农业中的应用及其启示 ［J］. 世界农业 （6）：45 - 48.

万钢，2012. 强化种业科技创新 支撑现代农业发展：在第二届中国博鳌农业（种业）科技创新
　　论坛上的讲话［J］. 中国软科学（2）：1-4.

汪蕙，2014. 内外兼修的嘉吉管理之道［J］. 农经（7）：72-73.

汪晶晶，2017. 中国农业对外直接投资区位选择的理论与实证研究［D］. 乌鲁木齐：新疆农业大学.

王凤忠，司智陟，2021. 农产品加工业助推乡村振兴路径研究［J］. 中国食物与营养（1）：
　　1-4.

王观芳，2006. 国际合作社联盟"关于合作社特征的宣言"简介［J］. 中国人大（21）：
　　21-23.

王宏，2013. 跨国农业公司对粮食安全的影响：机理与政策［J］. 甘肃理论学刊（1）：
　　118-122.

王华巍，2005. 世界主要发达国家农业政策的比较研究［D］. 长春：吉林大学.

王洁琼，贾娜，李瑾，2020. 国外农业信息化发展模式及经验［J］. 上海农业科技（6）：
　　41-44.

王丽丽，严春晓，赵帮宏，2017. 国外农产品品牌培育经验借鉴［J］. 世界农业（9）：21-27.

王农，刘宝存，孙约兵，2020. 我国农业生态环境领域突出问题与未来科技创新的思考［J］.
　　农业资源与环境学报，37（1）：1-5.

王守职，邢晓光，陈永民，等，2014. 荷兰职业教育和农业教育的特点及启示［J］. 世界农业
　　（1）：142-147.

王树桐，戎殿新，等，1996. 世界合作社运动史［M］. 济南：山东大学出版社.

王婷，周道玮，神祥金，等，2020. 中国柯本气候分类［J］. 气象科学，40（6）：752-760.

王拓，2017. 基于主体行为的黑龙江省农业标准化实证研究［D］. 哈尔滨：东北林业大学.

王文仙，2020. 二战后墨西哥农业生产转型与粮食问题［J］. 拉丁美洲研究，42（6）：82-
　　101，157.

王晓薇，2013. 孟山都的前世今生［J］. 商周刊（14）：26-27.

王亚丽，2020. 全面加强品牌农业建设 加快形成品牌建设新格局［J］. 河北农业（8）：10.

王艳，崔野韩，周云龙，2012. 提升我国农业标准国际话语权对策研究［J］. 农产品质量与安
　　全（1）：18-20.

王英姿，黎霆，2017. 嘉吉的农业供应链管理［J］. 农经（5）：30-33.

王永平，刘利萍，2013. 基于产业化的农业标准化与品牌化协同发展路径研究［J］. 陕西农业
　　科学（3）：208-210.

王玉斌，郭娜英，赵铁桥，2020. 德国农民合作社考察及其启示［J］. 华中农业大学学报（社
　　会科学版）（5）：160-167，176.

王志刚，黄圣男，彭纯玉，2012. 农业多功能性理论的演进［J］. 成都理工大学学报（社会科

学版），20（6）：51-57.

王智才，杨敏丽，2003. 国外农业机械化政策法规选编［M］. 北京：中国农业科学技术出版社.

魏中京，张兵兵，2018. 全球经济政策不确定性冲击与国际粮食价格波动：理论与实证分析［J］. 经济问题（3）：90-95.

温铁军，2005. 中国"三农"：值得深思的三大问题［J］. 学习月刊（3）：23-25.

邬拉，朱厚岩，彭忠平，2016. 欧盟国家水资源征税的经验与借鉴［J］. 世界农业（3）：58-61.

吴彬，2019a. 美国农业合作社发展的一个显著特点［J］. 中国农民合作社（4）：66-67.

吴彬，2019b. 美国农业合作社的成长谜题：从一个失败案例说起［J］. 中国农民合作社（8）：46-48.

吴飞鸣，2020. 美国生物农业技术发展管理与产业推广的新动向［J］. 全球科技经济瞭望，35（5）：1-5.

吴菊安，2016. 日本、韩国农业经营方式和社会化服务体系发展经验及借鉴［J］. 世界农业（5）：30-34，72.

吴其胜，2014. 国际投资规则新发展与中国的战略选择［J］. 国际关系研究（2）：134-146，158.

吴雪莉，1985. 美国农业和农业教育［M］. 长沙：湖南科学技术出版社.

武宗志，2020. 以农产品品牌化促进农业发展［N］. 河北经济日报，03-12（3）.

谢均己，2007. 农村合作经济组织理论与实践［D］. 成都：四川大学.

熊春林，周雅婷，刘芬，等，2021. 发达国家智慧农业发展的PEST分析及启示［J］. 农业科技管理，40（1）：5-9.

熊鹏，徐琳杰，焦悦，等，2018. 美国农业科技创新和推广体系建设的启示［J］. 中国农业科技导报，20（10）：15-20.

徐更生，熊家文，1992. 比较合作经济［M］. 北京：中国商业出版社.

徐隆华，颜晓，杨东成，等，2019. 农业标准化与品牌化助推农产品质量发展［J］. 农业开发与装备（12）：51-52.

徐明峰，2020. 日韩农协综合改革及启示［J］. 中国合作经济（10）：51-54.

徐仁吉，1997. 节气与农时［J］. 吉林农业（4）：20.

徐旭初，2017. 新形势下我国农民合作社发展的若干趋势［J］. 农村经营管理（7）：22-23.

徐旭初，贾广东，刘继红，2008. 德国农业合作社发展及对我的几点启示［J］. 农村经营管理（5）：38-42.

徐旭初，吴彬，2018. 合作社是小农户和现代农业发展有机衔接的理想载体吗？［J］. 中国农村经济（11）：80-95.

徐子轩，胡怀敏，2021. 发达国家经验对我国特色农产品品牌建设的启示［J］. 安徽农业科学，
    49（3）：251-253.

许标文，王海平，林国华，2019. 欧美农业绿色发展政策工具的应用及其启示［J］. 福建农林
    大学学报（哲学社会科学版），22（1）：13-19.

许智慧，2020. 印度小麦加工业现状分析及我国的市场应对措施［J］. 粮食与食品工业，27
    （6）：1-3.

杨东群，李丽原，邱君，等，2019. 日本农业对外投资经验对中国实施"一带一路"倡议的启
    示［J］. 世界农业（1）：17-23，54，123.

杨婧，宋微，张舒逸，2020. 生物农业产业国内外发展现状对比分析［J］. 现代农业科技
    （14）：227-228.

杨敏丽，2003. 中国农业机械化与农业国际竞争力［M］. 北京：中国农业科学技术出版社.

杨敏丽，2006. 国外农机社会化服务［M］. 北京：中国农业科学技术出版社.

杨敏丽，2019. 农业机械化法律法规体系框架研究（研究报告）［D］. 北京：中国农业大学.

杨娜·弗兰契科娃，人禾，1994. 改革后的捷克农业仍以合作社为主［J］. 东欧（2）：27.

杨爽，余国新，闫艳燕，2014. 发达国家农业社会化服务模式的经验借鉴［J］. 世界农业（6）：
    155-157.

杨兴怀，2017. 基于农产品质量安全的湖南农业标准化建设研究［D］. 长沙：中南林业科技大学.

杨玉成，2016. 实施品牌农业战略 引领现代农业发展［J］. 中国合作经济（3）：9.

叶盛，2019. 粮食金融化与粮食价格：影响关系与传导路径［D］. 重庆：西南大学.

易小燕，陈章全，陈世雄，等，2018. 欧盟共同农业政策框架下德国耕地资源可持续利用的做
    法与启示［J］. 农业现代化研究，39（1）：65-70.

易小燕，吴勇，尹昌斌，等，2018. 以色列水土资源高效利用经验对我国农业绿色发展的启示
    ［J］. 中国农业资源与区划，39（10）：37-42.

尹凝瑶，2015. 国际四大粮商的前世今生［J］. 农家书屋（1）：41-43.

于法稳，2020. 基于绿色发展理念的智慧农业实现路径［J］. 人民论坛·学术前沿（24）：
    79-89.

于浩淼，杨易，徐秀丽，2019. 论中国在全球农业治理中的角色［J］. 中国农业大学学报（社
    会科学版）（1）：101-110.

余红娟，2008. 以农业标准化促进农产品国际贸易的对策探讨［J］. 现代农业科学（12）：
    146-150.

玉家铭，2015. 创新中国与东盟标准化合作模式的探讨［J］. 标准科学（11）：6-9.

原瑞玲，张雯丽，王慧敏，等，2017. 中国与美国农业投资合作及发展方向研究［J］. 经济研

究参考（31）：59-65.

翟虎渠，钟甫宁，路明，1999. 农业概论［M］. 北京：高等教育出版社.

张斌，2011. 日本、韩国农业专业化组织调研报告［J］. 世界农业（2）：20-24.

张伯里，韩保江，陈江生，2015. 当代世界经济［M］. 北京：中共中央党校出版社.

张国良，张银贵，2017. 绿色农产品品牌化营销策略分析［J］. 中外企业家（10）：50-52.

张红菊，2005. 试探美国南部奴隶制种植园的形成［J］. 世界历史（6）：89-98.

张红宇，2016. 在变革中发展的欧洲家庭农场与合作社：瑞典、丹麦农业考察报告［J］. 世界
农业（10）：4-9.

张红宇，2020a. 农业生产性服务解种地难题［N］. 人民日报，05-08（18）.

张红宇，2020b. 我国农民合作社的发展趋势［J］. 农村工作通讯（21）：39-42.

张蛟龙，2019. 全球粮食安全治理：以制度复合体为视角［D］. 北京：外交学院.

张蛟龙，2021. 新冠疫情下的全球粮食安全：影响路径与应对战略［J］. 世界农业（4）：4-12.

张慎娟，陈晓键，2018. 国外休闲农业产业融合发展的经验及对中国的启示［J］. 世界农业
（11）：171-177.

张士云，江激宇，栾敬东，等，2014. 美国和日本农业规模化经营进程分析及启示［J］. 农业
经济问题，35（1）：101-109.

张松，刘志民，2007. 日本高等农业教育发展道路及模式探索［J］. 河北农业大学学报（农林
教育版）（1）：25-28.

张天佐，李琳，李世武，等，2019. 法国、芬兰、丹麦农业合作社的考察启示［J］. 中国农民
合作社（9）：8-13.

张现增，崔爱华，冷鹏，2021. 农产品全域形象品牌建设的实践与探索［J］. 农业与技术，41
（1）：160-162.

张小健，2019. 浅议用农业标准化推进农产品品牌建设［J］. 北方果树（4）：49-51.

张晓山，苑鹏，2009. 合作经济理论与中国农民合作社的实践［M］. 北京：首都经济贸易大学
出版社.

张云华，赵俊超，殷浩栋，2020. 欧盟农业政策转型趋势与启示［J］. 世界农业（5）：7-11.

赵玻，陈阿兴，2007. 美国新一代合作社：组织特征、优势及绩效［J］. 农业经济问题（11）：
99-103，112.

赵静，2015. 美国、日本和法国3国中央政府农业投资的主要做法和经验［J］. 世界农业（4）：
91-95.

赵黎，2020. 成功还是失败？欧盟国家农业知识创新服务体系的演变及其启示［J］. 中国农村
经济（7）：122-144.

赵立军，2016. 农业国际投资规则演进及中国的应对策略研究［D］. 北京：中国农业科学院.

赵无忌，2021. 日本农产品区域品牌建设经验对优化长治小米品牌的启示［J］. 粮食问题研究（1）：35－39.

中国农业科学院，2020. 中国农业产业发展报告2020［M］. 北京：中国农业科学技术出版社.

中华全国供销合作总社代表团，2010. 意大利、匈牙利、埃及合作社考察报告［J］. 中国合作经济（7）：55－58.

周路，2020. 中美智慧农业的比较分析与启示［J］. 中国集体经济（20）：167－168.

周应恒，胡凌啸，2016. 中国农民专业合作社还能否实现"弱者的联合"：基于中日实践的对比分析［J］. 中国农村经济（6）：30－38.

周应恒，胡凌啸，严斌剑，2015. 农业经营主体和经营规模演化的国际经验分析［J］. 中国农村经济（9）：80－95.

周应恒，李强，耿献辉，2013. 日本农协发展的新动向［J］. 世界农业（9）：27－32，187.

周应恒，严斌剑，2020. 乡村振兴时代农业发展国家支持政策体现研究［M］. 北京：科学出版社.

周应华，陈世雄，尹昌斌，等，2020. 美国推进农业可持续发展的经验与启示［J］. 中国农业资源与区划，41（3）：1－6.

周玉琦，2019. 美、日农业对外直接投资影响因素研究［D］. 海口：海南大学.

朱满德，邓丽群，袁祥州，2019. 价格支持抑或直接补贴：中等收入经济体农业政策改革趋向：对墨西哥、土耳其、哥伦比亚、哥斯达黎加的考察与比较［J］. 世界农业（12）：10－20.

朱满德，邓喻芳，2019. 农产品主要出口国农业支持保护政策调整动向及其启示：基于美国、巴西、加拿大、澳大利亚四国比较［J］. 农业现代化研究（5）：764－773.

朱湘，2012. 嘉吉：贸易为王［J］. 农经（6）：76－77.

宗会来，2015. 国际农业投资规则变化初步分析及应对措施［J］. 世界农业（11）：1－4，9.

左琳，张桂彬，胡晓立，等，2020. 国外农产品加工产业集群对我国发展路径的启示［J］. 现代农业科技（18）：222－223.

Asia－Pacific Economic Cooperation（APEC），2020. Virtual ministerial policy dialogue on food security statement on COVID－19［EB/OL］.（10－27）［2021－11－19］. https：//www. apec. org/Meeting－Papers/Sectoral－Ministerial－Meetings/Food－Security/2020 _ food _ security，2020.

Diao X S，Takeshima H，Zhang X B，2020. An evolving paradigm of agricultural mechanization development：how much can Africa learn from Asia？［M］. Washington，DC：International Food Policy Research Institute.

Erickson B，David A W，2017. Precision agricultural services dealership survey results［R］. West Lafayette：Purdue University.

Finlay M R，2007. Academic drift in German agricultural education［J］. Minerva，45（3）：349－352.

Food and Agriculture Organization of the United Nations（FAO），International Fund for Agricultural Development（IFAD），United Nations Children's Fund（UNICEF），et al.，2020. The State of Food Security and Nutrition in the World：transforming food systems for affordable healthy diets［R/OL］.（07－13）［2021－11－19］. https：//doi. org/10. 4060/ca9692en.

Freshwater D，1981. The development of American agriculture：a historical analysis［J］. Journal of Economic Issues，15（1）：252－255.

Klaus，Treydte P，1973. Agriculture in the Near East：organizational patterns and socioeconomic development［C］. Bonn－Bad Godesberg：Verlag Neue Gesellschaft.

Mulde M，Kupper H，2007. The future of agricultural education：the case of the Netherlands［J］. Journal of Agricultural Education and Extension，12（2）：127－139.

OECD，2020. Agricultural Policy Monitoring and Evaluation［M］. Paris：OECD publishing.

Richards A，1982. Egypt's agricultural development，1800—1980：technical and social change［M］. Boulder：Westview Press.

后 记

Postscript

　　鉴于《当代世界农业》在整套丛书中的重要性，编委会从全国遴选行业内比较有影响力的专家、学者，组成写作班子。被选调的专家和其所在的单位都克服各种困难，给予大力支持，集中精力投入研究编著工作。本书主编余欣荣、杜志雄提出编写提纲并对全书进行了终审定稿。中国国际问题研究院院长徐步、中国农业大学教授樊胜根对书稿进行了审读把关。陈邦勋、谢建民、胡乐鸣、吴昌学、苑荣、王川、魏虹、孙一恒等同志对全书进行了多次审读修改。本书各部分写作人员有：余欣荣（导论），尹昌斌、郝艾波、王术（第一章），胡冰川、张明霞（第二章），杜志雄、李佳佳、郭燕（第三章），芦千文（第四章），杨敏丽、胡乐鸣（第五章），王文生、郭雷风、尹国伟（第六章），王凤忠、贾金龙、司智陟（第七章），高芳、郑蔚然、金诺（第八章），何秀荣、张丽娟、田国强（第九章），毛世平、林青宁（第十章），孔祥智、魏广成、李琦（第十一章），朱满德（第十二章），韩一军、万莹莹（第十三章），聂凤英、计晗、李锦（第十四章），李先德、孙致陆、曹芳芳（第十五章），周应恒、刘余、胡凌啸参与了写作。

　　特别感谢农业农村部办公厅、发展规划司、计划财务司、国际合作司和市场与信息化司，中国社会科学院农村发展研究所，农业农村部对外经济合作中心、农业贸易促进中心，以及中国农业科学院农业经济与发展研究所、农业信息研究所和海外农业研究中心等单位对本书编撰、出版的大力支持！感谢农业农村部国际合作司综合处、国际处、亚非处、欧亚处、美大处等处室同志们在图书审稿过程中给予的热忱帮助！同时也感谢中国农业出版社编辑们付出的辛苦努力！

编　者

2021 年 10 月

图书在版编目（CIP）数据

当代世界农业／余欣荣，杜志雄主编．—北京：
中国农业出版社，2021.12
（当代世界农业丛书）
ISBN 978-7-109-28989-5

Ⅰ．①当…　Ⅱ．①余…②杜…　Ⅲ．①农业经济发展
－研究－世界－现代　Ⅳ．①F313

中国版本图书馆 CIP 数据核字（2021）第 270171 号

审图号：GS（2022）1030 号

当代世界农业
DANGDAI SHIJIE NONGYE

中国农业出版社出版
地址：北京市朝阳区麦子店街 18 号楼
邮编：100125
出版人：陈邦勋
策划统筹：胡乐鸣　苑　荣　赵　刚　徐　晖　张丽四　闫保荣
责任编辑：吴洪钟　汪子涵　　文字编辑：常　静　刘　佳　李瑞婷
版式设计：王　晨　　责任校对：吴丽婷
印刷：北京通州皇家印刷厂
版次：2021 年 12 月第 1 版
印次：2021 年 12 月北京第 1 次印刷
发行：新华书店北京发行所
开本：787mm×1092mm　1/16
印张：23.75
字数：400 千字
定价：120.00 元